방언기도의 은혜와 능력 3

정원 지음

영성의 숲

서문

한 권으로 쓰려던 책이 쓰다 보니 길어져서 세 권이 되었습니다. 이 세 번째 책은 결론적인 부분을 다루고 있습니다. 방언에 대한 오해와 반대에 대하여 다루었고, 방언을 통해서 어떻게 부흥이 이루어지는지에 대해서 다루었으며 지금까지의 내용을 실제적으로 적용할 수 있도록 간단하게 요약 정리하였습니다.

그리고 방언을 오랫동안 사용하는 이들이 흔히 간과하는 바, 은사의 바른 방향과 의미, 목적에 대하여 언급하였습니다. 끝으로 방언에 대한 경험과 소감, 과정, 훈련과 결실 등에 대한 간증을 첨부하였습니다. 많은 이론보다 경험자들의 구체적인 사례를 통해서 오해와 실수, 풍성함과 교훈에 대한 간접적인 메시지를 얻을 수 있기 때문입니다.

방언의 경험은 단순하지만 놀라운 것으로 이 은사를 꾸준히 사용할 때 많은 풍성함과 은총을 경험하게 됩니다. 이러한 풍성함의 세계로 나아가는 데 이 책이 도움이 되기를 기대합니다. 무한하신 풍성함을 아무 조건 없이, 사모하는 이들에게 부어주시는 주님께 감사와 찬양과 영광을 돌립니다.

사랑합니다.

2012. 1. 정원 드림.

3권 목차

서문
34. 방언에 대한 부정적인 견해와 원인들 · 8
35. 방언에서 부흥이 시작된다 · 117
36. 방언기도 사용을 위한 요약정리 · 165
37. 은사는 열매를 위한 도구이다 · 206
38. 사랑의 임재, 동행 · 261
39. 방언기도 경험자들의 소감과 간증 · 302

2권 목차

서문
24. 통역의 발전을 위하여 · 8
25. 두려움과 의심, 자기 점검의 중요성 · 52
26. 통역이 동반되지 않는 방언 자체의 풍성함에 대하여 · 86
27. 마땅히 빌 바를 알지 못할 때 · 119
28. 새로운 감각을 보호하고 관리하라 · 144
29. 새 감각의 즐거움과 고통과 승리 · 192
30. 연약함을 회복시키는 방언 · 212
31. 부르짖는 방언기도의 능력과 자유 · 255
32. 천상으로 인도하는 찬양의 방언 · 299
33. 더 깊은 경험이 필요한가? · 357

1권 목차

서문
1. 기도산보 중의 메시지 · 10
2. 방언은 회복의 은사이다 · 14
3. 오직 나만 받을 수 없었다 · 24
4. 고초 끝에 경험한 방언의 은사 · 32
5. 무엇이 하나님을 제한하는가? · 46
6. 능력에 대한 책임과 위험 · 68
7. 또 하나의 힌트 · 78
8. 방언의 발전 · 90
9. 변화들 · 102
10. 은총을 나누는 기쁨 · 126
11. 갈등들 · 138

12. 또 다른 갈등들 · 156
13. 방언이 나타나는 스타일 · 170
14. 사역자와 방언 · 180
15. 집회에서 방언이 임할 때 · 198
16. 방언에 대한 여러 오해들 · 214
17. 발성기도와 표현의 중요성 · 240
18. 방언으로 기도하기 · 256
19. 방언의 내용과 발전과정 · 290
20. 방언과 영의 정화 · 314
21. 방언 기도의 내용과 통역 · 334
22. 방언 통역의 원리와 과정 · 356
23. 방언 통역의 훈련과 간증 · 402

34. 방언에 대한 부정적인 견해와 원인들

오늘날 많은 사람들이 방언을 경험하고 사용하고 있으며 그 풍성한 복을 누리고 있습니다. 그러나 또한 방언에 대하여 부정적인 견해를 가지고 있는 이들도 적지 않은 것이 현실입니다. 그 이유는 무엇일까요? 왜 이렇게 놀라운 하나님의 선물을 부정적으로 여기거나 거절하는 것일까요?

어떤 이들은 그것이 성경적이기 때문이라고 말합니다. 말씀을 믿고 실천하는 것이 중요하며 신자가 지나치게 개인적인 체험을 중시하는 것은 좋지 않다고 합니다. 자칫하면 경험을 말씀보다 더 우위에 둘 수가 있으며 그것은 위험한 신앙이라고 말합니다. 방언보다 중요한 것은 사랑이며 은사보다 중요한 것은 열매라고 말하기도 합니다.

어떤 이들은 방언은 이미 끝났다는 것을 성경적으로 입증하려고 애쓰며 그것이 성경적인 결론이라고 주장하기도 합니다. 그러나 그렇게 주장하기에는 방언을 사용하는 이들이 너무 많고 방언을 통한 긍정적인 열매나 증거도 많이 있습니다. 방언 자체를 부정하려면 그 모든 증거를 부인하거나 방언하는 사람들 전부를 이상한 사람으로 몰거나 그들이 받은 방언은 마귀가 주는 것이라고 주장을 해야 하는데, 그러한 주장이나 입증에는 무리가 많이 따릅니다.

그래서 오래 전에는 방언에 대하여 적극적으로 부정하는 견해들이 꽤 있었지만 지금은 그런 식의 적극적인 반대는 드물고 주로 소극적인 반대가 많은 것 같습니다. 방언은 주로 신앙이 어린 사람들에게 주어지는 표적이므로 영적으로 성장한 사람들에게는 필요 없는 것이라든지, 방언은 낮은 은사이거나 부분적인 것에 불과하므로 강조해서는 안 된다든지, 방언이나 체험보다는 말씀이 중요하며 은사나 능력보다는 사랑이 중요하다든지 하는 논리로 방언에 대하여 적극 부정은 하지 않지만 무시하거나 그 가치를 낮춤으로써 소극적으로 제한하는 것 같습니다.

방언을 통한 갈등

 오래 전 어느 교회의 학생 여름 수련회를 인도하였을 때의 일입니다. 이 교회의 사역자들은 방언이나 은사의 나타남을 좋아하지 않았습니다. 나는 그러한 분위기를 알고 갔지만 막상 집회를 인도하며 학생들의 무기력하고 눌려있는 상태를 보고는 너무 답답하게 느껴졌습니다.
 결국 마지막 날에 절제하지 못하고, 낮 시간을 뜨겁게 기도하며 성령의 도우심을 구한 후에 마지막 밤에 뜨겁고 강렬한 집회를 인도하였습니다. 성령께서 강력하게 임하셨고 대부분의 학생들은 방언을 받았습니다. 기도의 불이 붙었고, 학생들은 수련회가 끝나서 돌아간 후에도 밤마다 모여서 간절하게 기도하기 시작했습니다.
 사역자들은 당황했는지 한 달 내내 교역자들이 돌아가면서 방언보다 말씀이 중요하고 체험보다 말씀이 중요하며 은사보다 사랑이 중요하고 기도보다 말씀이 중요하다는 것을 번갈아 가르쳤고 그들의 기도열기를 잠재우는 데에 성공하였습니다.
 돌이켜보면 그것은 나의 잘못이었습니다. 나는 그곳에 가지 않는 것이 좋았으며 가서도 방언이 임하도록 인도하지 않는 것이 좋았을 것입니다. 어떤 교회에서 집회를 할 때 그 교회를 담임하고 있는 사역자의 성향에 맞지 않는 사람이 가는 것은 좋지 않습니다. 성령의 역사를 그다지 반기는 교회가 아니라면, 성령의 역사가 일어남을 사모하는 사역자가 가서는 안 됩니다. 거기에서는 좋은 열매를 맺기 어렵고 오히려 분란이 일어나기 쉽습니다.

동역이란 같은 가치관 아래서 가능하다

영성이란 한 순간의 경험이 아니고 지속적인 방향으로 나아갈 때 열매도, 변화도 이루어지는 것이기 때문에 어떤 영적 역사가 있다고 하더라도 사역자가 그것을 좋아하지 않는다면, 그러한 방향으로 이끌 수 없다면, 그것은 도움이 된다고 할 수 없습니다. 그러므로 어디든지 가서 무조건 성령의 역사를 일으키기만 하면 된다는 것은 무리한 것이며 순진한 생각입니다. 중요한 것은 사역자끼리 공감하고 협동하며 덕을 세워야 한다는 것입니다. 같이 공감할 수 없고 방향이 다른 사역자가 사역한다면 거기에는 불협화음이 있고 문제가 생길 것입니다. 그것은 바람직하지 않습니다.

성도들은 교회에서 하나님을 경험합니다. 그러나 그들이 경험하는 것은 사역자의 기준, 가치관, 체험, 성향에 의하여 제한된 하나님입니다. 사역자가 경험하지 않은 하나님을 성도들이 경험하는 것은 어려운 일이기 때문입니다.

교회는 하나님의 집이지만, 현실적으로는 사역자에게 맡겨진 집과 같습니다. 어떤 사역자든 다 인간이기 때문에 하나님을 전혀 제한하지 않는다고 할 수 없습니다. 어떤 사역자도 완전한 하나님의 통로가 될 수 없습니다. 누구나 다 자기가 경험한 하나님, 자기가 경험하고 깨달은 것, 받은 것을 나눌 수 있을 뿐입니다.

그러므로 모든 사역이 한계와 약점을 가지고 있습니다. 어떤 사역에는 열정이 있지만 지식이 부족합니다. 어떤 사역에는 지식이 있지만 열정이 부족합니다. 어떤 사역에는 주님께 대한 갈망이 있지만 행함이 부족합니다. 순수하게 주님을 사랑하고 교제하기를 원하지만 사회의 이슈나 봉사에 대해서 관심이 없습니다. 어떤 사역은 많은 봉사와 섬김이 있지만 영혼의 깨어남 자체, 주님과의 친밀한 교제에 대한 관심이 없습니다.

모든 사역들은 어느 한쪽으로 치우쳐 있습니다. 균형과 조화란 쉬운 일이 아닙니다. 모든 사역은 한계를 가지고 있는데, 그것은 부르심과 달란트가 다 다르기 때문입니다. 방향이 비슷하다면, 그리고 서로 보완할 수 있다면, 같이 사역하는 것은 좋은 일입니다. 그러나 전혀 다른 가치관과 방향을 가지고 있다면 그러한 동역은 좋지 않습니다. 분열과 갈등과 혼란이 있을 뿐입니다.

그 때는 내가 젊었고 비교적 경험도 별로 없었기 때문에 집회를 하면서 분위기에 이끌렸던 것 같습니다. 지금은 공개집회를 하지 않은 지 오래 되었지만, 하게 되더라도 방언을 편하게 할 수 있는 곳이 아니라면, 가지 않을 것입니다. 하나님의 영이 임하고, 그 영의 임재 속에서 주를 높이고 찬양하고 싶은데 그것을 억제하는 것은 몹시 고통스러운 일입니다.

나는 가급적이면 성령을 제한하고 싶지 않습니다. 성령의 인도를 따라, 영의 흐름을 따라 이끌어가는 집회는 편안하고 자연스럽습니다. 그러나 그것을 억제하고 억지로 만들어가는 집회는 아주 피곤합니다. 기쁨도 없고 어렵습니다. 전자가 바람을 타고 달리는 것과 같다면, 후자는 바람과 부딪치며 달리는 것과 같습니다. 그것은 아주 힘이 들고, 고생하면서도 열매도 별로 없는 사역입니다.

그 교회의 사역자들은 성령의 역사 자체를 반대하는 것은 아니었을 것입니다. 그들은 학생들의 영적 흥분 상태에 대해서 자칫 이상한 방향으로 빠지는 것은 아닐지 걱정이 되었을 것입니다.

사역자들의 입장에서 자신이 알지 못하는 영적 현상이 나타나고 피사역자들이 그렇게 이끌려 갈 때 그것을 이해하고 분별하며 이끌어 줄 수 있는 상태가 아니라면 그것을 제한하는 것이 낫다고 생각할 수도 있습니다. 그것은 충분히 이해가 가는 일입니다. 다만 그들이 방언을 제한하기 위하여 가르쳤던 여러 관점들은 대부분 오해라는 것입니다.

바른 체험은 말씀과 대립하지 않는다

바른 체험은 말씀과 대립하는 것이 아닙니다. 체험은 말씀을 확고하게 하는 것입니다. 하나님 체험을 하면 하나님과 가까워지지, 멀어지는 것이 아닙니다. 성령을 받고 방언을 많이 말하면 말씀을 대할 때 더 깊은 은혜와 충격을 받게 됩니다. 영의 감각이 새롭게 되므로 말씀의 저자이신 성령의 감동을 더 잘 느끼고 체험하기 때문입니다. 방언을 많이 말하기 전에는 주로 머리를 사용해서 말씀을 이해했다면, 방언을 많이 말한 후에는 말씀의 감동이 심령에, 가슴에 강하게 부딪쳐오게 됩니다.

또한 방언은 사랑과도 상충되는 것이 아닙니다. 오히려 사랑할 수 있는 힘을 얻게 됩니다. 방언을 많이 한다고 해서 사랑이 식어가는 것은 아닙니다. 사랑 장으로 유명한 고린도전서 13장을 쓴 바울은 자신이 누구보다도 더 방언을 많이 말한다고 하였습니다. 방언을 할수록 사랑이 식어간다면 바울은 전혀 사랑을 할 수 없어야 할 것입니다. 그러나 그가 얼마나 영혼을 사랑하고 영혼을 위하여 눈물을 흘렸는지 우리는 잘 알고 있습니다.

기도보다 말씀이 중요하다는 가르침도 방언을 제한하기 위해서 많이 쓰이는 가르침이기는 하지만, 그리 설득력 있는 이야기라고 할 수 없습니다. 그것은 아이에게 '엄마가 좋아? 아빠가 좋아?' 하고 질문하는 것과 비슷한 것입니다.

기도와 말씀은 뭐가 더 좋다, 누가 더 세다.. 하는 관점으로 볼 수 있는 것이 아닙니다. 말씀 없이 기도할 수 있을까요? 기도 없이 말씀만으로 살 수 있을까요? 우리는 그분의 말씀 앞에서 엎드려 기도하며 약속의 말씀을 붙잡고 기도합니다. 또한 기도 중에 주님은 우리에게 말씀하십니다. 성경의 말씀을 떠오르게 하셔서 응답하시곤 합니다. 기도와 말씀은 서로 분리해서 우열을 가릴 수 있는 것이 아닙니다.

동일한 말씀도 관점에 따라 적용이 다르다

방언에 대한 부정적인 견해의 이유는 무엇일까요? 어떤 이들은 몇 가지 성경 구절을 제시하면서, 말씀이 방언을 부정적으로 보기 때문이라고 주장하는 이들이 있습니다. 하지만 동일한 말씀도 사람에 따라, 관점에 따라 해석이 다른 경우는 많이 있습니다. 방언에 대해서도 마찬가지입니다.

방언에 대한 성경구절은 많지 않지만 몇 가지의 말씀을 보더라도 그 입장에 따라 설명과 적용은 전혀 다를 것입니다.

예를 들어 고린도전서 14장 18, 19절 말씀의 "내가 너희 모든 사람보다 방언을 더 말함으로 하나님께 감사하노라 그러나 교회에서 네가 남을 가르치기 위하여 다섯 마디 말을 하는 것이 일만 마디 방언으로 말하는 것보다 나으니라"는 말씀이 있습니다. 이 구절을 가지고 설교를 한다고 합시다. 방언에 대해서 부정적인 견해를 가지고 있는 사역자는 이런 식으로 메시지를 전할 것입니다.

"여러분, 잘 들으십시오. 방언을 아무리 많이 해도 그것은 깨달은 몇 마디의 가르침보다 못한 것입니다. 알아듣지 못하는 방언을 많이 하는 것이 무슨 유익이 되겠습니까? 그러므로 말씀을 묵상하는 가운데 귀한 깨달음을 얻게 되시기를 바랍니다. 그러면 그 말씀의 깨달음을 통해서 다른 이들에게 많은 유익을 주게 될 것입니다."

방언을 지지하는 사역자는 어떤 메시지를 전하게 될까요? 아마 이런 식의 메시지를 전할 것입니다.

"이 말씀은 방언의 특성과 적용에 대한 원리를 제공해주고 있습니다. 방언은 개인적인 것이며 개인적인 덕을 위한 것이므로 공중예배에서의 가르침을 위한 용도로는 적합하지 않습니다. 그러므로 방언은 개인기도에서만 사용하고 다른 사람들에게 가르쳐야할 상황에서는 마음속에 깨달은 것을 가르쳐야 합니다. 그러나 또한 이 말씀을 주목해보십시오.

바울은 너희 모든 사람보다 방언을 더 말하므로 하나님께 감사한다고 말합니다. 방언이 풍성하게 나타났던 고린도 교회의 모든 사람들에게 바울은 말하기를 나는 너희들보다, 너희 모든 사람들보다 방언을 더 말한다고 그는 고백합니다. 기독교의 기초를 세우는 데에 누구보다도 커다란 영향을 발휘했던 인물, 바울이 그렇게 말합니다.

바울의 그 뛰어난 영성, 그것은 그가 누구보다도 더 방언을 말한다는 것과 과연 전혀 상관이 없을까요? 아니 이렇게 탁월한 주님의 사람, 영성인이 그렇게 방언을 많이 말한다면, 우리는 얼마나 더 방언을 말하기를 사모해야 하겠습니까?'

14장 39절에 "그런즉 내 형제들아 예언하기를 사모하며 방언 말하기를 금하지 말라."는 말씀이 있습니다. 방언에 대해서 부정적인 사역자라면 이런 식으로 메시지를 전할 것입니다.

"예언에 대해서는 적극적으로 사모해야 하지만 방언에 대해서는 소극적으로 '금하지 말라' 정도로 말씀하고 있습니다. 이것을 보면 예언이 방언보다 우위에 있는 것은 확실한 것입니다. 그렇다면 예언이란 무엇입니까? 그것은 곧 하나님의 말씀을 예언이라고 하는 것입니다. 물론 부분적으로 예언의 은사를 받아서 사용하는 이들도 있을 수 있습니다. 그러나 기본적으로 예언이란 신구약 66권의 하나님의 말씀을 말하는 것이며 그러므로 우리는 방언보다 더 중요하고 가치가 있는 진정한 예언인 하나님의 말씀을 사모하며 알아가야 하는 것입니다."

방언에 대해서 긍정적인 사역자라면 이런 식으로 말씀을 전할 것입니다.

"성경은 예언을 사모하라고 말합니다. 그리고 방언을 금하지 말라고 말합니다. 예언은 분명히 방언보다 좀 더 높은 수준으로 강조되었습니다. 하지만 방언도 금해서는 안 된다고 말한 것은 방언이 기본적인 것이기 때문입니다. 방언은 기본적이고 개인적인 것이므로 교회에서 개인적으로, 제한적으로 사용되어야 합니다.

그러나 은혜를 사모하는 마음으로 방언을 계속 하게 되면 다른 은사들이 따르게 되고 방언통역도 하게 되므로 예언과 같이 교회의 덕을 세울 수가 있습니다. 그러므로 교회의 덕을 세울 수 있는 예언에 대해서는 간절히 사모해야 하며 방언에 대해서는 아직 교회의 덕을 세울 수 있는 도구는 아니지만, 개인적으로 꾸준히 기도해서 통역과 예언으로 발전되기를 사모해야 할 것입니다."

이처럼 동일한 성경구절을 보아도 입장과 경험과 확신에 따라서 해석과 논리전개와 적용이 판이합니다. 방언을 어떻게 생각하는가.. 좋아하는가, 싫어하는가에 따라서 전혀 다른 논리를 사용하며 적용이 달라지는 것입니다. 그것은 말씀의 차이가 아니라 말씀에 대한 관점의 차이이며 경험의 차이입니다.

의도는 논리에 앞서는 것이다

어떤 사람이 어떤 논리를 전개할 때 있어서 중요한 것은 그 사람의 관점과 의도입니다. 논리는 그 도구일 뿐입니다. 항상 어떤 논리에 앞서서 먼저 의도가 있고 관점이 있습니다. 의도는 논리보다 앞서는 것입니다.

어떤 사람이 논문을 쓴다고 합시다. 그는 자신의 가설을 입증하기 위하여 다양한 실험을 합니다. 그런데 실험의 결과가 아주 정확하게 딱 떨어지게 자기의 가설을 지지해주면 좋겠는데, 애매한 결과가 나올 때가 있습니다.

자신의 가설을 지지해준다고 볼 수도 있지만 보기에 따라서는 오히려 반대로 해석이 될 수도 있는 것입니다. 이 때 그는 갈등하게 됩니다. 자기에게 불리한 실험결과를 무시하고 유리한 실험만을 사용할 것이냐, 아니면 적당히 좋게 해석해서 사용할 것이냐, 아니면 가설 자체를 처음부터 다시 고려해볼 것이냐.. 그런 점을 놓고 고민하게 됩니다.

이 때 그는 자기의 가설을 입증하는 데 불리한 실험 결과를 무시하거나 다르게 채색하고 싶은 유혹을 받게 됩니다. 그것은 연구자의 양심에 달린 것이겠지만, 분명한 사실은 이것입니다. 동일한 실험의 결과가 있더라도 그것을 어떤 시각으로 보느냐에 따라 해석은 전혀 달라질 수 있다는 것입니다. 논리와 해석은 사람에 따라, 의도에 따라 전혀 달라집니다.

논리로 속마음을 포장한 한 달란트 받은 종

한 달란트 받은 종은 자신이 열매를 맺지 않은 이유에 대해서 몇 가지 논리를 제시하였습니다. 주인의 성품이 완악한 것에 대해서 이야기하고, 그로 인하여 자신이 갖게 된 두려움의 반응에 대해서 언급했으며, 자신의 현재 상태에 대하여 변호하였습니다.

즉 열매를 불리지 못한 것이지, 그것을 잃어버리거나 훔친 것은 아니다.. 한 달란트는 그대로 있다는 것을 이야기하였습니다. 주인은 그가 열매를 얻지 못한 것을 꾸짖었으나 그는 열매를 자신이 '보관' 하고 있다는 것을 강조하였습니다. 훔친 것도 아니고 잃어버린 것도 아니며 주인의 소유를 안전하게 잘 보관하고 있다는 것으로 자신의 행위가 그렇게 아주 나쁜 것만은 아니라는 논리입니다.

그러나 이러한 논리는 꾸밈에 불과하며 말장난에 불과합니다. 그의 논리는 겉포장에 불과합니다. 그의 속마음은 주인의 명령과 상관없이 그저 놀고 싶었을 뿐입니다. 쾌락적인 삶을 누리고 싶었을 뿐입니다.

이처럼 진정한 마음의 의도가 있고 그것을 포장하는 논리가 있습니다. 영리한 사람은 이 논리와 포장에 좀 더 익숙할 것입니다. 자신이 잘못한 일에 대해서도 논리와 포장에 익숙하므로 오히려 잘한 상대를 몰아세우고 공격할 수도 있을 것입니다.

영원한 곳에서는 이 땅의 논리와 지혜가 통하지 않는다

이 땅에서는 그러한 논리가 통할지 모릅니다. 그것은 분별력 없는 사람들을 설득할 수 있을지도 모릅니다.

이 땅에서는 선하고 옳은 자가 승리하는 것이 아니라 영리한 자가 이기는 일이 흔히 일어납니다. 영리한 것과 선한 것은 다른 분야입니다. 선하지만 지혜가 부족한 사람이 있고 악하지만 영리하고 지혜로운 사람이 있습니다. 그런 경우에 선하고 어리석은 사람이 악하고 지혜로운 사람에게 이용당하고 지는 것은 이 땅에서 흔히 일어나는 일입니다.

이 땅은 물질적인 세계이며 마음이 드러나지 않는 곳입니다. 그러나 영원한 곳, 영계는 마음이 드러나는 곳입니다. 선한 마음도, 악한 마음도 드러나는 곳입니다. 지혜와 논리는 이 땅에서 통할 수 있지만, 그러나 영원한 곳에는 통하지 않습니다. 변명은 이 땅에서는 통하지만 영계에서, 주님의 심판대 앞에서는 통하지 않습니다. 악한 마음을 가진 이들은 아무도 주님의 빛 가운데서 자신을 방어할 수 없으며 변명할 수 없을 것입니다.

"그러므로 때가 이르기 전 곧 주께서 오시기까지 아무 것도 판단하지 말라 그가 어둠에 감추인 것들을 드러내고 마음의 뜻을 나타내시리니 그 때에 각 사람에게 하나님으로부터 칭찬이 있으리라"(고전4:5)

누구나 자신이 보고 싶은 것을 본다

어떤 논리와 행동에 앞서서 먼저 의도가 있습니다. 이유를 대기 전에 중심 의도가 있습니다. 예를 들어서 이런 일이 있다고 합시다. 어떤 지역에서 시민들이 시위를 하였고 경찰들이 이를 막았습니다. 시위가 격해져서 경찰과 시민의 충돌이 있었고 일부가 부상을 당하였습니다. 다음날 어떤 신문에는 시민에게 두드려 맞는 경찰의 사진이 크게 올라왔습니다. 그리고 이에 대하여 우려하고 탄식하는 논평과 사설이 실렸습니다. 유명한 사람들의 말이나 글이 인용되기도 하였습니다.

다른 신문에는 시민이 경찰에게 폭행을 당하는 사진이 크게 실렸습니다. 역시 이 신문에도 논평과 사설이 실렸는데 동일한 사건에 대하여 정반대의 입장에서 개탄하는 내용이었습니다.

자, 어느 쪽이 진리일까요? 그것은 답하기 어려운 문제입니다. 그것은 관점에 달려 있습니다. 그것은 의도에 달려 있습니다. 먼저 의도가 있고 그 의도를 나타내기 위하여 논리를 사용합니다. 그 논리를 입증할 자료를 찾습니다. 이 경우에 진실에 접근하기 위해서는 보이는 것이나 논리에 앞서서 그것을 제시하는 사람의 의도를 먼저 파악해야 합니다.

세상에 완전한 논리는 없습니다. 깨어지지 않는 논리는 없습니다. 각 사람은 자기의 의도를 따라 논리를 사용합니다. 그러므로 의도가 달라지면 논리도 달라집니다.

사람은 누구나 자기가 보고 싶은 것을 봅니다. 원하는 것을 봅니다. 원하지 않는 것은 듣지 않습니다. 논리가 작동하지 않습니다. 아무리 그럴듯한 논리가 있어도 그것을 싫어하는 사람은 그것을 반박

할 논리를 찾을 것입니다. 논리는 이처럼 사람의 의도를 따르는 것이지 논리가 앞서가는 것이 아닙니다. 사람의 의도는 다 다르므로 동일한 사건에 대해서 해석하고 보는 시각과 논리는 항상 다릅니다. 그리고 이러한 괴리는 이 땅이 존재하는 한 사라지지 않을 것입니다.

의도는 애정에서 온다

의도가 논리보다 중요한 것이며 앞서 있다는 것은 분명한 것입니다. 그렇다면 의도는 어떻게 생기는 것일까요? 어디에서 의도가 오는 것일까요?

그것은 바로 애정입니다. 그 사람이 좋아하는 것입니다. 의도란 그가 좋아하는 것을 의미합니다. 무엇을 좋아하면 그것에 대한 의도를 가지게 되며 그것을 위하여 논리를 개발하게 됩니다.

우리는 누군가를 사랑하면 그를 사랑할 수밖에 없는 이유, 논리를 만들어냅니다. 어떤 행동을 좋아한다면, 그것이 얼마나 좋은 것인지 자꾸 이유를 만들어냅니다. 담배를 좋아하는 사람은 그것을 끊어서는 안 되는 이유를 자꾸 만들어냅니다. 논리가 맞든 안 맞든, 자신이 그것을 좋아하기 때문에 이유가 필요합니다.

상대방이 싫어하는 것을 강요하는 것은 아주 어려운 일입니다. 그것이 옳은 것이라고 아무리 설명해도 상대방은 머리로는 동의하지만 가슴으로는 그것을 싫어하기 때문에 하려고 하지 않습니다. 사람은 가슴이 싫어하는 것을 머리로 억지로 누르려고 할 때 스트레스를 받게 되고 정신병원에 가게 됩니다. 정신병원은 논리로 가슴을 억압하면서 살아왔던 사람들이 가는 곳입니다.

가슴에서 소원이 일어난다

가슴은 소원이 일어나는 곳입니다. 사람은 머리의 논리로 가슴을 억압하면 병들게 되어 있습니다. 수능 때문에, 시험 성적과 공부로 인하여 자살하는 학생들이 매년 엄청나게 늘어나고 있는데, 그것은 지금의 교육체제가 가슴을 억압하기 때문입니다. 가슴은 경쟁을 좋아하지 않습니다. 경쟁 속에서 스트레스와 고통을 받습니다. 머리의 당위성으로 아무리 눌러도 가슴은 싫어하고 고통을 받습니다. 아무리 옳아도 가슴이 싫어하면 그 사람은 병들어가게 됩니다. 애정은 논리보다 앞서는 것입니다.

그러므로 중요한 것은 어떤 사람의 말과 논리가 아닙니다. 그 사람이 좋아하는 것이 무엇인가 하는 것입니다. 그 사람의 중심애정이 무엇인가 하는 것입니다. 애정이 있으면 의도와 관점이 따라오고 논리가 따라옵니다.

논쟁에는 아무 유익이 없다

논쟁이란 아무 의미가 없는 것입니다. 논리로 싸움을 벌여서 상대방을 굴복시키는 것은 아무 의미가 없는 일이며 무익한 것입니다. 그것은 어떠한 긍정적인 열매도 가져오지 않습니다.

"어리석고 무식한 변론을 버리라 이에서 다툼이 나는 줄 앎이라" (딤후 2:23)

"그러나 어리석은 변론과 족보 이야기와 분쟁과 율법에 대한 다툼은

피하라 이것은 무익한 것이요 헛된 것이니라" (딛3:9)

　논쟁으로써 상대방을 굴복시키려고 하는 이들은 실로 어리석은 짓을 하고 있는 것입니다. 그것은 가능한 일이 아닙니다. 나는 TV에서 유명한 사람들이 치열하게 토론하는 것을 지켜보곤 했습니다. 나는 토론의 달인이라고 불리는 어떤 이가 나와서 상대방 측을 난타하는 것을 보았습니다. 날카로운 논리와 비아냥으로 상대의 허점을 찌르고 조롱하며 비참하게 만드는 것을 보았습니다. 상대방도 논리가 뛰어난 사람이었으나 순간적으로 반박할 말을 찾지 못하여 얼굴이 벌게지는 것을 보았습니다.
　격투기 시합에서 판정으로 가는 경우도 있습니다. 그러나 한쪽이 일방적으로 몰리다가 KO로 끝나는 경우도 있습니다. 토론의 경우도 그렇습니다. 기세가 부족해서, 논리가 부족해서, 순간적인 기지가 모자라서 수세에 몰리다 KO로 지는 사람도 있습니다.
　그렇게 토론에서 패배한 사람은 속으로 굴복할까요? 난타당하고 망신당하고 진 사람은 의견을 바꿀까요? 아니면 상대에 대해서 분노와 복수심을 갖게 될까요? 아마 후자일 것입니다. 그는 자신이 당한 면박과 모욕을 오래 기억할 것입니다. 이긴 자는 행복할까요? 자랑스러울까요? 하지만 그는 언젠가 그 대가를 치르게 될 것입니다.
　그런 외적인 승리로 인하여 즐거워하는 것은 오직 같은 편에 속한 사람들뿐입니다. 상대방 측에 있는 이들은 상처받고 분노할 것입니다. 그러한 토론은 그래서 결국 갈등과 분노를 부추길 뿐입니다.
　몸으로, 주먹으로 싸움을 할 때는 의로운 사람이 이기는 것이 아니라 힘이 센 사람이 이기는 것입니다. 진 사람은 악해서 진 것이 아니라 약해서 지는 것입니다.

논리에서 진리가 이기는 것이 아니다

　논리 싸움을 할 때 이기는 사람은, 옳고 진리에 속한 사람이 아니라 말 잘하고 영리한 사람입니다. 단순하고 옳은 입장에 있지만 단순하고 지식이 떨어지는 사람은, 옳지 않은 입장에 있지만 영리하고 말 잘하는 사람에게 지게 됩니다.
　옳은 입장에 있지만 지혜가 부족해서 난타당하고 피해를 당하는 사람은 세상에 많이 있습니다. 외적으로 이기는 것이 이기는 것이 아니며 외적으로 졌다고 해서 굴복하고 마음을 바꾸는 사람은 없습니다. 다만 억울하게 여길 뿐입니다.
　그러므로 사람을 논리적으로 굴복시키는 것은 아무 의미가 없습니다. 상대방을 제압하려고 하는 것은 아무 의미가 없습니다. 마음의 성향이 다르다면 그것은 싸워서 한쪽이 이긴다고 그쪽으로 통일되는 것이 아닙니다.
　토론이 끝나도 사람은 여전히 자기의 의견을 고수합니다. 그러므로 의견이 다른 사람을 이기려고 애쓸 필요가 없으며 의견이 다르다고 상대방을 무시하거나 싫어해서도 안 됩니다. 사람은 모두 다 다르기 때문입니다. 그러므로 상대방의 의견을 있는 그대로 존중해야 하며 배려해야 합니다. 아주 명백한 악의 편에 서 있는 것이 아닌 한 말입니다.

사람의 중심은 애정이다

　같은 의견과 마음을 가지고 있다면 그것을 나누는 것은 좋은 일이지만 그렇지 않을 경우라면 자신의 의사를 강요하지 말아야 합니다.

서로 같이 나눌 수 있는 것을 나누며, 상대방을 변화시키려고 노력하지 말아야 합니다. 내가 좋아하는 것을 즐기는 것은 자유이지만 상대방도 내가 즐기는 것을 같이 즐겨야 한다고 믿는 것은 억압이 될 수 있습니다. 사람이 좋아하는 것은 다 다릅니다.

사람의 중심은 애정입니다. 무엇을 좋아하느냐가 그 사람 자체입니다. 무엇을 좋아하면 그것에 대하여 전문가가 됩니다. 지식이 따라오고 논리가 따라오고 행동이 따릅니다. 좋아하지 않는 것은 생각하지 않으며 행동하지 않습니다. 관심이 없고 좋아하지 않는 것을 잘 하는 사람은 아무도 없습니다.

어떤 사람이 무엇을 좋아한다면, 아주 좋아한다면.. 그는 자기가 좋아할 수밖에 없는 많은 이유를 들 것입니다. 누군가를 사랑한다면 그는 많은 이유를 들어서 그가 사랑할 수밖에 없는 것을 설명하려 할 것입니다. 그러나 나중에 그가 상대방이 싫어진다면 그는 다시 많은 이유를 들어서 상대방이 좋지 않은 사람이라는 것을 설명할 것입니다. 논리란 항상 애정 뒤에 따라오는 것입니다. 애정이 앞에서 가면 논리는 뒤에서 따라옵니다.

방언에 대하여 부정하는 논리를 가지고 있는 사람은 방언을 싫어하는 사람입니다. 방언에 대하여 긍정하는 논리를 가지고 있는 사람은 방언을 좋아하는 사람입니다.

방언을 좋아하는 사람은 많은 이유를 들어서 방언이 좋다고 할 것입니다. 방언을 싫어하는 사람은 많은 이유를 들어서 방언이 싫다고 할 것입니다.

방언을 좋아하는 사람들, 방언에 대해서 긍정적인 관점을 가지고 있는 이들은 다 방언을 받을 것입니다. 방언에 대해서 알게 되고 경험하게 되며 방언을 통하여 성령께서 이루시는 많은 역사들을 누리게 될 것입니다. 그러나 방언을 싫어하며 방언에 대해서 부정적인 관점을 가지고 있는 이들은 방언을 받지 못할 것입니다. 성령께서는 인격적인 분이시며 아주 특별한 경우가 아닌 한 사람의 의지를 억압하고 강요하시지 않습니다.

방언을 싫어하는 것은 논리가 아니고 가슴입니다. 머리가 싫어하는 것이 아니고 가슴이 싫어하는 것입니다. 가슴이 싫어하면 머리는 싫은 이유를 발견하게 됩니다. 가슴이 좋아하지 않은 것을 머리는 발견할 수 없습니다. 눈은 볼 수 없고 귀는 들을 수 없습니다. 가슴이 싫어하면 눈은 싫은 것을 보고 귀는 싫은 것을 들으며 머리는 싫은 이유를 발견합니다. 가슴이 좋아하면 눈은 그 좋아하는 것을 보고 귀는 그 좋아하는 것을 들으며 머리는 좋아하는 논리를 발견하게 됩니다.

사람은 본래 논리적인 존재가 아니다

사람이란 원래 논리적으로 보이지만 별로 논리적이지 않은 존재입니다. 객관적으로 보여도 별로 객관적이지 않습니다. 사람은 누구나 주관적이고 정서적입니다. 논리는 따라오는 것입니다. 사람은 누구나 좋아하는 것을 좋아하고 싫어하는 것을 싫어합니다.

그러므로 나는 방언을 할 수 있도록 도울 때에 많은 논리를 제시하지 않습니다. 약간의 성경구절을 제시할 뿐입니다. 방언에 대하여 성경이 말하고 있는 성경구절이 그리 많지도 않습니다. 그리고 그다지 많은 설명도 필요 없습니다. 약간의 설명으로도 사모하는 사람은 사모합니다. 또한 사모하지 않은 이들은 많은 설명을 들어도 사모하지 않을 것입니다.

　방언에 대해서 부정적으로 여기는 이들의 논리에 대하여 반대 논리를 입증하려는 의사는 없습니다. 내게 학문적인 실력이 부족하기도 하지만 그러한 설명이나 납득시키려는 시도가 별 유익이 되지 않기 때문입니다.

　내가 관심을 가지고 있는 것은 사람의 가슴입니다. 사람의 논리보다 그 논리에 이르게 된 그 사람의 성향, 감정, 관점에 관심이 있습니다. 방언을 싫어하는 사람은 왜 싫어하게 되었을까요? 부정적인 견해를 갖게 된 이유는 무엇이었을까요? 나는 그러한 것들을 살펴보고 싶습니다.

　그러한 이유에 대해서 확실히 단언하는 것은 어려운 일입니다. 다만 나름대로 짐작이 되는 여러 오해들, 이유들에 대해서 다루어보겠습니다. 부디 방언에 대해서 부정적으로 여기는 이들의 방언에 대한 오해들이 풀리기를, 부정적인 인식들이 줄어들고 마음이 열려서 아름다운 은총의 세계로 나아가게 되었으면 좋겠습니다. 그렇게 되기를 기도할 것입니다.

방언에 대한 부정적인 시각의 이유 1. 경험

　방언에 대한 부정적인 인식을 갖게 되는, 방언을 싫어하게 되는 첫 번째 원인으로 경험을 생각할 수 있습니다. 경험은 사람의 삶에 영향을 미칩니다. 그것은 오래된 과거의 기억도 마찬가지입니다. 그래서 오늘날 내적치유, 기억의 치유에 대한 사역이 많이 이루어지고 있습니다. 과거에 겪었던 상처의 경험이 지금 현재의 삶에 많은 부정적인 영향을 끼치기 때문에 그 경험들을 치유하는 것입니다.
　어떤 것에 대한 경험은 그것을 좋아하게 될지, 싫어하게 될지를 결정하는 데 중요한 영향을 끼칩니다. 어떤 것에 대하여 즐거운 경험을 한 사람은 그것을 좋아하게 될 것입니다. 불쾌한 경험을 한 사람은 그것을 싫어하게 될 것입니다.
　어렸을 때 집에서 강아지를 키워서 강아지와 놀면서 즐거운 시간을 보낸 사람은 장성해서도 개를 좋아하게 될 것입니다. 어렸을 때 옆집의 큰 개에 물렸던 경험이 있는 사람은 장성해서도 개를 싫어하거나 무서워하게 될 것입니다. 이처럼 경험은 우리의 호, 불호를 결정하는 데 중요한 역할을 합니다.

방언에 대하여 어떤 경험이나 인상을 가지고 있는가?

　방언에 대한 경험도 마찬가지입니다. 어떤 사람이 방언에 대하여 즐거운 경험을 가지고 있다면, 그는 당연히 방언을 좋아하게 될 것입니다. 본인이 방언을 경험하고 그 놀라운 하나님의 임재와 영광을 경험하였다면 방언을 사랑하고 기뻐할 것은 당연한 일입니다. 나의 경우도 방언을 통하여 너무나 놀라운 하나님의 은총과 그로 인한 변화와 자유를 경험하였기 때문에 방언으로 기도하는 것을 즐거워하고 감사하는 것입니다. 또한 본인이 방언에 대한 즐거운 경험을 하지 않았어도 방언을 하는 사람을 통하여 얻은 즐겁거나 인상적인 경험이나 인식이 있다면, 그것은 방언에 대한 긍정적인 인식을 갖게 할 것입니다.

예를 들어 주위에 방언을 하는 사람이 있는데 그가 아주 겸손하고 친절한 사람이며 당신이 어려움을 겪고 있었을 때 방언기도로 도움을 주었다든지 하였던 경험이 있었다면 당신은 방언에 대해서 호의적인 인식을 가지게 되었을 것입니다.

대체로 주변에 방언을 하는 사람들이 많으면 그 사람도 방언을 하게 됩니다. 영이란 흐름의 속성을 가지고 있어서 가까운 곳으로 전파되기 쉽습니다. 방언을 경험하고 즐기고 누리는 사람이 있으면 그것은 다른 사람들에게 부러움을 주게 되고 그 은총에 동참하는 길을 찾고 싶어지며 또한 방언을 하는 사람들은 다른 사람들도 방언을 받을 수 있도록 돕고 싶어 하는 경향이 있기 때문입니다.

이러한 경우가 방언에 대해서 갖게 되는 긍정적인 경험입니다. 방언에 대한 긍정적인 경험이나 인식은 방언에 대한 호기심이나 받고 싶은 소망을 일으키게 될 것입니다.

방언에 대한 불쾌한 경험이 부정적인 시각을 만든다

여기서 언급하고 싶은 것은 방언에 대한 부정적이거나 불쾌한 경험입니다. 사람은 논리적이기 보다 정서적이고, 객관적이기 보다 주관적이므로 방언에 대한 부정적인 경험은 당연히 방언에 대한 부정적인 시각을 갖게 합니다.

일단 싫어지면 그 싫음을 따라 부정적인 논리는 따라오게 됩니다. 불신자가 경우 없고 무례한 신자에게 피해를 입었을 때, 그는 그 신자를 미워하면서 동시에 기독교가 잘못되었다는 많은 논리를 개발하게 되는 것과 같습니다.

나는 청년 시절에 보수적인 장로교 교단의 교회에 다녔습니다. 교단의 흐름은 방언이나 은사를 좋아하지 않았습니다. 나는 청년회에서 임원으로 교제하고 봉사하며 자주 기도회와 전도모임에 참여하곤 했었는데, 청년들은 교회의 분위기와 상관없이 은사를 사모하고 경험하는 이들이 많았습니다. 그래서 몰래 다른 교회의 철야기도회에 가기도 하고 개인적으로 기도모임을 가지기도 했습니다. 나는 열심이 많은 청년이나 임원에게 방언을 받을 수 있도록 도와주곤 하였습니다.

어느 날 청년부의 부사역자이던 전도사님이 간증 비슷한 것을 하는 시간이 있었습니다. 그는 간증을 하는 중에 방언에 대한 이야기를 꺼냈습니다. 그는 자신이 방언을 못하는 것에 대해서 이야기하면서, 방언을 하는 사람에게 크게 모욕을 당하며 자기의 신앙에 대해서 비난을 받았다는 이야기를 하는 것이었습니다. 그는 거의 울먹이듯이 말했습니다.

"나는 방언을 할 줄 모릅니다. 나는 능력이 없습니다. 그러나 나는 주님이 나에게 행하신 그 엄청난 일들을 도저히 부정할 수가 없습니다. 내가 방언을 못한다고 해도, 나는 도저히 주님을 버릴 수가 없습니다.."

그것은 몹시 안타깝고 애처로운 모습이었습니다. 그 모습을 본 사람들은 누구나 방언과 방언을 하는 사람들에 대해서 분노와 적개심을 가지게 되었을 것입니다. 그는 작은 체격에 조용하고 지적이며 섬세한 기질의 사람이었습니다. 그는 온유하고 겸손하며 열정적으로 주님을 사랑하는 사람이었습니다. 그는 방언을 하는 사람에게서 '전도사가 방언도 못하냐, 너는 엉터리 신앙이다..' 하는 식의 말을 들었다고 하였습니다.

그것은 방언에 대한 부정적인, 불쾌한 경험이라고 할 수 있습니다. 그 경험은 이 전도사님에게 있어서 방언에 대해서 어떤 인식을 갖게 한 계기가 되었을까요? 이 전도사님은 크게 깨닫고 방언을 받고 싶은 마음을 갖게 되었을까요? 아니면 상처와 분노를 갖게 되었을까요?

또한 이 간증을 들은 사람들은 방언과 방언을 하는 사람들에 대해서 호의를 갖게 되었을까요? 아니면 마음을 닫게 되는 하나의 계기가 되었을까요?

이 전도사님을 보면 그의 안에 이미 성령이 거하시며 방언을 할 능력이 있지만 기질적으로 그 영이 흘러나오기가 어려운 스타일인 것을 쉽게 알 수 있습니다.

이 경우에 인격적으로, 그를 존중하면서 조심스럽게 마음을 열고 그 영이 흘러나올 수 있는 측면으로 인도해주었다면 그는 영의 풍성한 흐름을 경험하였을 것이고, 그의 섬세함과 지성과 헌신도는 주님의 아름다우신 실제를 경험하고 공급하는 좋은 통로가 되었을 것입니다.

그러나 어떤 한 어리석은 방언을 하는 사람 때문에 그는 상처를 입고 마음을 닫았으며 방언에 대하여 부정적으로 전파하는 통로가 되었습니다. 이 얼마나 안타까운 일일까요! 어리석은 한 사람의 잘못으로 인하여 말입니다.

어리석은 통로가 부정적인 인식을 확산시킨다

오늘날 어리석은 전도자들, 상대를 배려하지 않고 일방적으로 무례하게 함부로 전파하는, 성령의 인도와 감동도 전혀 모르는 어리석은 전도로 인하여 안티기독교인이 늘어가고 있는 것처럼, 방언을 하는 어리석은 사람들로 인하여 마음의 문을 닫는 이들이 많이 있습니다. 그리고 불행하게도, 이러한 일은 흔히 있을 수 있습니다.

이러한 일이 흔히 있을 수 있다는 것은 아주 슬픈 사실입니다. 복음을 경험하고 하나님의 살아계심을 경험하고 주를 영접한 사람이 세상을 향하여 덕을 세우기는커녕 오히려 눈치 없고 어리석고 미련한 삶의 모습으로 인하여 욕을 먹으며, 방언을 경험하고 영이 깨어나는 새로운 영역의 은총을 경험한 이들이 덕을 세우기는커녕 오히려 완악하고 어리석은 자세로 상처를 입히는 일이 흔히 있을 수 있다는 것은 슬픈 사실이 아닐 수 없습니다.

이러한 사실은 마땅히 이런 오해를 야기할 수 있습니다. '저 인간들이 믿는 신이 정말 존재한다면, 저 사람들이 저렇게 미숙하고 유치한 삶의 행위가 과연 가능한 것인가? 그것은 말이 안 된다. 그러므로 저들이 주장하는 신의 존재란 망상에 불과하다.'

'저 인간들이 주장하는 방언이 정말 하나님으로부터 온 것이며 좋은 것이라면 저렇게 완악하고 유치하고 이기적이고 일방적이고 무례한 언행을 할 수 있을까? 저건 하나님이 주신 은사가 아니라 마귀가 준 것일 것이다. 아니면 저 은사는 아주 유치하거나 낮은 은사

임에 틀림없다.'

이런 식의 오해가 생기는 것은 충분히 있을 수 있는 일입니다. 불신자는 말할 것도 없고 믿는 이들도 쉽게 하나님의 은혜 사상을 망각하기 때문입니다.

세상에서 미약한 자들이 하나님 나라의 은총을 얻는다

하지만 우리가 분명하게 이해해야 할 사실은 죄인에게 의원이 필요하며 주님은 죄인을 구하기 위하여 오셨다는 것입니다. 하나님은 의롭고 거룩한 이들에게 은총을 베푸시는 것이 아니라 부족하고 한심한 자들에게 은혜를 주신다는 사실입니다.

다윗이 사울 왕에게 쫓기고 있을 때 그를 따라온 이들은 하나같이 빚진 자, 마음이 원통한 자, 억울한 사람들이었습니다. 그들은 사회의 부적응자, 신용불량자, 실패자들이었습니다.

"그러므로 다윗이 그 곳을 떠나 아둘람 굴로 도망하매 그의 형제와 아버지의 온 집이 듣고 그리로 내려가서 그에게 이르렀고 환난 당한 모든 자와 빚진 모든 자와 마음이 원통한 자가 다 그에게로 모였고 그는 그들의 우두머리가 되었는데 그와 함께 한 자가 사백 명 가량이었더라"(삼상 22:1-2)

그러나 이 초라한 사람들은 나중에 다윗의 왕국을 형성하는 데 아주 중요한 역할을 하게 됩니다. 이 다윗의 왕국은 하나님의 나라, 왕국을 상징하고 있는데, 이 메시지는 세상에서 잘 나가는 일이 없는, 별 볼일 없는 사람들이 먼저 복음을 받아들이며 하나님 나라의 백성이 된다는 복음의 진리를 보여줍니다.

　예수님이 이 땅에 오셨을 때도 그를 따르는 자는 잘 나가는 엘리트 들이 아니었습니다. 세리와 창기가 그를 따랐고 힘없는 군중들이 그를 좇았습니다.

　그의 제자들도 주로 어부 출신으로 당시의 관점에서나 지금의 시각으로 보아서나 그리 유능한 사람들이 아니었습니다. 복음이란, 하나님의 은혜란 자격 있고 능력 있는 사람들에게 주어지는 것이 아니라 마음이 가난하고 낮은 자들에게 주어진다는 것은 복음서에서 반복하여 강조되고 있는 메시지입니다.

　"형제들아 너희를 부르심을 보라 육체를 따라 지혜로운 자가 많지 아니하며 능한 자가 많지 아니하며 문벌 좋은 자가 많지 아니하도다 그러나 하나님께서 세상의 미련한 것들을 택하사 지혜 있는 자들을 부끄럽게 하려 하시고 세상의 약한 것들을 택하사 강한 것들을 부끄럽게 하려 하시며 하나님께서 세상의 천한 것들과 멸시 받는 것들과 없는 것들을 택하사 있는 것들을 폐하려 하시나니 이는 아무 육체도 하나님 앞에서 자랑하지 못하게 하려 하심이라 너희는 하나님으로부터 나서 그리스도 예수 안에 있고 예수는 하나님으로부터 나와서 우리에게 지혜와 의로움과 거룩함과 구원함이 되셨으니 기록된 바 자랑하는 자는 주 안에서 자랑하라 함과 같게 하려 함이라" (고전1:26-31)

　주님을 따르고 갈망하던 이들은 세상적인 시각으로 보았을 때 유능하고 지혜롭고 스스로 자랑스러운 자들이 아니었습니다. 이들은 재능도, 학벌도 부족했고 세상에서 천하게 여김을 받던 자들이었습니다.

그들이 지혜롭고 잘난 자들보다 하나님의 사랑과 긍휼을 입은 이유는 아무도 스스로 높이고 자랑할 수 없게 하기 위한 것이었습니다. 구원도, 은혜도, 하나님의 나라도.. 스스로를 높이지 않는, 아무 자랑할 것이 없는 사람들.. 오직 마음이 낮고 사모하는 이들에게 주어지는 것이었습니다.

그러므로 그 놀라운 하나님의 긍휼을 입은 이들은 아무도 자랑할 수 없으며 만약 자랑을 한다면 그것은 오직 예수를 자랑하고 복음을 자랑하며 주안에서 자랑해야 하는 것이었습니다. 스스로 잘난 사람들, 자랑할 것이 있는 사람들은 하나님의 긍휼을 입을 수 없습니다. 그들은 마음이 높아서 은혜를 받아들이지 않기 때문입니다. 그러나 자기의 미약함과 부족함을 알고 주님께 나아오는 자들은 다 그 은혜를 입을 수 있었습니다.

복음도, 은사도.. 잘난 사람들에게 오는 것이 아니다

복음처럼, 은사도 그와 같습니다. 지적으로도, 인격적으로도, 여러 면에서 보잘 것 없는 사람들에게 먼저 은혜가 임하고 은총이 주어집니다. 배부르고 여유 있는 사람들에게는 상대적으로 은혜가 임하기 어렵습니다.

우리는 처음에 하나님의 불쌍히 여기심으로 복음을 받은 후에, 나중에 마음이 높아져서 마치 우리가 잘나서 하나님의 백성이 된 것인 양 선민사상을 가지고 세상을 판단하고 불신자를 판단하는 경향이 있습니다.

그러나 그것은 높은 마음입니다. 우리는 우리가 가장 낮은 곳에 있었을 때, 가장 비참한 처지에 있었을 때 오직 주님의 불쌍히 여기심으로 은총을 입었다는 사실을 결코 잊어서는 안 됩니다.

복음처럼, 은사도 잘나서 임하는 것이 아닙니다. 보잘 것 없고 주린 사람들에게 임하는 것입니다. 은사를 받아도 그들은 여전히 보잘 것 없고 부족한 사람들입니다.

그들의 지성은 예리하지 않고 그들의 지식은 깊지 않습니다. 그들의 언어는 세련되지 않았고 그들은 자신의 마음을 효과적으로 감출 줄 모릅니다. 그들이 은사를 받았어도, 실수할 수 있고 잘못할 수 있는 가능성은 쉽게 줄어들지 않습니다. 거기에는 시간이 필요합니다. 성장과 변화에는 시간이 필요합니다. 그러므로 은사를 경험한 이들이 여전히 미숙한 상태에 있고 미숙한 행동을 할 가능성이 적지 않은 것을 이해해야 합니다.

외적인 기질의 사람이 방언의 나타남에 유리하다

또한 방언을 받은 사람들이 그렇지 않은 사람들에게 상처를 주거나 잘못할 가능성이 많이 있는 것은 방언은사의 특성과도 관련이 있습니다.

방언은 외적인 은사입니다. 지식의 말씀이나 지혜의 말씀처럼 속에서 움직이는 은사가 아니고 겉으로 드러나는 은사입니다. 그러므로 이 은사가 나타나기 위해서는 외향적인 기질이 아주 유리합니다. 베드로 같은 기질이 유리합니다.

베드로는 충분히 생각하고 결정한 후에 움직이는 사람이 아닙니다. 그는 아주 충동적인 사람입니다. 어떤 충동이 떠오르면 그는 그 즉시로 움직입니다. 다들 제자들이 다들 궁금한 것이 있어도 차마 물어보지 못하는 것을 베드로는 즉각 물어봅니다. 다른 제자들이 알고 있어도 함부로 대답하지 못하는 것을 베드로는 즉시 대답합니다. 맞든 틀리든 그는 속에 있는 것을 그대로 간직하는 것이 어려운 사람입니다.

지성인들은 무엇을 충분히 생각하면서도 행동에 쉽게 옮기지 않습니다. 그들은 생각하고 또 생각합니다. 그리고 움직이지 않습니다. 그러나 베드로는 생각이 떠오르는 순간 몸은 이미 저 멀리 나아가고 있습니다.

이러한 기질 때문에 그는 사고를 많이 쳤습니다. 주님께 칭찬도 많이 들었고 또 꾸짖음도 들었습니다. 사고도 쳤지만 또 용서도 받았습니다. 주를 위해서 누구보다도 더 열심히 뛰었습니다. 이런 열정적인 기질 때문에 그는 주님의 수제자로 활동했고 주님이 떠나신 후에도 초대 교회의 부흥에 주도적인 역할을 하였습니다. 주님은 열정적이지만 주도면밀한 생각과 계산이 부족한 그를 판단하시지 않고 사용하셨습니다.

외적인 기질의 사람들은 남에게 상처를 주기 쉽다

어떤 이들은 이렇게 요란한 기질의 사람을 싫어할 것입니다. 그러나 방언과 같이 나타나는 은사에 있어서 이러한 기질의 사람들은 아주 유리합니다. 이들은 아주 쉽게 방언을 받습니다. 이들은 표현과 표출에 능하기 때문에 자기 안에 성령이 임했을 때 그것이 즉시로 바깥에 표출됩니다. 그러므로 방언을 말하고 거기에 사로잡히며 성령으로 충만해지는 경험을 하게 됩니다.

사색적이고 내성적인 사람은 그것이 어려울 것입니다. 그들은 자기 안에도 성령이 거하시며 자기도 믿음으로 입을 벌리고 행동으로 옮기면 성령의 은사가 나타나며 놀라우신 주님의 임재가 그에게 선명하게 된다는 사실을 알지 못할 것입니다.

그들은 내면에서 주님의 아름다움과 달콤함을 경험할 수 있지만, 그것을 크게, 과감하게 입을 벌려서 바깥으로 표출해낼 수 있다는 것을 납득할 수 없으며 싫어할 것입니다. 동일한 성령을 받았지만 외향적인 사람은 그것이 바깥으로 표출되어 나오고 내성적인 사람은 잘 나오지 않습니다. 방언을 받는 이들은 대체로 외향적인 사람들입니다.

문제는 이들의 이러한 기질이 사람들에게 상처를 주기 쉽다는 것입니다. 이들은 생각을 속에 재어놓지 않습니다. 이들은 흔히 뒤가 없다고 합니다. 함부로 충동적으로 말하고 잊어버립니다. 상대방이 오랫동안 자기의 말로 인하여 상처를 받고 기억한다는 사실을 이들은 이해하지 못합니다.

이러한 이유로 나는 방언을 하는 사람이 하지 않는 사람들에게 상처를 줄 가능성이 흔히 있을 수 있다고 하는 것입니다. 이것은 방언의 문제가 아니고 기질적인 문제입니다. 다혈질의 사람과 내성적인 사람이 같이 있다면 흔히 일어날 수 있는 일입니다. 단순하고 충동적인 사람과 꼼꼼하고 완벽주의적인 사람이 같이 있을 때 일어날 수 있는 일입니다.

전자는 후자에 대해서 답답해서 미치려고 할 것입니다. 그는 상대방이 어떻게 여기든지 상관하지 않고 자기 생각을 말하고 심지어는 강요할 것입니다.

후자는 전자에 대해서 깊은 상처를 받을 수 있고 분노를 오래 품을 수도 있습니다. 그러나 적지 않은 경우 전자는 그 사실 자체를 모를 것입니다. 상대가 자기에게 상처를 받았다는 사실 자체를 모를 것입니다. 이들은 생각나는 대로 말하고 행동하는 사람이기 때문이며 사람의 마음, 상대방의 마음에 대해서 잘 알지 못하기 때문입니다.

우리와 다른 기질이라고 미워해서는 안 된다

그런 스타일의 사람을 악하다고 할 수는 없습니다. 다만 섬세함이 부족하므로 다른 이들에게 본의 아니게 상처를 입힐 수 있습니다. 남들을 돕기 원하는 마음을 가지고 있으며, 열심히 봉사를 했음에도 불구하고 말을 절제하지 않고 함부로 하는 바람에 사람들에게 미움을 받는 이들을 나는 많이 보았습니다.

안타까운 것은 대체로 그러한 이들은 자기의 문제가 무엇인지 모른다는 점입니다. 그러한 이들에게 상처를 입은 사람들은 그들에 대하여 마음을 닫고 있지만 그 사실을 잘 이야기하지 않습니다. 마음에 깊이 간직하고 있을 뿐입니다.

이들은 기질적으로 자기에게 상처를 입힌 이들에게 나아가서 '그 부분이 나에게 고통이 되었는데, 그것을 알고 계신가요?' 하고 말하는 것에 서투르기 때문입니다.

주님은 내적이고 차분한 기질의 사람들도 사랑하시며 그들의 성실함과 정확함을 사용하십니다. 또한 주님은 다혈질이고 급한 기질의 사람들도 사용하시며 그들의 단순함과 열정을 사용하십니다. 문제는 우리가 주님처럼 모든 사람들을 사랑하고 용납하지 못한다는 것, 우리의 기질에 맞지 않는 이들을 사랑하는 것이 쉽지 않다는 것입니다.

그러나 힘들어도 우리는 우리와 다른 이들을 이해하고 용서하며 사랑하기를 힘써야 합니다.

당신에게 상처를 준 사람을 용서하라

나는 당신이 후자라면, 방언을 하지 않는 사람으로서 방언을 하는 사람에게 상처를 받은 사람이라면, 앞에서 언급한 그 전도사님같이 그러한 경험이 있다면.. 부디 권면하고 싶습니다. 당신에게 상처를 준 그 미숙한 사람을 용서해주십시오. 그들은 완전한 사람이 아닙니다. 악한 사람이 아닙니다. 다만 어리석고 지혜가 부족하며 사람의 마음을 헤아릴 줄 모르는 사람일 뿐입니다.

세상에 완전한 사람은 없습니다. 지식이 많은 사람은 의지가 부족하며 의지가 강한 사람은 따뜻한 사랑의 감수성이 부족합니다. 몸이 튼튼한 사람은 머리가 잘 따르지 않는 경우가 많고 영리하고 섬세한 사람은 몸이 약한 사람이 많습니다.

당신도 완전하지 않고 실수를 합니다. 당신에게 잘못한 사람도 완전하지 않고 잘못을 합니다. 부디 그들을 용서하십시오. 그들은 당신을 무시하거나 모욕하는 것이 목적이 아니고 자신이 경험한 놀라운 것을 당신에게 알려주고 싶었을 뿐입니다. 다만 방법이 지혜롭지 못했습니다.

방언에 대한 견해가 틀리다고 해도, 우리는 적이 아닙니다. 우리는 복음을 위하여, 하나님의 나라를 위하여 같이 싸우는 사람들입니다. 우리의 대적은 세상이며 마귀입니다.

우리는 동역자들입니다. 우리는 다 같이 주님을 사랑하고 하나님께 영광을 돌리기를 원합니다. 우리는 다 같이 복음을 전하며 이 땅에 하나님의 나라가 건설되기를 원하는 동지들입니다. 그러므로 우리는 서로 사랑하며 힘을 합쳐야 합니다. 견해가 틀릴 수는 있지만, 우리는 서로 미워해서는 안 됩니다.

당신이 방언에 대한 부정적인 경험으로 인하여 마음의 문이 닫혔다면, 부디 기억하십시오. 당신의 안에 그 영이 있습니다. 그 선물이 있습니다. 주님은 당신에게 선물을 주시기를 원하십니다. 그리고 당신은 그 선물을 아름답게 사용할 수 있습니다. 당신이 상처를 받은 것처럼 다른 이들이 상처를 받지 않게 자연스럽게, 부드럽게, 인격적인 방식으로 당신은 다른 이들을 도울 수 있습니다.

당신에게 주신 아름다운 선물과 그로 인하여 경험할 수 있는 풍성한 삶의 기회를, 미숙한 이들의 잘못으로 인하여 잃어버리지 마십시오. 그것은 당신에게 아주 큰 손실입니다.

하나님께서는 각 사람의 속성을 통하여 일하시며 신자가 성숙할수록 아름다운 도구로 사용하십니다. 어떤 이가 하나님의 좋은 도구로 쓰이지 못하고 남에게 상처를 주었다면 그것은 그가 성숙하지 못했기 때문이지 하나님의 잘못이 아닙니다. 은사 자체가 잘못되어서가 아닙니다.

불쾌한 기억을 극복하라

내게도 그러한 경험이 없다고 할 수 없었습니다. 사실 많이 있었습니다. 은사를 받았다는 사람들이 거드름을 피우고 잘난 척을 하며 무시하고 모욕적으로 말하는 것을 여러 번 경험하였습니다. 조롱하는 것에 의하여 기분이 상한 적도 있었습니다.

하지만 나의 경우는 그럼에도 불구하고 방언에 대한 갈망이 오히려 더 커져 갔습니다. 나는 너무나 배가 고팠기 때문입니다. 무시를 받고 불쾌한 것은 사실이었지만, 나는 그들이 내가 가지고 있지 않은 것을 가지고 있었다는 것이 부러웠습니다.

내가 나와 하나님과의 관계에 만족스러웠다면 그렇게 갈망하지 않았겠지만, 나는 전혀 만족스럽지 않았습니다. 성경을 읽고 또 읽고 신앙 서적을 읽고 또 읽어도 내게는 만족이 없었습니다. 그렇게 배가 고픈 상태였기 때문에 나는 이것저것 가릴 처지가 아니었습니다. 인간적인 불쾌감보다는 갈망이 더 컸기 때문에 나는 방언에 대한 다소 불쾌한 경험을 잘 극복할 수 있었습니다.

당신에게 그러한 불쾌한 기억의 경험이 있다면 나는 당신이 부디 그 경험을 극복할 수 있기를 바랍니다. 그 경험을 통과하여 당신 안에 거하시는 하나님의 영이 풀려나올 때, 당신은 크게 기뻐하게 될 것이며 당신이 알지 못했던 영적 자유와 풍성함을, 당신이 오랫동안 구했지만 누리지 못했던 세계를 경험하고 맛보게 될 것입니다.

방언에 대한 부정적인 시각의 이유 2. 입장

　방언을 싫어하게 되는 두 번째 원인으로 자신의 입장이 작용할 수 있습니다. 무엇을 좋아하는가, 싫어하게 되는가는 자신의 위치, 입장과 밀접한 관계를 가지고 있습니다.

　예를 들어 어떤 지역에 대형마트가 입점을 하게 된다면 소형마트의 입장에서는 큰 타격을 입게 될 것입니다. 당연히 그것을 싫어하고 반대하게 되겠지요. 자신의 입장에 불리하게 작용하는 어떤 대상에 대하여 환영하고 좋아할 사람은 없을 것입니다.

　시청광장에서 많은 사람들이 모여서 촛불집회를 한다고 합시다. 개인의 정치적인 성향을 넘어서 단순히 경제적인 측면의 입장에서 생각해본다면, 그 주변 상가들은 이것을 싫어할 것입니다. 장사에 방해가 되기 때문입니다.

　그러나 근처의 포장마차라든지, 양초를 만들어 파는 회사는 좋아할 것입니다. 자기에게 이득이 되기 때문입니다.

　사람은 누구나 자기의 입장, 이해관계를 초월하기 어렵습니다. 그것이 자기의 생존에 관계된 것이든, 경제적인 것이나 명예나 입지에 관계된 것이든 무엇이든 간에 자기 입장에 의하여 호, 불호가 갈리는 것은 당연한 일입니다.

각 자의 입장에 따라 방언을 좋아하고 싫어할 수 있다

방언과 입장.. 방언의 나타남과 입장의 관계는 어떠할까요? 방언과 방언의 나타남으로 인하여 유리한 입장이 되는 이들은 방언을 좋아할 것입니다. 방언이 나타날 때 불리한 입장이 되는 이들은 방언을 싫어하거나 반대하게 될 것입니다.

방언이 나타날 때 유리한 입장의 사람들은 어떤 사람들일까요? 본인이 방언을 경험하고 그로 인하여 영의 자유를 경험하고 풍성한 삶을 누리게 되었다면 그는 방언을 통해서 이익을 보았으므로 유리한 입장이라고 할 수 있습니다.

또한 방언을 경험하고 가르치는 사역자라면 그의 입장에서는 방언이 많이 나타날수록, 방언을 하는 사람이 많아질수록 유리해질 것입니다.

방언을 하는 사람들은 방언을 자유롭게 할 수 있는 공간, 집회를 사모하기 때문에 점점 방언을 자유롭게 하도록 허용하는 곳으로 이동하는 경향이 있습니다. 이러한 성도의 이동을 통한 외적 성장이 바람직한 것이냐 하는 것은 별도로 생각해봐야 할 문제이지만, 일단 방언을 가르치는 사역자의 입장에서는 이것을 좋게 여길 수 있습니다.

신학적으로, 교단적으로 방언을 지지하는 입장에서는 방언의 나타남이 많고 그로 인하여 긍정적인 열매가 많이 나타날수록 유리한 입장에 서게 될 것입니다.

통계적으로 보면 성령의 역사와 방언을 강조하는 교단의 경우 숫자적인 면에서 성장이 빠른 것으로 나타나는 보고가 많이 있습니다. 전통교단이 성장이 정체되고 점점 침체되어가고 있는 것에 비해서 이러한 성장은 인상적인 것이며 이것은 방언을 긍정적으로 보는 입장을 가진 이들에게 유리하게 작용할 것입니다.

방언의 나타남으로 인하여 불리해지는 입장도 있다

방언과 방언의 나타남으로 인하여 불리한 입장에 처하는 이들은 어떤 사람들일까요? 은사에 대하여 부정적인 신학이나 교단의 입장은 별로 편하지 않을 것입니다.

은사는 이미 끝났다고 가르치는 신학자의 입장에서는 오늘날 사람들이 방언을 통하여 하나님의 풍성함을 경험하고 삶의 변화와 자유를 경험하는 것이 즐겁지 않을 것입니다.

그들의 입장에서는 방언을 하는 사람들이 아무런 열매도 없고 단순히 감정적으로 들뜨고 흥분하며 교회를 분열시키고 문제를 일으키는 것이 나을 것입니다. 그러한 사례들이 많을수록 그의 입장이나 입지는 유리해지는 측면이 있기 때문입니다. 이러한 이들은 방언과 방언의 나타남, 그리고 방언을 통한 아름다운 열매의 사례가 있을 때 불편하고 불리하게 여겨질 것입니다.

방언으로 인하여 불리해지는 사역자의 입장

방언을 못하거나 - 사실 못하는 것이 아니고 하지 않는 것이지만 - 은사적인 부분에 대해서 분별과 경험이 부족한 사역자의 입장도 방언이나 방언의 나타남이 불리하게 작용할 것입니다.

사역자가 잘 모르는 은사나 능력이 성도들에게 풍성하게 나타난다면 그것은 사역자의 입장에서 권위에 문제가 생긴다고 여길 수도 있습니다.

성도들에게 방언의 나타남을 허용하게 되면 성도들의 영적 갈망은 점점 더 커질 수 있고, 그러한 갈망을 충분히 채울 수 있는 방향으로 인도해갈 자신이 없는 사역자라면 그러한 갈망이 불편하게 여겨질 수도 있습니다.

사역자는 방언을 하지 못하지만 방언을 하는 성도들이 어느 정도 있을 때, 사역자는 어떤 입장을 취하게 될까요? 방언은 수많은 은사 중의 하나이므로 자신은 가르치는 은사가 있고 사명이 다른 것이므로 자신이 하지 못한다고 하더라도 그것에 대해서 영적 열등감을 느끼지 않고 성도들이 하는 것을 허용하는 사역자도 있을 것입니다. 또한 좋아하지는 않지만 소극적으로 방관하는 사역자도 있을 것입니다. 방언을 통해서 문제를 일으키는 것만 아니라면 내버려두는 방식입니다. 갈등을 싫어하는 사역자라면 이런 방식을 택하기도 할 것입니다.

권위의식이나 영적 열등의식이 있다면 성도들이 방언하는 것을 몹시 불편해할 수도 있습니다. 방언은 좋은 것이지만 자신은 하지 못하기 때문에 자신이 능력 없는 사역자로 인식되고 성도들에게 무시를 당할 수도 있다고 여기는 것입니다.

이럴 경우에 적극적인 방어를 위해서 방언에 대해서 부정적으로 가르치는 편을 선택할 수 있습니다. 방언이 나쁜 것이거나 무익한 것임을 입증시킬 수 있다면 그는 자신의 입장이나 권위를 손상하지 않을 수 있게 될 것입니다.

방언과 방언의 나타남으로 인하여 아주 불리한 입장에 처하게 되는 사역자도 있을 것입니다. 그것은 방언을 하는 성도들이 교회의 영적 분위기에 불만을 느끼고 방언을 풍성하게 하는 다른 교회로 옮기는 경우입니다.

이것은 오늘날 사역자들이 가장 싫어하고 힘들어하는 문제입니다. 성도들이 떠나는 것은 사역자들에게 가장 큰 상처가 되는 일입니다. 성도의 오고감을 주님께 온전히 의탁하고 주님이 성도를 맡겨 주실 때 감사하며 데려가실 때 자유롭게 주님의 손에 맡기는 사역자들은 오늘날 흔치 않습니다.

영적 갈증이 채워지지 않아서 교회를 떠나는 성도들이 있을 때 이를 통하여 자신의 영성과 신앙과 주님과의 관계를 돌아보고 반성하며 주님의 음성을 기다리는 사역자가 있다면 그것은 귀한 것입니다. 그러나 그것은 쉽지 않은 일입니다. 주님의 메시지를 기다리는 것보다는 낙담하고 상처받으며 무력감에 빠지거나 떠난 사람에 대하여 분노와 배신감을 느끼는 것이 더 쉬운 일입니다. 떠나간 배신자에 대하여 상처받고 분노하며 더 이상의 배신자들이 생기지 않도록 떠난 사람들에 대한 비난을 공적으로 선언하는 사역자들도 적지 않습니다. 자기 부인이 부족한 어린 사역자의 경우 이러한 태도는 흔히 있을 수 있습니다.

사역자나 지도자의 위치에 있는 이들이 더 불편할 수 있다

아무튼 분명한 사실은 방언과 방언의 나타남으로 인하여 입장이 난처한 사람들이 있다는 것입니다. 평신도 보다는 사역자가 그러한 입장에 처하기 쉬울 것입니다.

평신도 중에서도 지도자급의 평신도들이 그런 입장에 처할 수 있습니다. 학생부나 청년부를 지도하는 위치에 있는 사람이 방언을 하지 못하는데 학생이나 청년들이 방언을 한다면 그의 입장은 그리 편하지 않을 것입니다.

이러한 이들이 방언에 대해서 부정적인 입장을 취하고 가르치는 것은 흔히 있을 수 있는 일입니다. 실제로 흔히 있는 일입니다.

나의 경우도 청년 시절에 매주 마다 드려지는 청년부 예배에서 거의 매 시간에 성령의 은사와 방언에 대해서 부정적으로 가르치는 메시지를 들으며 많은 고통을 느꼈습니다.

그것이 얼마나 유치하고 한심한 신앙인지에 대해서 반복적으로 들으면서 정말 고통스러웠습니다. 청년들 중에서도 은혜를 사모하는 이들은 몹시 고통스러워했습니다. 견디다 못해 떠나간 이들도 많았습니다.

나는 떠나고 싶지 않아서 억지로 견디고 있었습니다. 설교 시간에 성령의 역사와 은사에 대하여 부정적인 메시지를 계속 듣고 있어야 하는 것은 고통스러운 일이었지만 다른 청년들과 같이 누렸던 교제, 관계, 나눔을 포기하는 것은 아주 힘든 일이었습니다. 나는 이와 같은 고통을 겪고 있는 신자들이 참 많이 있다는 것을 알게 되었습니다. 당시에도 그랬고, 지금도 비슷한 고통을 호소하는 메일이 많이 오기 때문입니다.

그러던 어느 날 나는 어느 산상 집회에 참석하게 되었습니다. 부흥사는 아주 열정적이고 뜨거운 사역자였습니다. 부르짖는 기도와 방언기도, 뜨거운 찬양을 많이 시켰습니다. 모처럼 영이 해갈된 것처럼 회복된 나는 집회 후에 강사 목사님을 찾아가 이런 저런 이야기를 나누게 되었습니다.

내가 교회에서 겪는 고통에 대하여 이야기하며 조언을 요청하는 중에 청년부 담임 목사님과 이 강사목사님이 신학대학의 동기이며 친구인 것을 알게 되었습니다. 그는 껄껄 웃었습니다.

"그 친구, 아직도 그러나?"

나는 그에게 물었습니다. 왜 그렇게 그분은 방언을 싫어하며 공격하는 것이냐고.. 그는 껄껄 웃으며 대답했습니다.

"자기가 은혜를 못 받았으니까 그렇지!"
나는 그분과의 대화에서 위로를 받았지만 교회에 오면 상황은 마찬가지였습니다. 결국 나도 버티지 못하고 정든 교회와 교제를 떠나게 되었습니다.

그것은 매우 슬픈 일입니다. 성도들은 영적 갈망으로 인하여 정든 교회를 떠나게 될 때 그것을 결코 즐거워하지 않습니다. 그것은 많은 것을 잃어버리고 포기하고 떠나는 것입니다. 사역자도 고통스럽겠지만 떠나는 성도도 결코 편안하지는 않습니다.

사역자가 은사를 이해하고 경험하면 이러한 고통은 줄어들 것입니다. 그렇다고 해서 성도와 사역자가 이별하는 일이 없을 리는 없겠지만, 이러한 영적 갈등으로 인하여 이별하는 일은 줄어들 것입니다.

사역자는 자기 입장을 버리고 주님의 입장이 되어야 한다

방언과 방언의 나타남으로 인하여 입지가 불리해지고 입장이 난처해지는 사역자들은 방언에 대해서 부정적으로 가르칠 수 있습니다. 부정적인 가르침의 이유가 사역자의 입장만은 아니겠지만 입장은 중요한 요인이 될 수 있습니다.

하지만 이것을 생각해야 합니다. 사역자는 자기의 입장보다 주님의 입장에 더 민감해야 합니다. 세례요한에게 제자가 와서 말했습니다.

"선생님이 증언하시던 이가 세례를 베풀매 사람이 다 그에게로 가더이다" (요3:26)

세례요한은 대답했습니다.

"만일 하늘에서 주신 바 아니면 사람이 아무 것도 받을 수 없느니라 내가 말한 바 나는 그리스도가 아니요 그의 앞에 보내심을 받은 자라고 한 것을 증언할 자는 너희니라 신부를 취하는 자는 신랑이나 서서 신랑의 음성을 듣는 친구가 크게 기뻐하나니 나는 이러한 기쁨으로 충만하였노라 그는 흥하여야 하겠고 나는 쇠하여야 하리라"(요3:27-30)

세례요한의 대답은 얼마나 아름다운 것입니까! 오늘날 사역자도 이렇게 말할 수 있어야 합니다. 그는 말했습니다.

'하늘에서 주신 것이 아니면 사람이 아무 것도 받을 수 없다.'

'신랑이 신부를 취할 때 신랑의 친구는 크게 기뻐한다. 나는 그 신랑의 친구이다.'

'그는 흥해야하고 나는 쇠하여야 한다.'

여기서 그는 예수이고 나는 사역자입니다. 이것이 바로 사역자의 자세입니다. 사역자는 자기의 입장, 자기의 유익, 자기의 위치, 자기의 체면을 위해서 부름을 받은 사람이 아닙니다.

그는 주님의 입장, 주님의 유익을 위해서 부름을 받은 사람입니다. 만약 그의 이익과 주님의 이익이 일치하는 것이라면, 그의 입장과 주님의 입장이 일치하는 것이라면 그는 그 입장을 주장하면 됩니다. 그러나 그의 입장이나 이익이 주님과 대치되는 것이라면 그는 자기의 입장과 이익을 내려놓아야 합니다. 그것이 사역자입니다.

사역자는 사람에 대한 소유욕에서 자유로워야 한다

세례요한은 자기를 따르던 이들이 주님께로 몰려갔을 때 그것을 기뻐하였습니다. 그의 목적은 사람을 얻는 것이 아니고 주님을 증거하는 것이었기 때문입니다. 그는 사람에 대한 소유욕에서 자유로웠습니다. 오늘날 사역자들은 이것에 대해서 자유로울까요? 그것은 쉽지 않은 일입니다.

나는 많은 사역자들이 사람을 잃기 싫어서, 사람과의 관계를 깨뜨리고 싶지 않아서 주님과의 관계 속으로 더 깊이 나아가지 못하는 것을 많이 보아왔습니다.

주님이 기뻐하시는 것이 명백하다는 것을 알면서도, 차마 사람을 버릴 수 없어서 망설이며 나아가지 못하는 것을 많이 보았습니다. 그것은 아주 슬픈 일입니다.

오늘날 사역자들은 성도들의 숫자에 대하여 아주 예민합니다. 오늘날 현실적으로 숫자는 사역의 성공, 부흥 여부의 중요한 기준이 됩니다. 사역자의 지위, 급여, 보람에도 많은 영향을 줄 것입니다. 과연 성도들 숫자의 많고 적음이 이 땅에서처럼 천국에서도 인정될까요? 그것은 의문입니다. 천국에서는 사람의 숫자보다는 그 사람들이 맺는 열매가 어떠한지를 확인할 것입니다.

자기 입장을 지키기 위하여 잘못 가르칠 수 있다

아무튼 사역자에게 있어서 사람을 잃는 것은 몹시 고통스러운 일입니다. 그는 그러한 고통을 피하기 위해, 방언으로 인하여 사람을 잃지 않기 위해, 방언에 대해서 부정적으로 가르칠 수 있습니다. 방언으로 인해 맺는 부정적인 열매에 대하여, 위험성에 대하여 과장하여 가르칠 수 있고 경고할 수 있습니다.

믿음과 성령의 감동과 확신 속에서 가르치는 것이 아니라 자신의 입장과 위치를 지키기 위하여 그렇게 가르칠 수 있습니다. 사역자가 자기의 입장을 내려놓지 못한다면 그는 주님의 입장이 되지 않고 자기의 위치에서 자신에게 유리한 메시지를 전할 수 있습니다.

그것은 바로 비극입니다. 충분한 기도와 연구와 주님께 물음을 통해서 확신을 갖고 방언의 부정적인 측면을 가르친다면, 그것은 어쩔 수 없는 일입니다. 그 판단은 언젠가 영원한 곳에서 주님이 하실 것입니다. 그러나 확신이 없이 자기의 입장과 위치를 지키기 위하여 그렇게 가르쳐야 한다면 그것은 비극입니다.

그는 주님의 대적자가 될 수도 있습니다. 자신을 세우기 위하여 주님을 허물수도 있습니다.

주님이 방언을 싫어하시며 방언의 나타남을 아주 염려하며 걱정하신다면, 그것은 다행입니다. 그러나 만일 주님께서 성도들이 방언하는 것을 기뻐하시며 많은 성도들에게 방언을 통하여 풍성한 은혜의 역사를 허락하시는 것을 기뻐하신다면, 방언에 대하여 부정적으로 가르치는 이들은 주님을 대적하게 되는 것입니다. 자신의 위치와 입장 때문에 말입니다.

주님을 전하기 위하여 사역자가 되었는데, 결과적으로 주님을 대적하는 입장이 된다면, 그것은 얼마나 비극적인 일이겠습니까.. 자신의 입장을 내려놓지 못한 사역자는 주님을 방해하며 주님의 걸림돌이 될 가능성이 얼마든지 있는 것입니다.

자기 입장을 위하여 주님을 대적한 영적 지도자들

"마리아에게 와서 예수께서 하신 일을 본 많은 유대인이 그를 믿었으나 그 중에 어떤 자는 바리새인들에게 가서 예수께서 하신 일을 알리니라 이에 대제사장들과 바리새인들이 공회를 모으고 이르되 이 사람이 많은 표적을 행하니 우리가 어떻게 하겠느냐 만일 그를 이대로 두면 모든 사람이 그를 믿을 것이요 그리고 로마인들이 와서 우리 땅과 민족을 빼앗아 가리라 하니

그 중의 한 사람 그 해의 대제사장인 가야바가 그들에게 말하되 너희가 아무 것도 알지 못하는도다 한 사람이 백성을 위하여 죽어서 온 민족이 망하지 않게 되는 것이 너희에게 유익한 줄을 생각하지 아니하는도다 하였으니" (요11:45-50)

주님이 나사로를 살리시자 이로 인하여 많은 사람들이 예수를 믿었습니다. 그러자 대제사장들과 바리새인들은 모여서 회의를 합니다. 이렇게 표적이 많이 나타나서 모든 사람들이 그에게로 가니 어쩌면 좋겠느냐고 의논을 하는 것입니다.

놀라운 것은 그들 중의 아무도 죽은 사람을 살린 기적을 행한 예수가 하나님께로부터 온 것이 맞는지 고민하지 않았습니다. 그들의 입장에서는 예수가 하나님의 아들인지 아닌지, 이 기적이 하늘에서 왔는지 아닌지가 전혀 중요하지 않았습니다. 그들이 고려한 것은 오직 한 가지, 이 기적 때문에 그들의 입지가 불리해진다는 것이었습니다. 그들은 예수로 인하여 입장이 곤란한 것에만 집중하였습니다. 가야바는 말했습니다.

"한 사람이 죽는 게 낫지 않느냐?"

그 논리는 그럴듯해보였습니다. 예수로 인하여 모든 사람이 그를 따르고 그 결과 로마인들이 우리 땅을 빼앗고 다 죽일 것이니 그럴 바에는 예수 한 사람만 죽이면 되지 않느냐는 것입니다. 그것은 말

도 안 되는 어처구니없는 논리였지만 이때부터 그들은 예수를 죽이기로 작정하였습니다.

"이 날 부터는 그들이 예수를 죽이려고 모의하나라" (요11:53)

진실을 찾지 않고 위치를 지키려고 힘씀

그들의 관심은 진실이 무엇인가가 아니었습니다. 많은 사람들이 예수에게 가는 것이 그들을 불편하게 하였습니다. 세례요한은 많은 사람들이 예수에게 가는 것을 기뻐하였습니다. 그는 자기의 입장을 내려놓았기 때문입니다.

그러나 대제사장의 무리는 그렇지 않았습니다. 그는 많은 사람들이 예수에게 가는 것을 보고 예수를 제거해야겠다고 결심하였습니다.

그는 자기의 위치와 입장을 내려놓지 않았습니다. 자신의 위치와 입장을 내려놓지 않으면 예수의 입장이 될 수가 없으며 그를 대적하는 편에 설 수 있습니다.

여기에 또 대제사장의 무리들이 행한 어처구니없는 일들이 등장합니다. 주님이 십자가에 달리신 후에 주님의 부활하심과 천사의 나타남이 있었습니다. 이것을 보고 무덤을 지키던 경비병들은 놀라고 무서워하여 죽은 자 같이 되었습니다.

"안식일이 다 지나고 안식 후 첫날이 되려는 새벽에 막달라 마리아와 다른 마리아가 무덤을 보려고 갔더니 큰 지진이 나며 주의 천사가 하늘로부터 내려와 돌을 굴려 내고 그 위에 앉았는데 그 형상이 번개 같고 그 옷

은 눈 같이 희거늘 지키던 자들이 그를 무서워하여 떨며 죽은 사람과 같이 되었더라"(마28:1-4)

놀란 경비병들은 간신히 정신을 차리고 그들이 겪은 일을 대제사장에게 보고합니다.

"여자들이 갈 때 경비병 중 몇이 성에 들어가 모든 된 일을 대제사장들에게 알리니 그들이 장로들과 함께 모여 의논하고 군인들에게 돈을 많이 주며 이르되 너희는 말하기를 그의 제자들이 밤에 와서 우리가 잘 때에 그를 도둑질하여 갔다 하라 만일 이 말이 총독에게 들리면 우리가 권하여 너희로 근심하지 않게 하리라 하니 군인들이 돈을 받고 가르친 대로 하였으니 이 말이 오늘날까지 유대인 가운데 두루 퍼지니라"(마28:11-15)

마지막까지 자신들의 입장을 염려함

여기서 놀라운 것은 대제사장들과 장로들의 반응입니다. 그들은 전에 주님이 죽은 자를 살리신 것에도 놀라지 않았던 것처럼 주님이 부활하신 것에도 놀라지 않았습니다. 천사가 나타난 것에도 놀라지 않았습니다.

정상적인 사람들이라면 크게 놀라며 '그는 정말 하나님의 아들이었는가? 우리가 지금까지 정말 착각을 하고 있었단 말인가?' 하고 고민해야 마땅했을 것입니다. 그러나 그들은 전혀 놀라지 않았고 고민하지 않았습니다. 그들이 고민한 것은 한 가지였습니다. '큰일 났다. 이 사실이 알려지면 어떡하지? 그러면 우리 입장이 어떻게 되는 거야?'

그들이 내린 결론은 돈을 주고 군인들을 매수하여 거짓말을 하도록 시키는 것이었습니다. 그 이유는 한 가지입니다. 그들의 위치와 입장을 지키기 위해서입니다.

그들의 입장이 난처해지지 않는 것, 그들이 가지고 있는 지위가 흔들리지 않는 것.. 그것만이 그들에게는 중요하였습니다. 예수가 하나님인지 아닌지, 그가 정말 부활하셨는지 아닌지, 자신들이 하나님을 대적하고 있는지 아닌지.. 그들에게는 하나도 중요하지 않았습니다. 그들은 오직 자신의 위치를 지키기를 원했습니다.

기득권을 잃지 않으려 할 때 예수를 대적할 수 있다

예수님이 사역을 하실 때 그를 대적했던 이들은 무식하고 천박한 사람들이 아니었습니다. 세리도 창기도 강도도 그를 대적하지 않았습니다. 가진 것이 없는 사람들, 잃을 것이 없는 사람들은 아무도 그를 대적하지 않았습니다. 그를 대적한 사람들은 하나같이 배운 사람들이며 지도자이며 가진 자들이었습니다. 그들은 자기의 위치를 잃고 싶지 않았습니다.

그들은 예수가 나타나 그들의 지위와 입장과 가진 것을 흔드는 것에 화가 났습니다. 그들은 자기가 가지고 있는 것을 지키기 위하여 예수를 대적하였습니다.

그들은 불행하게도, 가진 것이 많아서, 누리고 있는 것이 많아서, 예수를 영접할 수 없었습니다. 그들은 너무 배가 불러서 예수를 향하여 주리고 목마를 수 없었습니다.

이것은 오늘날도 마찬가지입니다. 잃을 것이 없는 이들은 주를 대적할 일이 없습니다. 그러나 가진 것이 많은 사람들, 그리고 그것을 잃고 싶지 않은 이들은 자기가 가지고 있는 것을 지키기 위하여 주를 대적할 수 있습니다. 자기의 입장이 대수로울 것이 없는 이들은 별로 지킬 것이 없습니다. 그러나 어느 정도 지도자의 입장과 위치에 있는 사람은 입장을 지키기 위하여 주를 거스를 수도 있습니다.

당신의 입장을 내려놓으라

우리는 우리의 입장을 내려놓아야 합니다. 입장을 초월해야 합니다. 우리의 입장을 내려놓아야 우리는 주님의 입장에 설 수 있습니다.

그러므로 방언에 대해서 다룰 때에 결코 자신의 입장에서 다루지 마십시오. 자신의 이익과 손해의 관점에서, 유리와 불리의 관점에서 다루지 마십시오. 오직 기도하며 주님의 인도하심을 구하십시오.

기도하는 가운데 주님께서 확신을 주셨다면 그것을 양심에 따라 전하고 가르칠 수 있습니다. 그것이 맞는지 틀리는지는 주님께서 언젠가 심판하실 것입니다. 다만 확신이 없이, 충분한 기도가 없이 자신의 입장에 의해서 반대하는 위치에 있었다면 그것을 중단해야 합니다.

우리의 입장을 포기하는 것은 쉬운 일이 아니지만, 그래도 우리는 그렇게 해야 합니다. 그렇게 하려고 애써야 합니다. 특히 사역자들은 그렇게 하기 위하여 힘써야 합니다. 우리는 모두 주의 종이며, 주님이 우리를 위하여 존재하시는 것이 아니라 우리가 주님을 위하여 존재하며 부름을 받았기 때문입니다.

우리는 우리의 입장을 버려야 합니다. 우리는 우리의 입장이 아니라 주님의 입장을 지켜야합니다. 주님의 입장을 세워야 합니다. 우리는 자신의 입장을 세우려고 부름을 받은 것이 아닙니다. 우리는 종입니다. 종은 자신에게 유리한 것이 아니라 주인에게 유리한 쪽을 선택해야합니다. 종에게는 이익이 되지만 주인에게 손해가 될 때, 그 종은 나중에 매를 맞게 될 것입니다.

부디 당신의 입장을 내려놓으십시오. 사역자든, 평신도 지도자든, 자신의 위치와 입장을 내려놓고 주님의 입장에 서십시오. 주님이 이것을 기뻐하시는지, 싫어하시는지 그것을 생각하십시오. 내가 불리한지, 내 체면이 어떻게 되는지에 대한 생각들을 내려놓으십시오.

사울은 끝까지 자기 입장과 체면을 유지하려 힘썼다

사울은 사무엘이 그를 떠나려 하자 끝까지 붙들고 늘어지며 백성들 앞에서 자기의 체면을 세워달라고 부탁했습니다. 그러나 그렇게 주님의 입장을 생각하지 않고 자신의 입장을 생각한 사울은 결국 주님께 버림을 받고 말았습니다.

"사울이 이르되 내가 범죄하였을지라도 이제 청하옵나니 내 백성의 장로들 앞과 이스라엘 앞에서 나를 높이사 나와 함께 돌아가서 내가 당신의 하나님 여호와께 경배하게 하소서 하더라" (삼상15:30)

사울은 자신의 잘못에 대하여 별로 관심이 없었습니다. 통회함도 없었습니다. 다만 사무엘이 그를 떠났을 때 난처해지는 그의 입장만이 걱정되었습니다. 그는 하나님께 경배하기를 원했지만 하나님을 사랑해서가 아니라 이스라엘 앞에서 높임을 받기 위해서였습니다.

이스라엘 백성을 구원하는 사역자로 부름을 받은 사람이 왕이 되더니 이제는 자기의 부르심과 사명보다 자기의 위치를 지키는 데 혈안이 되어 버렸습니다. 그 마지막이 얼마나 비참한 지는 우리 모두 잘 알고 있습니다.

사역자들도 사울과 같이 되지 않기 위하여 자기의 위치와 입장을 내려놓아야 합니다. 사역자가 지켜야 할 것은 자신의 입장이나 위신이나 위치가 아니라 주님의 입장, 주님의 위치, 주님의 이익입니다.

당신의 입장을 십자가에 못 박으십시오. 당신이 입장을 지키지 않으므로 어떤 불이익을 당한다 하더라도 주를 위하여 그것을 내려놓을 수 있다면 당신은 자유한 사람입니다.

당신이 당신의 입장으로 인하여 방언에 대해서 부정적인 견해를 가지고 있다면 다시 한 번 기도해보십시오. 부디 자유로워지십시오.

나는 당신이 모든 입장을 내려놓고 주님께 나아가면 쉽게 이 은혜를 누릴 수 있을 것이라고 믿습니다. 부디 이 은사를 경험하십시오. 당신의 입장을 내려놓고 이 은사를 경험함으로 아름답고 풍성한 새로운 주님과의 관계에 나아갈 수 있기를 기도하고 바랍니다.

방언에 대한 부정적인 시각의 이유 3. 환경

　방언에 대하여 부정적인 인식을 갖게 되는 세 번째 원인으로 환경의 요소를 생각할 수 있습니다.
　우리는 환경의 지배를 받습니다. 우리가 자라온 환경은 우리의 성향, 의식, 가치관.. 모든 것에 영향을 미칩니다. 방언에 대한 인식도 그렇습니다. 우리가 경험한 환경에서 방언에 대하여 어떻게 배우느냐.. 하는 것이 결정적인 영향을 끼칠 것입니다.
　어떤 진리이든, 지식이든.. 스스로 깨우치는 이들은 많지 않습니다. 대부분의 사람들은 다른 이들에게서 어떤 인식과 사고를 배우고 받아들입니다.

누구나 자기가 자라난 곳, 환경의 영향을 받는다

　어떤 부인과 천년왕국의 교리에 대하여 잠시 대화를 나눈 적이 있었는데, 그녀는 전천년설이 맞는다고 했습니다. 그 이유를 물었더니 전천년설이 성경적이라고 하는 것이었습니다.
　그래서 어떻게 그렇게 확신을 갖게 되었느냐고 하니 그녀는 어렸을 적에 교회에서 그렇게 배웠는데 강의가 너무나 재미있었다고 하였습니다.
　그것은 그녀에게는 아름다운 추억일 것입니다. 그러나 그것은 개인적으로는 즐겁고 인상적이며 확신을 주는 것일지 모르지만 그러한 이유가 그녀의 견해가 절대적인 것임을 입증하는 것은 아닙니다. 어떤 이가 말하기를 '이것은 진리이다. 왜냐하면 내가 그렇게 배웠기 때문이다. 이것은 진리가 아니다. 왜냐하면 나는 그렇게 배우지 않았다.' 라고 주장한다면 그것은 그리 설득력 있는 이야기가 아닙니다.

그것은 개인적으로는 진리겠지만 객관적으로 모든 사람에게도 진리가 되는 것은 아닙니다.

누구나 자기가 소속된 곳, 그 환경의 지배를 받고 사상의 영향을 받는 것은 당연한 것입니다. 어떤 정치인이 어느 정당에 있을 때 그는 그 정당이 가지고 있는 이념이나 철학에 동의할 것입니다. 혼자서 다른 견해를 가지고 있기는 어려울 것입니다.

우리의 정치현실은 그다지 포용적이라고 할 수 없습니다. 한 정당의 구성원이 지도부의 견해에 반기를 들거나 하는 것은 쉬운 일이 아닙니다. 그런 사람은 많은 어려움을 겪게 될 것입니다. 우리는 일사분란하게 움직이는 것에 익숙합니다.

정치계보다 더 보수적인 영역이 종교의 영역이라고 할 수 있습니다. 자기가 속한 교단이나 교리가 가르치는 것에 대해서 다른 견해를 가진다는 것은 거의 있을 수 없는 일입니다.

혼자서 튀는 일이 없을 수는 없겠지만 그것은 거의 드문 일입니다. 그러므로 신학교나 교회나 사역자에게서 배운 것은 신앙에 있어서 거의 절대적인 영향을 행사한다고 할 수 있습니다.

방언에 대한 대부분의 인식도 이런 식으로 형성됩니다. 자기가 속한 교단이나 교회에서 방언을 좋은 것이라고 배우면 그는 좋다고 느낄 것입니다. 나쁘다고 배우면 나쁘다고 느낄 것입니다. 가르치지 않는다면 거기에 대해서 관심이 없거나 모를 것입니다.

실패한 집회

10년쯤 전에 어느 교회에서 초청을 받아 학생 청년 연합여름수련회를 인도한 적이 있었습니다. 안면이 있는 전도사님이 부탁을 하셨는데, 그때만 해도 집회를 여기 저기 다닐 때였기 때문에 허락을 하고 집회에 참석하게 되었습니다. 중등부, 고등부, 청년부가 같이 하는 수련회였습니다.

내가 수련회를 인도한다는 소식을 듣고 일부의 독자들이 같이 참석하면 안 되느냐고 물었고, 주최 측에 문의했더니 좋다고 해서 중고등청년부와 일부 독자들을 포함한 묘한 집회를 하게 되었습니다.

집회를 수락하기 전에 이상하게 마음에 힘이 들었습니다. 이상하게 내키지 않았습니다. 기쁨이 없었고 부담만 되었습니다. 그러나 그동안 집회를 하면서 주님이 역사하시는 풍성함을 많이 보았기 때문에 '에라, 그냥 어떻게 되겠지.' 하는 마음으로 허락을 하였습니다. 그때만 해도 거절하는 것에는 익숙하지 않았습니다.

마침내 집회 첫날이 되었는데, 정말 힘든 상황이 되었습니다. 참석한 학생들에게는 사모함이 전혀 없었습니다. 그들은 집회 시간에도 장난을 치고 낄낄거리며 웃었습니다. 조용히 시켜도 듣지 않았습니다. 이들은 예배나 집회나 은혜 받는 것에 아무 관심이 없었습니다. 나는 어처구니가 없었습니다. 주님은 갈망하는 이들에게 임하시며 사모하지 않는 이들에게는 가까이 오시지 않으십니다.

간절한 중보로 상황이 역전됨

나는 집회를 중단하고 방으로 들어갔습니다. 기도하면서 집회를 계속 해야 할지, 그만두고 돌아가야 할지 주님께 물었습니다. 주님께 구체적으로 묻고 허락을 받지도 않고 내 마음대로 온 것에 대해서 회개하며 기도했습니다.

나를 따라 같이 온 팀이 있었습니다. 이들은 이 상황을 보고 주변에서 정말 간절하게 기도하였습니다. 아내는 내 모습을 보고 너무 걱정이 되어서 타들어가는 가슴으로 기도했습니다.

우리 모두에게는 오직 주님의 긍휼이 간절하게 필요했습니다. 우리가 할 수 있는 일이 없었습니다. 잠시 후에 나왔을 때 나는 자리를 바꾸어 앉도록 했습니다. 주님을 사모하는 이들이 앞자리에 앉도록 했습니다. 그리고 다시 뜨겁고 강력한 찬양으로 집회를 시작하였습니다.

놀랍게도 상황이 역전되었습니다. 영적인 흐름이 시작되었습니다. 간절함이 흘러나오기 시작하였습니다. 성령의 역사와 감동이 공간을 사로잡기 시작했습니다. 통곡과 기쁨의 밤이 되었습니다. 많은 학생들이 방언을 받고 울기 시작했습니다.

조금 전까지 관심도 없고 장난을 치던 학생들도 울기 시작했습니다. 여기저기서 성령의 임재 속에서 쓰러지고 울부짖으며 은혜와 감동의 밤이 되었습니다. 너무나 감사했습니다. 이러한 풍성함은 기대하지 못하던 것이었습니다.

이윽고 집회는 끝나고 길지 않은 시간이었지만 나는 너무 힘이 들어서 숙소에 가서 쓰러졌습니다. 첫날에 이 정도라면, 이제 갈수록 성령의 역사가 더 강력하게 될 것이라고 느꼈습니다. 이제 내일을 기대할 수 있게 되었습니다.

집회에서 쫓겨남

그런데 문제가 생겼습니다. 이 수련회는 중등부와 고등부와 청년부가 같이 연합한 수련회였는데 청년부 수련회를 맡고 있던 전도사가 내게 면담을 신청했습니다.

그를 만나자 그는 내가 떠날 것을 요구했습니다. 그는 이런 현상들, 쓰러지고.. 방언하고.. 하는 것을 용납할 수 없다는 것이었습니다. 예수 이름을 부르기만 해서 능력이 임한다는 것은 말이 안 되며 그렇게 간단할 리가 없다고 하였습니다. 그는 방언을 인정하지 않는다고 하였습니다. 신학교에서 그렇게 배웠다고 하였습니다. 그는 내가 가지 않으면 자기 청년들을 이끌고 자기 팀만 떠나겠다고 하였습니다.

나는 백 명이 찬성해도 한 사람이 반대하면 그만 두는 스타일입니다. 나는 화합을 중시하는 편입니다. 내가 책임지고 인도하는 교회도 아닌데 나로 인하여 그런 갈등이 일어나는 것을 나는 원하지 않았습니다.

나는 마음을 열고 그와 대화를 나누었습니다. 나는 사람을 설득하는 것을 좋아하지 않습니다. 나는 간절히 찾는 이들은 돕지만 원하지 않는 이들을 이끌려고 애쓰지는 않습니다. 배고프지 않은 이들을 열심히 도와도 그것은 결국 별로 소용이 없음을 많이 경험했기 때문입니다.

나는 내가 가면 그의 입장이 난처해지지 않겠느냐고 그에게 물었습니다. 중등부, 고등부, 청년부 세 부서 중에서 그가 가장 나이가 연소한 편이었습니다. 그래서 다른 사역자들과의 관계가 괜찮을지 걱정이 되었습니다.

내가 가면 갑자기 수련회의 강사를 구하는 것이 어렵지 않겠느냐고 물었습니다. 그러자 그는 내가 떠나면 감사하다고, 남은 시간은 자기가 인도해보겠다고 하였습니다. 좋은 말씀으로 최선을 다해서 은혜를 끼치겠다고 하였습니다.

대화를 나누면서 분위기는 부드러워졌습니다. 신학적 견해는 틀렸지만 우리는 같이 주를 사랑하는 것이 가장 중요하며 주를 사랑하는 사람을 일으키는 것이 가장 중요하다는 것에 대하여 동의했습니다. 나는 다음날 아침에 떠나기로 그와 약속하고 그가 남은 집회를 잘 인도하도록 축복하고 기도하였습니다. 그는 울먹였고 우리는 같이 포옹하였습니다.

다음날 아침에 나는 집회 장소를 떠났습니다. 나를 초청한 전도사와 부목사는 사색이 되어 말렸지만 나는 이미 마음을 굳힌 상태였습니다.

나는 화합을 중시하며 갈등의 원인이 되는 것을 싫어합니다. 계속 남아서 풍성한 은혜가 임한다고 해도 나는 어차피 떠날 사람이며 이 집회로 인하여 남아있는 이들, 부서들이 서로 갈등의 요소를 갖게 된다면 그것은 바람직한 일이 아닐 것입니다.

수련회가 끝난 후에 나를 초청한 전도사가 내가 인도하는 기도 모임에 왔습니다. 그는 수련회가 끝난 후에 많은 간증들이 쏟아졌다고, 내가 인도한 집회에서 성령과 방언을 체험한 이들이 많이 있었다고 울먹이면서 말했습니다. 나는 그에게 웃으면서 물었습니다.

"그렇다면 그건 좋은 간증인데.. 왜 그렇게 비통하게 이야기하시죠?"

그는 고개를 숙인채로 아무 대답도 하지 못했습니다. 그는 자신이 초청한 강사가 중간에 쫓겨난 것에 대해서 미안한 마음이 많았던 것 같았습니다.

하지만 그것은 나에게도 책임이 있는 일이었습니다. 그리고 영적인 사역에 있어서 반대를 받고 공격을 받는 것은 흔히 있을 수 있는 일입니다. 그런 일이 있을 때 반성을 하고 교훈을 얻는 것이 중요하지 억울해하거나 낙심할 필요는 없는 것입니다.

아주 단순한 반대의 이유

여기서 이 일을 언급하는 이유는, 아직도 선명하게 기억나는 그 전도사의 반대이유 때문이었습니다. 그가 성령이 역사하는 현장, 방언을 하고 울부짖고 하는 것에 대하여 거부감을 느끼고 반대하는 이유는 아주 간단했습니다. 신학교에서 그렇게 배우지 않았다는 것입니다. 나는 성령의 역사와 방언에 대하여 반대하는 그 이유의 단순함에 대해서 놀랐습니다.

내가 그렇게 배웠기 때문에 진리다.. 그것은 타당한 논리일까요? 위에서 언급한 어떤 부인의 말처럼 그러한 논리는 설득력이 없습니다. 하지만 그렇게 믿고 있는 이들이 아주 많은 것 같습니다.

자신이 배우고 경험한 것은 절대적인 것이며 자기가 생각하는 방식으로 모든 사람이 생각해야 하며 자기가 싫어하는 것은 모두가 싫어해야 하며 자신이 속한 집단의 가치관, 메시지, 그 모든 것은 옳다는 인식.. 이상하게도 이러한 인식을 가지고 있는 이들이 많이 있습니다. 이들은 인식의 폭이 넓어지기 위하여 좀 더 넓은 세상, 많은 사람, 많은 일들을 경험해보아야 합니다.

우리의 지식은 온전하지 않다

자신이 속하고 배웠던 교파의 이념과 신학교의 교육, 그것은 절대적인 것일까요? 신학교의 교수들, 그들은 절대적으로 완전하게 영감을 받은 사람들일까요? 성경을 기록한 저자들처럼 온전할까요? 물론 그렇지 않습니다. 성경은 완전하지만 성경에 대한 해석은 완전하지 않습니다.

세상에는 수많은 교단이 있습니다. 모두가 다 자신들의 교리와 성경해석이 가장 완벽하고 다른 곳은 다 잘못되었다고 한다면 그것은 옳은 판단일까요? 그런 식의 의식은 갈등과 분열을 일으킬 뿐입니다. 교단들은 하나의 성향, 특성을 가지고 있습니다. 그들은 한 부분을 맡았을 뿐입니다. 아무도 완전하지 않으며 장점과 단점을 가지고 있고 상호보완적인 면이 있습니다.

갈등과 실패 속에서 실제적인 신앙으로 나아가게 된다

사역자는 신학을 마친 후에 신학교에서 배운 대로 사역을 합니다. 그러나 현실의 사역에서 무력감과 한계를 경험하기도 합니다. 보조사역을 할 때에도 갈등과 어려움이 있지만 그러나 담임사역을 하면서 영혼에 대하여 좀 더 깊은 책임감과 애정을 가지고 사역을 하게 되면 더 깊은 갈등과 한계를 경험하곤 합니다.

그리고 어느 정도의 한계에 이르러 교단에서 배운 것을 가지고 더 이상 나아갈 수 없을 때 스스로 길을 찾기도 합니다.

지금까지 내가 배운 것, 알고 있는 것.. 그것은 완전한 것인가? 옳은 것인가? 갈등하기도 하며 나름의 답을 찾아나갑니다. 단순히 받아들였던 많은 것들에 대하여 고민하고 씨름하며 좀 더 실제적인 것을 추구해가게 됩니다.

그것은 기존의 신앙에서 이탈하는 것이 아니라 객관적인 신앙에서 주관적인 신앙으로, 지식적인 신앙에서 경험적인 신앙으로, 관념적인 신앙에서 실제적인 신앙으로 발전해가는 것으로 실제적인 나의 주, 나의 하나님을 발견해가는 과정입니다.

신학교에서 기본적인 틀을 배웠다면 실제의 사역에서는 그 기본의 틀 아래서 좀 더 뿌리를 내리고 실제적인 교훈과 하나님을 발견해가는 과정이라고 할 수 있습니다.

그러한 갈등과 시련 속에서 신앙도, 교리도 구체화되며 실제적인 것이 됩니다. 그러므로 단순히 자신이 배웠던 것을 100%로 받아들이고 그 외의 일체의 것에 대하여 마음을 닫을 때, 그러한 사고는 관념의 상태에서 더 나아갈 수 없습니다.

자신이 알고 배운 것의 전부를 절대시하지 말라

우리는 우리의 지식과 경험을 완전히 신뢰할 수 없습니다. 우리가 배운 것을 절대화해서는 안 됩니다. 하나님은 나를 완전한 곳으로 인도하셨기 때문에 내가 배운 교리는 모두 완전하고 내가 배운 성경 해석은 모두 절대적인 것이며 다른 곳에서 가르치는 해석과 지식은 다 사탄적인 것이라고 여기는 것은 어리석은 일입니다.

그것은 자신의 벽에 갇혀있는 것입니다. 우리는 자신과 자신의 지식과 자신의 경험에 대해서 객관적인 자세를 가질 필요가 있습니다. 자신이 과연 조화롭고 균형 잡힌 시각을 가지고 있는 것인지 객관적으로 돌아볼 필요가 있습니다. 무조건 자신의 편을 들고 자신에 속한 것이라고 합리화시켜서는 안 됩니다.

어떤 이들은 자기가 배운 것, 아는 것에 대한 절대적인 확신을 가지고 있습니다. 하지만 신중하고 또 신중해야 하는 것은, 자기도 모르게 주님을 대적할 수 있으며 성령을 대적할 수 있다는 것입니다. 그것이 얼마나 무서운 일인가요. 그러므로 어느 누구도, 조심스럽게 수정의 가능성을 가지고 있어야 합니다. 나의 경우도 마찬가지입니다. 나의 지식도, 경험도 항상 언제나 틀린 부분이 있으면 재해석하며 수정할 마음을 가지고 있습니다.

온전함을 분별하는 기준은 그리스도에게 속한 삶의 열매이다

어떤 가르침의 온전함에 대한 판단근거는 무엇일까요? 완전한 판단은 주님께서 마지막 날에 하실 것입니다. 그러나 나는 이 땅에서도 어느 정도의 객관적인 판단과 분별이 가능하다고 생각합니다. 그 판단의 기준은 열매라고 나는 믿습니다. 그리스도에 속한 삶, 그리스도에 속한 열매.. 그것이 온전함의 여부를 어느 정도 보여줍니다.

어떤 가르침을 주는 신학자, 사역자의 삶은 어떠한가요? 그는 어떤 열매를 맺고 있습니까? 그는 주님을 사랑하는가요? 사람들을 사랑하는가요? 온유하고 겸손하며 주님께 속한 열매를 맺는 사람인가요?

그는 주님과의 친밀한 관계를 가지고 있는가요? 자기의 위치와 입장과 모든 것을 초월하여 순결하게 주를 따르는 사람인가요? 이러한 것을 살펴야 합니다.

어떤 교리와 지식이 바른 것이라면 그것은 반드시 바른 열매를 맺을 것입니다. 어떤 교리와 지식이 주님에게서 오는 것이라면 그것은 반드시 주님께 속한 열매를 맺을 것입니다. 주님의 인격, 주님의 마음, 주님의 향취가 나타나게 될 것입니다.

자신의 열매를 점검해보라

자신이 가지고 있는 지식과 확신이 바른 것인지를 확인하기 위해서는 자신에 대해서도 같은 잣대를 적용해야 합니다. 자신이 맺는 열매는 어떻습니까? 그리스도와의 친밀한 교제를 가지고 있습니까? 변화된 삶에 대한 충분한 간증을 가지고 있습니까? 죄에서 해방된 충분한 경험을 가지고 있습니까?

이러한 질문들은 자신이 가지고 있는 지식과 경험과 이론의 정당성을 입증해줍니다. 그렇지 않다면, 자신이 맺는 열매에 부끄러움이 있다면, 그는 자신의 문제가 무엇인지 돌이켜볼 필요가 있습니다. 어디에 구멍이 있는지, 허점이 있는지, 부족한 부분이 없는지 구멍을 찾아보아야 합니다.

자신의 경험과 교리와 지식과 열매.. 이 모든 것이 만족스럽다면, 확신이 있다면 그것은 괜찮습니다. 모든 것이 만족스럽다고 여긴다면, 이 정도면 괜찮다고 여긴다면 상관없습니다. 자기가 가지고 있는 것을 굳건하게 붙들면 됩니다.

그러나 부족함이 느껴진다면, 주님과의 관계에서 만족스럽지 않다면, 자신의 열매가 만족스럽지 않다면, 승리가 충분하지 않다고 여긴다면 자신의 지식이나 신앙의 체계 속에서 무엇인가 문제가 있는 부분은 없는가, 그러한 통찰이 필요할 수 있습니다.

당신이 방언을 하지 않아도 충분히 승리하며 충분한 풍성함을 누리고 있고 자신의 영적 상태에 만족한다면 당신은 그 자리에 머물러 있어도 괜찮을 것입니다. 그러나 만족스럽지 않다면 부디 이 은사를 사모하십시오. 방언의 나타남, 성령의 나타남을 구하십시오. 그것은 당신에게 새로운 역사를 일으킬 것입니다.

자신에게 영향을 주었던 환경과 가르침을 점검해보라

누구나 환경의 지배를 받습니다. 누구나 가르침을 받은 것, 배운 것에 대한 확신을 어느 정도 가지고 살아갑니다. 그러나 기억하십시오. 우리가 배운 모든 것이 절대적인 것은 아닙니다.

당신이 배운 것에 대하여 충분히 기도했고 최선을 다해서 연구했으며 확신을 얻어서 자기가 얻은 확신에 대하여 목숨을 걸 수 있다면 그것은 아름다운 일입니다. 그러나 그렇지 않다면, 단순히 당신의 환경에서 배웠다는 사실 하나로 그것을 완전한 것으로 여기지 마십시오.

당신은 진정 확신하십니까? 주님께 기도드리며 물어보십시오. 나는 진정 확신을 가지고 있는가, 내가 배운 것, 지금 알고 있는 것은 절대적인가.. 자문하고 주님께 나아가 물으십시오.

주님께 묻고 답을 얻으라

방언에 대해서도 기도하십시오. 방언에 대해서 부정적으로 배웠다면 그것을 가지고 주님께 나아가 기도하십시오. 내가 배운 가르침은 옳은 것인가? 이것은 단순히 감정적인 것이며 흥분으로 그치는 것이며 가치 없는 것인가? 연구하고 공부하면서 주님께 나아가 물으십시오. 학자들의 말도 필요하지만 경험자들의 이야기도 공부하십시오. 이것은 과연 옳은가? 공부하면서 기도로 주님께 물으십시오. 주님은 대답하실 것입니다.

중요한 것은 당신이 이미 그렇게 배웠다고 단순하게 믿어버리고 사고를 멈추는 것보다는 충분한 개인적인 확인 작업과 검증이 필요하다는 것입니다. 그 결과 당신에게 이것은 틀린 것이라는 확신이 온다면 당신은 그것을 붙들어야 합니다. 판단은 오직 주님이 하시는 것입니다. 그러나 지금까지 배웠던 것이 옳지 않았다는 것을 깨닫게 된다면, 부디 입장을 바꾸어서 주님께 이 은사의 임함과 나타남을 위하여 기도하십시오.

그 동안 몰라서 죄송했다고 고백한 후에 주님의 은혜를 구하십시오. 당신은 곧 은혜의 세계에 잠기게 될 것이며 이전에 몰랐던 새로운 영역, 기쁨과 자유의 영역에 들어가게 될 것입니다.

방언에 대한 부정적인 시각의 이유 4. 기질

　방언에 대하여 부정적인 인식을 갖게 되는 네 번째 이유로 기질적인 요소를 생각할 수 있습니다.
　나는 방언을 하는 것이 시끄럽고 요란하며 천박하고 유치해 보인다고, 그런 것은 싫다고 하는 이들을 더러 보았습니다. 이런 것은 방언을 싫어하는 이유가 자신의 기질과 관계된 것임을 보여줍니다. 영적이거나 신앙적인 문제가 아니라 그의 기질이 방언을 싫어하는 것이며 방언과 맞지 않는 것입니다.
　방언은 그리 우아한 은사라고는 할 수 없습니다. 오순절에 방언이 처음 나타났을 때도 방언을 하는 주의 제자들은 새 술에 취하였다는 말을 들었습니다.
　술에 취한 사람은 본인은 기분이 좋을지 모르지만 다른 사람들이 보기에는 모습이 흉합니다. 외부 사람들이 보았을 때 방언을 하는 제자들은 일종의 흥분 상태에 있었고 요란하고 이상했습니다. 방언이 처음 나타났을 때 방언은 그렇게 낮은 평가를 받았습니다.
　오늘날에도 방언의 나타남에는 그 당시와 비슷하게 요란함과 정서적인 흥분과 육체의 진동과 같은 과격한 현상들이 따를 수 있습니다. 이것은 교양 있게 보이지 않습니다. 그러므로 기질적으로 고상하고 세련된 사람들에게 이것은 불편하게 느껴질 수 있습니다.
　누구나 고유한 기질을 가지고 있습니다. 그리고 그 기질로 인하여 방언을 싫어할 수 있습니다. 또한 방언을 경험하기가 어려운 기질이 있습니다. 방언의 나타남이 어려운 기질이 있습니다.

기질은 방언의 나타남에 중요한 장애요소가 될 수 있다

기질은 방언이 나타나지 못하게 하는 중요한 요인이 됩니다. 나의 경우 방언받기를 몹시 사모했었습니다. 방언에 대해서 부정적인 교육을 받은 적도 없었고 (방언에 대하여 부정적인 교육을 받게 된 것은 방언을 받은 이후였습니다. 그 때는 이미 방언을 받았기 때문에 그러한 교육이 몹시 고통스러웠지만 그것이 방언하는 것을 멈추게 하지는 않았습니다. 그러나 만일 내가 방언을 하지 못할 때, 받지 못했을 때 그러한 교육을 받았었더라면 그것은 아마도 내게 부정적인 영향을 주었을 것입니다.) 나의 입장이나 위치가 방언의 나타남에 대해서 불편한 위치에 있지도 않았습니다.

방언을 하는 사람들에 대하여 다소의 불쾌한 경험이 있기는 했지만 그것은 갈망하는 마음을 억누를 정도로 비중이 큰 것은 아니었습니다. 아무튼 나는 방언하기를 아주 사모했습니다. 그러나 나는 방언이 나타나기까지 많은 어려움을 겪었고 시간이 오래 걸렸는데, 그것은 거의 내 기질적인 문제 때문이었습니다.

사실 나의 경우는 기질이 가장 결정적인 문제였습니다. 나의 성격은 아주 내성적이고 사색적이었습니다. 나는 생각하는 것을 좋아하고 책을 좋아하고 행동이 느리고 굼떴습니다. 하나의 행동을 하려면 많은 생각이 필요했습니다.

나는 단순하고 활동적인 사람들이 싫다거나 하지는 않았습니다. 방언이 주로 요란하고 떠들썩한 환경 속에서 나타나는 것이 유치하게 보이지는 않았습니다. 오히려 부러웠습니다. 다만 문제는 나는 그렇게 할 수 없다는 것이었습니다. 나는 행동을 표현하고 드러내는 것에 어려움을 겪었습니다.

나는 나의 이러한 기질과 성격이 방언이 나타나고 성령의 흐름이 나타나는 데에 장애가 된다는 것을 몰랐습니다. 그것을 알았으면 많은 시간을 낭비하지 않았을 것입니다.

성령은 각 사람의 기질에 의해서 영향을 받으신다

우리는 성령이 각 사람의 기질, 스타일에 영향을 받으신다는 것을 이해해야 합니다. 성령은 인격적이십니다. 그러므로 그분은 우리를 존중하시고 강압하지 않으시며 우리의 어떤 부분이 그분을 방해할 때 우리의 방해를 억지로 제압하지 않으십니다. 그분은 너무나 섬세하시며 신사적이시기 때문입니다.

그러므로 우리는 우리가 어떤 면에서 그분을 제한하는지, 그분이 우리 안에서 역사하시는 것을 방해하는 것이 무엇인지를 알아가야 합니다. 그러한 이해가 증가될수록 우리는 그분과 협력하며 그분을 제한하지 않게 될 것입니다.

무엇보다 우리의 기질이 그분을 제한할 수 있다는 것을 우리는 기억해야 합니다. 만약 우리가 우아하고 세련된 기질의 사람으로서 단순 무식한 스타일을 싫어하고 한심하게 보는 성향이 있다면, 그것은 성령의 역사를 제한할 수도 있습니다.

그러므로 우리의 기질에 맞지 않는다고 하더라도, 겉으로 보기에 고상하지 않게 보이는 것, 단순하고 유치하게 보이는 것들에 대해서도 쉽게 판단하지 말아야 합니다.

겉으로 보이는 것만으로 함부로 판단해서는 안 된다

함부로 판단하는 것은 잘못된 것이며 악한 것입니다. 그것은 높은 마음에서 나오는 것입니다. 기질적으로 맞지 않는 것은 있을 수 있지만 자신과 맞지 않는다고 해서 함부로 판단해서는 안 됩니다. 그것은 주님을 제한할 수 있습니다.

예를 들어 사람들이 단순한 발음으로 계속 방언을 하고 있을 때 지성인들이 보기에 그것은 아주 유치하고 어리석게 느껴질 것입니다. 그러한 방언을 조롱하는 이들도 있습니다. 우습게 보이는 단순한 방언을 흉내 내면서 웃음거리로 삼기도 합니다. 어떤 사역자가 '와이카노, 와이카노, 와이카노..' 하면서 방언을 하는 흉내를 내면서 많은 사람들을 웃기는 것을 본 적도 있습니다.

그러한 발음이 지성인의 입장에서 보았을 때 우습고 한심스럽게 보이는 것은 이해할 수 있지만, 그러나 그렇게 조롱하는 대상은 방언을 하는 사람이 아니고 그 선물을 주시는 주님이십니다. 그것은 선물을 주신 주님을 비웃는 것이며 주의 성령을 아프게 하는 것입니다.

그런 방언이 그저 아무런 의미도 없는 단순히 쓸데없는 중얼거림이라는 확신이 있다면, 그러한 확신을 주님 앞에 설 때까지 가지고 있다면 그것은 어쩔 수 없는 일입니다.

모든 이들은 주님 앞에서 자기의 신앙 양심과 확신을 따라 살아야 합니다. 그것에 대해서는 주님께서 판단하실 것입니다. 그러나 잘 모르고 그러한 조롱을 했다면, 그리고 나중에 깨달았으며 마음에 찔림이 있다면 그는 주님 앞에서 사죄해야 합니다.

우리가 무엇이든지, 잘 모르는 부분에 대해서 함부로 이야기하는 것은 두려운 일입니다. 모르는 것은 말하지 않아야 하며 알기 위해서는 주님께 물어보아야 합니다. 기도하며 금식하며 바른 지식과 깨우침을 달라고 주님께 구해야 합니다.

겉보기에 단순하고 유치해 보이는 것을 통해서 성령께서 얼마나 놀라우신 은총과 역사를 이루시는지 우리는 이해할 수 없습니다. 그 단순한 외형 속에 얼마나 많은 풍성함을 감추어두셨는지 우리는 알 수 없습니다. 그것을 우리의 기질적인 잣대로 판단해서는 안 됩니다. 우아하고 고상한 무능한 사람보다 유치하고 한심스러워도 성령께 사로잡히는 사람이 되기를 우리는 갈망해야 합니다.

사람의 기질과 스타일은 다 다르다

사람은 누구나 다 고유한 기질이 있습니다. 스타일이 있습니다. 조용한 스타일이 있고 요란한 스타일이 있고 머리로 생각하는 사람이 있고 입으로 생각하는 사람이 있습니다. 생각을 쌓아두는 사람이 있고 생각이 나면 바로 입으로 옮기거나 행동으로 옮기는 사람이 있습니다.

어린아이 때부터 이 차이는 선명하게 나타납니다. 어릴 때부터 활동적인 아이가 있는가 하면 별로 활동적이지 않고 차분한 아이가 있습니다. 먹는 것을 아주 좋아하는 아이가 있고 별로 좋아하지 않는 아이가 있습니다. 감각이나 감정이 둔감하거나 단순한 아이가 있고 섬세하고 정서적인 아이가 있습니다.

어릴 때부터 책을 좋아하는 아이가 있고 책을 싫어하는 아이가 있습니다. 책을 좋아하게 하려고 부모가 책을 읽어주고 아무리 난리를 쳐도 안 읽는 아이가 있고 아무리 나가서 놀라고 해도 움직이는 것을 싫어하고 책에만 빠져 있는 아이도 있습니다. 사람과 잘 어울리는 아이도 있고 어려워하는 아이도 있습니다.

기질의 차이는 우열의 문제가 아니다

이러한 특성은 하나님이 각자에게 주신 것이며 달란트와 사명과도 관련이 있는 것입니다. 이것은 우열의 문제가 아닙니다. 이것은 부르심의 문제입니다.

책을 좋아하고 지적인 기질의 사람이 단순하고 활동적인 사람을 낮게 본다면, 정서적인 사람이 지적인 사람을 차갑다고 판단한다면, 활동적인 사람이 소극적인 사람을 비겁하다고 판단한다면, 그것은 각 사람을 지으신 하나님을 판단하는 것입니다. 그것은 다른 것이지 어느 쪽이 더 좋고 다른 쪽이 나쁜 것이 아닙니다. 하나님께서는 우리 모두가 자기의 장점을 가지고 다른 이의 약점을 담당하며 서로 돕고 사랑하도록 모든 사람을 다 다르게 만드셨습니다.

어린 영혼은 남들도 다 자기 같은 줄 안다

어린 영혼의 한 특성은 남들도 다 자기 같은 줄 아는 것입니다. 자기가 이렇게 생각하면 남들도 그렇게 생각하는 줄 압니다. 자기가 이것을 좋아하면 남들도 그것을 좋아하고 자기가 이런 것을 싫어하면 남들도 그것을 싫어하는 줄 압니다. 자기가 상처가 되는 것이면 다른 이들도 다 같이 상처받는 줄 압니다. 자신이 좋게 생각해서 하는 것이 다른 이에게 불편하고 상처가 되는 것을 모릅니다.

그래서 삶 속에서 다른 이들이 자기와 다르게 생각하고 반응하면 다른 이들을 이상하게 여깁니다. 또는 자신이 남과 다르기 때문에 잘못인줄로 여기고 괴로워하는 이들도 있습니다.

하지만 기억해야 합니다. 당신의 잘못도 아니고 남의 잘못도 아닙니다. 하나님이 그렇게 지으셨을 뿐입니다. 다만 당신이 그것을 이해하지 못하면 삶이 괴롭습니다. 인간에 대한 이해가 부족하면 삶이 고통스럽게 됩니다.

남편이 한 마디만 하면 풀릴 텐데, 그 한마디를 하지 않아서 상처가 지속되는 아내가 있습니다. 하지만 대체로 남편은 그 한 마디를 하는 것이 쉽지 않도록 창조되었습니다. 대부분의 경우 남편은 아내가 왜 화가 났는지도 모릅니다.

다른 이들의 마음, 기질을 모르는 것이 많은 분쟁의 시작이다

많은 분쟁들이 미움보다는 무지에서 시작되는데 사람의 마음, 다른 사람의 마음이 내 마음과 같을 것이라고 여기는 무지에서 대부분의 전쟁은 시작됩니다. 그것이 어린 영혼의 특성이며 어린 영혼은 다른 사람의 마음을 이해하지 못합니다.

자신과 남의 차이를 모르기 때문에 많은 갈등이 일어납니다. 부부싸움의 경우도 대부분의 원인은 환경적인 것이 아니고 서로에 대해서 상대방의 기질과 마음에 대해서 모르기 때문에 일어나는 것입니다. 서로의 삶의 방식이 틀리고 사랑의 표현 방식이 다른 것을 자신의 언어로 이해하려고 하고 상대를 자기에게 맞추려고 하기 때문에 갈등과 전쟁이 끊이지 않습니다. 많은 전쟁을 치른 후 나중에 '저 사람은 원래 저래..' 하고 상대방을 변화시키는 것을 포기하면 비로소 자유와 평화가 찾아오게 됩니다. 기질과 특성을 이해한다면 인간관계에서 많은 유익과 즐거움을 누릴 수 있을 것입니다. 이 세상에 절대적으로 악하고 나쁜 사람은 많지 않습니다. 사람을 이해하고 사람의 마음을 이해하는 이들이 많지 않을 뿐입니다.

방언의 나타남은 기질과 관련이 많다

방언과 방언의 나타남에 있어서도 기질적인 요소는 중요한 관련이 있습니다. 기질적으로 잘 맞는 사람이 있고 잘 안 맞는 사람이 있습니다. 방언이 잘 나타나는 사람이 있고 나타나기가 어려운 사람이 있습니다.

왜냐하면 방언은 나타남의 은사이기 때문입니다. 이것은 새것을 받는 것이 아니라 속에 있는 것이 겉으로 보이도록 드러나는 것입니다. 그러므로 속에 있는 것을 겉으로 드러내는 것에 익숙하지 않은 사람은 이 은사의 나타남이 어렵게 됩니다.

내성적인 사람이 그렇습니다. 그들은 자기의 생각과 마음을 드러내는 것에 익숙하지 않습니다. 이들은 뒤가 깁니다. 이들은 행동하기 전에 많은 고려가 필요합니다. 이들은 누군가의 말을 오랫동안 곱씹으면서 기억하고 의미를 생각합니다. 그 과정에서 상처가 깊어지기도 합니다. 말한 상대는 잊어버렸지만 이들은 오랫동안 자기가 들은 말을 기억합니다. 그것들은 속에 간직되어 있으며 겉으로 잘 나타나지 않습니다.

이런 사람들은 방언이 나타나는 것이 어렵습니다. 방언이 없는 것이 아니라 겉으로 나오기가 어렵습니다. 이들이 오랫동안 서운함을 품고 있어도 아무도 모를 것입니다. 이들은 드러내는 것에 익숙하지 않기 때문입니다. 그것은 속에 있고 바깥에 나타나지 않기 때문입니다. 이들은 자기와 반대로 속을 그대로 드러내는 사람을 부러워하기도 하고 낮고 천박하다고 여기기도 합니다. 아무튼 이들은 방언의 나타남이 어려운 사람들입니다.

이러한 사람들과는 반대로 어떤 생각이 떠오르면 그것을 바로 입으로 표현하는 사람들이 있습니다. 이들이 기분이 좋은지, 나쁜지 온 천하가 다 알게 되는 사람들이 있습니다. 이들은 누가 자신을 불편하게 하면 바로 화를 냅니다. 그리고는 잊어버립니다. 이러한 사람은 방언이 나타나기가 쉽습니다. 방언은 드러나는 은사이기 때문입니다.

또한 방언은 시끄러운 은사입니다. 이것은 조용한 은사가 아닙니다. 조용한 것을 좋아한다면 그는 방언의 나타남이나 방언이 나타나는 분위기를 불편하게 느낄 것입니다. 이러한 기질의 차이로 인하여 그는 방언이나 은사의 나타남을 싫어할 수 있습니다.

방언은 시끄러운 은사이며 방언이 나타나기 전의 분위기도 시끄럽습니다. 방언은 시끄러운 상황에서 시끄럽게 나타납니다. 조용한 기질의 사람들은 시끄러운 곳에 가지 않을 것이며 설사 그러한 곳에 있게 된다고 해도 시끄러워지기 전에 떠날 것입니다. 그러므로 이들은 은사를 경험하기에 불리한 면을 가지고 있는 것입니다.

기질과 성향에 따라 해석이 다를 수 있다

내가 목회를 하고 있었을 때의 일입니다. 어느 날 집회 중에 성령의 풍성한 임재와 역사가 있었습니다. 그 임재는 아름답고 감동적이었습니다. 대부분의 성도들이 그 임재 속에서 웃고 울며 사로잡혀 있었습니다. 주일 예배는 아니고, 좀 자유롭게 기도와 찬양을 드리는 시간이라 성도들은 편안하게 주님의 풍성하심을 누리고 있었습니다. 주의 임재에 아주 민감한 한 자매가 있었는데, 그녀는 성령의 감동을 견디지 못하고 일어서서 춤을 추었습니다. 아름다운 나비처럼 팔을 흔들며 춤을 추다가 그녀는 쓰러졌습니다.

그녀는 외모도 탤런트 뺨치게 아름답고 성품도 천사처럼 아름다운 자매였습니다. 그녀가 눈을 감은 채로 기쁨과 웃음이 가득한 모습으로 팔을 흔들며 춤을 추는 모습은 마치 천사와 같았습니다. 그녀는 쓰러진 상태에서도 눈을 감고 기쁨이 가득한 표정으로 취하여 있었습니다.

그 때 어느 여집사님 한분이 자리에서 일어났습니다. 그녀는 집에 가려는 것 같았습니다. 정식예배가 아닌 자유롭게 기도하고 찬양하는 집회라서 정확하게 끝나는 시간이 있는 것은 아니었고 누구나 자유롭게 기도를 마치고 집에 갈 수 있었습니다.

모두 다 자유롭게 기도하고 찬양에 몰두하고 있었기 때문에 나는 별 생각 없이 그녀를 바래다주러 바깥으로 나갔습니다. 이상하게도 그녀의 표정이 좋지 않았습니다. 그래서 나는 무엇인가 불편한 것이 있느냐고 그녀에게 물었습니다. 그녀는 어두운 표정으로 대답했습니다.

"모르겠어요. 저는 정말 혼란스러워요. 이거 너무 무질서한 거 아니에요?"

그녀는 춤을 추는 자매에 대해서 이야기하고 있었던 것입니다. 나는 정말 놀랐습니다. 집회의 분위기는 열정적이었지만 아름답고 평화로웠습니다. 웃음과 기쁨과 즐거움이 가득한 것이었습니다. 성령의 임재는 달콤하고 강렬했고 그녀는 그 감동을 견디지 못해서 일어난 것입니다. 그것은 정말 아름다운 모습이었습니다. 그런데 그것이 무질서하다니요? 나는 충격을 받았습니다.

　나는 조용히 웃으며 그녀에게 설명을 하였습니다. 성령의 역사는 다양한 것이며, 그녀는 영적으로 예민하기 때문에 주님께 대한 사랑을 그렇게 표현한 것이라고, 그리고 이것이 정식예배도 아니고 사역자의 인도에 반해서 질서를 무시하는 돌출 행동을 한 것도 아니고 전체적으로 자유로운 분위기였기 때문에 무질서한 것은 아니라고, 모두가 다 그렇게 해야 할 필요는 없지만 그것이 수용되는 분위기에서는 나쁘다고 생각하지 않아도 된다고.. 어느 정도 설명하자 그녀는 고개를 끄덕이며 납득을 하였습니다.

　"목사님이 그렇게 말씀하신다면 저는 목사님을 신뢰하니까요.. 그렇게 이해하겠습니다.."

　그녀는 기분을 풀고 떠났지만 나는 그녀가 떠난 후에도 여전히 충격 속에 있었습니다. 세상에.. 이 아름다운 모습을 무질서하다고 보는 시각도 있구나.. 나는 차가운 물을 얼굴에 맞은 것 같았습니다.

기질적, 성향적인 관점을 신앙적 관점으로 여겨서는 안 된다

　나는 청년 시절에 이런 글을 읽은 적이 있었습니다. 어느 장로님이 쓰신 글인데 '꽹과리와 굿판을 치워라' 하는 제목의 글로 예배시간에 드럼을 치고 기타를 치고 하는 것은 세상적이고 마귀적인 것이며 예배의 경건성을 심하게 해친다는 내용이었습니다.

　나의 청년 시절에는 교회에서 기타치고 드럼을 치는 것을 사탄의 역사라고 보는 관점들도 꽤 있었습니다. 나는 아내와 데이트를 하던 시절에 기도원에 기타를 가지고 갔다가 쫓겨난 적도 있었습니다. 나는 기타를 가지고 주님을 찬양하고 싶었는데 그들은 기타가 유흥에 속한 악기라고 하는 것이었습니다.

이것은 신앙적인 문제가 아니며 문화적인 문제이며 기질적인 문제입니다. 이것은 경직된 의식의 문제입니다. 악기와 시끄러운 것을 싫어하는 것은 신앙적인 것이 아니라 기질적인 것입니다. 그것은 성경적인 것이라고 볼 수도 없습니다. 시편에는 다양한 악기를 사용하여 하나님을 찬양하라는 메시지가 많이 나오기 때문입니다.

"나팔 소리로 찬양하며 비파와 수금으로 찬양할지어다" (시150:3)

"시를 읊으며 소고를 치고 아름다운 수금에 비파를 아우를지어다" (시 81:2)

자신이 싫어하고 자신의 기질에 마음이 들지 않으면 그것을 성경적이 아니고 잘못된 것이라고 여기는 것은 흔히 있는 일입니다. 그러나 신앙이란 사람의 중심에 대한 문제입니다. 주를 사랑하고 영혼을 사랑하는가가 중요한 것입니다. 어떤 한 작은 부분적인 것으로 판단하고 정죄하고 편을 가르는 것은 좋지 않습니다.

죄에 대하여 닫힌 것과 의식이 경직된 것은 다르다

우리나라에서 처음으로 교회에 의자를 놓으려고 할 때 그것은 연세가 드신 장로님들의 많은 반대에 부딪쳤습니다. 어떻게 무릎을 꿇지 않고 건방지게 의자에 앉아서 예배를 드릴 수 있느냐는 것입니다. 그러나 지금은 의자가 없으면 오히려 이상하게 여깁니다. 이것은 문화의 문제이고 습관의 문제이지 신앙의 문제가 아닙니다.

경직된 의식이 있습니다. 새롭거나 익숙하지 않은 것에 대해서 나쁘게 생각하는 의식이 있습니다. 열린 의식이 있습니다. 변화와 새로운 것에 대해서 쉽게 적응하고 마음을 여는 의식이 있습니다. 전자의 경우 주님께서 익숙하지 않은 면으로 역사하시는 것을 제한할 수 있습니다.

그러므로 우리는 죄에 대하여, 세상에 대하여 닫혀 있어야 하지만 주님께 대하여 열려 있어야 하며 자신의 의식과 기질과 경험을 넘어설 수 있어야 합니다.

청년 시절 크리스마스 전날 밤에 내가 다니고 있었던 교회의 가까이에 있는 침례교 교회를 방문한 적이 있었습니다. 이 교회의 예배 분위기는 밝고 자유로웠습니다.

나는 장로교에서 자랐기 때문에 엄숙하고 경직된 분위기에 익숙해 있었습니다. 그 교회의 목사님은 젊은 분이었고, 침례교는 미국의 영향을 많이 받은 편이라서 예배 분위기가 좀 여유 있는 것이 아닌가 생각이 들었습니다.

그런데 예배를 드리는 도중에 깜짝 놀랄 일이 있었습니다. 예배 중인데 두 사람이 빨간색의 산타할아버지 옷과 모자를 쓰고 선물을 가득 담은 선물꾸러미를 등에 지고 등장하더니 앞에서 그것을 성도들에게 마구 던지는 것이었습니다. 성도들은 그것을 받으려고 넘어지고 웃고 난리가 났습니다. 아마 크리스마스이브의 특별 이벤트인 것 같았습니다.

이런 예배를 처음 체험한 나는 깜짝 놀랐습니다. 그러나 동시에 아주 신선한 충격을 받았습니다. 너무 즐겁고 기뻤습니다. 예배 시간에 이렇게 할 수도 있다는 것이 행복했습니다. 그런데 동시에 우리 교회의 장로님들이 이 장면을 보았으면 어땠을까.. 하는 생각이 들었습니다. 세상적이며 불경건하다고 분노하시지 않을까, 생각이 들었습니다. 내가 다니던 교회의 분위기는 좀 그랬습니다.

비교적 경직되어 있는 의식을 가지고 있는 이들을 정죄해서는 안 됩니다. 대체로 성실한 사람들은 융통성이 부족하지만 기본과 중심을 잘 지킵니다. 연세가 있는 이들은 대체로 보수성을 띠며 젊은이들은 의식이 열려 있는 경우가 많습니다.

열린 마음이 은사의 경험과 나타남에 유리하다

이것은 균형과 조화의 문제이지 옳고 그름의 문제는 아닙니다. 어떤 변화를 추구할 때 이들도 고려해야 합니다. 변화에 느리게 반응하는 사람들의 정서를 이해하는 것은 중요한 일이며 너무 앞서가서는 안 됩니다.

다만 중요한 것은 열린 의식을 가질 때, 넓은 마음을 가질 때 하나님의 다양한 역사, 은사의 경험과 나타남에 있어서도 유리하다는 것입니다. 너무 조심스러워하고 닫혀 있으면 그것은 하나님을 방해할 수 있습니다.

내성적이고 드러내는 것을 힘들어 하는 기질은 방언의 나타남에 불리한 기질입니다. 시끄러운 것을 싫어하고 조용한 것을 좋아하는 기질도 방언의 나타남에 불리한 기질입니다.

변화를 싫어하고 익숙한 것, 질서정연한 것을 좋아하며 틀을 좋아하는 기질, 새로운 것을 싫어하고 자유분방한 것을 싫어하는 기질도 방언의 나타남에 불리합니다.

정서적인 것을 억압하는 기질도 방언의 나타남에 불리하다

 정서적인 나타남이나 표현을 싫어하는 기질도 방언의 나타남에 불리합니다. 많은 사람들이 울고 흥분하는 것을 싫어하는 사람들도 있습니다. 그런 것을 보면 '왜 자꾸 징징거리지?' 하는 이들도 있습니다. 감정의 기복이나 흐름이나 나타남이 없이 고요하고 차분하고 이성적인 깨달음을 얻게 하는 집회가 진정한 은혜가 넘치는 것이라고 여기는 이들도 있습니다.
 그것은 기질적인 문제입니다. 그런 집회가 가장 성경적이고 깊은 것이라기보다는, 그러한 집회는 이성적이고 냉철한 사람들에게 맞는 집회인 것입니다. 만약 이들이 그것을 자신의 개별적인 특성으로 여기지 않고 그것이 제일 좋은 집회이며 그런 삶이 가장 격조 높은 것이라고 여긴다면, 그들은 다른 사람들, 아내나 아이들과 좋은 관계를 맺는 것이 쉽지 않을 것입니다.

자신을 객관적으로 보라

 중요한 것은 자신을 객관적으로 보는 것입니다. 정서적으로 예민하고 감정이 풍부한 사람이든, 지적으로 예민하여 통찰력이 뛰어나고 지식욕이 많은 사람이든, 행동이 민첩하고 실천력이 뛰어나며 손재주가 많은 사람이든, 그들은 자신의 그러한 모습이 개인적인 특성이며 보편적인 것이 아니고 각 사람은 다르다는 것을 이해해야 합니다. 그렇게 되면 남을 정죄하거나 판단하지 않으며 자기와 같이 만들려고도 하지 않으며 평화롭게 살 수 있을 것입니다.
 그러나 자기의 기질이나 스타일이나 사고방식을 보편적인 것으로 여기고 모두가 다 그래야 한다고 여긴다면 그는 정말 피곤한 삶을 살게 될 것입니다.

아무튼 이러한 이성적인 기질도 일단 방언의 나타남에는 불리합니다. 왜냐하면 방언은 정서적인 측면과 관련이 많이 있기 때문입니다.

베드로와 니고데모의 차이

방언받기에 가장 쉬운 기질은 어떤 사람일까요? 아마 베드로 같은 사람일 것입니다. 그는 단순하고 직선적이며 그리 많은 생각을 하지 않고 어떤 감동을 받으면 바로 실천에 옮기니까요. 그는 표현하고 나타내는 것에 어려움을 겪지 않는 체질이기 때문입니다.

가장 어려운 기질이 있다면 어떤 사람일까요? 아마 니고데모 같은 사람이 아닐까 싶습니다. 성경에 나타난 그의 행적을 보면 그의 성격을 잘 알 수 있습니다.

"그런데 바리새인 중에 니고데모라 하는 사람이 있으니 유대인의 지도자라 그가 밤에 예수께 와서 이르되 랍비여 우리가 당신은 하나님께로부터 오신 선생인 줄 아나이다 하나님이 함께 하시지 아니하시면 당신이 행하시는 이 표적을 아무도 할 수 없음이니이다" (요3:1-2)

실증적이고 합리적이며 소심한 기질의 니고데모

니고데모의 말을 들으면 그는 아주 실증적이고 합리적인 사람인 것을 알 수 있습니다. 그는 주님이 하시는 표적을 통해서 이것은 하나님에게서 온 것이라는 것을 확신했습니다. 그러한 논리적 사고는 현실적인 것이었고 그의 입장이나 위치, 상황에 영향을 받지 않았습니다.

다른 바리새인들은 주님의 말씀이나 능력을 객관적으로 보지 않고 주님으로 인하여 위협을 받게 되는 그들의 지위나 체면이나 입장에서 보고 방어적으로 대했지만 니고데모는 그렇지 않고 논리적이며 객관적인 반응을 보였습니다.

그러나 그는 밤에 예수를 찾아왔습니다. 왜 밤에 찾아왔을까요? 그는 자신의 위치를 숨겨야 하는 입장이었습니다. 바리새인으로서 지도자의 입장이었습니다. 베드로처럼 아무 가진 것이 없고 지켜야 할 체면도 없어서 마음이 가는 대로 편하게 행동할 수 있는 처지가 아니었습니다. 오늘날의 목회자와 평신도의 차이라고 이해하면 될 것입니다. 만약 이름이 알려진 목회자라면 더욱 더 행동이 조심스러울 수밖에 없을 것입니다.

니고데모는 주님에 대하여 관심이 있었지만 그것을 공개적으로 드러내기에는 사회적 위치도 있고 성격적으로도 망설여졌습니다. 그래서 그는 사람의 왕래가 뜸한 밤에 주님을 찾아온 것입니다. 성경은 니고데모에 대해서 언급할 때 이 부분을 분명하게 합니다.

> "일찍이 예수께 밤에 찾아왔던 니고데모도 몰약과 침향 섞은 것을 백 리트라쯤 가지고 온지라" (요19:39)

숨어있던 니고데모가 조금씩 자신을 드러내다

성경은 니고데모를 표현할 때 '밤에 찾아왔던 니고데모'라고 언급합니다. 이 부분은 묘한 뉘앙스를 가지고 있습니다. 마음에는 원하지만, 감히 그것을 드러내지 못하고 남의 눈치를 보는 니고데모의 성격을 잘 보여주고 있는 것입니다.

그러나 그렇게 눈치를 보고 소극적인 니고데모는 계속적으로 그렇게 숨어있지 못합니다. 주님을 알아갈수록, 점점 그는 바깥으로 노출되는 것입니다. 처음에 밤에 찾아왔던 니고데모는 조금씩 자신의 신앙을 표현하기 시작합니다.

"아랫사람들이 대제사장들과 바리새인들에게로 오니 그들이 묻되 어찌하여 잡아오지 아니하였느냐 아랫사람들이 대답하되 그 사람이 말하는 것처럼 말한 사람은 이때까지 없나이다 하니 바리새인들이 대답하되 너희도 미혹되었느냐 당국자들이나 바리새인 중에 그를 믿는 자가 있느냐 율법을 알지 못하는 이 무리는 저주를 받은 자로다 그 중의 한 사람 곧 전에 예수께 왔던 니고데모가 그들에게 말하되 우리 율법은 사람의 말을 듣고 그 행한 것을 알기 전에 심판하느냐 그들이 대답하여 이르되 너도 갈릴리에서 왔느냐 찾아보라 갈릴리에서는 선지자가 나지 못하느니라 하였더라" (요7:45-52)

대제사장들과 바리새인들의 명령을 받고 예수를 잡으러 간 사람들이 예수를 잡아오지 못하고 돌아와서 문책을 받습니다. 그 장면에 니고데모가 같이 있는 것을 보면 니고데모도 대제사장들과 같은 지도적인 바리새인들의 위치에 있음을 알 수 있습니다. 니고데모는 이 장면에서 예수가 공격받는 것을 견디지 못하고 슬그머니 한마디 거듭니다. 예수의 행한 것을 변호합니다.

그러나 그는 '너도 갈릴리에서 왔느냐'는 강경한 대답을 듣습니다. 그 말은 '너도 그와 한 패냐?' 라는 의미입니다. 이 말을 듣고 그는 다시 침묵을 지킵니다.

아마 그는 속으로 움찔 했을 것입니다. 그는 속에 자기 생각이 있어도 불리한 상황이 되면 정면으로 돌파해서 자기 생각을 드러내고 싸우는 기질이 아닙니다. 그는 생각을 속에 가지고 있는 것에 익숙한 사람입니다. 그러나 니고데모의 잠행은 다시 드러납니다. 예수가 죽은 후에 그는 더 이상 숨어있지 못합니다.

니고데모가 드디어 표면에 나타나다

"일찍이 예수께 밤에 찾아왔던 니고데모도 몰약과 침향 섞은 것을 백 리트라쯤 가지고 온지라" (요19:39)

그는 이제 당당히 자신을 드러내고 주님의 장사에 도움이 되는 물품을 가지고 동참합니다. 그는 이제 자신이 예수에게 속한 사람인 것을 더 이상 감추지 않습니다. 그는 이제 더 이상 밤에 예수를 찾아온 사람이 아닙니다.

누구든지 예수를 알아갈수록 그는 계속적으로 속에서 혼자 믿을 수 없습니다. 환란이 오고 핍박이 와도 그는 자신이 예수의 사람인 것을 드러내고 싶어집니다. 그러나 니고데모는 그 시간이 오래 걸리는 사람이었습니다. 그는 베드로처럼 처음에 즉각 반응하는 사람이 아닙니다.

이런 기질의 사람은 깊이가 있습니다. 열정적이고 뜨겁지는 않지만 따뜻한 군불이 오래 갑니다. 그러나 분명한 것은 이러한 기질이 방언의 나타남에는 불리하다는 것입니다. 이런 기질의 사람은 성령의 역사, 은사의 충만한 나타남을 위하여 자신의 이러한 소극적인 기질을 극복해야만 합니다. 남의 눈치를 보고 숨어있는 것에서 벗어날 수 있도록 시도해야 합니다.

기질의 차이를 모르면 갈등과 전쟁이 있다

기질의 차이와 이를 통하여 역사하시는 하나님의 은혜에 차이가 있음을 이해해야 합니다. 기질적인 차이를 이해하지 못할 때 교회에는 항상 갈등이 있어왔습니다.

고린도 교회를 보면 은사가 많이 나타났고 또한 갈등도 많이 있었던 것을 알 수 있습니다.

"형제들아 내가 신령한 자들을 대함과 같이 너희에게 말할 수 없어서 육신에 속한 자 곧 그리스도 안에서 어린 아이들을 대함과 같이 하노라 내가 너희를 젖으로 먹이고 밥으로 아니하였노니 이는 너희가 감당하지 못하였음이거니와 지금도 못하리라 너희는 아직도 육신에 속한 자로다 너희 가운데 시기와 분쟁이 있으니 어찌 육신에 속하여 사람을 따라 행함이 아니리요 어떤 이는 말하되 나는 바울에게라 하고 다른 이는 나는 아볼로에게라 하니 너희가 육의 사람이 아니리요" (고전3:1-4)

사람을 따르는 것은 육신적인 것이며
영적 어린아이의 삶이다

바울은 고린도교회의 사람들에게 너희는 아직도 육신에 속한 자라고 말했습니다. 그들에게 방언과 예언과 여러 신령한 은사들이 나타났지만 그들을 신령하고 성숙한 자들로 여기지 않고 육신에 속한 자라고 말했습니다.

이것을 보면 성숙의 기준은 은사에 의한 것이 아님을 알 수 있습니다. 그들의 행함의 수준, 열매의 수준을 보고 어린 아이이다, 혹은 장성한 사람이다.. 하고 평가하는 것입니다.

은사가 아무리 많이 나타나도 육신적인 삶의 열매가 나타나면 그는 어린아이입니다. 은사가 부족해도, 별로 나타나지 않아도 성숙한 삶의 모습이 나타나면 그는 성숙한 사람입니다. 성경은 이 부분을 분명히 말해줍니다.

이들이 맺는 육신적인 삶의 모습은 어떤 것일까요? 그것은 시기와 분쟁과 사람을 따르는 것이었습니다. 그러므로 방언을 하고 예언을 하고 신유의 역사를 일으키는 통로가 되어도 시기하고 질투하고 분파를 만드는 사람, 분파를 따르는 사람은 육신적인 사람이며 어린아이인 것을 알 수 있습니다.

그런데 왜 그들은 아볼로를 따르고 바울을 따르고 베드로를 따랐을까요?

"**내가 이것을 말하거니와 너희가** 각각 이르되 **나는 바울에게, 나는 아볼로에게, 나는 게바에게, 나는 그리스도에게** 속한 자라 한다는 것이니 그리스도께서 어찌 나뉘었느냐 바울이 너희를 위하여 십자가에 못 박혔으며 바울의 이름으로 **너희가** 세례를 받았느냐" (고전1:12-13)

자기 기질에 맞는 이를 따르는 것은 육신적인 일이다

오늘날 성도들이 자기가 좋아하는 지도자를 따르며 자기가 좋아하는 지도자가 최고라고 하며 다른 지도자를 판단하고 싫어하는 일은 흔히 있는 일입니다. 마치 십대들이 자기가 좋아하는 가수를 우상처럼 모시고 다른 가수들의 안티가 되는 현상과 비슷합니다. 이런 현상을 육적이라고 하는 것입니다.

그런데 그런 현상은 성령의 역사가 충만하던 초대교회 때부터 있었습니다. 왜 그리스도를 따르지 않고, 지도자 안에서 역사하는 그리스도의 형상을 보지 않고, 지도자의 개인적인 매력에 빠지는 것일까요? 그 이유는 무엇일까요?

성도가 사역자의 안에서 역사하시는 그리스도만을 본다면, 사랑한다면 거기에는 분열이 있을 수 없습니다. 그러나 성도가 자기의 기질을 따라, 자기의 기질에 맞는 사역자를 사랑한다면 거기에는 분열이 따르게 됩니다. 그것이 바로 육신적인 일입니다.

베드로, 아볼로, 바울을 따르는 사람들

어떤 사람들이 '나는 베드로에게 속했다' 고 말할까요? 아마 베드로처럼 단순하고 직선적인 사람이 아닐까요? 어떤 사람들이 '나는 아볼로에게 속했다' 고 말할까요? 아볼로는 엘리트이며 지적인 학자입니다. 지적인 분위기를 좋아하는 사람들이 그렇지 않을까요?

베드로를 좋아하는 어느 성도가 말합니다.

"이봐, 베드로 선생님 설교 들어봤어? 정말 너무 시원해.. 아주 속이 뻥 뚫리는 것 같아.."

"에이.. 물론 베드로 선생님도 훌륭하지만.. 그러나 아볼로 선생님과 비교가 되겠어? 아볼로 선생님의 말씀은 깊이가 있어요.. 깊이가.. 베드로와는 수준이 다르지.."

"뭐, 수준이 다르다고? 아볼로 선생이 깊이가 더 뛰어나다고? 내 참.. 솔직히 말하지.. 그분은 좀 척하는 게 있어요. 뭐 간단한 것도 어렵게 말씀하시고.. 너무 문자를 쓰시는 걸 좋아하는 것 같아. 난 그분 설교를 들으면 졸리더라고.."

"뭐라고? 척을 한다고? 정말 무식한 티를 내는 군.. 아이고, 수준이 맞아야 이야기를 하지.."

"이 양반들이 왜 그래.. 베드로 선생처럼 단순 무식한 거나, 아볼로 선생처럼 현학적인 게 중요한 게 아냐.. 바울 선생을 봐요. 영성이 있어요. 영성이.. 베드로 선생은 너무 육적이고 충동적이고 아볼로 선생은 너무 지적이에요. 그러나 바울 선생은 균형이 잡혀있고 영적으로 깊어요. 똑같은 말씀도 풀어서 설명하시는 게 영적으로 다르잖아. 베드로 선생이 바울 선생 앞에서 꼼짝 못하는 거 못 봤어요? 그리고, 아볼로 선생은 바울 선생에게 배운 제자 브리스길라와 아굴라에게 배운 사람이에요.. 그러니까 아볼로 선생은 바울 선생의 제자의 제자인 거야.. 동급이 아니지.."

"허, 참. 누가 그걸 몰라요. 아볼로 선생이 너무 겸손하니까 그런 대학자님이 천막 만드는 노가다 하는 사람들에게도 배울 것은 배우는 것이잖아.."

이런 대화는 충분히 예상할 수 있는 대화입니다. 오래 전에나 지금이나 사람들은 항상 자기의 체질에 맞는 사역자를 존경하고 따릅니다. 그리고 자기의 기질에 맞지 않는 사역자를 판단합니다. 사역자의 안에서 역사하시는 주님을 바라보지 않고 사역자를 따르는 경향은 언제나 있어왔습니다. 오늘날에도 우리 목사님이 최고다, 우리 교회가 최고다.. 하는 이들은 어디서나 볼 수 있습니다.

그러나 그것은 어리석은 말입니다. 오직 사람을 부르시고 사용하시고 역사하시는 그리스도가 최고입니다. 우리 목사님은 지적이다, 영적이다, 깊다, 능력이 있다, 우리 교회는 특별한 교회다.. 이런 식의 따름이 곧 육신적인 것이며 분파적인 것입니다.

사역자를 따르지 말고 그리스도를 따라야 한다

사역자의 안에서 사역자를 통해서 역사하시는 그리스도를 보는 이들은 그리스도를 따르며 그리스도를 높입니다. 그들은 사역자를 따르며 사역자를 높이지 않습니다. 그리스도를 따르며 그리스도를 높이는 이들은 그리스도를 닮아가며 성장해갑니다.

거기에는 분열이 없습니다. 그러나 사역자의 기질, 인간적인 특성을 보는 이들은 오직 사역자를 높이며 사역자를 닮아갑니다. 이것이 분파의 시작입니다.

사역자를 따르지 않고 그리스도를 따르는 자들은 사역자가 그리스도에게 속한 모습을 보이지 않고 자기를 드러내는 모습을 보일 때 그를 떠납니다. 그러나 사역자를 따르는 이들은 어떠한 상황에서도 사역자의 편이 되며 사역자의 사람이 됩니다. 그것은 분열이고 싸움입니다.

기질적인 애정을 극복하라

기질적인 애정은 극복되어야 합니다. 그래야 그리스도의 몸이 분열이 없이 하나가 될 수 있습니다. 지적인 치우침도, 행위적인 치우침도, 정서적인 치우침도, 영적인 치우침도 다 하나됨을 방해합니다. 지적 교만도, 행위적 교만도, 정서적인, 영적인 교만도 다 하나됨을 방해하는 것입니다.

어떤 이들은 감정적인 흥분이나 표출을 싫어하거나 불편해합니다. 주로 지적인 이들이 그러할 것입니다. 이들은 진리와 깨달음을 좋아하며 울고 흥분하는 것은 육신적인 것이거나 사단의 역사라고 생각합니다. 새로운 통찰력과 깨달음을 얻으면 이들은 몹시 기뻐하며 은혜를 받았다고 생각할 것입니다.

또한 지적인 것을 싫어하는 이들도 있습니다. 진리와 통찰력 있는 메시지를 전하면 이들은 지루해하고 피곤해합니다. 울어야 은혜가 되고 감정이 흥분해야 좋은 집회라고 생각하는 이들도 있습니다. 따뜻하고 포근하고 달콤한 집회가 좋은 집회이며 은혜가 충만한 것이라고 여기는 이들도 있습니다.

어떤 이들은 몸에 뜨겁고 강한 감각이 와야 은혜가 임한 것이라고 여깁니다. 이들은 조용하고 차분한 집회에서는 졸지만 아니, 그런 집회는 가지도 않겠지만, 강력하고 뜨거운 집회에서는 신이 납니다. 몸에 강력한 능력이 임해서 성령의 능력 아래서 쓰러지면 이들은 몹시 기뻐할 것입니다.

물론 지적인 이들은 그러한 현상을 보고 육적이거나 사탄적인 것이라고 할 것입니다. 지적인 이들에게는 그러한 현상이 오는 일이 드물기 때문에 그런 것은 다 가짜라고 할 것입니다. 그들은 자기 안에 몸에서 역사하는 성령에 대한 많은 제한이 있다는 것을 알지 못합니다.

성령은 열려 있는 부분을 통해서 역사하신다

성령께서는 각 사람에게 역사하시지만, 열려 있는 부분에 대해서만 역사하십니다. 열려있지 않은 부분으로는 임하시지 않습니다. 지식에 열려있는 사람에게는 지적인 깨달음과 통찰력을 주며 정서적으로 열려있는 사람에게는 기쁨과 감동과 행복감과 만족감, 사랑의 마음을 일으키십니다. 몸에 대하여 열려 있는 사람에게는 뜨겁고 강한 느낌과 실제로 몸에 임하는 강력한 사로잡음을 주십니다.

그 모든 은총은 같은 성령께서 주시는 것입니다. 내게 임하는 성령은 좋은 분이고 남에게 역사하시는 성령은 나쁜 분이 아닙니다. 그러므로 자기와 다르게 역사하는 것을 보고 함부로 판단해서는 안 됩니다.

그것은 어리석거나 유치한 것이 아니라 그 사람에게 맞는 것이며 필요한 것입니다. 그것은 기질에 속한 것입니다. 오늘날 존재하는 많은 판단과 분열은 주로 영적인 것이기보다는 기질적인 문제입니다.

자신이 좋다고 모든 사람에게
좋을 것이라고 여겨서는 안 된다

각 사람은 자기의 기질에 따라 자기에게 맞는 교회, 자신에게 좀 더 은혜가 되고 도움이 되는 사역자나 교회를 선택하고 따를 수 있습니다. 그러나 그것은 자기에게 맞는 것이라고 여겨야지, 이쪽이 가장 좋은 것이며 모든 사람에게 가장 맞는 것이라고 여겨서는 안 됩니다.

이쪽을 선택하지 않은 이들은 어리석다거나 잘못되었다고 여겨서는 안 됩니다. 모든 사람을 자기와 같이 만들려고 해서는 안 됩니다. 사람을 알 때, 사람의 마음을 알 수 있을 때 그에게 적당한 도움을 줄 수 있습니다. 그에게 필요한 것을 주며 보완할 부분을 가르칠 수 있습니다.

　이해해야 할 것은 이것입니다. 당신과 같은 기질만이 있고 다른 것은 틀리거나 육적인 것이 아니라는 것입니다. 이 세상은 우리 혼자만 사는 세상이 아닙니다.

　우리는 다름을 이해해야 합니다. 우리는 여러 사람들 중의 하나이며 많은 기질 중의 하나를 가지고 있을 뿐입니다. 우리는 황인종이지만, 그저 황인종일 뿐입니다. 백인종이나 흑인종보다 낫지도 않고 못하지도 않습니다. 우리는 다만 우리에게 주어진 특성들을 가지고 있습니다. 특성은 다르지만 모두가 다 하나의 근원이신 하나님에게서 나왔기 때문에 우리는 다 하나입니다.

다른 기질을 무시하며 판단하지 말라

　나는 결혼한 후에 아내가 지적으로 떨어진다고, 답답하다고, 말이 안 통한다고 무시하고 모욕하는 남자들을 많이 보았습니다. 그런 차이로, 성격차이로 이혼하는 이들을 보았습니다. 실로 안타까운 일입니다. 사람은 성격차이 때문에 서로 만나고 사랑하는 것입니다. 지적으로 떨어진다면 다른 면에서 달란트가 있고 당신을 보충해줄 수 있을 것입니다. 상대에게서 장점을 발견하지 못하고 단점만 찾고 정죄하는 것은 인간관계를 파괴하는 으뜸가는 비결입니다.

　결혼 전에는 지적이다가 결혼 후에 갑자기 아내가 지적으로 떨어진 것은 아닐 것입니다. 똑같은 사람, 똑같은 성격이 결혼 전에는 좋았다가 후에는 싫어진다면 그것은 사랑과 이해가 식은 것이지 성격차이가 문제가 되는 것은 아닙니다.

모든 사람은 같아야 할 이유가 없습니다. 그리고 모든 사람이 모든 장점을 다 갖추고 있는 것은 아닙니다. 지적이고 냉철하고 정확한 사람은 따뜻한 부분이 부족한 경향이 있습니다. 따뜻하고 포근한 사람은 정확한 부분, 지적인 면이나 이해의 측면이 약할 수 있습니다. 정이 많은 사람은 사랑에 익숙하지만 전쟁을 싫어하고 연약할 수 있습니다. 생각이 많은 사람은 실천력이 떨어질 수 있으며 실천력이 많은 사람은 방향성이 부족해서 좌충우돌하고 충동적인 사람은 일을 많이 벌이지만 마무리를 제대로 못하는 경향이 있습니다.

한 사람이 모든 장점을 가지는 경우는 드뭅니다. 그러므로 자기의 강점으로 상대를 돕고 상대의 강점으로 보완을 받을 수 있습니다. 그것이 사람입니다.

우리는 모두 부분적이며 부족하다

하나님은 우리가 모두 서로 돕고 살도록 모두를 부분적으로 치우치도록 만드셨습니다. 그러므로 내가 가장 옳고 다른 것은 틀렸으며, 유치하고, 한심하고, 무식하고, 잘난 척하고, 냉정하다는 식으로 단편적으로 사람을 평가하는 것은 어리석은 것입니다.

모든 사람은 하나님이 지으신 아름다운 존재이며 귀한 존재이며 독특한 개성과 달란트를 가지고 있습니다. 인간에게는 우열이 없습니다.

그러므로 결코 자기에 대한 우월감을 가져서는 안 됩니다. 나는 깊다고 여겨서는 안 됩니다. 내가 옳고 다른 스타일은 틀렸다고 여겨서는 안 됩니다.

우리는 많은 사람들 중의 하나입니다. 우리에게는 다른 사람들이 필요합니다. 우리에게는 베드로가 필요하고 아볼로가 필요하고 바울이 필요합니다.

성령께서 내 마음에 들게 역사하시기를 기대하지 말라

그러므로 사람에 대한 판단을 버리십시오. 스타일에 대한 판단을 버리십시오. 성령의 역사는 이래야 한다는 인식을 버리십시오. 성령은 반드시 내가 원하는 대로, 내 스타일대로 역사하시고 나타나셔야 한다는 인식을 버리십시오.

성령은 반드시 우아하게 나타나야 한다거나, 강하고 뜨겁게 나타나야 한다거나, 고요하고 달콤하게 나타나야 한다거나.. 하는 것은 다 개인적이고 기질적인 취향에 불과합니다. 우리는 우리 자신을 하나님께 맞추어야지 하나님이 우리에게 맞추어주실 것을 기대해서는 안 됩니다.

무엇보다도, 자신의 기질을 객관적으로 이해하십시오. 그리고 자신의 기질 중에서 성령이 역사하시는 데에 방해된다고 느껴지는 것이 있다면 그것을 내려놓으십시오.

당신의 기질로 성령을 제한하지 말라

당신이 내성적인 면이 있다면, 그래서 사람의 눈치를 많이 보고 바깥을 많이 의식하고 자유롭지 않다면, 지적이고 고상한 기질이라 마음을 열기가 쉽지 않다면, 성령의 역사를 위해서 가급적 잠시만이라도 그러한 기질을 내려놓으십시오. 표현하고 드러내는 것이 어려워도 표현하려고 힘쓰십시오.

당신의 기질로 인하여 성령을 제한하지 마십시오. 고요하고 잠잠한 것을 좋아하며 표현하는 것을 싫어하는 채로 있다면 당신은 방언의 나타남을 경험하기가 어려울 것입니다.

내적인 기질이 꼭 불리하기만 한 것은 아니다

그러나 내적인 기질이 나쁘다고 볼 수는 없습니다. 그것은 처음에만 약간 불리합니다. 내적인 사람들에게 처음에 방언이 나타나기는 비교적 어렵습니다. 그러나 일단 나타나게 되면 지속적으로 꾸준하게 발전해가는 것은 이처럼 내적인 사람들입니다.

베드로형의 활달한 사람은 대체로 생각이 부족하고 내적인 성찰이 부족해서 방언을 오래 하면서도 기계적으로, 습관적으로만 방언을 하며 깊이 발전시키지 못하는 경향이 있습니다. 방언이 어느 수준에서 더 깊은 곳으로 발전하려면 성령과의 인격적인 교제와 연합이 필요한데 이들은 그런 측면이 약합니다.

또 이들은 적극적이지만 충동적이기 때문에 쉽게 은사를 경험하지만 그 후에는 그것을 꾸준히 관리하지 않는 경향이 있습니다. 쉽게 얻고 쉽게 중도 포기하는 이들도 많이 있습니다.

그러나 내적인 기질의 사람들은 처음에 시작하기는 어렵지만 사색적이고 인격적인 경향이 있어서 연합과 동행에 유리한 면이 있습니다. 그러므로 시작은 느리지만 더 깊이 성장할 가능성이 충분히 있는 것입니다.

나의 경우도 후자라고 할 수 있습니다. 나는 활동적인 베드로의 기질보다는 늦게 발동이 걸리는 니고데모의 기질이 있습니다. 겉으로 활동하는 것을 싫어하고 숨어서 일하는 것을 좋아합니다. 그러므로 모든 것이 늦게 나타납니다. 니고데모가 주님의 사후에 더 이상 숨어있을 수 없어서 비로소 표면에 등장하는 것처럼 말입니다. 나의 경우가 그처럼 소극적이고 나타남이 힘든 면이 있어서 나는 나와 비슷한 사람을 돕고 싶은 것입니다.

원래 기질적으로 열정적이고 나타남에 익숙한 사람은 누군가의 도움이 없이도 각자 방언을 받고 성령의 충만을 받을 것입니다. 그러나 낯을 가리고, 걱정하고, 다시 한 번 더 생각하고 좀 더 원리적으로 궁금증이 풀리기를 원하는, 이해와 납득을 원하는 그런 이들을 도우려고 하는 것입니다. 내가 그런 기질이라 어려움을 많이 겪었기 때문입니다.

나의 아내는 쇼핑이든 무엇이든 결정하는 것을 아주 쉽게 합니다. 나는 아주 모든 일에, 모든 결정에 시간이 오래 걸리며 많은 기도가 필요합니다.

실제로 기도 없이는 나는 거의 움직이지 않으며 충분한 기도와 충분한 확신이 오기 전까지는 아무 것도 하지 않습니다. 성령의 역사도 이런 기질의 영향을 받는다는 것을 알아야 합니다. 하나님은 각자의 기질을 무시하지 않으시며 그에 맞추어서 역사하십니다. 그분은 인격적이시기 때문입니다.

당신의 기질을 내려놓으라

그러므로 부디 당신의 기질을 내려놓으십시오. 당신의 기질을 십자가에 못 박으십시오. 그것이 하나님의 은혜가 나타나는 것을 방해하지 않게 하십시오.

우리는 모두 자신의 기질을 초월해야 합니다. 이익을 초월하고 입장을 초월하고 위치를 초월하고 기질을 초월해야 합니다. 우리는 우리 자신에게 속한 사람이 아니라 그리스도에게 속한 사람이며 그리스도의 것이기 때문입니다. 그것이 내가 살지 않고 그리스도가 내 안에서 사시는 방편입니다.

당신의 기질과 반대의 것을 훈련하라

기질을 초월하고 조화를 이루기 위하여 조용한 사람은 시끄러운 것을 훈련하십시오. 시끄러운 것을 견딜 수 있도록 훈련하십시오. 요란하고 활동적인 사람은 조용한 것을 훈련하십시오. 행동적인 사람은 잠잠하게 주를 기다리는 것을 훈련하십시오. 움직이기 싫어하는 사람은 움직이는 것, 행하는 것을 훈련하십시오.

주님께서는 우리의 균형과 성장을 위하여 우리의 기질과 반대되는 사람을 만나게 하시고 갈등하게 하시고 상처받도록 허락하십니다.

인생이란 주님께서 우리를 훈련하시는 과정이기도 합니다. 그 훈련에서 도망가지 말고 적극적으로 응하십시오.

기질적으로 방언이 맞지 않는 이들은 자신의 약점을 객관적으로 인식하고 보완에 힘쓰십시오. 당신이 지적인 사람이며, 단순한 사람들을 유치하고 수준이 낮은 사람이라고 판단한 적이 있다면 그것을 반성하고 회개하십시오.

하나님께서는 유치하고 단순한 사람들을 많이 사용하셨습니다. 베드로도 단순하고 실수도 많이 했지만, 유치한 행동도 많이 했지만, 그러나 주님은 그를 버리지 않으시고 귀한 도구로 사용하셨습니다.

당신의 지식도 지성도 교양도 우아함도 아름다움도.. 다 하나님이 주신 것입니다. 그것은 당신 것이 아니며 당신이 창조한 것이 아닙니다. 그것을 주님을 기쁘시게 하고 다른 이들을 섬기도록 주님께서 허락하신 것입니다.

그것을 자신의 긍지를 위하여, 다른 이들을 판단하는 도구로 사용해서는 안 됩니다. 당신의 기질을 십자가에 못 박고 새로운 영역에서 하나님의 임재를 경험하십시오. 당신은 새로운 차원의 주님, 그 은혜를 경험하게 될 것입니다.

하나님의 바보가 되라

나는 오래 전 어떤 책에서 이러한 내용을 읽었습니다. 어떤 지적인 엘리트 사역자가 방언을 받기를 원하고 다른 이들에게 기도해줄 것을 요청하였습니다.

주위에서 그를 둘러싸고 여러 사람들이 기도를 해주었습니다. 그는 기도를 받았지만 그다지 특별한 느낌은 없었습니다. 그러나 기도를 하는 중에 속에서 어떤 단순한 발음이 떠올랐습니다. 그 발음은 너무 유치하고 한심해보였기 때문에 그는 그 발음을 내고 싶지 않았습니다. 그런데 갑자기 마음속에서 '하나님의 바보가 되자' 하는 생각이 떠올랐습니다.

그는 결단하고 힘 있게 마음속에서 떠오르는 발음들을 말해내기 시작했습니다. 그것은 마치 둑이 무너지는 것 같았습니다. 그 순간 그는 속에서 갑자기 언어가 쏟아지는 것을 경험하게 되었습니다. 그는 폭포수 같은 물줄기 속에 잠기게 되었습니다.

기질적으로 방언의 나타남, 성령의 흘러나옴이 어려운 사람들이 있습니다. 당신이 그러한 사람이라면 부디 당신의 기질을 내려놓으십시오. 사람의 명철을 의지하지 말고 하나님의 바보가 되십시오. 당신은 새로운 은총의 영역에 들어가게 될 것입니다.

마음을 열고 방언기도의 아름다움과 풍성함을 경험하라

이 장에서는 방언을 싫어하는, 또는 방언이 나타나기 어려운 여러 원인들에 대해서 다루었습니다.

방언을 반대하고 불편해하는 여러 이유들이 있습니다. 방언과 관련된 부정적인 경험 때문에, 입장 때문에, 부정적인 가르침을 받았기 때문에, 기질적으로 맞지 않아서.. 이런 여러 가지 이유들로 인하여 방언을 싫어하거나 경험하지 못하는 이들이 있습니다. 만일 당신이 그러한 입장에 있었다면 나는 당신이 마음을 바꾸게 되기를 기대합니다.

방언에 대하여 이러한 부정적인 시각을 가지고 있는 근본적인 원인은 방언에 대한 실제적인 경험이 없기 때문일 것입니다. 방언을 경험하고 이를 통하여 역사하시는 주님의 말로 표현하기 어려운 놀라운 은총을 경험한 이들이 이에 대하여 부정적인 견해를 가진다는 것은 불가능한 것이기 때문입니다.

방언으로 하나님을 찬양하며 경배를 드리면 너무나 아름다운 곡조와 선율과 사랑과 기쁨으로 가득한 하나님의 임재를 경험하게 되는데 그 모든 것을 부정하는 것은 불가능합니다.

방언찬양을 드리는 이들의 얼굴에 나타나는 가득한 환희.. 아름다움.. 사랑스러움.. 그들이 누리는 행복감은 경험자로서는 도저히 부인할 수가 없는 것입니다.

주를 믿으며 날마다 주님께 예배를 드리며 동행하는 신자에게 무신론자가 아무리 비웃어도, 설사 그들을 납득시킬 수 없다고 하더라도 자신이 누리고 경험하고 있는 주님을 부정하는 것이 불가능한 것처럼 말입니다.

방언을 통하여 놀라운 하나님의 임재를 누리게 되다

나의 경험을 책의 앞부분에서 기술하였지만 나는 극단에 가까울 정도로 방언을 구하고 사모하였습니다. 거의 목숨을 걸다시피 해서 많은 대가를 지불하고 고초 끝에 방언을 경험하였습니다. 그 이후에 나의 삶에 얼마나 놀라운 변화와 복이 이루어졌는지 말로 표현할 수조차 없습니다.

나는 그 어떤 것으로도 나의 경험과 바꾸지 않을 것입니다. 주님을 알고 경험하기 위해서라면 나의 목숨도 가볍게 여기는 나의 관점은 그 당시나 지금이나 동일합니다. 이 세상 모든 것을 다 버려도 그 주님의 영광의 임재와 바꿀 수 있는 것은 없습니다. 방언을 통하여 그토록 원하던 주님의 임재를 가까이 누리게 된 것은 나의 평생의 기쁨이며 감사의 제목입니다.

나는 사람들이 방언에 대하여 부정적인 견해를 가지는 것은 방언에 대하여 오해가 있기 때문이라고 생각합니다. 그들은 자신도 내부에 성령을 모시고 있으며, 원한다면 자신도 방언을 할 수가 있고 이를 통하여 주님께서 주시는 수많은 은총을 누릴 수 있다는 사실을 모를 것입니다. 방언을 통해서 얼마나 많은 놀라운 일들이 일어날 수 있는지 모를 것입니다.

배우고 알아가는 것은 부끄러운 일이 아니다

훌륭한 신앙인들, 박식하고 탁월한 영적지도자라고 하더라도 부분적인 것에 대해서 이해가 부족할 수 있습니다. 그것은 하나도 이상한 일이 아닙니다. 나의 경우도 주님이 보여주시고 허락하시는 몇 가지 지식을 가지고 있지만 아직도 너무나 많은 모르는 분야가 있습니다.

나는 그것에 대하여 별로 부끄러워하지 않습니다. 살아있는 동안 계속 공부하면서 모르는 것들을 배워나갈 것입니다. 그것은 몹시 흥미로운 일입니다. 내가 지금 알고 있다고 생각하는 어떤 것도 온전하고 절대적인 것이라고 느끼지 않습니다. 나중에 어떤 틀린 부분을 발견하게 된다면 반성을 하고 수정할 것입니다.

국어선생님이 수학에 대하여 조금 떨어진다면 그것은 부끄러운 일이 아닙니다. 수학선생님이 역사나 생물에 대해서 조금 떨어진다면 그것은 부끄러운 일이 아닙니다. 그러므로 사역자라도, 전문가라고 하더라도 일시적으로 온전하지 않은 견해를 가질 수 있습니다. 나는 우리가 살아있는 동안 여러 면에서 많이 입장을 바꾸고 견해를 바꿀 수 있으리라고 생각합니다. 그것이 좋을 것입니다. 우리의 경험과 지식은 온전히지 않기 때문입니다.

타협할 수 없는 기본 진리들

우리가 목숨을 걸고 타협할 수 없는 기본적인 진리가 있다면 그것은 성경은 하나님의 말씀이며 예수님은 하나님의 아들이시며 또한 하나님이시고 그가 우리를 위하여 죽으셨고 우리는 그 이름과 피를 힘입어 구원을 받고 하나님의 자녀가 된다는 것이며 그러므로 우리의 평생에 주를 사랑하고 이웃을 사랑해야하며 그 복음을 전해야한다는 것입니다.

이러한 기본적인 진리에 대해서 견해를 바꿀 수는 없습니다. 그러나 그렇지 않은 부분적인 것들.. 많은 견해들이 서로 대립하고 있는 부분에 대해서는 우리는 좀 더 공부하고 융통성을 가져야 하며 견해가 다르다고 서로 미워하지 말고 같이 하나님을 향하여 나아가야 할 것입니다.

은혜를 받아들이면 어려움이 올 수도 있다

당신이 방언을 거절하더라도 주님께서는 여전히 당신에게 은혜를 베푸실 것입니다. 당신이 주님을 사랑하고 주님을 붙드는 한 당신을 향한 주님의 긍휼과 자비는 멈추지 않을 것입니다.

여전히 성령께서는 지금까지 은혜를 베푸셨던 것처럼 당신의 열려있는 부분을 통해서 은혜를 베푸실 것입니다. 그러나 당신이 이 은사에 대하여 마음을 열고 받아들이면 당신은 더 놀랍고 충만한 은총의 세계에 들어갈 수 있을 것입니다.

당신이 입장을 바꾸어서 방언을 경험하고 사용하게 될 때 어쩌면 대가를 지불하게 될지도 모릅니다. 광신자라고 욕을 먹을지도 모릅니다. 무식한 사람이라는 소리를 들을지도 모릅니다.

관계가 불편해질지도 모릅니다. 비난받을 수 있습니다. 혼란이 올 수도 있습니다. 당신이 가지고 있는 많은 것들이 흔들릴 수도 있습니다.

당신이 대가를 지불하기를 원치 않는다면, 그래서 현재의 상태에서 머물러 있기를 원한다면 그래도 주님은 당신을 사랑하실 것입니다. 그러나 나는 당신이 대가를 지불하고 나아가기를 바랍니다. 그럴 때 주님은 더 크신 은총으로, 가까우신 친밀하심으로 보상하실 것입니다.

오늘날에도 성령은 실제적으로 역사하신다

오늘날 성령의 역사를 반대하고 불편해하는 많은 이들이 있습니다. 그들은 신학교에서 은사도 기적도 능력도 끝났다고 배웠습니다. 계속 그렇게 믿고 있다면, 입을 닫고 있으면 그럴 것입니다. 그러나 입을 열어 방언을 말하고, 부르짖어 방언을 하고, 중심을 토하고 부르짖으면 성령의 역사와 기적과 능력이 나타나는 것을 보게 될 것입니다. 사람들의 안에 숨어있었던 귀신들이 드러나고 쫓겨 가고 큰 기쁨과 해방의 역사가 일어나는 것을 보게 될 것입니다.

오늘날에도 성령 하나님은 역사하십니다. 그러나 모든 이들에게 역사하시는 것은 아닙니다. 어떤 이들에게는 역사가 여전히 일어나며 어떤 이들에게는 역사가 끝났습니다. 역사가 끝났다고 믿는 이들은 그러한 역사가 일어나는 것을 보게 되면 저것은 마귀의 미혹이라고 여기게 될 것입니다. 저것은 최면술이거나 사단의 역사라고 여기거나 주장하게 됩니다. 어쩔 수 없이 그들은 성령의 역사를 제한하거나 대적하는 입장이 될 것입니다.

오늘날 하나님은 살아 역사하시지만 무신론자들은 여전히 하나님이 존재하지 않는 것으로 믿으며 살아가고 있습니다. 그 선택은 본인에게 달려있는 것입니다.

하나님은 어떤 이들에게 나타나시고 어떤 이들에게는 전혀 나타나시지 않을 것입니다. 어떤 이들에게는 하나님이 아주 멀리 있으며 관념에 불과할 것이고 어떤 이들에게는 너무나 가까우시고 선명하신 실제입니다. 그 선택은 본인에게 달려 있는 것입니다. 주님은 갈망하는 자에게 가까이 임하시며 믿지 않고 찾지 않는 자에게 가까이 오지 않으시기 때문입니다.

갈망을 선택하라

부디 갈망을 선택하십시오. 역사하시는 하나님을 믿으십시오. 그것을 선택하는 이들은 하나님이 완전한 실제이심을 경험할 것입니다. 믿는 자들 중에서도 이 두 종류의 사람들은 항상 있을 것입니다. 가슴이 뜨거워서 견딜 수 없는 사람들도 있을 것이고 그런 것은 끝났다고 믿는 이들도 항상 있을 것입니다.

당신이 그쪽을 선택한다면 그것은 어쩔 수 없는 일입니다. 그러나 나는 당신이 그 입장을 바꾸기를 바랍니다. 당신이 지금의 상태로 만족한다면 할 수 없습니다. 그러나 더 깊은 하나님, 더 가까우신 하나님, 실제적이고 친밀하신 주님을 원한다면 주님은 아주 가까이 임하시고 나타나셔서 역사하십니다. 방언은 그 아름다운 통로입니다. 나는 목숨을 주고도 그것과 바꾸지 않을 것입니다. 이 은혜가 주는 기쁨과 은총을 그 무엇과도 바꿀 수 없기 때문입니다.

보라매 집회의 소감 이혜경 사모 2001. 12. 28

* 앞에서 언급한 집회에 대하여 참고가 되지 않을까 싶어서 당시에 아내가 카페에 쓴 글을 올립니다.

보라매공원에서의 첫 집회. 사영모(사랑의 영성 모임) 식구들의 중보 기도소리가 계속 들려오는 가운데 집회 장소에 들어갔습니다.
집회가 시작되었을 때 아이들의 장난과 웃음들.. 그 어디에도 주님을 사모함이 없었습니다. 안타까움으로 쳐다보고 있었는데 목사님이 등장하셔서 찬양을 인도하다 맨 앞에서 떠들고 웃는 아이들에게 주의를 주셨습니다. 그래도 계속 웃고 떠들자 목사님은 단에서 내려오시고 바깥의 방으로 들어가셨습니다.
저는 뛰는 가슴을 달래며 목사님께 달려갔습니다. 저는 목사님을 잘 아는지라 놀란 가슴이 쿵쾅거리는 것을 느꼈습니다.
목사님은 주님이 임하시지 않으면 아무리 사람이 많아도 집회를 인도하지 않습니다. 그러기에 목회를 하면서 예배를 드리다가도 주님이 말씀을 주시지 않는다고 그냥 각자 기도하자고.. 그렇게 예배를 끝내신 적도 여러 번 있었습니다.
하지만 지금은 많은 분들이 사모하여 먼 곳에서 많이 왔는데.. 그들을 어떻게 해요? 하는 마음으로 목사님께 달려갔습니다. 목사님은 '나도 할 수가 없는 걸.. 주님이 역사를 못하시는데 어떻게 해..' 합니다.
조금 후에 목사님은 맨 앞줄의 자리를 바꾸지 않으면 도저히 찬양을 할 수가 없으며 성령님이 오시지 않고 집회 자체가 불가능하다고 했습니다. 주님을 우습게 여기고 무시하는 곳에는 주님이 오실 수 없으며 자신이 아무리 하고 싶어도 할 수가 없다고 합니다.

목사님은 맨 앞쪽 자리에 주님을 사모하는 이들이 채워져야 성령님의 능력이 나갈 수가 있다고 했습니다. 지금은 능력이 나가지도 않고 나가도 방해를 받기 때문에 뒤까지 갈수 없다고 했습니다. 그러므로 꼭 자리를 바꾸어달라고 부탁을 했습니다.

나는 그 이야기를 듣고 지난번에 P교회 학생회에서 집회를 했을 때 첫날에는 자리를 마음대로 앉아서 집회가 실패하고 그 다음날에 사모하는 이들이 첫째 줄에 앉도록 자리를 바꾼 후에 주님의 놀라우신 역사가 임했던 것이 생각났습니다.

나는 나가서 자리를 얼른 바꾸어 앉도록 이야기하고 다시 목사님이 계신 방으로 들어와서 보고를 하였습니다.

목사님은 가만히 기도하면서 기다리고 있다가 조금 시간이 지나자 '다시 한 번 시도해보자.. 이번에도 안 되면 내려오는 수밖에..' 하고 다시 예배 장소로 돌아갔습니다.

목사님은 다시 강단위로 올라섰습니다. 저는 앉자마자 눈물이 주체할 수 없이 흘러 내렸습니다. 마치 마음이 타는 것 같아서 마음 속 깊이 울부짖으며 기도했습니다.

'주님.. 다 저 때문입니다. 제가 제대로 기도하지 않았어요..'
'주님.. 제발 용서해주세요..제발.. 도와주세요..'
'주님! 주님! 도와주세요.'
'도와주세요.' 라는 말만 하면 눈물이 폭포수처럼 쏟아졌습니다.
'이 많은 사람들.. 그냥 돌아가지 않게 해주세요.' 하는 간절한 마음으로 기도했습니다. 저는 그야말로 절박한 심정이 되었습니다.

시간은 불과 몇 분.. 그러나 저에게는 몇 천 년같이 느껴지던 시간이었습니다. 마치 애가 바짝바짝 타는 것 같았습니다. 모세가 자기의 백성을 위해 하나님께 눈물로 호소하던 모습이 갑자기 떠올랐습니다.

'주님, 도와주세요..' 간절히, 정말 간절히.. 소리는 내지 않았지만 비 오듯 눈물을 흘리면서 기도했습니다. 그러면서 아.. 중보란 바로 이러한 것이구나.. 하는 느낌이 들었습니다.

그렇게 간곡하게 주님을 붙들고 있는데 너무나 선명하게 주님이 말씀하시기를 '내가 너의 눈물을 보았다', '너는 남편을 위하여 눈물로 중보하라. 내가 그를 붙잡으리라' 하시는 것이었습니다.

그것은 너무나 강력한 말씀이었고 그 음성을 듣자 나는 조금 안심이 되었습니다. 그러면서 주님의 음성을 듣는 것은 그러한 절박함, 간절함에서 오는 것이구나.. 하고 다시 느꼈습니다.

나중에 목사님이 말씀하시는데 제가 마구 우는 모습을 보았고 마음이 뜨거워지면서 집회의 영이 회복되는 것을 느꼈다고 하는 것이었습니다.

그리고 나는 분위기가 바뀐 것을 느꼈습니다. 목사님이 찬양을 시작하시자 곧 회중에 눈물의 폭풍이 휘몰아치는 것 같이 느껴졌습니다. 사람들은 집회 내내 엉엉 울었고 쓰러지고 성령님에 취해서 정신을 못 차리는 분들도 계셨습니다.

목사님의 메시지가 끝나고 다시 찬양, 기도, 눈물, 통곡, 쓰러짐, 포효하는 듯한 장내의 소리.. 방언을 받으려고 나온 아이들, 그들을 위해 기도해주는 기도모임 식구들의 기도소리.. 아름다운 하모니가 되었습니다. 주님의 영이 윙윙하는 바람소리처럼 들렸습니다.

주님의 운행하심.. 목사님은 아이들이 방언을 받도록 도와주신 후에 기도를 인도하면서 주님의 임하심을 계속 초청하고 구했습니다.

목사님이 "주님의 영이 지금 운행하고 계십니다. 지금 받으세요.. 계속, 계속 받으세요." 하고 말씀하실 때는 강한 힘이 움직이면서 온 몸에 짜릿 짜릿한 기운의 임재가 계속 들어오는 것이 느껴졌습니다.

그 주님의 임하심.. 말로 표현이 잘 안 되는 군요. 주의 이름을 부르는 기도를 인도하시며 "예수! 예수! 예수!" 주의 이름을 계속 외치면서 반복할 때는 마치 하늘에 올라가는 기분이었습니다.

반대하시는 전도사님은 그것을 잘못되었다고 하셨는데 예수 이름을 부르는 것이 이렇게 좋은데 왜 그럴까 싶고 잘 이해가 가지 않았습니다.

우리는 첫날 집회를 마치고 조금 안심이 되었습니다. 보통 목사님은 첫날이나 둘째 날은 조금 완급을 조절하는 편이고 마지막 날에 강력하게 쏟아 부어서 끝날 때에는 눈물의 홍수가 되는 것이 보통이었습니다. 그런데 왜 오늘은 첫날부터 강력하게 방언도 터트리고 강력한 기도를 시켰을까요?

내가 이상해서 물어보니 이들 가운데 어둠의 기운이 너무 많다고, 내일 밤에 마귀의 진을 아주 초토화시키는 결박의 전투를 벌이려고 하는데 오늘 어느 정도는 영이 열려야 그것을 감당할 수 있다고 말씀하십니다.

첫날은 주님의 경험, 둘째 날은 마귀를 부수고 자유케 되는 것에 대해서, 그리고 마지막 날에는 주님께 순종하고 사랑하고 연합되는 것에 대해서 하려고 한다고 하십니다. 하지만 자려고 하는데 K전도사님이 오셔서 그 전도사님이 면담을 요청하신다고 이야기를 하셨고 그리고 그 다음에는 다 아시는 이야기지요.

우리는 그 곳에서 철수해서 같이 있었던 사영모 식구님들과 광주에서 올라오신 목사님일행, S형제등과 같이 우리 집으로 가서 여러 대화를 나누었습니다.

그들이 떠난 후 우리는 지쳐서 곧 잠이 들었는데 아침에 깨어나자마자 저는 '주님... 왜 이런 일이 일어났을까요?' 하고 간절하게 기도를 드렸습니다.

나의 맘속에 선명한 주님의 메시지가 오기 시작했습니다.

'딸아, 너는 아직도 영적인 전쟁을 피상적으로 생각하고 있다. 너는 마귀로부터 나와 너의 남편과 너의 모임 식구들을 보호해야 하며 그들의 진을 부수어야 한다.'

'너희가 나의 종이라면 결코 인간의 정에 이끌려서는 안 된다.'

'너희를 대적한 이들을 축복해야 한다.'

'내가 보낸 모든 집회에 내가 역사하고, 역사할 것이다.'

'나의 능력을 나타낼 것이다.'

'사람들의 심령을 내가 회복시키고, 넘치는 자유와 기쁨을 줄 것이다.'

그 모든 메시지들에 아멘, 아멘을 드리면서 저는 절망과 낙심에 빠져있던 마음이 순식간에 기쁨으로 회복되었습니다. 저는 솔직히 목사님처럼 대적자들을 즉시 사랑하고 축복하지 못했고, 원망하는 마음이 있었거든요.

이번 일을 통해 정말 모든 일에 주님의 인도를 받으며 순종해야 하는 것의 중요성을 새롭게 배우게 된 것 같습니다. 가슴이 아팠지만 결과적으로는 너무 감사한 것 같습니다.

또한 중보란 오랜 시간을 기도하는 것이 아니라 짧은 시간에도 목숨과 진액을 쏟아 붓는 것이며 그러할 때에 주님이 선명하게 그 간절함을 보시고 오신다는 것을 새롭게 알게 된 것 같습니다.

오늘 L전도사님 댁에 S자매님을 위로하러 모였었지요. 어떻게들 다들 알았는지 22명이나 모였고 찬양을 한곡 한다는 것이 다섯 시간 동안이나 계속되어 집회가 되어버렸지요.

목사님이 부흥과 영적 전쟁과 능력이 임하는 세 가지 단계 등을 말씀하셨고 다시 사랑의 고백과 눈물, 통곡, 웃음과 기쁨을 나누면서 정말 이것이 천국이구나.. 하는 것을 다시 느꼈습니다.

주님 안에서 만나고 사랑하고 축복을 나누고. 정말 얼마나 감사한지요.. 오늘의 주님의 풍성하신 역사는 집회에 대한 주님의 위로인 것처럼 느껴졌습니다.

기도모임 식구님들 모두 너무 너무 사랑하고 감사합니다.

참 아름다운 밤입니다. 주님과 함께 편안한 밤 되세요.

35. 방언에서 부흥이 시작된다

　방언과 부흥과 관계가 있습니까? 있습니다. 아주 많이 있습니다. 방언이 나타나고 성령의 역사와 임재가 풍성한 곳에서는 부흥이 일어납니다. 그렇지 않은 다른 곳은 침체되어 있는 것이 일반적인 현상입니다.

　성령의 역사를 제한하는 교회와 사역은 점점 더 약해지고 있으며 성령의 은사와 역사를 받아들이고 사모하는 교회는 부족한 면이 있고 약점이 있어도 활기가 있고 꾸준히 성장하고 있습니다. 물론 그러한 성장 속에서 영적인 갈등이나 문제가 있을 수 있기 때문에 그러한 것들을 기도와 은혜로 잘 통과할 수 있어야 합니다.

　활기와 열정이 있는 곳에는 부흥도 있지만 갈등도 같이 따라오게 됩니다. 그러나 그것은 침체와 무기력보다는 나은 것입니다. 전쟁은 강력한 화력과 무기를 통해서 승리할 수 있지만 침체와 무기력은 이미 패배한 상태이고 눌려있는 상태이기 때문입니다.

이 시대에 가득한 영적 침체

　오늘날 영적 침체는 흔히 볼 수 있는 모습입니다. 성도들은 활력이 없고 열정이 부족합니다. 기쁨에 잠긴 성도들을 보는 것은 어려운 일입니다. 교회와 모임에 오는 것을 별로 좋아하지 않습니다. 세상에 빠지고 드라마에 빠지고 게임에 빠지고 다른 즐거움을 찾는 이들은 많아도 기도에 빠지고 신앙적인 열정에 빠진 이들을 보기란 어려운 일입니다.

성도들을 교회에 잡아두는 것은 쉬운 일이 아닙니다. 봉사를 시키는 일이란 더욱 어렵습니다. 성도들은 아주 작은 헌신을 하는 것도 힘들어 하며 작은 헌신에도 인정과 칭찬을 받고 싶어 합니다. 세상에서의 성취를 위해서는 엄청난 시간과 정성을 투자하는 것을 아까워하지 않지만, 주를 위한 일에서는 작은 헌신도 아주 힘들어하며 자기 연민에 빠집니다. 그러므로 그들의 수고에 대하여 항상 격려와 칭찬을 아끼지 않아야 합니다. 그렇게 하지 않는다면 어떤 이들은 시험에 들 수도 있습니다.

이러한 현상은 한 마디로, 영적으로 병든 것이며 사랑이 식은 것이라고 할 수 있습니다. 사랑에 빠진 사람은 애인을 위한 어떤 수고와 이벤트에도 가슴이 뛰고 흥분되지만 권태기의 상태에서는 작은 봉사도 귀찮아합니다. 이것은 오늘날 흔히 볼 수 있는 가슴이 식어버린 그리스도인들의 모습입니다.

열정이 있고 행복했던 초대교회 성도들

성경에 나타나는 초대교회의 모습은 이와 많이 다릅니다. 그들은 기쁨에 잠겨 있었습니다. 그들은 날마다 모였습니다. 그들은 작은 무리였고 모이는 장소도 변변치 않았지만 열정이 있었고 행복했습니다. 그들은 기쁨으로 음식을 먹고 떡을 떼며 교제하고 울고 웃었습니다. 그들이 모이는 곳에는 우아한 카페도 없었고 헤이즐넛 향의 커피도 없었고 변변한 음식도 없었지만 그들은 행복했습니다.

그들은 모임의 장소를 떠나고 싶지 않았기에 눈만 뜨면 모였습니다. 시간만 나면 그들은 모임의 장소로 왔습니다. 그 이유는 그 공간을 가득 채우는 하나님의 임재였습니다. 성령의 임재였습니다. 그 성령의 임재 속에서 그들은 역동성이 있었고 기도와 교제에 흠뻑 취했습니다.

그들이 모여서 기도할 때 오순절날 성령이 구체적으로 임하셨고 그 영의 풍성함이 흘러나왔습니다. 성령은 각 사람의 머리 위에 머물러 있었습니다. 그 영의 역사는 뚜렷한 실체였습니다. 그 풍성한 영의 흐름은 그들 가운데 계속 있었습니다. 기도하면서, 교제하면서 그들은 그 풍성함 속에 있었습니다.

"오순절 날이 이미 이르매 그들이 다 같이 한 곳에 모였더니 홀연히 하늘로부터 급하고 강한 바람 같은 소리가 있어 그들이 앉은 온 집에 가득하며 마치 불의 혀처럼 갈라지는 것들이 그들에게 보여 각 사람 위에 하나씩 임하여 있더니 그들이 다 성령의 충만함을 받고 성령이 말하게 하심을 따라 다른 언어들로 말하기를 시작하니라" (행2:1-4)

그들에게 성령은 개념이 아니고 실체였다

경험자는 알 것입니다. 급하고 강한 바람 소리와 같은 것이 오래 전의 사건으로 끝난 것이 아닌 것을 말입니다. 집회 가운데 성령이 임하실 때 우리는 흔히 바람소리를 듣습니다. 웡웡거리는 소리가 그 공간에 가득하고 그 바람이 사람을 쳐서 쓰러뜨리고 그 바람에 맞는 사람은 흐느껴 울고 회개하며 그 영에 사로잡혀서, 세상이 줄 수 없는 놀라운 기쁨에 사로잡혀서 자신을 하나님께 드린다는 것을 말입니다.

초대 교회에서 제자들의 모임은 그러한 영의 실체가 가득한 것이었습니다. 그들에게 성령은 개념이 아니고 실체였습니다. 그들은 그 영의 움직임과 함께 살았습니다.

아이가 아빠에게 묻습니다.

"아빠.. 예수님께 기도를 드리는데 따뜻하고 뜨거운 바람이 저를 마구 눌러요. 이게 뭐예요?"

아빠는 부드럽게 웃으면서 대답합니다.

"응, 주님이 가까이 오신 거란다.. 기분이 어떠니?"

"아빠.. 기분이 아주 좋아요.."

그들은 매우 실제적인 주님과 함께 하고 있었습니다. 핍박이 오고 어려움이 와서 영이 눌리면 그들은 다시 모였습니다. 그리고 강력하게 부르짖었고 그 영의 실체가 다시 왔습니다. 그러면 그들은 회복되었습니다.

그들은 영이 눌리면 부르짖었고 다시 충전되었다

"사도들이 놓이며 그 동료에게 가서 제사장들과 장로들의 말을 다 알리니 그들이 듣고 한마음으로 하나님께 소리를 높여 이르되 대주재여 천지와 바다와 그 가운데 만물을 지은 이시요 또 주의 종 우리 조상 다윗의 입을 통하여 성령으로 말씀하시기를 어찌하여 열방이 분노하며 족속들이 허사를 경영하였는고 세상의 군왕들이 나서며 관리들이 함께 모여 주와 그의 그리스도를 대적하도다 하신 이로소이다 과연 헤롯과 본디오 빌라도는 이방인과 이스라엘 백성과 합세하여 하나님께서 기름 부으신 거룩한 종 예수를 거슬러 하나님의 권능과 뜻대로 이루려고 예정하신 그것을 행하려고 이 성에 모였나이다 주여 이제도 그들의 위협함을 굽어보시옵고 또 종들로 하여금 담대히 하나님의 말씀을 전하게 하여 주시오며 손을 내밀어 병을 낫게 하시옵고 표적과 기사가 거룩한 종 예수의 이름으로 이루어지게 하옵소서 하더라 빌기를 다하매 모인 곳이 진동하더니 무리가 다 성령이 충만하여 담대히 하나님의 말씀을 전하니라"(행4:23-31)

성령이 임재하시고 영적인 풍성함이 있을 때 어두움의 세력들은 그것을 내버려두지 않습니다. 거기에는 반드시 공격이 있고 갈등이 있습니다. 그것은 문화의 문제가 아니라 영적인 전쟁입니다. 어두움의 영들은 성령의 불을 꺼버리기를 원합니다. 제사장들과 장로들은 사도들에게 경고하며 위협하였습니다. 그들은 이 역사와 흐름을 차단하기를 원했습니다.

사도들이 동료에게 가서 그들의 받은 위협에 대해서 이야기했을 때 그들은 어떻게 반응했을까요? 좌절하고 낙담하며 눌렸을까요? 아닙니다. 그들은 좌절하지 않았습니다.

대신에 그들은 같이 모여서 하나님께 소리를 높여 기도했습니다. 그들은 그들에게 온 외부의 공격에 대해서 강력한 기도로써 반응했습니다. 이 압박과 공격에 그들의 영이 눌리지 않고 더욱 더 강한 능력과 힘을 얻기를 원했습니다.

그들이 뜨겁게 기도하자 모인 곳이 진동했습니다. 그 진동은 사람이 만든 진동이 아니었습니다. 건물이 오래 되어서 진동한 것이 아닙니다. 그 공간에 성령이 함께 하셨습니다. 그들의 기도를 들으셨고 그들에게 임하여 채우셨습니다.

그 영의 풍성함과 흐름과 충전은 그들에게 있어서 생생한 실제였습니다. 진동이 있고 나서 그들은 모두 성령의 충만함을 받았습니다. 이것은 그 진동이 성령으로 인하여 온 것임을 보여줍니다. 성령은 가까이 임하셔서 진동하시고 각 사람을 사로잡자 충만하게 채워 주셨습니다.

그러한 충만함이 임하자, 그들은 더욱 더 담대해졌습니다. 그래서 전혀 기가 죽지 않고 더욱 더 강력하게 하나님의 말씀을 전할 수 있었습니다. 문제가 있고 위협이 있을 때 그들은 모여서 기도했고 강력한 능력으로 충전되었으며 더 이상 문제가 문제로 여겨지지 않게 되었습니다. 성령이 임하시고 충만하게 역사하실 때 모든 이들은 담대해집니다. 충만해지고 강건해져서 아무 것도 두려워하지 않게 됩니다.

성령의 운행이 있을 때 진동이 있고 흐름이 있다

영의 흐름이 있을 때, 성령의 운행하심이 있을 때 그 공간에는 진동이 있습니다. 가슴을 술렁거리게 하고 움직이게 하는 역동성이 거기에 역사합니다. 사람들은 방언을 하고 성령의 운행이 있을 때 그것을 취한 상태로 오해하였습니다. 그만큼 그들은 충만하고 사로잡히고 역동적인 상태에 있었습니다.

나는 집회를 할 때 성령이 강력하게 운행하실 때면 붕붕거리는 듯한, 윙윙거리는 듯한 소리를 자주 들었습니다. 처음에 나는 마이크에서 하울링 소리가 나는 줄 알았습니다. 혹시 내 귀에 벌레 같은 것이 들어갔나 싶어서 귀를 후비기도 했습니다.

그러나 그런 일이 반복되면서 나는 성령이 운행하실 때는 이런 바람소리와 같은 것이 동반되는 것을 알게 되었습니다. 이것은 선명한 실제였습니다. 나는 그 성령의 흐름, 그 기운이 사람들에게 역사하여 통곡하게 하고 회개하게 하고 헌신하게 하는 것을 알게 되었습니다.

성령이 사람을 사로잡으실 때, 거기에는 자유가 있습니다. 기쁨이 있습니다.

부흥하는 교회에는 흐름이 있습니다. 뭔가 가슴을 술렁이게 하는 그 무엇인가가 있습니다. 사람들은 생기가 있고 웃음이 있고 기쁨이 있습니다. 침체된 교회에는 그 흐름이 없습니다. 움직임이 없고 굳어 있습니다. 그 공간에는 죽음과 같은 침묵이 흐릅니다. 소리를 내어서 기도하는 사람이 없습니다. 찬송을 해도 목소리가 나오지 않습니다. 말하는 것도 어렵고 부자연스럽고 사람들과 눈을 마주치는 것이 어색합니다. 빨리 그 공간을 떠나고 싶어집니다. 무엇인가 우울하고 어두운 분위기입니다. 이러한 것이 영적으로 눌려있는 흔한 모습입니다.

성령이 운행하시는 곳에는 역동성이 있고 기쁨이 있다

성령이 역동적으로 역사할 때 거기에서는 아주 쉽게 입을 벌리게 됩니다. 부르짖게 됩니다. 외치고 기도하게 됩니다. 기쁨이 임하고 신이 납니다. 아무 것도 아닌 일에 웃음이 폭발합니다. 행복하고 즐겁습니다.

그러나 영의 흐름이 없을 때 그 공간은 무거운 분위기로 가득합니다. 아무도 웃지 않으며 유머를 던져도 아무도 반응을 하지 않기 때문에 분위기는 더욱 더 썰렁해집니다. 가슴은 점점 답답해지며 머리에는 온갖 혼란스러운 생각으로 가득해집니다. 그러한 모임에서 사람들의 소원은 어서 빨리 이 모임이 끝나서 집에 가고 싶은 것입니다. 그러나 성령의 달콤한 역사, 그 임재가 운행할 때 사람들은 아무도 집에 가려고 하지 않습니다. 그 아름답고 황홀한 공간을 떠나고 싶어 하지 않습니다. 그래서 사람들을 집에 보내기 위해서 매우 힘써야 합니다. 성령의 역사, 운행하심이 있을 때 그 공간에는 황홀한 아름다움이 있습니다.

부흥은 영적 충만함에서 온다

그것이 초대교회의 분위기이며 성령이 역동적으로 역사하는 공간의 특성입니다. 이것이 부흥과 관계가 있는 것은 당연합니다.

성령이 충만하게 역사하시는 곳은 부흥됩니다. 성령의 역사, 그 흐름이 부족한 곳은 영적으로 메말라서 부흥이 오지 않습니다. 이것은 아주 단순하고 명백한 원리입니다. 결코 지식이 부족해서 침체가 오지 않습니다. 교리가 부족해서 침체가 오지 않습니다. 물질이 부족해서, 이벤트가 부족해서 침체가 오지 않습니다. 그 영의 역사가 없으면 그 어떤 것으로도 사람의 심령을 채울 수 없습니다.

세상의 영광이 교회 안에 들어올 때 영의 역사는 소멸된다

초대교회의 부흥과 그 충만한 역사, 역동성은 어떻게 상실되었을까요? 영적 침체는 어디에서 왔을까요? 그 대표적인 사건은 콘스탄티누스 대제와 관련이 있을 것입니다.

AD 312년 라이벌 막센티우스와의 운명을 건 일전에서 승리한 콘스탄티누스는 이듬해인 313년에 기독교를 국교로 공인합니다. 이제 더 이상 기독교인들은 핍박을 피하여 카타콤으로 숨을 이유가 없게 되었습니다. 이제는 기독교가 더 이상 고통과 환란의 종교가 아니라 부와 명예와 영광의 종교가 된 것을 의미합니다.

많은 이들이 살아계신 그리스도를 만나고 누리기 위해서가 아니라 부와 명예를 위하여 교회에 들어오게 되었습니다. 이제 교회의 순결은 더럽혀졌고 교회는 이방인과 같이 섞여졌습니다. 그것은 성령을 소멸시킵니다. 심령의 가난함, 주를 향한 순결한 갈망이 사라지고 세상의 영, 세상을 사랑하는 영들이 교회 안에 들어올 때 거룩한 영은 소멸됩니다. 이러한 역사는 교회에도, 개인의 삶에도 반복됩니다.

갈망이 식으면 영적 침체가 온다

가난하고 힘들고 어려울 때 순전한 마음으로 주를 찾던 이들이 주의 긍휼을 입어 어느 정도 여유가 생기고 살만하게 되면 그 갈급한 심령이 사라져버리기 쉽습니다. 그러면 서서히 기쁨과 감동을 잃어버리고 무덤덤한 신자가 되어 버리게 됩니다. 갈망이 식으면 성령은 소멸되며 침체가 오기 시작합니다. 그리고 그것이 모든 비극의 시작입니다.

교회에 갈망하는 이들이 많이 있으면 그 공간에는 성령의 임재가 가득하게 됩니다. 그러나 부와 권세가 있는 이들이 교회에 가득할 때, 그리고 그들이 우대 받을 때 교회는 세상과 별로 차이가 없는 곳이 되어 버립니다. 성경은 이러한 부분을 많이 경고하고 있습니다.

"내 형제들아 영광의 주 곧 우리 주 예수 그리스도에 대한 믿음을 너희가 가졌으니 사람을 차별하여 대하지 말라 만일 너희 회당에 금 가락지를 끼고 아름다운 옷을 입은 사람이 들어오고 또 남루한 옷을 입은 가난한 사람이 들어올 때에 너희가 아름다운 옷을 입은 자를 눈여겨 보고 말하되 여기 좋은 자리에 앉으소서 하고 또 가난한 자에게 말하되 너는 거기 서 있든지 내 발등상 아래에 앉으라 하면 너희끼리 서로 차별하며 악한 생각으로 판단하는 자가 되는 것이 아니냐 내 사랑하는 형제들아 들을지어다 하나님이 세상에서 가난한 자를 택하사 믿음에 부요하게 하시고 또 자기를 사랑하는 자들에게 약속하신 나라를 상속으로 받게 하지 아니하셨느냐 너희는 도리어 가난한 자를 업신여겼도다 부자는 너희를 억압하며 법정으로 끌고 가지 아니하느냐 그들은 너희에게 대하여 일컫는 바 그 아름다운 이름을 비방하지 아니하느냐" (약2:1-7)

부자와 권세자를 대접할 때 교회는 병들어간다

부와 권세를 가진 이들을 높여주고 접대할 때 교회는 병들어가게 됩니다. 부와 권세를 가진 모든 이들이 다 영적으로 무덤덤하며 갈망이 없다고 단언할 수는 없습니다.

부와 권세를 가진 이들 중에도 자신이 가지고 있는 부와 권세에 매이지 않고 자유하며 주를 향한 눈물과 갈망을 잃지 않는 이들이 있을 수 있습니다.

만일 그렇다면 그것은 아름다운 일입니다. 그러나 일반적으로 보면 그것은 아주 어려운 일입니다. 부와 권세는 사람의 마음을 높아지게 만듭니다. 이들은 세상 어디에 가서도 항상 대접을 받게 되며 그것은 그리스도를 갈망하는 것을 어렵게 만듭니다.

그러므로 이러한 부자들, 주를 향한 갈망이 없는 사람들을 교회에서 접대할 때 성령은 서서히 교회에서 소멸됩니다. 교회에서 거룩한 영은 사라지고 점차로 세상의 영이 교회를 점령하게 됩니다.

그러므로 야고보는 부자에 대하여 접대하려는 자세에 대하여 경고하였습니다. 교회는 주님께 대하여 주린 이들이 모이는 곳이기 때문입니다. 주님에 대해서 굶주릴 때 거룩한 영이 오십니다. 그 공간에 임재하고 진동합니다. 그 곳에는 하늘의 기쁨이 가득하게 됩니다. 그러나 주님께 대하여 여유가 있고 느긋하고 배부를 때 주의 영은 그 공간에 임하시지 않습니다. 그러므로 거기에서부터 영적침체가 오기 시작하는 것입니다.

베드로는 병자를 고치며 이렇게 말했습니다.

"나에게는 돈이 없다. 그러나 내게 다른 것이 있다. 그것은 예수의 이름이다!"

"베드로가 이르되 은과 금은 내게 없거니와 내게 있는 이것을 네게 주노니 나사렛 예수 그리스도의 이름으로 일어나 걸으라 하고 오른손을 잡아 일으키니 발과 발목이 곧 힘을 얻고 뛰어 서서 걸으며 그들과 함께 성전으로 들어가면서 걷기도 하고 뛰기도 하며 하나님을 찬송하니" (행3:6-8)

세상을 사랑하는 이들로 인하여 성령이 소멸된다

베드로는 돈이 없었지만 부유한 사람이었습니다. 그는 살아계신 하나님의 실제와 같이 있었습니다. 그는 주님의 통로였습니다.

그러나 초대 교회 이후 교회는 반대의 길을 걸어 왔습니다. 부와 권세가 교회 안에 가득해지고 예수의 이름, 그 성령의 권능은 잃어버렸습니다. 영적 침체는 성령의 소멸로 인하여 옵니다. 갈망과 눈물이 부족할 때 주의 영은 소멸됩니다. 세상의 영이 오고 세상을 사랑하고 편안한 삶을 원하며 부자 되기를 원하는 이들이 교회 안에 가득할 때, 그것이 교회의 분위기가 될 때 성령은 소멸되십니다. 거기에는 더 이상 성령의 충만함과 진동과 거룩한 아름다움이 임할 수 없습니다.

한국교회의 사역자들은 정말 열심이 많습니다. 그들은 교회의 부흥을 위하여 어떤 것이라도 하려고 합니다. 하지만 열심이 많다고 해서 열매를 맺을 수 있는 것은 아닙니다. 그 중심원칙을 이해하고 적용하는 것이 중요합니다. 진단이 정확하지 않으면 치유가 가능하지 않습니다.

"여호와께서 집을 세우지 아니하시면 세우는 자의 수고가 헛되며 여호와께서 성을 지키지 아니하시면 파수꾼의 깨어 있음이 헛되도다 너희가 일찍이 일어나고 늦게 누우며 수고의 떡을 먹음이 헛되도다 그러므로 여호와께서 그의 사랑하시는 자에게는 잠을 주시는도다"(시127:1-2)

사람이 아무리 애를 써도 새벽같이 일어나고 하루 종일 피곤하게 일하고 애쓰고 늦게 잠을 자며 수고를 해도 하나님이 함께 하시지 않으면 아무런 열매도 맺지 못합니다. 인간적인 애씀과 수고보다 하나님 안에서 안식하고 누릴 때, 그 때 풍성함의 역사가 있습니다. 오늘날 많은 사역자들은 많이 애쓰고 노력하지만 방향이 빗나간 경우가 많이 있습니다.

혼합과 섞임에서 성령의 소멸과 영적침체가 시작된다

부흥의 소멸은 섞임에서 옵니다. 영적침체는 섞임에서 옵니다. 거룩한 하나님의 영과 세상의 영을 섞을 때 영적 침체가 옵니다. 영적 침체는 성령이 소멸되었을 때 옵니다. 거룩한 영은 혼합을 싫어합니다. 그러므로 소멸되십니다. 그분은 자신과 세상을 섞을 때 고통을 느끼고 소멸되십니다.

성령이 소멸되셨다고 해서 우리와의 관계가 사라지는 것은 아닙니다. 우리는 여전히 거듭난 사람이며 예수를 믿으며 말씀을 믿습니다. 말씀대로 행하려고 합니다.

그러나 우리는 말씀대로 행하기 어렵습니다. 우리는 죄에서 해방되기 어렵습니다. 우리는 거룩한 동력을 잃어버렸기 때문입니다. 하나님의 영이 함께 하시지 않을 때 우리는 로마서 7장의 절망스러운 탄식을 거듭해야 합니다. 승리는 오직 성령의 임재 아래서, 그 역동성 아래서 옵니다.

세상을 사랑할 때, 세상의 부와 영광을 갈망할 때 주님께 대한 갈망은 사라집니다. 그리스도를 원하지 않고 자아를 원할 때, 자아의 드러남과 영광을 원할 때 그 영은 떠나십니다. 우리는 기쁨을 잃으며 만족을 잃으며 행복을 잃어버립니다. 돈을 얻고 권세를 얻고 이름을 얻을 수는 있지만 우리는 영적 갈망을 잃어버립니다. 그리고 침체가 옵니다.

오늘날 교회에 부족한 것은 돈이 아니다

오늘날 교회에 부족한 것은 돈이 아닙니다. 사회적 지위가 아닙니다. 성도들의 숫자가 아닙니다. 테크닉이 아닙니다. 오늘날의 교회가 잃어버린 것은 주를 향한 갈망과 눈물입니다.

성령이 오시면 예수에 대한 미친 듯한 갈망이 일어납니다. 미친 듯한 사모함이 일어납니다. 기도 없이는, 사모함이 없이는, 눈물이 없이는 살 수 없습니다. 그것이 정상적인 신자입니다. 그러나 오늘날 교회들은 영적 병자들로 가득합니다. 그들은 밋밋한 상태로 교회에 옵니다. 그들은 에베소 교회의 사람들처럼 첫 사랑이 식어버렸습니다.

진단은 명확해야 합니다. 세속화, 섞임.. 이것이 영적 침체를 가져오고 교회의 침체를 가져옵니다. 이 진단이 분명하다면, 이 인식이 선명하다면 부흥은 회복됩니다. 그러나 진단이 분명하지 않으면 바른 처방을 할 수 없습니다.

오늘날 사역자들이 부흥을 위하여 쓰는 많은 방법들이 근원적인 것이 아닙니다. 어떤 사역자는 말했습니다. '교회가 부흥되려면 교통이 좋아야 한다.' 어떤 이는 말합니다. '주차장이 더 중요하다.' 어떤 이는 말합니다. '아니다. 교육 프로그램이 있어야 한다.'

어떤 사역자가 교회에서 영어를 가르치면서 학부모들이 수업이 끝날 때까지 집에 가지 않고 아이를 기다린다고 기쁨이 충만한 얼굴로 말하는 것을 보았습니다. 너무나 슬픈 일입니다.

교회에서 이벤트를 하고 꽃꽂이를 가르치고 헬스를 가르치고 교양강좌를 해서 사람들이 많이 모일 수도 있습니다. 하지만 그것은 부흥이 아닙니다.

부흥이란 사람들이 많이 모이는 것이 부흥이 아닙니다. 야구장이나 축구장에 많은 사람들이 모이고, 음악콘서트에도 많은 사람들이 모이지만 그것은 부흥이 아닙니다.

사람들이 많이 모이는 것이 부흥이 아니다

예수에 대한 갈망과 눈물이 일어나는 것이 부흥입니다. 예수의 영이 사람을 사로잡고 예수의 사람으로 만드는 것이 부흥입니다. 건물 크게 짓고 헌금이 늘어나는 것을 부흥이라고 여기는 것은 어리석은 일입니다. 중요한 것은 그 가운데 예수가 거하시는가, 성령이 동행하시며 운행 하시는가 입니다.

사람의 욕망을 채워주면 일시적으로는 사람이 모일지 모르지만 그들은 변화되지 않습니다. 예수의 사람이 되지 않습니다. 그들은 오직 자기의 비위를 맞추어주기를 원합니다. 그들은 하나님도 자신의 소원을 들어주고 비위를 맞추어주는 분으로 여깁니다. 오직 예수를 가르치고 성령을 받게 해야 사람들의 마음이 뜨거워지고 변화가 일어납니다.

성령이 역사하실 때 처음에는 외적인 표적이 나타날 수 있습니다. 병이 낫고 기쁨을 얻고 문제가 해결될 수 있습니다. 그러나 그 나아감은 기적과 능력과 역사가 아니라 예수에 대한 사랑, 갈망이 일어나는 것입니다. 그것이 부흥입니다.

이 진단이 분명해야 합니다. 예수에 대한 갈망을 잃은 것이 침체의 시작이며 그 사랑을 회복하는 것이 부흥의 시작인 것을 말입니다. 인간적인, 사회적인, 세속적인 그 어떠한 방법도 부흥을 가져오지 못합니다.

오늘날 사람들의 문제는 가난이 아니며 질병이 아닙니다. 사람들의 진정한 문제는 주를 사랑하는 마음, 기도의 영이 소멸된 것입니다. 그것을 회복시켜야 부흥이 옵니다.

교회에 침입한 세상 철학, 사상들

오늘날 사역자들은 교회를 부흥시키기 위하여 많은 세상적인 영들을 교회 안에 끌고 들어옵니다. 세상 철학의 도움을 받습니다. 심리학을 도입하고 정신의학을 도입합니다.

성령의 역사를 비판하고 싫어하는 사람들일수록 이상하게도 세상적인 지식과 방법에 대해서는 마음을 열고 받아들이는 경향이 있습니다. 그러나 부흥은 성령으로부터 오는 것이지 프로이드의 영과 융의 영으로부터 오는 것이 아닙니다.

프로이드는 무신론자입니다. 그런데도 많은 사역자들은 그를 좋아하며 그의 사상을 받아들입니다. 융은 기독교인이라고 하지만 그의 영적 경험은 혼란스러운 영들, 악령과의 관계가 가득한 것입니다. 그의 지식과 영적 경험은 성령으로부터 온 것이 아닙니다. 그런데도 많은 사역자들은 그의 이야기를 받아들입니다.

기도와 예배로 하나님께 나아가 성령의 충만함을 받으면 간단한 것을 오늘날 사역자들은 세상으로부터 오는 많은 지식과 능력과 무기를 얻으려 합니다.

세상에는 고상해 보이는 멋지고 아름다운 방법들이 있습니다. 부르짖고 기도하고 울고 하는 것은 유치해보입니다. 그러나 아름답게 보이는 많은 것들 중에 어두움의 영들의 속임이 있습니다.

기독교는 단순하고 쉬운 것입니다. 주님을 믿고 기도하고 주님께 나아가면 주님은 친밀하게 그를 만나주십니다. 그리고 거기에는 세상이 줄 수 없는 기쁨이 있습니다.

그 영광의 행복을 아는 이들은 주의 종이 되며 다시는 세상의 영, 세상의 기쁨, 세상의 만족을 구하지 않습니다. 주님께 사로잡히는 그 천국의 기쁨이 무엇인지 모르는 사람들은 변화되지 않거나 변화가 아주 느립니다.

세상의 방법으로는 진정한 부흥이 올 수 없다

세상의 방법, 세상의 지식, 세상의 테크닉으로는 부흥을 일으킬 수 없습니다. 애굽에서 탈출하기 위해서는 어떠한 능력이 필요할까요? 어떠한 지식과 방법이 필요할까요? 애굽 최대의 학문과 철학과 능력과 지위를 통해서 가능할까요? 물론 가능하지 않습니다. 애굽을 이기려면 애굽을 넘어선, 다른 차원의 힘이 필요합니다. 그것은 하늘에서 오는 힘입니다.

"모세가 애굽 사람의 모든 지혜를 배워 그의 말과 하는 일들이 능하더라" (행7:22)

모세는 애굽에서 공주의 아들로 양육되어 애굽 최고의 학문을 배웠습니다. 그는 유능한 사람이었습니다. 그러나 그의 지혜와 유능함은 애굽을 제압하고 이스라엘 백성을 구출하는 데에는 아무런 힘을 발휘할 수 없었습니다. 그의 지식과 지혜가 이스라엘을 구출하는 데에 충분했다면 하나님은 그를 광야로 인도하시지 않으셨을 것입니다. 그는 광야에서 하나님을 체험했고 비로소 애굽을 이기는 힘을 얻었습니다. 그것은 하나님의 능력이며 하나님과의 동행이었습니다.

애굽은 애굽을 이길 수 없다

애굽은 애굽을 이길 수 없습니다. 애굽은 애굽과 싸우지 않습니다. 그것들은 같은 영입니다. 그것은 같은 세상의 영입니다. 세상의 영은 부흥을 가져올 수 없습니다. 세상의 영이 소멸하고 자아의 영이 소멸하는 것이 부흥입니다. 세상의 영은 세상의 영을 죽일 수 없습니다. 하나님의 영, 성령만이 마귀를 부수고 세상의 영을 이기고 부흥을 가져옵니다.

"예수께서 그들의 생각을 아시고 이르시되 스스로 분쟁하는 나라마다 황폐하여질 것이요 스스로 분쟁하는 동네나 집마다 서지 못하리라 만일 사탄이 사탄을 쫓아내면 스스로 분쟁하는 것이니 그리하고야 어떻게 그의 나라가 서겠느냐 또 내가 바알세불을 힘입어 귀신을 쫓아내면 너희의 아들들은 누구를 힘입어 쫓아내느냐 그러므로 그들이 너희의 재판관이 되리라 그러나 내가 하나님의 성령을 힘입어 귀신을 쫓아내는 것이면 하나님의 나라가 이미 너희에게 임하였느니라"(마12:25-28)

같은 영들은 싸우지 않습니다. 세상의 영은 세상의 영을 쫓아낼 수 없습니다. 하나님의 영, 성령이 임하실 때 세상의 영이 소멸됩니다. 부흥이란 오직 성령이 충만하게 역사하여 세상의 영들이 초토화되고 쫓겨나갈 때 오는 것입니다.

섞여 있는 무리들이 탐욕을 확산시킨다

오늘날 교회 안에 세상의 영들, 애굽의 영들이 너무 많이 들어와 있습니다. 애굽에 속한 것들, 세상에 속한 것들이 너무 많이 있습니다. 그래서 영들이 혼합되고 섞여 있습니다.

이러한 섞임이 부흥을 방해하고 영적인 기쁨을 앗아갑니다. 영적 침체를 가져옵니다. 오늘날 교회에 필요한 것은 돈이 아니고 인간적인 방법이 아니며, 갈망의 회복과 순결함의 회복입니다. 영이 섞여 있을 때 많은 재앙이 시작됩니다.

"그들 중에 섞여 사는 다른 인종들이 탐욕을 품으매 이스라엘 자손도 다시 울며 이르되 누가 우리에게 고기를 주어 먹게 하랴"(민11:4)

교회 안에 세상의 영이 들어오면 그것은 교회 안에서 다양한 세상의 유혹과 욕망을 일으킵니다. 육욕을 일으키고 권세욕을 일으키며 음란과 정욕과 다양한 욕망을 문화의 이름으로 합리화시킵니다. 그것은 섞여 사는 다른 인종들로부터 옵니다. 가만히 들어온 다른 영들로부터 옵니다.

교회 안에 성령의 역사를 대체하는 것들이 있다

오늘날 교회 안에 성령의 역사를 대체하는 많은 것들이 있습니다. 사람의 욕망을 부추기는 많은 것들이 있습니다. 상담과 치유에 심리학과 정신의학이 도입됩니다. 기도에 의지하는 치유보다 세상적인 치유기법을 의지합니다.

성령이 임하시면 그러한 대체물들이 필요 없습니다. 하나님의 나라가 임하고 해방이 임하는 것을 경험하게 됩니다.

성령의 은사를 이해하지 못하는 이들은 한동안은 말씀만을 강조하지만 점점 그 심령이 답답해지므로 어느 한계에 이르면 조금씩 세상적인 것을 섞는 경향이 있습니다.

이들은 성령에 속한 것과 인간의 정신력의 차이점에 대해서 잘 모르므로 성령께 의지하지 않고 인간적인 힘을 자꾸 사용하게 됩니다. 집회를 인도할 때도 은혜를 끼치기 위해서 인위적으로 사람의 감정을 자극하려고 애쓰고 음악의 힘을 이용해서 분위기를 고조시키며 여러 테크닉들을 구사하려고 하게 됩니다.

그것은 아주 지치고 피곤한 일입니다. 오직 기도에 몰두하며 성령에 민감한 이들은 단순하게 주님의 인도하심을 기다리며 주님이 시키시는 대로 하면 됩니다. 인위적인 흥밋거리, 사람들의 관심을 끄는 프로그램들을 개발할 필요가 없는 것입니다. 사도행전에서는 오직 성령의 역사와 인도하심이 있었을 뿐이며 다른 섞임이 필요 없었습니다. 특별 행사가 필요 없었습니다. 성령이 임하시면 그 자체가 가장 아름답고 감동적인 것이기 때문입니다.

인간적인 방법을 사용하지 말라

교회는 사람들을 끌어들이기 위해서 성령의 인도가 아닌 인간적인 방법을 사용해서는 안 됩니다. 주님은 결코 아무나 받아주시지 않았습니다. 마음이 준비되지 않은 사람을 받아주시지 않았습니다.

복음을 낮추어서는 안 됩니다. 사람을 받기 위해서 주님을 종으로 만들어서는 안 됩니다. 사람이 거들먹거리며 높아져서는 주님이 주인으로서, 왕으로서 교회에 임하실 수 없습니다.

주의 영이 임하시지 않으면 사람의 영은 침체되고 허무해집니다. 그래서 다른 대체거리를 찾게 됩니다. 주님이 아닌 다른 데서 즐거움을 찾고 가슴을 채울 거리를 찾게 됩니다. 그래서 더욱 더 세상의 영들에게 사로잡히는 비참한 신세가 됩니다.

부흥은 오직 성령충만에서 온다

부흥은 오직 성령충만을 통하여 이루어집니다. 방언으로 말하고 또 말할 때 우리의 영은 성령으로 충만해집니다. 부르짖고 외치고 찬양하고 기도하고 방언을 외칠 때 우리의 영은 풀려나옵니다. 성령의 말씀을 주심을 따라 우리의 영은 더욱 더 충전되고 흘러나옵니다. 우리가 입을 열어서 영을 표현할 때 그 영의 운행하심은 더욱 더 충만해집니다.

오순절에 부흥은 시작되었습니다. 제자들이 하늘로부터 임한 그 영으로 채워져서 크게 입을 벌려 말하기 시작하면서 부흥은 시작되었습니다. 부흥은 언어와 관련이 있습니다. 부흥은 말과 관련이 있습니다.

조용한 교회는 부흥되지 않는다

조용한 교회가 부흥되는 경우는 드뭅니다. 입을 열지 않으면 영이 흘러나오지 않습니다. 기도도, 찬송도, 복음전파도, 설교도.. 모든 것은 입으로 하나님을 말하고 하나님에 대해서 말하고 하나님의 말씀을 선언하고 하나님께 말해내는 것입니다. 그렇게 말할 때 영이 흐르고 움직입니다.

말하지 않고 속으로 묵상할 때, 우리의 마음은 그것에 대해서 생각하지만 영은 흘러나오지 않습니다. 우리의 영은 그대로 잠잠한 상태에 있습니다.

소리를 내지 못하는 것은 영이 눌린 것입니다. 현실의 삶에서도 소리를 제대로 내지 못하며 자신의 마음을 제대로 표현하지 못하는 이들은 감정이 눌리고 대인관계가 눌리며 삶이 눌립니다.

다 같이 입을 열어 부르짖어 기도할 때 하늘이 열린다

소리를 내고 표현하는 것은 아름다운 것이며 중요한 것입니다. 그것은 영을 강화시키고 활성화시키며 적극적인 사람으로 만듭니다. 주님은 발로 밟는 것을 너희에게 주었다고 하셨습니다. 발로 밟을 수 있고 움직일 수 있는 힘을 주는 것이 발성입니다.

발성은 영을 바꾸고 현실을 바꿉니다. 소리 내어서 기도할 때 영이 회복되고 삶이 충만해집니다. 주님의 무한한 풍성함이 담긴 말씀을 우리가 선언하고 외칠 때 그 풍성함은 우리의 영에, 삶에 실제적으로 역사합니다.

부르짖어서 기도하고 부르짖어서 방언할 때 영이 흘러나옵니다. 사역자가 강력하게 말씀을 선언하고 성도들이 같이 크게 말씀을 외칠 때 그들의 영이 풀려나옵니다. 그들의 영은 풀려나와 자유케 되고 승리의 행진들이 시작됩니다.

사역자 혼자서 말하고 모든 성도들이 침묵하고 듣고만 있을 때 부흥은 오지 않습니다. 사역자 혼자 부흥을 일으킬 수 없습니다. 그러나 모든 성도들이 같이 움직이고 입을 열면 하늘이 열리기 시작합니다.

입을 크게 열 때 영이 활성화되기 시작합니다. 영이 흐르고 권능이 임하고 능력과 역사가 나타나기 시작합니다. 그것은 냉동실에 쌓아둔 고기와 불에 올려서 굽고 있는 고기의 차이와 같습니다. 영의 역사는 풀려나오고 사람들은 감격에 사로잡히기 시작합니다.

많은 지식, 예화, 가르침은
전하는 자와 듣는 자를 지치게 한다

오늘날 많은 사역자들은 부르짖지 않고 방언을 외치지 않습니다. 심령을 따라 움직이고 심령으로 사역하는 것이 무엇인지 모르고 머리로 사역합니다. 머리로 생각하고 머리로 결정합니다.

많은 책을 읽고 많은 지식을 쌓으며 많은 것들을 성도들의 머릿속에 집어넣어주려고 노력합니다. 계속하여 지혜로운 말을 하고 감동적인 예화를 찾으며 새로운 지식과 유행하는 첨단의 사상을 가르칩니다.

그러나 열정에 비해서 얻는 결실은 너무나 초라합니다. 많이 가르치고 또 가르치고 결단을 시키지만 사역자도 지치고 성도들도 지칩니다. 나중에는 모든 것이 귀찮아지고 탈진합니다.

보화가 그들 안에 있는데, 이들은 꺼낼 줄을 모릅니다. 속에 기름이 있고 불만 붙이면 타오를 텐데, 이들은 부르짖고 방언할 줄 모릅니다. 아주 간단한데 말입니다.

가슴에 불이 붙을 때 사람은 뜨거워집니다. 움직이지 않을 수 없습니다. 머리에 지식이 가득해서 결단을 하고 무엇을 하려고 하지만 잘 되지 않습니다. 역동적이지 않습니다. 부흥의 지진은 머리에서 일어나지 않고 가슴에서 일어납니다. 머리에 지식이 쌓이면 어떻게 해야 한다는 당위성을 갖게 됩니다. 가슴에 불이 붙으면 당장 움직이게 됩니다.

외칠 때 우리 안의 성령이 흘러나온다

우리 안에 성령이 거하십니다. 많은 이들은 그 성령을, 그 보화를 조용히 모셔두기만 하고 있습니다. 내가 한 달란트를 잃어버리지 않고 잘 모셔두었다고 자랑스럽게 말하는 한 달란트 받은 종과 같이 말입니다. 그렇게 안에 모셔두고만 있는 성령은 역사를 일으키지 못합니다. 그러나 그 영을 입을 열고 말해낼 때, 부르짖어 방언을 말할 때, 포효하듯이 방언을 말하고 외칠 때, 그 영은 흘러나옵니다.

집회에서 크게 방언을 하고 크게 찬양을 하고 부르짖어 기도할 때 영이 풀려 나옵니다. 권능이 흐릅니다. 모인 곳이 진동합니다. 사도행전의 역사가 재현됩니다. 사람들의 속에 숨어있던 귀신들이 드러납니다. 그들은 발작을 하고 비명을 지릅니다.

많은 묶임들과 많은 잘못된 습관들, 중독에서 사람들은 놓여납니다. 사람들은 비로소 기쁨에 잠겨서 춤을 추는 것이 무엇인지 알게 됩니다. 그 공간에, 그 교회에, 사람들의 삶에 큰 자유와 기쁨이 임합니다. 그것은 사람의 방법으로 되지 않고 오직 성령의 역사로만 가능합니다.

사역자는 강력한 기도에 익숙해져야 한다

사역자는 강력한 기도, 강력한 부르짖는 기도, 강력한 발성에 대하여 익숙해져야 합니다. 조용하고 약한 목소리로 기도하고 설교할 때 거기에는 풍성한 흘러나옴이 없습니다.

예수님은 십자가에서 돌아가실 때 교양 있게 돌아가시지 않았습니다. 그분은 부르짖고 절규하시면서 그분의 마지막 사랑을 표현하셨습니다.

영이 흘러나오는 것은 아이를 해산하는 것과 같습니다. 해산의 수고를 하는 것과 같습니다. 그리고 우아하게 아이를 낳는 여자는 아무도 없습니다. 가슴을 찢고 몸을 찢을 때 겉사람이 무너지고 영의 풍성함이 흘러나오게 됩니다.

나는 집회를 할 때 마다 어떤 기운이 나를 둘러싸고 있는 것을 느끼곤 했습니다. 내 몸의 주위에 10cm나 20cm쯤 무엇인가 나를 두르고 있는 것 같은 느낌이 들곤 했습니다. 그것은 마치 옷을 입고 있는 것 같은 느낌이었습니다. 나는 차츰 그것이 성령의 기름 부으심이며 에베소서 6장에 나오는 전신갑주와 같은 것임을 알게 되었습니다. 전신갑주, 그것은 아주 실제적인 것입니다.

그러나 평소에는 그러한 기운에 둘러싸인 느낌이 전혀 없었습니다. 강력하게 집회를 하고 있을 때만 그러한 현상이 있는 것을 알게 되었습니다.

강력한 방언기도에는 기름부음의 옷이 있다

오래 전 어느 날 집회를 하고 있을 때였습니다. 모든 사람들이 일어서서 통성으로 기도를 하고 있었습니다. 어떤 자매는 눈을 감고 기도하고 있었는데 내가 가까이 가자 갑자기 그 자리에 쓰러져버렸습니다. 그녀는 눈을 감고 있어서 내가 다가가는지 몰랐습니다. 그러나 어떤 강력한 힘이 다가오자 자기도 모르게 반응했던 것입니다.

나는 내 주위를 두르고 있는 기름부음의 옷이 어떤 영적인 영향력을 준다는 것을 알게 되었습니다. 나는 왜 평소에는 그런 현상이 없다가 집회에서는 그러한 현상이 나타나는지 궁금했습니다. 그러다 차츰 알게 되었습니다.

그것은 강력하게 부르짖고 방언으로 기도하고 찬양할수록 증가되는 것임을 알게 되었습니다. 방언으로 부르짖고 기도할 때 우리 안의 성령이 흘러나옵니다. 그리고 그 기운이 우리를 사로잡습니다. 그 기운은 우리를 덮습니다. 그것은 우리를 충만하게 합니다. 그것은 옷과 같이 우리를 둘러쌉니다. 강력하게 방언을 할 때 흘러나오는 성령의 권능은 아주 실제적으로 우리를 덮으며 우리의 사역에 함께 하십니다.

방언기도는 많은 풍성함을 일으킨다

나는 내 자신이 특별하거나 대단한 사역자라고 생각해본 적이 전혀 없습니다. 나는 누구보다 더 느리고 늦게 깨우치는 사람입니다. 그러므로 자신이 특별한 능력을 가지고 있다고 여긴 적이 전혀 없습니다. 다만, 능력의 원천은 성령이시고 그 영의 풀려나옴은 아주 간단한 일이라는 것을 나누고 싶을 뿐입니다.

우리는 그저 방언을 하고 성령께서 말씀하시고 감동하시는 것에 순종을 하면 됩니다. 그것은 순종의 문제이지 특별한 능력이나 재능이 필요한 것이 아닙니다.

나는 집회를 별로 많이 하지 않았습니다. 전에 할 때도 한 달에 한 두 번 정도 했을 뿐입니다. 그리고 공개적인 집회를 하지 않은 지 8년이 되었습니다. 그러나 아직도 거의 날마다 사무실에는 나의 집회에 대한 문의가 끊이지 않습니다.

오늘날 많은 사람들이 영적 기갈로 인하여 힘들어하고 영성집회를 사모하고 하나님의 임재가 있는 집회를 끝없이 갈망합니다. 오늘날 갈망하는 이들은 많이 있습니다. 그 맛을 경험한 이들은 더욱 더 깊이 하나님의 임재에 들어가서 그 영광 안에 함몰되기를 원합니다.

어떤 이들은 내가 특별한 능력을 가지고 있다고 생각합니다. 그러나 나에게는 아무런 능력이 없습니다.

나는 그저 단순히 방언을 많이 말할 뿐입니다. 집회에서도 방언을 많이 합니다. 단순히 그것만으로 많은 풍성함의 역사가 나타날 수 있습니다. 그것은 성령이 하시는 일이지 우리가 하는 일이 아닙니다. 모든 집회에서 충분히 부르짖고 방언하고 내면에 계시는 하나님의 영을 풀어놓게 하면 아무도 다른 집회를 찾아다니지 않을 것입니다.

능력의 근원은 우리 안에 있다

우리의 내면에 세상보다 더 크신 이가 있음을 우리가 안다면, 믿는다면, 우리는 다른 능력의 근원을 찾아 헤맬 이유가 없습니다. 여자가 해산의 수고를 하듯이 간절하게 주님께 나아가 토하고 부르짖고 방언을 하면 우리는 그 영으로 충만해지게 됩니다. 이것은 단순한 원리이며 방법입니다.

어떤 이들에게 이것은 너무나 단순하고 간단하기 때문에 낮게 보이기도 합니다. 무식하게 보일수도 있습니다. 그래서 좀 더 점잖은 방식으로 기도하는 이들도 있습니다. 뜨겁고 강력하게 기도하고 방언을 하는 것보다 고요하고 잔잔하고 깊이 기도하는 것을 좋아하는 이들도 있습니다.

침묵기도라고도 하고 묵상기도라고도 하고 관상기도라고 부르기도 합니다. 이러한 조용하고 깊은 기도를 통해서 하나님을 경험하려고 하는 이들도 있습니다.

하지만 이러한 기도에는 경고가 필요합니다. 그것은 쉽지 않은 기도입니다. 어려운 기도입니다. 그러한 기도를 성공적으로 잘 하기는 아주 어려운 일입니다.

내적인 기도에는 위험한 요소가 있다

이러한 내적인 기도에는 아주 위험한 요소가 있습니다. 그것은 충분한 발성기도와 부르짖는 기도의 훈련이 되지 않은 이들에게는 미혹의 영이 역사할 수 있는 가능성이 많이 있다는 것입니다.

묵상 기도를 하는 중에 평화로운 느낌을 받을 수 있습니다. 달콤한 느낌을 받을 수도 있습니다. 하나의 화두를 가지고 계속 묵상을 할 때 갑자기 무슨 깨달음이 오는 것 같이 느껴질 수도 있습니다. 흔히 그것을 은혜 받은 것으로 생각합니다. 물론 그럴 수 있습니다. 그러나 그것이 하나님의 영으로부터 오지 않고 세상의 영, 속이는 영으로부터 왔을 가능성도 있습니다.

기독교는 기본적으로 말씀의 종교입니다. 이 말씀은 '문자' 가 아니고 '말' 입니다. 말씀은 말해지는 것입니다. 속으로 되뇌는 것이 아니고 입으로 말해지는 것입니다. 그럴 때 영이 풀려나오고 말씀의 실제가 이루어집니다.

오늘날 많은 이들을 미혹하는 뉴에이지는 불교와 힌두교의 영향을 많이 받았습니다. 이들은 머리를 비우고 마음을 비우는 것을 좋아합니다. 무념무상의 상태를 좋아합니다.

그렇게 할 때 세상의 영들이 들어가 의식을 점령할 수 있기 때문입니다. 이들은 깨달았다고 하며 마음의 평화를 경험했다고 하지만 그들은 속고 있을 뿐입니다.

만물의 근원되시는 창조주와 교제하며 예배하지 않는 영은 세상의 영이며 속임의 영입니다. 그 평화는 진정한 것이 아니며 속임의 영으로부터 오는 것입니다.

말씀을 소리 내어 외칠 때 성령이 역동적으로 역사하신다

기독교는 요란한 것입니다. 말씀을 외칠 때 성령은 역동적으로 역사합니다. 악령들은 이 말씀의 역사, 성령의 역사를 싫어합니다. 강력한 방언과 강력한 찬송의 소리를 고통스러워합니다. 그들은 능력의 실체 앞에서 드러나며 발작하고 비명을 지르며 떠납니다. 그들은 이를 갈며 떠납니다.

그러나 소리가 없을 때 그들은 고통을 받지 않습니다. 그들은 자신의 신분을 위장한 채 계속적으로 평화롭게 머물면서 장난을 칠 수 있습니다. 속일 수 있습니다. 그래서 멋진 착상과 생각을 넣어줍니다. 깊은 착각 속에 빠지게 합니다.

그러므로 부르짖어 기도하고 방언하며 강력하고 충만한 성령의 권능의 흐름을 모르는 이들은 합리적으로 속아 넘어갑니다. 마귀의 지혜는 영으로 분별하는 것이지 세상의 지식과 지혜로 분별할 수 있는 것이 아닙니다.

악한 영이 넣어주는 거짓된 지혜, 통찰력을 받아들인 후에도 여전히 그들은 하나님을 믿으며 성경을 믿기 때문에 자신이 속고 있다는 사실을 알지 못합니다.

그러나 그들은 서서히 자기의 영혼이 병들어가는 것을 느끼게 됩니다. 이상하게 열정이 식어지고 이상하게 기도하기가 싫어지고 이상하게 말씀이 달지 않게 느껴지게 됩니다. 어느 새 점점 더 몸과 마음이 지치고 탈진하게 됩니다. 그러나 자신이 어디에서부터 병들게 되었는지 모릅니다. 그래서 더 깊은 깨달음, 더 깊은 통찰력을 찾아 헤매게 됩니다.

단순히 주님 앞에서 부르짖고 토하고 성령의 권능을 받을 때, 그

때 이들은 자기가 받았던 것들이 토해져 나가는 것을 경험하게 됩니다. 이상하게 속에서 메슥거리고 구역질이 올라오는 것을 느끼게 됩니다.

영적인 집회에 가면, 이들은 이상하게 몸이 쑤시고 움직이고 '틱 현상'과 같이 쓸데없는 동작을 하는 자신을 발견하게 될 것입니다. 그것은 숨어있는 영들의 나타남입니다. 그것은 회복을 경험하게 되는 시작입니다.

그러나 속이는 영들에게 완전히 사로잡혔으면 그러한 집회를 아주 싫어하게 되거나 생각만 해도 불편함을 느끼게 됩니다. 그것이 종교다원주의의 영으로 나아가는 과정입니다. 서서히 그들의 마음 속에 '꼭 교회에만 구원이 있는가?' 이런 생각들이 올라오게 됩니다.

부르짖어 방언으로 기도할수록
영이 풀려나고 자유하게 된다

성도들이 성령충만을 경험하고 부르짖어 기도하고 방언으로 크게 기도할 때 점점 더 영이 활성화됩니다. 그리고 여러 가지 측면에서 풍성함을 경험하게 됩니다. 특별히 그것을 위해서 기도하지 않아도 물질적으로도 여유가 생기게 되고 오랫동안 시달리던 질병에서도 서서히 회복되어 갑니다.

우울하고 어두운 성격을 가진 사람들도 점차로 너그러워지고 여유가 생기고, 기쁘고 생기발랄한 사람이 되어 갑니다. 발성기도와 방언기도를 습관적으로 하는 이들은 영의 풀려나옴을 어느 정도는 경험하기 때문에, 이러한 자유함들을 맛보게 되는 것입니다.

입을 닫고 있을 때 침체가 계속된다

그러나 발성에 익숙하지 않은 이들은 점점 더 침체의 늪에 빠지게 됩니다. 머릿속에 많은 지식이 있고 결단이 있어도 거의 시행하지 못합니다.

마음은 항상 의무감 속에 살지만 어느 것 하나 제대로 하지 못하고 눌려가게 됩니다. 삶은 피폐해지고 경제적으로도 점점 더 어려워지며 몸은 점점 더 쇠약해지고 의욕은 점점 사라져갑니다. 인간관계가 점점 더 싫어지고 힘들어지며 점차 살아가고 싶은 의욕도 줄어듭니다.

이는 발성기도가 부족한 사람들이 점점 빠져 들어가는 침체의 늪의 과정입니다.

발성기도가 부족한 사역자는 무력감에 빠지기 쉽다

사역자는 말씀을 준비하는 가운데 감동적인 통찰력을 얻을 수도 있습니다. 그는 말씀을 묵상하면서 깨달은 감동으로 눈시울이 뜨거워집니다. 그는 이번 집회에서 자신이 깨달은 것을 나눌 때 성도들이 많은 은혜를 입을 것이라고 확신합니다.

그러나 실제로 집회에서 말씀을 전하기 시작할 때, 그는 이상하게 자신이 버벅거리는 것을 느끼게 됩니다. 이상하게도 자신의 메시지가 사람들에게 전혀 충격을 주지 못하며 자신이 혼자서 묵상할 때 느꼈던 감동과 기쁨이 전혀 흘러나오지 않는 것을 느끼게 됩니다.

그는 집회 중에 도망가 버리고 싶은 충동을 느끼기도 하고, 무력감을 느끼기도 합니다. 간신히 집회를 마친 후 패잔병의 입장이 되어서 그는 고민합니다. '어떻게 된 거지? 내가 혼자서 묵상할 때는 그렇게 좋았는데!' 그는 성도들이 너무 헌신이 부족하고 말씀을 사모하지 않기 때문이라고 생각합니다. 이런 식의 실패가 반복되면 그는 점점 무기력해지거나 의욕을 잃어버리게 됩니다.

문제는 무엇일까요? 이러한 사역자들은 거의 발성에 익숙하지 않은 사람들입니다. 이들은 생각하고 깨닫는 것에 익숙하지만 그것을 토하고 부르짖고 표현하는 것에는 익숙하지 않습니다.

이들은 깨달음은 있으나 그것을 전달할 능력은 부족합니다. 핵탄두가 있다고 해도 그것을 장착해서 쏘아 보낼 미사일이 없으면 소용이 없는 것입니다.

아무리 강력한 무기도 자기 안에만 있고 바깥으로 내보낼 수 없으면 그것은 대상에게 영향력을 행사하지 못합니다.

이렇게 무기를 전달하는 힘이 영력이며 그것은 발성을 통해서 실제화 됩니다. 그러므로 사역자는 머리로 무엇을 생각하고 깨닫기만 하지 말고 반드시 그것을 강력하게 표현하는 훈련을 해야 합니다. 평소에 부르짖어 기도하며 부르짖어 방언으로 외쳐야 합니다. 그럴 때 강력한 성령의 능력의 흐름이 성도들에게 전달되어 충격을 주게 됩니다.

입을 벌려 말할 때 말씀의 영이 흘러나온다

부디 기억하십시오. 하나님의 말씀을 입으로 시인하고 하나님께 드리는 기도의 말을 입으로 시인하고 성령께서 주시는 방언의 말을 입으로 시인하는 것은 엄청나고 놀라운 복입니다. 꼭 입으로 말해야 합니다. 속으로 묵상으로 말할 때 그 말씀은 당신의 안에 있습니다.

그것은 바깥으로 풀려나오지 않습니다.

입에서 하나님의 말씀이 나오고 하나님의 능력이 나올 때 세상의 영은 우리에게 들어오기 어렵습니다. 그러나 우리가 입을 벌리지 않을 때 세상의 영, 세상의 소리, 세상의 사상이 우리에게 들어옵니다. 우리가 입을 벌릴 때 불과 같은 능력이 나오기 때문에 세상의 영들은 그것을 고통스러워합니다. 그래서 그들은 잠시 우리가 조용해질 때까지 우리를 피합니다. 그러나 우리의 입이 굳게 닫혀 있을 때에 그들은 안심하고 다가옵니다. 그리고 우리에게 그럴 듯한 속임을 넣어 줍니다.

묵상 자체가 나쁜 것일까요? 아닙니다. 말씀을 묵상하는 것은 좋은 것입니다. 말씀을 생각하고 되새기는 것은 좋은 것입니다. 그러나 그 새긴 말씀을 선언하게 될 때, 말씀의 권능이 속에만 머물러 있지 않고 바깥으로 나와서 능력 있게 역사하게 되는 것입니다.

성경에 등장하는 하나님의 사람들은 대부분 부르짖는 기도의 사람들이었습니다. 선지자들도 들에서 산에서 부르짖었습니다. 다윗은 묵상에 대해서 많이 이야기하고 있는데 그도 역시 강력하게 부르짖고 토하는 기도의 사람이었습니다.

준비되지 않은 묵상기도는 위험하다

묵상 기도, 고요하고 깊은 기도에 들어가기 위해서는 준비가 필요합니다. 먼저 충분히 부르짖은 후에 고요한 주의 임재의 안식 속에 들어가야 하는 것입니다. 발성기도, 뜨거운 기도의 과정이 없이 드리는 묵상 기도는 안전하지 않습니다.

그러나 뜨겁고 강렬한 기도 후에 드리는 묵상 기도는 꿀처럼 감미

롭고 아름답습니다. 그것은 하루 종일 열심히 노동한 사람이 밤에 잠을 달게 자는 것과 같습니다. 하루 종일 게으르게 시간을 보냈다면 밤에 잠이 오지 않을 것입니다. 그처럼 충만한 발성기도 후의 내적인 깊은 기도는 놀라운 행복감을 줍니다.

충분히 부르짖어 기도하면 세상의 영들이 초토화되고 얼마 동안 떠납니다. 잠시 동안 그는 전쟁에서 자유롭게 됩니다. 그 때 깊은 주님과의 교제가 이루어지게 됩니다. 그의 영은 이제 공중권세를 넘어서서 하늘에 앉아 있습니다. 그 때 그는 방해를 넘어서 친밀하고 아름다운 주님과의 교제를 누리게 됩니다.

그러나 그러한 과정이 없이 바로 묵상 기도에 들어갈 때, 그의 생각은 혼란스럽고 정리되지 않을 것입니다. 온갖 생각이 떠오르고 잡탕이 될 것입니다. 그것은 기도가 아니라 어둠속을 헤매고 있는 것과 같습니다. 그것은 악한 영들에게 얻어맞고 있는 것입니다. 그 시간에 말씀의 검을 가지고 능력의 검을 가지고 악한 영들을 부숴버리는 것이 좋을 것입니다. 졸다가 잠이 들어버리는 것보다 말입니다.

기도의 과정과 순서

묵상에 대해서 이해하십시오. 먼저 소리로, 몸으로 기도해야 합니다. 그 다음에 영이 흘러나오게 됩니다. 이것이 순서입니다.

우리가 사람을 만날 때 처음부터 영이 만나는 것이 아닙니다. 먼저 우리의 몸이 만납니다. 우리의 손이 전화를 하고 약속을 잡은 후에 우리의 몸이 만나게 됩니다.

그리고 대화를 하면서 마음을 나눕니다. 마음을 나누며 깊이 공감을 할 때 우리의 영이 서로 교류를 하게 됩니다. 처음에 몸이 만나고 다음에 정신이 만나며 나중에 영이 만납니다. 기도도 그와 같습니다. 처음에는 몸을 사용하고 소리를 사용하고 호흡을 사용하고 점점 더 주님과 가까워졌을 때 나중에는 소리 없이, 깊이 내적 연합과 교제가 이루어집니다.

준비 없는 묵상기도는 위험한 요소를 가지고 있지만 충분한 발성기도, 부르짖는 기도의 단계를 거친 묵상기도, 내면 기도는 우리를 깊은 하나님의 임재로 이끌며 놀라운 기쁨과 행복을 누리게 합니다.

자연스럽게 들어가는 묵상기도

어느 정도 부르짖어 기도하고 방언을 외치면 성령의 임재가 가까워집니다. 그 임재가 아주 선명하면 더 이상 부르짖을 수 없습니다. 이것은 우리가 인위적으로 묵상해서 고요함 속으로 들어가려는 것과는 다릅니다. 어느 정도 우리의 기도가 올려 졌을 때 주님이 그것을 받으시고 가까이 임하시면 자연스럽게 고요해지는 것입니다. 이때 계속하여 강력하게 부르짖으면 안 됩니다. 그것은 성령을 제한하며 오히려 우리의 영을 손상시킵니다.

그 영광의 임재가 가깝고 충만하면 입도 벌릴 수 없습니다. 몸도 꼼짝할 수 없는 상태가 됩니다. 이것은 성령이 가까이 충만하게 임하여 당신을 붙들고 계실 때 가능한 것이며 인위적인 훈련으로 되는 것이 아닙니다.

이것은 우리의 영이 지성소에 나아가는 것입니다. 그러나 이러한 상태를 경험하거나 누리는 이들은 별로 없습니다.

항상 영을 맑은 상태로 잘 관리하고 유지하여 지성소를 자주 누리는 이들은 그다지 많은 발성기도 없이도 짧은 시간에 깊은 임재기도의 영역에 들어갈 수 있습니다. 하루 종일 오직 기도로 살며 TV나 세상의 문화에 별로 접하지 않는 이들은 그럴 수 있습니다. 그러나 그러한 수준에 이르는 것은 어려운 일이며, 그러한 상태를 유지하는 이들은 아주 드문 것입니다.

대부분의 사람들은 자신의 영을 청결하게 관리하지 못하며 일상의 삶에서 많은 세상의 영들과 부딪치고 섞여 있으므로 하나님 앞에 나아왔을 때는 바로 그 면전에 나아가지 못하고 충분한 발성기도로 자신의 영을 정화시킨 후에 주님께 나아가야합니다.

지성소에서는 침묵해야 한다

생명이 있으면 움직임이 있습니다. 움직임이 없는 것은 죽음의 상태입니다. 그러므로 항상 생명의 흐름인 소리의 흐름이 있는 것이 살아있는 상태입니다. 묵상기도, 침묵기도는 죽음에 가까운 상태입니다. 그러므로 침묵기도와 묵상기도를 습관적으로 하는 이들은 영이 점점 약해지고 소극적이 되며 눌리고 어두워집니다. 점차로 세상의 스트레스를 흡수하는 기질의 사람이 되어갑니다.

그러므로 보통 일반적인 상황에서는 기도는 소리가 있고 호흡이 있고 움직임이 있는 것이 좋은 것입니다. 거기에 생명의 흐름이 있기 때문입니다.

그러나 하나님의 임재가 강력한 지성소에서는 오히려 침묵기도를 드려야 합니다. 왜냐하면 하나님이 생명 자체이시기 때문입니다. 생명의 근원이신 하나님 앞에서 움직이고 떠드는 것은 오히려 무엄한 것입니다.

하나님의 영광 앞에서 철없이 뛰노는 것은 오히려 위험합니다. 그리고 실제로 그 영광이 임하면 움직이고 싶어도 움직일 수가 없습니다. 그 때는 하나님의 충만한 생명을 그저 맛보고 누려야 하기 때문에 잠잠히 하나님 앞에서 안식하고 그분을 누려야 합니다.

그 때는 몸이 마치 수술대 위에 있는 것처럼 움직일 수 없는 상태이며 하나님의 역사가 깊은 곳에서 진행되기 때문에 그러한 경험 후에는 어떤 내적인 심오한 변화가 이루어지게 됩니다.

그것은 천국의 체험과 같으며 신자가 누릴 수 있는 최고의 행복이고 영광입니다.

지성소가 아닌 곳에서는 침묵해서는 안 된다

그러나 이러한 지성소의 상태가 아닌 상태에서는 소리를 죽여서는 안 됩니다.

그 지성소의 상태에 들어가는 이들은 많지 않습니다. 지성소가 임하는 예배도 많지 않습니다. 대부분 사람들의 상태는 세상 사랑이 많고 세상의 섞임이 많기 때문에 바깥뜰에서 더 깊이 나아가지 못합니다. 대부분의 사람들은 아주 드물게 이 상태를 경험합니다.

이 상태를 경험한 이들이 가지게 되는 위험성이 하나 있는데, 그것은 깊은 침묵과 인식 속에서 경험한 하나님의 임재가 너무 놀라운 것이기 때문에 다시 그 체험으로 들어가기 위하여 수시로 자신의 몸을 수동적인 상태로 두는 것입니다.

그것은 위험합니다. 영광의 상태, 지성소의 상태는 주님이 임하셔서 가능한 것이지 자신이 스스로 만들어낼 수 있는 것이 아닙니다. 그러므로 바깥뜰의 단계에서 성소의 단계를 거치지 않고 곧 바로 지성소로 들어가려는 욕심 때문에 스스로 수동적이 되었을 때, 그는 어두움의 영들의 공격을 받아 많은 눌림과 고통의 증상을 겪게 됩니다. 이것은 영성을 추구하는 많은 순진한 사람들이 겪는 고통의 증상입니다.

오늘날 실제적인 지성소의 경험은 많지 않다

오늘날 많은 사람들이 말하는 깊은 묵상이라고 하는 상태는 지성소가 아니며 사실 위험한 상태이고 세상의 영들, 광명의 천사들이 가까이 있는 상태입니다. 그러한 기도를 드리는 이들은 대부분 별로 유익이 없거나 영의 눌림 현상을 경험하게 됩니다. 이들은 서서히 영적 침체와 탈진을 경험하게 되며 점점 더 무기력한 상태로 나아가게 됩니다.

충분한 과정과 단계를 거쳐서 그 상태에 이를 때 그것은 꿀같이 행복합니다. 그 임재 속에서 우리는 행복하고 자유합니다. 우리는 주님의 가까우심을 경험하며 주님의 메시지를 받습니다. 그러나 이것은 기도하는 과정에서 자연스럽게 이루어지는 것이어야 합니다. 너무 빨리 급하게 이 상태로 가려고 해서는 안 됩니다.

불교적인 묵상의 속임을 조심하라

사람들은 묵상을 쉽게 생각합니다. 다만 마음을 가라앉히고 깊이 호흡을 하고 숫자를 세고 즐거운 추억이나 평화로운 상상을 하고.. 하는 식으로 마음을 다스릴 수 있으며 평화롭게 할 수 있다고 생각합니다.

그들은 영적인 전쟁에 대해서 잘 모르는 사람들이며 세상의 영들에 대해서 잘 모르는 이들입니다. 그들은 마귀가 간단한 존재인 줄로 알고 있습니다. 그 전쟁이 얼마나 무섭고 치열한 것인지 모르는 것입니다.

충분한 발성과 기도가 없이 고요히 묵상할 때, 우리는 내면의 깊은 의식으로 들어간다고 생각하지만 사실은 우리가 내면으로 들어가는 것이 아니라 세상의 영이 우리 안에 들어오는 것입니다.

하나님의 임재가 있는 깊은 영계, 영계의 하늘은 우리가 생각을 다스려서 올라갈 수 있는 것이 아니라 예수의 이름으로 공중권세를 부숴버리고 성령의 권능으로 천사들의 보호와 함께 올라갈 수 있는 것입니다.

우리가 그렇게 단순하게 마음을 다스리고 내적인 평화의 세계에 갈 수 있다면 구태에 예수님께서 십자가에서 피 흘려 죽으실 이유가 없을 것입니다. 오늘날 불교적 묵상, 뉴에이지적 속임은 온 세상에 보편적으로 퍼져 있습니다.

우아한 속임에 미혹되지 말라

그러므로 깊은 묵상, 깊은 기도로 나아가는 것은 우리의 영이 충분히 승리한 상태에서, 충분히 발성으로 기도하고 방언을 외치며 하나님을 높이고 경배하고 그렇게 해서 세상의 영들이 다 사라진 후에 해야 합니다.

그 영들이 다 사라지고 소멸될 때 그 때 비로소 세상을 초월한 평화가 오는 것이며 모든 구름이 걷혀질 때 감추어진 찬란한 햇살이 나타나게 됩니다.

마귀는 단순하고 육적인 사람들을 유혹해서 육체의 욕망과 세상의 욕망에 빠지게 합니다. 그러나 엘리트 지성인, 고상한 사람들에게는 이런 식으로 고상하게 속여서 세상의 사상을 집어넣습니다. 지적인 사람들은 무식한 속임에는 넘어가지 않지만 우아한 속임에는 잘 넘어갑니다. 이 우아한 속임에 넘어가지 마십시오.

기도와 찬양, 부르짖어 방언함으로 충만한 행복이 온다

아주 단순히 기도하고 예배하고 찬양하면 우리는 충만해집니다. 말씀을 큰 소리로 선언하면 우리는 충만해집니다. 우리는 교회에 모여서 기도하고, 기도하고, 또 기도해야 합니다. 찬송하고, 찬송하고, 또 찬송해야 합니다.

그리고 나서 성경을 읽으면 얼마나 달콤한지 모릅니다. 그 공간에는 하나님의 임재가 충만하고 성령께서 바람처럼 불처럼 운행하십니다.

모두가 그것을 느낍니다. 모두가 행복감을 느끼고 주님의 은혜에 사로잡혀 흐느껴 웁니다. 그것이 행복입니다. 그렇게 영이 흐르고 활성화될 때 부흥은 옵니다. 사람들은 교회를 떠나지 않고 기도에 힘씁니다. 기도의 행복을 알고 예수의 행복을 알기 때문에 다른 것으로 채우려고 하지 않습니다.

예수의 행복을 알면 세상의 그 모든 즐거움들이 너무나 하찮게 보이기 때문입니다. 마귀가 만들어낸 행복과 온 우주의 주인이 주신 행복이 같은 수준일 수가 없는 것입니다.

오늘날 눌려 있는 사역자들, 눌려 있는 성도들이 너무 많이 있습니다. 그들이 힘을 다해서 부르짖고 방언하면 그 눌림에서 벗어나기 시작할 것입니다.

영이 막히면 세상의 영에 눌려서 힘들게 산다

오늘날 영적으로 충만한 사역자들도 드물고 그러한 성도들도 많지 않습니다. 대부분의 성도들이 발성으로 뜨겁게 기도하는 것에 익숙하지 않습니다. 아주 어려운 일이 생기지 않는 한 간절히 기도하지 않으며 간절히 기도할 줄 모릅니다. 그 영이 활성화되지 않았기 때문입니다. 그러한 역동성이 부족하므로 성도들은 세상을 정복하지 못하고 세상에서 눌립니다.

자기 안에 있는 그리스도, 하늘의 기운을 세상에 보내는 것이 아니라 그 영은 안에 꼭꼭 감추어두고 나가서 세상의 영을 잔뜩 받아가지고 옵니다. 그래서 스트레스를 받는다고 하고 힘들다고 합니다. 일이 많아서 힘들고 사람 때문에 힘들다고 고백합니다. 그러나 사실은 그들이 세상의 영에 눌려서 고통스럽다는 사실을 깨닫지 못하고 있는 것입니다.

영이 흘러나올 때 자유와 승리가 온다

당신의 영이 막혀 있지 않고 바깥으로 흘러가는 것을 배운다면, 경험한다면, 당신은 그 스트레스가 더 이상 찾아오지 않거나 현저하게 줄어드는 것을 경험하게 될 것입니다. 많은 일, 부담스러운 일이 더 이상 걱정되지 않고 이상하게도 다른 사람들이 함부로 하지 못하는 것을 경험하게 될 것입니다.

당신이 그 영으로 둘러싸여 있을 때 세상의 영들은 당신을 함부로 공격하지 못합니다. 온 세상 사람들이 걱정하고 있을 때 당신은 여유와 미소로 즐겁게 살아갈 수 있게 됩니다.

방언으로 부르짖을 때 당신 주변을 어떤 파워가 둘러싸게 됩니다. 사람들은 본능적으로 그것을 느낍니다. 그런 성도들이 많은 교회에 가면 어떤 힘, 권능이 느껴집니다.

그 공간에 들어가는 순간부터 그것을 알게 됩니다. 눈물이 나고 가슴이 뜨거워지며 기도의 영이 흐르게 됩니다. 그리고 '여기는 성령이 역사하시는 곳이구나..' 하는 것을 느끼게 됩니다. 사람들은 예배를 드리며, 찬양과 기도를 드리며, 마치 고향에 온 것 같은 따스함을 느끼고 감격하고 통곡합니다. 교양 있게 믿고 싶은 이들은 그것을 비난하고 떠나게 됩니다. 그러나 갈망하고 사모하는 이들은 더 기뻐하며 더욱 더 모이기를 힘쓰게 됩니다.

방언은 아주 간단한 변화와 부흥의 길이다

사역자는 성도를 변화시키기 위해서 온갖 노력을 합니다. 온 힘을 다해서 설교를 준비하고 가르치고, 가르치고, 또 가르칩니다. 권면하고 또 권면합니다. 그러나 여전히 변화되지 않는 성도들로 인하여 좌절하고 변화되지 않는 자신으로 인하여 좌절합니다.

사람들에게 헌신을 시키고 일을 시키는 것은 아주 어려운 일입니다. 성도들에게 봉사를 요구하는 것은 어려운 일입니다.

하나님의 성령에 사로잡히지 않은 성도들은 교회 일에 열심을 내지 않습니다. 전도는 생각도 하지 못하며 자기 혼자 믿기도 어려워합니다. 봉사를 하더라도 즐겁게 하는 것이 아니고 억지로 하는 것이기 때문에 그것을 몹시 힘들어 하며 그에 대한 보상과 위로가 필요합니다.

일부 열심을 내는 사람들도 있는데, 그것도 자아적인 동기에 근거한 봉사들이 많이 있습니다. 지위를 얻고 자신을 드러내려고 하거나 사역자의 인정을 받으려고 하는 등, 인간적이고 육적인 동기에 의한 봉사도 많이 있습니다.

이러한 것은 그 과정에서 많은 상처와 갈등이 일어날 수 있으며 분파가 생기고 교회가 하나님의 집이 아닌 인간의 집이 되어버리게 합니다. 만민이 기도하는 집이 아닌 인간적인 교류와 자아의 악취가 가득한 공간이 되어 주의 거룩한 영이 역사하시기 어려운 상태가 되는 것입니다.

그러한 사역은 얼마나 힘든 것이겠습니까.. 활동하는 사람들은 인간적인 냄새를 풍기며 대부분의 사람들은 무관심합니다. 사람들은 헌신하지 않으며 서로 상처받고 갈등이 있으며 주의 일에 힘쓰지 않습니다. 이러한 상태에서 부흥을 기대하기란 어려운 일입니다.

그러나 부르짖게 해보십시오. 방언으로 부르짖게 하십시오. 그러면 성령이 안에서 역사하므로 속이 뜨거워서 견딜 수가 없습니다. 기도하지 않고는 견딜 수가 없습니다. 봉사하고 섬기고 싶어서 견딜 수가 없게 됩니다.

성령이 운행하시면 많은 변화들이 일어납니다. 사람이 수 천 번 권해도 안 되는 것을 성령이 임하시면 역사가 일어납니다. 억지로 시켜서 봉사하는 것이 아니라, 인간적인 동기로 봉사하는 것이 아니라, 하나님 나라의 회복과 확장에 대하여 마음이 뜨거워지게 됩니다. 감동이 일어나게 됩니다. 봉사하고 섬기는 것이 기쁨이 되고 행복이 됩니다.

이러한 변화들은 수많은 권면과 지식과 예화를 통하여 이루어지는 것이 아닙니다. 화려한 인테리어와 비싼 악기들과 음향시설과 교회 안에서 행해지는 다양한 프로그램을 통해서 이루어지는 것이 아닙니다. 오직 성령의 역사가 사람을 변화시킵니다. 성령의 권능에 사로잡힐 때 사람은 비로소 변화됩니다. 그것은 테크닉이나 재능이나 박학다식함에 의해서가 아니고 오직 성령의 권능에 의해서만 가능한 것입니다.

사역자는 성령에 사로잡혀야 하며 성도의 가슴이 폭발하도록 도와야 합니다. 성도의 안에 갇혀 있는 성령의 권능이 흘러나오게 해야 합니다.

죄를 버리라는 메시지가 전해져도 사람들은 요동하지 않습니다. 주님을 사랑하라고 외쳐도 사람들은 요동하지 않습니다.

하지만 사역자가 충분히 방언으로 기도하고 무장해서 성령으로 충만한 상태에서 동일한 말씀을 간절하게 외칠 때, 사람들은 충격을 받고 엎드러집니다. 사람들은 울고 회개하며 통곡합니다.

그것이 성령의 역사이며 권능입니다. 사역자의 영이 폭발해야 하며 성도들의 영이 폭발해서 흘러나와야 합니다. 그것이 부흥의 시작입니다.

주님께서 부흥을 위하여 방언을 주셨는데, 이 쉬운 방법을 주셨는데 왜 다른 방법을 찾아야 합니까? 오순절에 성령이 임하시고 방언하고 성령에 사로잡혀서 역동적으로 움직일 때 부흥이 왔는데 왜 우리는 다른 방법을 찾아야 합니까?

방언할 때 교회에 활력이 가득하게 된다

방언하고 부르짖으십시오. 성도들에게 방언으로 부르짖게 하십시오. 뜨겁게 발성 기도를 시켜보십시오. 온 성도들이 뜨거워지고 영적으로 활성화됩니다. 발성기도가 부족한 교회들은 영적으로 약해지고 둔해질 뿐 아니라 세속화되기 쉽습니다. 영적 기쁨을 누리지 못하면 다른 즐거움을 찾게 되며, 영적인 능력을 얻지 못하면 다른 능력을 찾게 되기 때문입니다.

특히 방언기도를 하면 부흥과 변화의 동력이 강력하게 일어납니다. 왜냐하면 보통의 일반적인 기도는 개인적인 소원과 사연의 기도에 그치는 경우가 많은데 방언기도는 그렇지 않기 때문입니다.

본인들은 방언으로 기도하면서 그 내용을 알지 못하지만 대부분의 기도가

'주여, 하늘의 권능을 주소서. 복음의 증인이 되게 하옵소서. 하나님의 나라가 임하게 하옵소서. 확장되게 하옵소서. 담대한 힘을 주소서. 마귀의 세력이 무너지게 하옵소서. 마귀를 이기는 힘을 주소서. 내 영혼을 강건하게 하소서.. 주를 더 사랑하게 하옵소서.. 영광을 받으소서..'

주로 그런 내용의 기도를 하게 됩니다.

그러니 기도를 하면 할수록 영력이 강건하게 될 수밖에 없는 것입니다. 그렇게 전 성도들이 방언기도를 하면 교회에 활력이 넘치고 집회가 충만해지며 성도들이 영적으로 강건하고 뜨거워지게 됩니다. 그러므로 자연히 부흥의 열기가 일어나게 되는 것입니다.

물론 문제가 없는 것은 아닙니다. 이러한 역사가 일어날 때 악한 영들도 가만히 있지는 않습니다. 각 사람의 안에, 관계 속에서 제도 속에서 숨어있던 악한 영들이 드러나고 공격하며 속이는 영이나 이간질하는 영들이 역사할 수도 있으며 미성숙한 이들을 통해서 교만이나 분쟁 등의 문제가 생길 수도 있습니다. 그러한 것을 분별하고 관리하는 것이 필요합니다.

하지만 악한 영이 공격하지 않는 신앙이나 교회는 없습니다. 건강

하고 성숙된 신앙은 이러한 치열한 전쟁과 시험을 치르며 승리해가면서 이루어지는 것입니다.

이러한 전쟁에서 패했을 때 나타나는 것이 영적 침체와 세속화, 세상사랑 등의 열매입니다. 영적으로 병들고 죽어 가면 세속화가 이루어지며 형식적이고 무덤덤한 신앙의 형태를 유지하게 됩니다. 그리고 이것은 오늘날 아주 보편적인 현상입니다.

사모함과 전도의 영이 일어난다

영의 활성화되면 성도가 열정적으로 변화됩니다. 그러므로 부흥이 일어납니다. 성령의 역사로 인하여 치유와 변화와 풍성함과 활기와 기쁨의 간증이 끊이지 않게 됩니다. 그 영이 운행하심으로 사람들이 움직이며 전도의 영이 일어납니다.

성령의 역사로 인하여 믿는 자들의 주변에 있는 불신자들의 마음에 호기심이 일어납니다. 악령이 역사할 때는 교회를 싫어하고 대적하던 이들이 이상하게 교회에 관심을 가지고 기웃거리게 됩니다. 하나님께 나아가지 못하게 방해하는 것이 악한 영들의 하는 일인데, 성령의 능력이 흐르게 될 때 그들은 힘을 잃게 되므로 이상하게 속이 허전해져서 복음을 찾게 되는 것입니다.

전도가 이루어지는 것도 성령의 역사입니다. 복음 앞에서 굴복하는 것은 박식한 이론의 설득이 아니라 성령의 권능입니다. 능력이 임하게 될 때 사람의 안에 갇혀있던 영혼들은 깨어나게 됩니다. 그리하여 점점 주를 사모하는 사람들이 일어나게 됩니다. 그렇게 역동적인 성령의 역사, 영의 흐름이 있을 때 부흥은 일어나기 시작합니다.

능력이 나타나기 시작할 때 방향을 잘 잡아주어야 한다

진정한 부흥은 이것입니다. 사람들이 발성으로 기도하고 방언으로 기도하고 내면의 영이 흘러나오며 자유롭게 되기 시작할 때 흔히 물질적으로 여유가 생기고 몸이 건강해지고 외적인 표적이 나타나게 됩니다.

여기에서 조심이 필요합니다. 그것은 좋은 일이기는 하지만 거기에 치우쳐 멈춰 있어서는 안 됩니다. 그것은 초기의 현상이지만 말씀을 바르게 가르쳐 방향을 잘 잡아주어야 합니다. 방언을 하고 부르짖고 영이 풀려나올 때 그 목적은 외적으로 잘 먹고 잘 사는 것이 아니라 그리스도를 갈망하고 알아가는 것입니다.

한국교회에서 일어났던 과거의 성령의 역사는 아쉽게도 너무 외적인 성장이나 외적인 복에 치우친 측면이 있었습니다. 그것은 진정한 부흥이 아닙니다. 부흥이란 그리스도를 사랑하는 것이며 갈망하는 것입니다. 그리스도의 사람이 세워지고 일어나는 것이 진정한 부흥입니다.

방언으로 부르짖어 기도하고 주님께 나아가면 그 영이 회복되는 가운데, 묶여 있던 물질의 문제나 질병의 문제가 해결되고 회복되는 일이 흔하게 있습니다. 그것은 아름다운 일이며 주님의 은총입니다. 그러나 사역자는 성도들이 너무 그러한 외적인 복에 빠지지 않도록 인도해야 합니다. 주님의 선물에 머물러 있지 말고 선물을 주시는 주님께 나아가도록 이끌어주어야 합니다.

우리 안에 보화, 부흥의 씨앗이 있다

외적인 복은 우리의 목표가 되어서는 안 됩니다. 거기에 머물러 있거나 그것을 대단하게 여기거나 자랑하는 것은 좋은 방향이 아니며 어린 것입니다. 성령은 우리를 주님께로 인도하시며 우리를 변화시켜서 주님과의 친밀한 교제를 누리고 천국의 보화를 누릴 수 있도록 인도하십니다.

그러므로 외적인 형통에 목적을 두지 않고 진정 그리스도를 향한 삶, 하나님께 합당한 삶, 천국적인 삶을 가르치며 바른 방향, 바른 부흥의 방향을 잡아주는 것이 필요합니다.

오늘날 부흥이 어렵다고 말합니다. 그러나 부흥은 가능하며 쉬운 것입니다. 우리 안에 부흥의 씨앗이 있습니다. 놀라운 보화가 있습니다. 그 보화를 풀어놓을 때 그 영이 흐르게 될 때 부흥은 일어나게 됩니다.

방언은 부흥과 관련이 있습니다. 부르짖어 방언으로 기도하도록 하십시오. 방언을 말하고 부르짖어 기도하며 힘차게 찬양을 드리며 말씀을 선언하십시오. 내주하시는 그리스도, 내주하시는 성령이 풀려나오며 놀랍고 풍성한 부흥이 일어나는 것을 보게 될 것입니다. 할렐루야.

"하나님이 그들로 하여금 이 비밀의 영광이 이방인 가운데 얼마나 풍성한지를 알게 하려 하심이라 이 비밀은 너희 안에 계신 그리스도시니 곧 영광의 소망이니라" (골1:27)

36. 방언기도 사용을 위한 요약정리

방언을 사용하여 기도하는 것에 특별한 방법이 있는 것은 아닙니다. 방언은 성령께서 주시는 언어이므로 속에서 나오는 흐름을 따라 입을 맡기고 기도하면 됩니다. 그동안 방언에 대해서 이야기하면서 관련된 영역을 폭넓게 방대한 분량으로 다루었기 때문에 이 장에서는 방언을 사용하는 간단한 요령에 대해서 지금까지 이야기한 내용을 토대로 간단하게 정리해보겠습니다.

1. 기본적인 적용

1. 방언으로 충분히, 많이 기도하십시오.

가장 기본적인 것은 방언기도의 분량이 충분하고 많을수록 좋다는 것입니다. 이것은 일종의 기초체력에 속하는 것입니다. 방언은 성령께서 주시는 영의 언어이기 때문에 많이 하면 할수록 영감이 발달하게 됩니다. 영의 감각이 생기며 영의 충만함을 얻게 됩니다.

어린아이는 언어를 배우고 사용하게 됨에 따라 그 의식이 발전하게 됩니다. 방언은 영의 언어이므로 이 언어를 사용할수록 영적인 의식이 자극을 받고 발전한다고 할 수 있습니다. 그래서 이성으로는 알 수 없는 여러 지식이나 통찰력이 일어나게 되고 다양한 영의 기능이 일어나고 발전하게 됩니다.

방언은 가장 일반적이고 쉽게 나타나는 은사이며 이 은사의 충분한 활용을 통하여 다양한 다른 은사들이 나타나는 것을 흔히 경험하게 됩니다. 그러므로 처음에 방언을 할 때에 일단 충분히 많이 방언을 사용하여 기도하십시오. 충분히 기초체력을 쌓도록 하십시오.

영적인 변화가 별로 없거나, 내적인 감각이 일어나지 않거나, 느낌이 일어나지 않거나, 승리의 경험이 부족한 경우의 대부분은 충분한 방언기도의 분량이 부족한 것입니다. 그러므로 방언기도의 충분한 분량을 채우는 것이 가장 기본적인 것이라는 사실을 꼭 기억해두십시오.

2. 초기에는 충분히, 빠른 속도로 기도하십시오.

방언이 처음 터졌을 때는 강력한 감격과 함께 나타날 수도 있지만 또한 아무 느낌도 없이 밋밋하게 나타날 수도 있습니다. 그런 경우에 '이것이 방언이 맞는가?' 하는 생각이 들 수 있습니다.

그런 의심을 극복하기 위하여 필요한 것은 처음에 방언이 나타났을 때 적어도 30분 이상을 쉬지 않고 해야 한다는 것입니다. 그렇게 할 때 내면에서 일어나는 변화를 조금씩 느끼게 되므로 의심이 사라지게 됩니다.

초기 상태에서는 방언을 비교적 빠른 속도로 하는 것이 좋습니다. 오순절에 처음으로 방언이 임했을 때 급하고 강한 바람이 있었습니다. 성령은 초기에 급하고 강하게, 빠르게 운행하십니다. 그러므로 빠른 속도의 방언은 성령의 흘러나옴에 유리합니다.

마음의 속도, 생각의 속도는 몸의 속도보다 빠릅니다. 몸은 천천히 걸어가지만 생각은 순식간에 날아갑니다. 또한 영의 속도는 생각의 속도보다 빠릅니다. 머리의 생각은 논리적 사고를 통하여 결론을 도출해내지만 영의 생각은 순식간에 깨달음과 직관을 가져옵니다.

빠른 속도의 방언은 영의 흐름과 통하는 면이 있습니다.

개천에서 물이 흐를 때 너무 느리게 흐르면 개천의 더러운 찌꺼기가 정화되지 않습니다. 그러나 비가 와서 물이 많아져서 물의 속도가 빨라지게 되면 더러운 것들은 다 깨끗이 씻겨 내려가며 개천은 맑아집니다. 그러므로 방언을 통해서 영의 흘러나옴이 빠르게 진행되면 우리의 의식과 감정의 찌꺼기들이 빨리 정화될 수 있습니다.

방언은 우리 안에서 성령께서 주시는 것이지만, 그것을 천천히, 빠르게, 강하게, 부드럽게.. 등 여러 가지 방식으로 표현하는 것은 우리에게 달려 있습니다. 그러므로 필요를 따라 그 세기와 속도를 조절해야 합니다.

초기에도 빠른 속도로 방언을 하는 것이 영의 자연스러운 흐름에 도움이 되지만, 어느 정도 방언기도에 익숙해진 다음에도, 특히 침체 상태에 있을 때 빠르게 방언을 하는 것이 좋습니다. 그러면 곧 영이 활성화되고 생기를 얻게 됩니다.

3. 가슴의 정화에 힘쓰십시오.

초기에 방언을 할 때 가슴에 있는 모든 찌꺼기들, 답답한 것들을 바깥으로 내보내어 청소한다는 마음으로 하십시오. 우리는 항상 머리에서 떠오르는 생각을 입으로 말했습니다. 거기에 익숙해있습니다. 그러나 방언을 할 때는 그러한 습관에서 벗어나야 합니다. 머리는 아무 역할을 할 필요가 없습니다. 그냥 쉬게 하면 됩니다. 속에서 나오는 방언을 그저 입으로 말해내면 됩니다. 그렇기 때문에 방언을 하면 할수록 머리가 휴식을 취하는 즐거움을 누리게 됩니다.

머리는 그저 잠잠하게 두고, 가슴에 집중하여 방언을 하십시오. 가슴 속에 있는 웅어리들이 초기 방언을 통해서 흘러나오게 하십시오. 가슴에 마음을 둔 상태에서 방언을 계속 하면 가슴이 시원해지게 됩니다. 시원해질 때까지 반복하여 방언을 하십시오.

4. 가슴에서 올라오는 감정을 그대로 표현하십시오.

가슴에 마음을 두고 정화한다는 마음으로 방언을 하고 있으면 억압되어 있는 슬픔이나 두려움이나 분노 등이 표출될 수 있습니다. 감동이 오고 눈물이 나올 수 있습니다. 눈물이 나면 그것을 그대로 표출하면서 방언을 하십시오. 울면서 방언을 하는 것은 가슴의 정화에 많은 도움이 됩니다.

평소에 우리는 가슴의 감정을 잘 표현할 수 없을 때가 많습니다. 그래서 우리는 감정을 억압합니다. 감정을 표현했다가 상대방의 공감을 얻지 못하면 그것은 상처가 될 수도 있습니다. 그러나 성령 안에서 가슴의 눌림을 표현하고 울 때 성령께서는 우리의 감정과 슬픔을 위로하시며 치유하십니다. 우리는 마치 엄마 품에 안겨서 우는 아이처럼 행복해지게 됩니다. 당신의 감정, 억압되고 자유롭지 않은 감정을 성령 안에서 방언을 하면서 충분히 풀어놓으십시오. 그것은 당신의 영을 자유롭게 합니다.

5. 마음의 변화가 필요할 때는 빠르게 방언을 하십시오.

마음이 울적할 때, 기분 전환을 위해서 흔히 '바람을 쐰다'는 말을 하지요. 빠른 속도로 방언을 하면 영이 활성화되기 때문에 어둡고 불편하고 우울한 감정이 빠르게 사라집니다. 곧 마음이 회복되어 즐겁고 편안한 마음이 일어나게 됩니다.

6. 마음이 불안하거나 안정이 필요한 상태일 때는 천천히, 낮고 강

력한 톤으로 방언을 하십시오.

차분하게, 강건하게 힘을 주어서 선포하듯이 방언을 할 때 영이 강건해지고 담대해집니다. 마치 사자가 으르렁거리듯이 낮게 방언을 하면 우리는 내부에서 강한 힘이 일어나는 것을 느낄 수 있으며 자신감이 생기고 강건해지게 됩니다.

7. 이유 없이 불안해질 때에는 불안이 사라질 때 까지 충분히 방언으로 기도하십시오.

이유 없이 갑자기 마음이 불안해질 때가 있습니다. 방언을 하면 할수록 영적인 감각이 생기기 때문에 이런 일이 초기에는 자주 있을 수 있습니다. 이것은 악한 영들이 주위에서 어슬렁거리면서 공격의 기회를 노리고 있거나, 아니면 좋지 않은 상황이 생길 수 있는 것을 영이 감지하고 나타나는 현상일 수 있습니다. 이때는 그저 단순히 방언을 소리 내어서 하는 것이 좋습니다. 그러면서 조용히 자기 안에서 어떠한 변화가 일어나는 지를 지켜보면 됩니다.

방언은 기도이며, 우리의 이성은 알지 못해도 무엇인가 우리의 필요를 위해서 기도하는 것이기 때문에, 그 기도에는 효과가 있으며 응답이 있습니다.

그러므로 단순히 이렇게 방언을 하는 것을 통해서 사고를 방지하거나 문제가 일어나는 것을 사전에 해결할 수 있습니다. 방언으로 기도하는 중에 어떤 것이 떠오를 수 있습니다. 예를 들어서 집에 가스 불을 켠 채로 외출을 한 것이 떠올랐다든지, 핸드폰을 어디다 놓고 온 것이 떠올랐다든지, 아니면 어떤 사람의 얼굴이 떠올랐다든지, 갑자기 기도해야 할 문제가 떠올랐다든지.. 하는 식으로 어떤 느낌이 들 수 있습니다.

그냥 아무런 느낌이 없고 한참 방언을 하다 보니 그 불안감이 사라질 수도 있습니다. 그렇게 되면 이미 문제가 사라진 것이기 때문에 감사를 드린 후에 하던 일을 계속 하면 됩니다. 전에는 이런 느낌을 잘 인식하지 못했고, 있었어도 그냥 무시하고 지나갔겠지만, 이제는 이러한 느낌이 올 때 지나가지 마시고 방언으로 기도하십시오. 그렇게 할 때 조금씩 간증 거리가 생기게 됩니다. 그리고 주님이 말씀하시는 것, 경고하시는 것에 대해서 조금씩 이해하게 되고 들을 수 있게 됩니다.

8. 악한 영들이 느껴질 때 강력하게 방언하고 대적하고 꾸짖으십시오.

방언을 할수록 영의 감각이 예민해지기 때문에 악한 영의 존재를 느끼는 감각이 발달됩니다. 갑자기 주위에 선명한 악령의 세력이 있음을 감지하게 되기도 하고, 어떤 사람을 보았을 때, 어떤 사람이 말을 할 때, 그 안에서 움직이는 불안하고 불편한 기운을 느끼기도 합니다.

기도할 수 있는 여건이 된다면 이 때 그냥 지나가지 말고 강력하게 방언을 외치고 대적하십시오. 굵은 톤으로, 낮은 음으로 눈을 부릅뜨고 강력하게 대적해야 합니다. 그럴 때는 자동적으로 방언이 강력해지며 강한 파워가 나오게 됩니다.

기도할 수 있는 여건이 되지 않고 그러한 공간도 없다면, 화장실에 가서 작은 소리지만 강력하게 그렇게 방언을 하는 것이 좋습니다. 그렇게 강력하게 대적하다보면 온 몸에 전율이 오거나 소름이 끼치면서 서서히 그러한 느낌이 줄어듭니다. 그리고 평안이 오면 대적하는 것을 멈추고 주님께 감사를 드리십시오. 평안은 악한 세력이 물러갔음을 의미합니다.

　이러한 분별과 전쟁에 익숙해질수록 영력도 강해지고 분별력도 증가되며 자신감도 늘어납니다. 이러한 전투적인 방언을 잘 사용하여 어디에 가서도 영이 눌리지 말고 그 주위의 악한 영들을 초토화시키는 강건한 주의 용사가 되어야 합니다.

　9. 기계적으로 방언하지 말고 인격적으로 하십시오.
　방언을 오래 하다보면 처음의 신선함과 감동을 차츰 잃어버리고 습관적으로 기계적으로 할 수 있습니다. 그것은 방언기도가 더 깊은 영역으로 발전하지 못하는 중요한 이유가 됩니다. 그러므로 방언을 할 때 인격적으로 하도록 주의하십시오.
　성령은 인격이십니다. 우리가 물건처럼, 비인격적인 존재처럼 여겨서는 안 됩니다. 그분이 우리 안에서 어떤 언어를 주시는 것은 이유가 있어서입니다. 그러므로 아무 의식 없이 기계적으로 하지 말고 인격적으로 주의를 기울이십시오. 가슴의 소원, 영의 소원, 깊은 속의 소원을 부드럽게 경청하는 자세로 하십시오. 속의 영이 말하고 싶은 것을 자연스럽게 말할 수 있도록 동참하는 마음으로 들으면서 하십시오.
　그렇게 내면에 대해서 인격적으로 반응하고 존중하면서 방언을 할 때 방언은 더욱 더 아름다워집니다. 엄밀히 말하자면, 방언 자체가 더 아름다워지는 것이 아니라 영이 즐거워하므로 방언을 할 때 아름답고 포근한 느낌을 더 받게 됩니다. 방언을 통해서 우리의 영이 더 아름답고 섬세한 상태가 되는 것입니다.
　가슴에서 무엇인가를 끌어내리려는 마음으로 하는 것은 영의 나타남에 도움이 됩니다. 그렇게 할수록 속의 깊은 곳에서 언어와 흐름이 나타나게 되며 영이 원하는 것, 영의 상태를 느끼기가 쉽습니다.

10. 배에서 깊이 끌어내듯이 방언하십시오.

위의 방법, 가슴에서 무엇인가를 부드럽게 끄집어내는 듯이 방언을 하는 것이 인격성과 영의 감수성을 섬세하게 하는 데 도움이 되는 것이라면, 배에서 깊이 끌어내듯이 방언을 하는 것은 권능과 굳건함과 관련이 있는 것입니다. 배에 힘을 주고 낮은 음으로 천천히, 육중하게 배의 깊은 부분을 끌어내듯이 방언하십시오. 평안과 기쁨과 자유함을 경험하게 됩니다.

요한복음 7장 38절은 "나를 믿는 자는 성경에 이름과 같이 그 배에서 생수의 강이 흘러나오리라"고 말씀하시며 이어진 39절에 "이는 그를 믿는 자들이 받을 성령을 가리켜 말씀하신 것이라"고 설명하고 있습니다. 이 말씀은 성령께서 우리에게 허락하시는 은총의 한 부분을 설명한 것으로, 오직 방언을 통해서만 이 배에서 흐르는 생수의 강을 누린다고 할 수는 없습니다. 그러나 방언을 하면 이 말씀이 실제적으로 이루어지듯 느끼게 됩니다. 배에 힘을 주고 강력하게 방언을 충분히 하면 평안과 기쁨과 후련함이 일어나며 마치 생수의 강이 흐르는 듯한 시원함과 기쁨, 권능을 맛보게 됩니다.

11. 때로는 기계적으로 방언하십시오. 단순히 충전을 위해서는 그렇게 하는 것이 좋습니다.

인격적인 방언은 섬세함과 내면적인 발전에 있어서 도움이 되지만 때로는 기계적으로 방언을 하는 것이 좋을 때도 있습니다. 영적으로 많이 탈진되고 힘이 없을 때, 영의 충전이 필요할 때, 이때는 충분히 많이 기도의 분량을 채워야 하므로 그저 단순하게 빠른 스피드로 기계적으로 반복해서 방언으로 기도하는 것이 좋습니다.

그저 단순히 속에서 나오는 대로 단순한 발음을 반복해서 하십시오. 이때는 별 다른 느낌이 없습니다. 그러나 어느 정도 영적 충전이 이루어지면 평안한 마음이 일어나며 그러면 다시 인격적인 방언, 대화식의 방언 기도로 나아갈 수 있습니다.

기계적인 방언이 필요한 이유는 때로는 지나치게 섬세한 것이 불편한 면이 있기도 하기 때문입니다. 우리는 적당히 섬세해야 하며 적당히 둔감해야 합니다.

어떤 이들은 지나치게 둔감해서 사람의 마음을 느끼지 못하고, 하나님의 인도하심과 사인을 감지하지 못하고 지나쳐 버립니다. 반면에 어떤 이들은 지나치게 마음과 생각이 민감해서, 사소한 것에 마음을 쓰고 눌릴 수 있습니다. 이러한 기질의 사람은 기계적이고 강력한 방언을 해서 감각을 다소 둔탁하게 하고 강하게 하는 것이 필요한 것입니다.

12. 빠른 속도로 방언을 하면서 리듬에 맞추어서 춤을 추고 몸을 움직이십시오.

이것은 역동성을 증가시키고 영을 활발하고 강건하게 합니다. 소극적인 기질의 사람들은 이렇게 활발히 기도하고 영을 풀어놓는 것이 좋습니다. 이렇게 몸을 복종시킬 때 우리의 몸도 영을 표현하는 통로가 될 수 있습니다.

13. 30~40분 정도 논스톱으로 쉬지 말고 방언으로 기도하십시오.

보통 방언기도는 우리말과 섞어서 쉬엄쉬엄 하게 됩니다. 쉬지 않고 뜨겁고 강력하게 집중적으로 방언만을 사용해서 기도하는 것은 몹시 힘이 드는 일입니다. 그러나 이것은 영의 기초체력을 강건하게 하는데 도움이 됩니다. 영적인 큰 전쟁이 있을 때 이러한 기도훈련은 아주 도움이 됩니다. 집회에서 사역자의 인도를 따라 이렇게 기도할 수 있으면 혼자서 하는 것보다 훨씬 더 강력한 능력의 흐름이 나타나게 될 것입니다.

이렇게 집중적으로 강력하게 기도할 때 영이 한 단계 업그레이드 됩니다. 다만 너무 지나치게 해서 탈진이 되어서는 안 되며 충분히 기도한 후에는 조용한 안식과 충전의 시간이 필요합니다. 충분히 안식을 취하면서 주님의 임재 아래 머물러야 합니다.

14. 스트레스나 답답함이 있을 때 낮은 방언으로 기도하십시오.

외부로부터 스트레스를 받을 때가 있습니다. 본의 아니게 TV나 세상 문화나 음악에 노출되어 그 외부의 기운이 안으로 들어와서 답답하게 느껴질 때가 있습니다.

이때는 그것을 토해내야 합니다. 그렇게 하지 않으면 심령이 답답해지다가 눌리게 되고 나중에는 영감이 마비되어 버립니다. 그러므로 맑은 영을 유지하기 위하여 외부에서 들어온 악한 기운을 토해내야 합니다.

이때는 낮은 방언으로 기도하십시오. 권위 있고 강하게 기도하십시오. 그것은 영적인 청소를 하는 것과 같습니다. 충분히 낮은 방언으로 기도를 하면 속이 후련해지고 가슴에 기쁨과 달콤함이 회복됩니다. 그리고 가급적이면 세상의 문화에 접촉하지 말며, 세상이 주는 즐거움들, 영상문화를 멀리하십시오. 그것은 심령의 감각을 죽이며 주님과의 내적인 교제를 방해합니다.

심령의 정결함을 유지하기 위하여 노력하되, 일단 악한 기운이 침입하였으면 낮고 강력한 방언기도로 그 기운들을 청소하십시오. 이것은 맑고 강한 영을 유지하는 데 아주 도움이 되는 기도입니다.

15. 원치 않는 생각이나 음성, 소리가 자꾸 떠오를 때 빠른 방언으로 기도하십시오.

원하지 않은 생각이나 충동, 소리가 자꾸 떠오를 때가 있습니다. 예를 들어 버스를 타고 가다가 우연히 귀에 들어온 세상 노래의 가사가 속에서 계속 맴돌 때가 있습니다. 잠시 지나쳤던 TV의 영상이 떠오르거나 노래가 속에서 계속 흘러나올 때가 있습니다. 이것은 아무 것도 아닌 것 같지만 영이 맑아질수록 그러한 것들이 우리의 영을 불편하게 하는 것을 느끼게 됩니다. 그것은 세상의 기운이며 우리의 영을 억압하고 고통스럽게 합니다.

이 때 아주 간단한 처방은 빠른 속도로 방언을 말하는 것입니다. 계속하여 빠르게 방언을 토하면 그 소리는 점점 사라지게 되어 마음이 개운하고 평화롭게 됩니다.

원치 않는 생각이나 충동이 속에서 계속 올라올 때도 방언으로 빠르게 기도하십시오. 부정적인 생각이나 두려움의 생각, 자학적인 생각이나 더러운 생각들이 계속 떠오를 때가 있습니다.

그럴 때 가만히, 소극적으로 있으면 그 생각이나 충동에 빠져버릴 수도 있고, 죄를 지을 수도 있고 넘어질 수도 있습니다. 그러므로 이 때 빠르게 방언을 함으로써 이러한 것들을 날려버리는 것이 좋습니다.

그것은 마치 강력한 소나기가 대기를 맑게 하는 것처럼, 강력한 바람이 공중의 먼지를 다 날려버리는 것처럼 우리의 심령은 곧 시원하게 청소되어 맑고 개운한 상태를 유지하게 됩니다.

그러므로 나쁜 생각이나 소리나 충동이 있을 때 충분히, 빠르게 방언으로 기도하십시오. 10분이나 20분 정도를 빠르게 속사포처럼 쏟아대듯이 방언으로 기도하십시오. 마음이 편안해질 때까지 그렇게 하십시오.

이렇게 속에서 올라오는 악한 기운을 청소하는 것에 익숙해질 때 죄의 충동이나 습관에 넘어지지 않고 승리하는 경험을 지속적으로 해나갈 수 있을 것입니다.

16. 자기의 약점에 대하여 방언하면서 기도 하십시오.

오래 동안 끊지 못하는 죄에 대해서 기도하며 방언하십시오. 자기가 자주 넘어지는 약점에 대해서 방언으로 기도하십시오. 대체로 그러한 죄나 약점에는 악한 영들의 개입이 있는 경우가 많습니다. 또는 기질적인 약점을 가지고 태어났을 수도 있습니다. 유전을 통해서 오는 영적 공격이 있을 수도 있습니다.

우리는 그 죄와 약점의 근원이 무엇인지, 어떤 방해와 공격이 있는지 정확하게 다 알 수는 없습니다. 그러나 그러한 문제를 놓고 기도하면서 방언을 계속 하면 속에서 이상하게 무엇인가 풀어지면서 회복이 오게 됩니다. 갑자기 모든 것이 변하는 것은 아니지만 서서히 약점을 극복하게 되고 이기는 순간이 많아지게 됩니다.

17. 방언으로 기도하면서 주님의 음성을 들으십시오.

하나님의 음성을 듣는 많은 강의들이 있고 많은 훈련들이 있습니다. 나는 그중에서 방언으로 충분히 기도하는 것이 하나님의 음성을 듣는 가장 간단하고 유력한 길이라고 말하고 싶습니다. 방언을 충분히 하면 영이 활성화되고 영의 감각이 생깁니다.

하나님의 음성은 우리의 육체적인 귀로 듣는 것이 아니며, 우리의 감정이나 이성으로 듣고 느끼는 것이 아니고, 영으로 듣고 느끼는 것입니다. 그러므로 영이 활발하게 움직이지 않고 감각이 깨어나지 않으면 그 음성을 감지하기 어렵습니다. 지나치게 이성이 발달하여 모든 것을 합리적으로 생각하고 결정하는 이들은 영의 기능이 억압되어서 그 감각이 깨어나기 어려우며 음성을 듣기가 어렵습니다. 그러므로 방언으로 충분히 기도하는 것이 중요합니다. 방언을 충분히 많이 하면 저절로 느낌과 감각이 일어나게 되어 하나님의 음성을 느끼게 됩니다.

방언을 많이 말하고 평소에 통역을 소리 내어서 자꾸 하는 것도 중요한 포인트입니다. 그럴수록 음성은 선명해집니다. 자주 영감을 받고 음성을 듣게 됩니다. 때로는 잠을 자는 중에도 주님이 말씀하시는 것을 느끼게 됩니다. 잠을 잘 때, 자기 직전과 깨고 난 직후는 우리의 영이 가장 예민한 때이며 주님의 음성을 듣기 쉬운 때입니다.

소리를 내어서 방언을 하고 통역을 하면 주님의 음성과 감동이 선명해집니다. 발성을 하지 않으면 영감을 받을 수는 있지만 그것이 영의 영역, 정신의 영역에 머물러있기 때문에 잘 감지하기 어렵습니다.

지적인 사람들은 대체로 소리 내어 기도하고 방언하는 것을 싫어합니다. 그러므로 음성이나 감동이 있어도 분명하지 않게 되며, 확신이 부족하게 됩니다. 이것은 어떤 사람이 겉으로, 목소리로 분명히 말하지 않고 속으로만 생각하고 말한다면, 상대방이 그것을 잘 알아차리기 어려운 것과 같습니다. 눈치가 빠른 사람은 분명하게 말하지 않아도 상대방의 마음을 잘 파악할 것입니다. 하지만 보통 사람들은 대부분 말하지 않는 것을 알아듣기가 어려울 것입니다.

그러므로 분명하게 소리를 내어 방언으로 말할 때, 영적인 느낌과 감각이 물질세계에도 전달이 되어서, 영이 그것을 느낄 뿐 아니라 마치 몸으로도 듣는 것 같이 선명하게 듣기가 쉬워집니다. 충분히 방언으로 소리 내어 기도하는 분량만큼 그 감각은 선명해지며 확신을 얻게 됩니다.

18. 주님께 질문을 드리고 답을 기다리면서 방언하십시오.

우리는 항상 주님의 음성과 인도하심을 기다려야 합니다. 무턱대고 기다리기만 할 것이 아니라, 삶에서 자주 주님께 주님의 원하심에 대해서, 인도하심에 대해서 묻고 답변을 기다려야 합니다.

그 답변은 물리적으로 귀에 들리는 것이 아니라 우리의 영 안에 영적 감동으로 오는 것이 일반적인 것입니다. 그러므로 내적 감동을 잘 느낄 수 있도록 물으면서 방언을 하고, 답을 기다리면서 방언을 하는 것은 아주 좋은 기도의 방법입니다.

평소에도 방언을 해야 하지만 질문을 드리고 답을 기다릴 때는 더 집중적으로 방언을 하면서 기다려야 합니다. 방언을 하다보면 차츰 어떤 감동을 느끼게 되며 평안과 기쁨을 얻게 됩니다. 그러면 우리는 그러한 방면으로 주님께서 인도하시는 것을 감지하게 됩니다.

19. 마음에 불편한 것이 있거나 주님이 싫어하시는 느낌이 있으면 방언을 하면서 물으십시오.

양심에 무엇인가 거리낌이 있거나 내주하시는 주님이 안에서 싫어하시는 감동이 느껴진다면 그것이 무엇인지 물으면서 기다려야 합니다. 이렇게 평소에 자주 주님께 묻고 기다리는 것이 신앙생활에서 아주 중요합니다. 그것은 우리가 우리 마음대로 살지 않고 항상 주님의 원하심을 따라, 기뻐하심을 따라 순종하는 삶의 훈련이기 때문입니다. 이때도 방언을 하면서 떠오르는 감동을 기다리는 것이 좋습니다. 기도하는 중에 잘못이 있다면 선명하게 그것을 느끼게 되고 불편함이 시작된 근원을 깨닫게 됩니다.

아직 충분한 확신이 없다면 좀 더 충분히 기도해야 합니다. 그러나 아무리 기도해도 답을 얻을 수 없으면 중단해도 됩니다. 주님께서 어떤 경고하실 것이 있으면 분명하게 답을 주실 것이며 그렇지 않다면 자신이 사소한 일에 대하여 너무 예민하게 생각하고 반응한 것일 수도 있습니다.

20. 방언을 하면서 듣게 된 음성이나 감동에 순종하십시오.

방언을 하면서 주님의 감동과 메시지를 기다리는 것은 그 음성을 듣고 인지하는 것에 도움이 됩니다. 그러나 단지 듣는 것으로 끝내서는 안 됩니다. 듣고 분별을 얻은 후에는 당연히 순종해야 합니다.

우리가 주님께 자주 물으며 주님의 인도하심과 음성을 기다린다면 우리는 자주 메시지를 받게 됩니다. 우리가 우리의 잘못에 대하여 주님의 경고나 책망을 받았다면 우리는 깨닫는 즉시 바로 회개하고 순종하여 잘못을 바로 잡아야 합니다.

주님이 지적하신 죄에 대해서는 그것을 자백하고 회개해야 하며, 어떤 구체적인 행동에 대한 메시지를 받았을 때는 그것을 실행해야 합니다.

만약 순종하지 않고 묻는 것으로 그친다면 거기에는 유익이 없을 것이며 그러한 불순종이 반복되면 더 이상 답을 얻지 못할 것입니다. 주님은 인격적인 분이시기 때문입니다.

21. 부르짖으며 포효하는 방언을 하십시오. 그것은 권능을 얻게 하는 강력한 기도입니다.

방언은 우리 안의 영이 바깥으로 흘러나오는 것입니다. 방언을 하면서 강력하게 부르짖으면 그 영의 흘러나옴이 강력해집니다. 마치 해산의 수고를 하는 것처럼, 알이 껍질을 깨고 나오는 것처럼 온 몸에 힘을 주고 얼굴을 찡그리고 강력하게 방언으로 부르짖어 기도하십시오.

이때는 빠르게 기도하는 것이 아니라 굵고 길게, 으르렁 거리는 것처럼 강력하게 해야 합니다. 이것은 내면의 영이 강력하게 일어나서 우리를 덮게 합니다. 이 기도는 기괴하게 보이기도 하므로 이러한 기도를 이해하지 못하는 사람들이 있는 곳이나 영적으로 닫혀져 있는 곳에서 해서는 안 됩니다.

이 기도는 일종의 노동과 같으며 힘이 드는 기도입니다. 그러나 이 기도를 온 힘을 다해서 강력하게 드리고 나면 전신이 상쾌해지며 영이 맑아지는 것을 경험하게 됩니다. 그 영의 충만함에 사로잡히게 됩니다.

이 기도에 익숙해지게 될 때, 담대하고 강건해지며 전쟁에 능한 하나님의 용사가 되어갈 수 있습니다. 또한 이러한 기도를 충분히 하면, 기도와 찬양을 인도할 때에 사람들에게 강력한 영향을 끼치게 됩니다.

22. 방언기도와 마음의 기도를 적절히 분배하십시오.

방언으로 기도하는 것은 영으로 하는 기도이므로, 방언으로만 기도하면 마음이 열매를 맺지 못합니다. 마음이 흥미를 잃게 됩니다. 그러므로 방언으로 기도하고 다시 마음으로 기도하십시오. 마음으로 기도한 후에는 다시 방언으로 기도하십시오. 그렇게 영의 기도와 마음의 기도를 섞어서 사용하십시오. 이렇게 섞어서 기도할 때 영도 충족되고 마음에도 만족을 얻게 됩니다.

23. 기도의 흐름을 자연스럽게 하십시오.

처음부터 아주 강력하고 뜨겁게 기도하는 것은 자연스럽지 않습니다. 또한 처음부터 묵상으로 깊이 기도하는 것도 자연스럽지 않습니다. 특별한 상황이 아닌 한, 처음에는 너무 크지도 않고 작지도 않은 보통의 톤으로 기도하는 것이 좋습니다. 기도 제목이나 상황에 따라 다르지만 영의 충만함을 위해서는 점점 더 뜨겁고 강력하게 기도하는 것이 좋습니다.

그렇게 간절하게 기도하다가 지치게 되면 조금 톤을 낮추고, 점점 조용히 기도하며 나중에는 아주 조용히 기도하는 것이 좋습니다. 그리고 고요함 속에서 깊은 교제의 방언, 침묵의 방언을 하십시오. 이때는 속으로 해도 됩니다.

그리고 자신의 말을 멈추고 주님의 메시지를 기다리십시오. 기도의 세기로 말하자면 3- 4- 3- 2- 1- 0 이런 식으로 가는 것이 기도의 자연스러운 흐름입니다.

그러나 이러한 흐름을 절대화할 필요는 없습니다. 그렇게 흘러가는 것이 자연스럽다는 것뿐입니다. 기도가 그렇게 잘 흘러가지 않을 수도 있습니다. 예를 들어 어떤 전쟁이 있는데, 충분히 소탕이 되지 않았고 마음의 답답함도 풀리지 않았는데, '이제 어느 정도 시간이 되었으니 고요한 충전의 기도로 들어가야지..' 이래서는 안 됩니다. 기도의 상황과 영의 상황에 대한 분별이 필요합니다.

또한, 주변에서 사람들이 요란하고 뜨겁게 기도하고 있는데 혼자서 조용한 안식의 기도를 하려고 한다면 그것도 좋지 않습니다. 안식도 되지 않으며 주님과의 깊은 교제도 어렵게 됩니다. 그 때는 다른 곳에서 혼자 기도할 수 있는 상황이 아니라면 전체의 분위기에 맞추어야 합니다.

24. 주님의 임재가 강렬할 때는, 더 이상 소리 내어서 방언으로 기도하지 말고 그 안에서 안식하십시오.

강력하고 뜨겁게 기도하다가 주님의 임재가 선명하게 임하실 때가 있습니다. 그 때는 더 이상 뜨겁게 기도할 필요가 없습니다. 조용히 기다리며 주님께 맡기면 됩니다.

온 몸에 힘을 주고 부르짖어 방언을 하며 강력하게 한참 기도를 쏟은 후에 온 몸에 힘이 빠지며 입을 벌리기도, 움직이기도 힘들 때가 있습니다.

그 때도 성령께서 가까이 임하셔서 사로잡고 계신 상태이기 때문에 억지로 힘을 내서 기도할 필요가 없습니다. 그 때도 성령 안에서 조용히 안식하면서 그분과 교제해야 합니다. 주님께 사랑을 고백하며 그 임재 아래 머물러야 합니다.

오래 전 어떤 기도원에서 기도를 하다가 어느 여 집사님에게 기도를 해 준 적이 있었는데, 나는 그 때 강력하고 뜨겁게 부르짖은 후라 성령의 임재가 충만한 상태였습니다. 그러한 상태에서 기도를 해주었기 때문에 그녀는 성령의 강력한 임재 아래서 쓰러졌습니다. 그녀는 그러한 현상이 처음이라 몹시 놀라서 억지로 일어나려고 버둥거리다가 몸을 다치게 되었습니다.

기도원에서 내려간 후에도 그녀는 몇 주간 몸을 잘 움직일 수가 없었습니다. 결국 나는 그 집사님의 집에까지 가서 그녀의 회복을 위하여 기도해주었고, 그녀는 곧 회복되었습니다. 이것은 영적인 무지로 인한 것입니다. 성령의 강력한 역사가 있을 때에는 저항하지 말고 그 아래서 안식하면 꿀 같은 기쁨의 물결과 치유와 회복을 경험하게 됩니다.

25. 집회에서 통성으로 기도할 때 방언으로 기도하십시오.

평소의 집회에서 통성기도를 드리는 시간에 방언으로 기도하십시오. 특히 기도가 잘 되지 않을 때 방언으로 시작하면 곧 영이 힘을 얻고 기도가 잘 풀리게 됩니다. 방언 기도와 마음의 기도를 섞어서 드리십시오. 마음의 기도가 막히면 다시 방언으로 기도하십시오. 그러면 다시 기도가 동력을 얻게 됩니다. 그러나 주위에서 방언하는 사람들이 없다면 혼자서 너무 튀는 것은 좋지 않습니다. 하지 말거나, 아니면 작은 소리로 기도하십시오.

26. 강력한 방언기도와 부드러운 방언기도를 조화롭게 반복하십시오.

하나님이 지으신 이 세상의 모든 것에는 다 리듬이 있고 반복됩니다. 계절도 반복되고 낮과 밤도 반복됩니다. 해와 달도 교차하여 움직이고 파도도 밀려왔다가 밀려갑니다. 이처럼 자연은 두 가지의 성향이 반복되며 움직입니다.

기도도 마찬가지입니다. 기도에도 강력함과 부드러움은 반복되어야 합니다. 어느 한쪽에만 치우치면 그것은 영적 피로감과 부작용을 가져옵니다.

강력하고 뜨거운 방언기도는 능력이 있고 유익합니다. 그러나 강하게만 기도하면 그것은 탈진을 가져오며 거칠어지고 공격적인 성향이 됩니다. 부드럽고 안식하는 기도는 아름답고 달콤합니다. 그러나 부드럽게만 기도하면 연약해지고 눌릴 수 있습니다. 악한 영들을 대적하고 부수는 것은 필요합니다.

전쟁에만 몰두하면 영이 거칠어집니다. 주님과의 깊은 교류는 필요하고 중요합니다. 그러나 내적교류에만 치중하고 있으면 무기력해지고 현실에 적응이 어려워질 수도 있습니다.

그러므로 중요한 것은 균형과 조화입니다. 강력한 방언기도와 부드러운 방언기도를 반복하십시오. 때로는 뜨겁게 기도하고 때로는 잔잔하게 기도하십시오. 우선은 강력하게 기도하는 것이 먼저이지만, 그 후에는 반드시 부드럽고 아름다운 기도로 들어가도록 하십시오. 이렇게 조화롭게 기도할 때 우리의 영도 건강하고 균형 있게 성장하게 됩니다. 우리는 강하고 유능한 사람이 되어야 하며 또한 아름답고 사랑스러운 사람이 되어야 합니다.

2. 생활의 적용

27. 걸어 다니면서 방언으로 기도하십시오.

초기에는 특히 방언으로 기도하는 분량을 많이 늘이는 것이 필요합니다. 그러기 위해서는 시간을 절약해야 합니다. 필요 없이 사용하는 시간을 절약하고 주님과 같이 시간을 보내기에 힘써야 합니다. 사람들과 의미 없는 수다를 떠는 데 시간을 보내는 것보다, 주님과 같이 영으로 교제하며 대화하는 것은 아름다우며 많은 유익이 있는 일입니다.

사용할 시간이 많지 않은 이들은 걷는 시간을 사용하는 것이 좋습니다. 걸을 때 아무 생각이 없이 걷거나 잡념에 빠지는 것보다 주님게 기도를 드리면서 걷는 것이 좋습니다. 그것은 놀라운 행복입니다. 방언을 하는 데는 머리를 사용할 필요가 없기 때문에 걸으면서 편안하게 방언을 할 수가 있습니다.

나의 경우는 청년 시절에 차비가 없어서 한 두 시간씩 걸어 다닐 때가 많았기 때문에 이 시간은 방언으로 기도할 수 있는 아주 좋은 기회였습니다. 방언을 받기 전에는 주로 찬송을 부르면서 걸어 다녔지만 방언을 하게 되면서부터는 주로 방언을 하면서, 방언으로 찬양을 부르면서 걸어 다녔습니다. 그것은 나의 영을 부드럽고 자유롭게 하는 데 큰 도움이 되었습니다.

하지만 이것은 사람이 북적이는 길을 걸을 때 해서는 곤란할 것입니다. 또한 지하철이나 버스 안에서 하면 다른 이들에게 피해를 주겠지요. 그때는 마음속으로, 묵상으로 방언을 하는 것이 좋을 것입니다.

한번은 병원에 어떤 분을 위문하러 갔었는데, 이분이 겁이 나서 그랬는지는 모르지만 의사와 간호사님이 있는데도 열심히 방언을 하는 것을 본 적이 있습니다. 그러나 특별히 해야 할 상황이 아니라면 이러한 것은 별로 바람직하지 않습니다.

지나치게 남의 눈치를 볼 필요는 없지만, 그래도 다른 사람들이 이해하기 어려운 행동을 하는 것은 좋지 않습니다. 세상은 다른 이들과 함께 사는 곳이고 우리는 덕을 세워야 합니다.

28. 자기 전에 방언으로 기도하십시오.

밤에 자기 전에 기도하는 것은 아주 좋은 일입니다. 자기 전의 의식 상태는 밤새 이어지기 때문에 기도하다가 잠이 들거나 기도 한 후에 그 상태에서 다른 것에 의식을 빼앗기지 않고 잠이 든다면 그는 아주 행복한 수면을 취하게 될 것입니다. 영적으로 충만한 내용의 꿈을 꿀 수도 있습니다.

방언으로 기도하다가 잠이 든다면 그것은 더 영적인 유익이 클 것입니다. 밤은 특히 영적으로 예민해지는 시간이기 때문에 밤에 TV를 보거나 게임을 하다가 잠이 들면 영적으로 아주 해로우며 이 시간을 기도로 보낸다면 그것은 많은 영적 풍성함을 가져옵니다.

자취를 하거나 혼자서 방을 쓰는 사람이라면 기도하다 잠이 드는 습관을 가지는 것이 좋을 것입니다. 그러나 결혼한 이들은 여건이 어려울 것입니다. 그래도 집안에 기도할 공간이 있으면 잠시 혼자서 기도를 하고 방언을 하다가 자면 좋을 것입니다. 기도를 마치고 잠이 들면 우리가 자는 동안에도 우리의 기도는 계속되며 우리의 영감은 충만해지고 우리는 충만하고 달콤한 상태에서 새 아침, 새 하루를 맞게 됩니다.

29. 새 일을 시작할 때, 인도하심을 구할 때 방언으로 기도하십시오.

주님의 인도하심은 항상 필요하지만 특히 더 필요할 때가 있습니다. 항상 하고 있던 일에서 벗어나 새로운 일을 하려고 할 때, 어떤 전환점에서 새로운 인도하심이 필요할 때 방언으로 기도하는 것은 유익합니다.

어떤 결정을 내려야 할 때, 우리는 아무런 선입견을 가지지 않은 상태에서 방언으로 기도하면서 주님의 감동을 기다리는 것이 좋습니다.

우리는 해야 할 일이나 선택이 필요한 부분에 대한 자료나 정보를 수집하고 알아야 할 필요가 있습니다. 어떤 일을 선택할 때 어떤 장단점이 있는지를 먼저 파악할 필요가 있습니다.

이 때 우리의 우선순위는 명백해야 합니다. 우리는 돈이나 편안한 삶이나 사람들이 알아주는 것과 같은 것에 우선순위를 두어서는 안 됩니다. 우리는 다른 것을 희생하더라도 주님이 기뻐하시는 것, 주님을 누리고 섬길 수 있는 것에 우선순위를 두어야 합니다.

예를 들어서 돈과 시간이 서로 부딪친다면 우리는 돈보다는 시간을 선택해야 합니다. 돈이 많으면 약간의 편리함이 있을지 모르지만 그러나 돈으로 인하여 시간을 희생한다면 우리는 주님을 섬길 수 없습니다. 그러므로 아주 심하게 궁핍한 상태가 아니라면 돈보다 시간이 더 우선순위가 되는 것은 분명합니다.

그러나 우리가 수집한 정보와 자료를 통해서도 분명한 우선순위가 파악되기 어려운 것들이 있습니다. 우리는 미래에 대해서 알 수 없습니다.

그럴 때 우리는 정보에 의해서, 머리에 의해서 판단하는 것이 아니라 주님의 인도하심을 구하며 방언으로 기도해야 합니다. 방언으로 충분히 기도할 때 우리는 서서히 가슴에서 어떤 움직임이 일어나는 것을 느끼게 됩니다. 그 가슴의 기쁨이 일어나는 선택이 있습니다. 우리는 그 길로 가야합니다.

우리가 기도하고 결정한 것이 100% 완전하다고 할 수는 없습니다. 우리는 어쩌면 착각을 하고 잘못 인도함을 받을 수도 있습니다. 그러나 이렇게 주님의 뜻을 구하는 과정은 아주 중요한 것이며 아름다운 것입니다. 주님은 우리의 완전함을 보지 않으시고 우리의 동기, 순종하려는 자세를 보십니다.

그러므로 주님의 인도하심을 구하는 기도는 아름답고 귀한 것입니다. 이 인도를 구하는 기도에 있어서 방언은 아주 유익하고 유력합니다. 우리는 영감을 얻어서 좀 더 쉽게 주님의 메시지와 감동을 받을 수 있습니다. 선택의 기로에서 말씀은 그 기준이 되며 방언을 통한 성령의 인도는 그 적용의 중요한 도구가 되는 것입니다.

30. 새로운 영역, 공간에 갈 때 방언으로 기도하십시오.

새로운 영역, 공간에 갈 때는 정화가 필요합니다. 예를 들어서 집이 이사를 가게 되었다거나, 사무실을 새로 이전하게 되었다거나 해서 새로운 공간으로 가게 될 때에는 그 공간에 대한 정화가 필요합니다.

이 세상은 공중권세 잡은 자, 세상의 영들이 활동하는 곳이기 때문에 하나님께 드려진, 헌신되지 않은 공간에는 악한 영들의 움직임이 있습니다. 흔히 이사예배를 드리고 개업예배를 드리는 중요한 이유도 그 공간을 주님께 드리는 의미가 있는 것입니다. 술집이나 점집같이 악한 공간은 말할 나위도 없이 더 많은 기도와 정화가 필요하며 그렇지 않은 일반적인 공간에도 정화가 필요합니다.

사람들은 평소에 하나님을 의식하지 않고 살며 함부로 말하고 악한 말을 하고 비판, 험담, 불평, 원망을 하기 때문에 입에서 나오는 악한 기운들이 그 공간을 더럽히게 됩니다.

악한 문화가 흘러나오는 TV나 PC의 영상을 통해서도 그 공간이 더러워집니다. 더러운 말, 음란한 말이나 행위와 같은 것은 더 말할 나위도 없습니다. 이러한 공간에는 악한 영들이 많이 활동하게 됩니다.

그러한 공간에서 활동하면 머리도 아프고 몸도 아프고 가슴도 답답해집니다. 악한 기운이 많이 있기 때문입니다. 그래서 기도가 쌓이지 않은 새로운 공간에서 집회를 한다면 많은 어려움을 겪게 됩니다. 방언으로 기도를 하면 할수록 이러한 영의 전쟁이 개념이 아니고 실제적으로 벌어지는 치열한 전쟁이라는 것을 깨닫게 됩니다.

이 세상은 천국과 지옥의 치열한 전쟁이 벌어지는 곳입니다. 더러운 언행이 있는 곳에 더러운 영들이 따라다니며 거룩하고 아름다운 언행이 있는 곳에 천사가 오고 주님의 임재가 옵니다. 그러나 오늘날 거룩한 공간은 점점 더 줄어들며 악한 공간은 점점 더 넓어집니다. 신자들은 영의 실제를 모르고 피상적인 신앙을 가지고 있으므로 영들을 분별하지 못하며 거룩하고 구별된 삶을 살지 못합니다. 그것은 이미 패배한 삶입니다.

그러므로 새로운 공간이나 영역에 들어갈 때 기도로 그 공간을 정화시키십시오. 그 공간의 주인이 주님이심을 선포하고 주님을 기쁘시게 하는 언행만을 하겠다고 고백하십시오. 그리고 나서 그 공간을 이미 차지하고 있는 악하고 나쁜 영들, 기운을 부숴야 하는데 이때 방언기도는 아주 효과적입니다.

강력하게 방언을 외치며 대적하고 부르짖으십시오. 여럿이 같이 할 수 있으면 그것은 더 효과적입니다. 방언을 많이 해서 영적감수성이 있는 이들은 이렇게 기도할 때 악한 세력들의 저항을 느끼게 되며 기도의 과정에서 머리가 아프고 구토가 나오기도 합니다. 그러나 계속 대적하며 방언으로 외치면 어느 순간에 점점 더 머리는 시원해지며 가슴에 기쁨이오고 후련해지는 것을 느끼게 됩니다. 이것은 악의 세력들이 무너지고 있는 것이며 전쟁의 승리가 가까이오고 있는 것입니다.

한 두 번의 기도로 한 공간이 완전히 정화된다고 할 수는 없습니다. 그 공간의 성격에 따라 좀 더 시간이 많이 걸릴 수도 있습니다. 아무튼 이 원리를 기억해두십시오. 어떤 공간이든 하나님께 구체적으로 드려야 하며 정화가 필요하다는 것, 그 때 방언이 원수의 진을 부수는 데에 아주 효과적인 무기라는 것을 말입니다.

31. 중보기도를 드릴 때 방언기도를 사용하십시오.

다른 이들을 위하여 기도를 드릴 때, 그의 사정을 알지 못하고 어떻게 기도해야 할지 모를 때 방언기도를 드리는 것이 도움이 됩니다.

우리는 갑자기 누군가를 위하여 기도해야겠다는 감동을 받을 때가 있습니다. 그러나 무엇을 위하여 어떻게 기도해야 할지 모릅니다. 그 때 방언기도는 우리가 어떻게 기도해야 할지 방향을 가르쳐 줍니다.

우리는 방언으로 기도하는 중에 어떤 방향을 감지하게 되며 그를 위하여 보호를 요청하는 기도를 드리고 싶다든지, 악한 세력을 대적하는 기도를 드리고 싶다든지, 그의 치유와 위로를 위하여 기도해야 할 것 같은 감동을 받는다든지.. 하는 식으로 어떤 방향에 대한 감동을 받게 됩니다. 그러면 우리는 그렇게 기도하면 되며, 방언과 우리 말을 섞어서 기도하게 됩니다.

그리고 어느 정도 기도하면 마음의 평화를 얻게 됩니다. 그러면 우리는 우리의 기도가 상달된 것으로 여기고 감사와 찬양을 드리면 됩니다. 방언기도는 우리가 어떻게 기도해야 할지 모를 때 방향을 인도해주고 영감을 일으키는 데 중요한 역할을 하는 것입니다.

32. 근심하거나 두려워하거나 눌려있는 사람이 주변에 있을 때 그를 위하여 기도하며 방언하십시오.

주변에 영적으로 눌려있는 사람이 있을 때 그것은 우리에게도 영향을 미칩니다. 우리는 우리의 영을 보호하기 위해서라도 상대를 돕고 회복시켜야 합니다. 상대방이 믿는 사람이며 영적인 대화를 나눌 수 있는 사람이라면 같이 기도함으로 회복을 시킬 수 있을 것입니다. 그러나 그가 이런 대화를 할 수 없는 사람이라면 그를 위하여 중보기도를 드리십시오. 이 때 방언기도는 아주 유용합니다.

그를 위하여 방언으로 기도하십시오. 곁에서 기도하지 않아도 이 영적인 능력은 그에게 영향력을 행사합니다. 우리는 기도하면서 전율을 느끼게 되며 상대방의 영은 회복되기 시작합니다. 우리는 방언을 하면서 그의 배후에 있는 악한 세력을 결박합니다. 그렇게 충분히 방언으로 기도를 드리며 마음에 평안이 올 때 까지 기도합니다. 다음날 상대방을 보면 그가 달라져 있음을 보게 될 것입니다. 방언기도의 능력은 아주 실제적인 것이기 때문입니다.

33. 일이 힘들 때, 어려울 때, 해야 할 과제가 밀려 있을 때 힘차게 방언으로 기도하십시오.

일과 과제에 의해서 시달릴 때가 많이 있습니다. 머리로는 해야 한다고 알고 있지만 몸이 말을 듣지 않습니다. 부담은 되지만 막상 시작하는 것은 어려워 도피를 하게 됩니다. 이런 시간이 반복되면 부담은 점점 더 커져서 마음을 짓누르게 됩니다. 이 때 강력하게 방언을 하면서 부르짖으십시오. 곧 힘을 얻게 됩니다.

일이 잘 되지 않는 이유는 악한 영이 억압해서 의지가 눌려있기 때문일 수도 있고, 단순히 영적으로 탈진해서 에너지가 부족한 것일 수도 있습니다.

이 문제를 놓고 기도하면서 강력하게 방언으로 부르짖으면 그 원인이 어느 쪽인지 어느 정도 감이 오게 됩니다. 악한 영들의 공격이 있는 경우에는 방언을 하면 온 몸이 부르르 떨리면서 속에서 그들을 대적하고 부수는 능력이 흘러나오게 됩니다. 단순한 탈진 상태에서는 부드럽게 방언이 나오면서 영적 충전이 이루어지게 됩니다. 방언으로 부르짖으면서 방향을 확인하십시오. 그리고 인도받은 대로 흘러가면 곧 힘을 얻고 해야 할 일을 수월하게 마칠 수 있는 동력을 얻게 될 것입니다.

34. 중요한 상황에서 중요한 사람을 만날 때 방언으로 준비하십시오.

사람의 만남에는 항상 영의 개입과 접촉이 있습니다. 사람은 단순히 몸을 가진 존재가 아니라 마음과 영을 가지고 있는 존재이기 때문입니다. 그러므로 사람을 만나는 것은 단순히 몸이 만나는 것이 아니라 정신과 영이 서로 접촉하고 교류하는 것입니다.

그렇기 때문에 중요한 만남이 있기 전에 먼저 영적으로 무장되고 준비되는 것이 좋습니다. 그렇게 할 때 관계가 불편해지거나 끌려다니지 않게 되며, 영적인 눌림과 같은 해를 입지 않게 됩니다. 사람과의 관계에서 생기는 오해나 상처, 억압, 불편함에는 영적인 개입이 많이 있습니다. 방언으로 기도하면 자신의 영이 강건해지고 보호되기 때문에 만남이 자연스럽고 편해지며 상대방이 좋지 않은 영을 가지고 있다면 당신 앞에서 주눅이 들고 함부로 대하지 못하게 됩니다.

35. 위기 상황에서 방언으로 기도하십시오.

예기치 못한 위기의 상황을 맞게 될 때 방언기도는 아주 유력합니다. 이 때 방언으로 기도하면 급박한 상황에서 영적인 도우심과 보호를 받게 됩니다. 나는 어떤 부인이 밤중에 괴한으로부터 성적인 위험을 당하게 되었을 때, 큰 소리로 방언을 하자 상대방이 놀라서 도망쳤다는 이야기를 들은 적이 있습니다.

많은 악행들이 악한 영으로부터 오는 것이기 때문에 강력하게 방언을 하면 성령의 권능으로 악한 영들은 위축되고 악을 행하려는 의도를 상실하게 됩니다. 평소에는 주위에 덕을 세우고 교양 있게 기도하는 것이 필요하겠지만, 급박한 상황에서는 온 힘을 다해서 방언으로 부르짖어 외쳐야 합니다. 그럴 때 성령은 천사를 보내시고 권능으로 우리를 보호하실 것입니다.

3. 통역을 위한 적용

36. 가슴을 토하듯이 부르짖는 방언에 익숙해지십시오.

방언은 머리가 움직이는 것이 아니고 영이 움직이는 것입니다. 그것은 생각이 아니고 감동입니다. 그것은 가슴에 가깝습니다. 그러므로 통역을 위해서 기도할 때 충분히 가슴을 토하고 부르짖으십시오. 가슴 속에 있는 것이 나오게 하십시오. 가슴의 감동을 느끼십시오. 점점 머리의 생각과 가슴의 감동이 다르다는 것, 그 차이를 느끼게 됩니다. 이것에 익숙해지면 점점 가슴에서 메시지가 나오는 것을 느끼게 됩니다.

37. 기계적으로, 습관적으로 하지 말고 조용히 관찰하십시오.

속에서 흘러나오는 방언을 조용히 들으십시오. 방언을 하면서 들으십시오. '내 영이 지금 무엇을 말하려고 하는 거지?' 하고 관찰하는 마음으로 하십시오.

그러나 조용히 관찰을 해야 하며 머리를 사용해서 분석하려고 해서는 안 됩니다. 그러면 그것은 방언통역이 아니고 내 생각이 됩니다. 머리를 사용하지 말고 그저 느끼려고 하십시오. 또한 통역을 하겠다는 의지가 너무 강해서는 안 됩니다. 그것은 오히려 영을 방해합니다. 그저 조용히 감동을 느끼고 그 감동이 충분히 차오르는 것을 기다리십시오.

38. 가슴에 떠오르는 감동을 과감하게 선언하십시오.

충분히 감동이 떠오를 때까지 기다렸다가 믿음을 가지고 통역을 시도하십시오. 처음에 많은 것을 기대해서는 안 됩니다. 많은 말을 하려고 해서는 안 됩니다.

한 마디 씩 떠오르는 것을 말하십시오. 큰 소리로 강력하게 말하십시오. 분명하게 언어로 선언할 때 그 감동은 증폭되며 자신의 영이 그 말에 반응하고 기뻐하는 것을 느끼게 됩니다.

"두려워하지 말아라! 걱정하지 말아라! 내가 여기에 있다!", "나의 하나님! 내가 주를 갈망합니다!" 그렇게 떠오르는 대로 강력하게 선포하면 감동과 눈물과 전율이 올라오게 됩니다. 그것이 시작입니다. 그 다음에는 속에서 한 마디씩 나오는 대로 따라가면 됩니다.

느낌이 올 때 한 마디씩 강력하게 선언하십시오. 처음에는 강하게 외치는 것이 필요합니다. 큰 소리로 빠르게 하십시오. 강력하고 빠르게 외치는 이유는, 천천히 하게 될 때 머리가 인위적으로 내용을 만들어 낼 가능성이 있기 때문입니다. 머리는 조금만 시간이 있으면 스스로 생각을 만들어 내거나 의심을 일으키거나 하는 식으로 방해를 하기 쉽습니다. 그러므로 빠르게 통역을 외치는 것은 그러한 머리의 작용을 막아줍니다.

처음에는 빠르게 외침으로써 인위적인 개입을 막고, 속에서 자연스럽게 나오는 대로 하도록 하십시오. 그러나 충분히 익숙해지면 속도를 조금 천천히 하거나 조금 작게 말해도 됩니다.

한 마디를 한 후에 다시 강력하게 방언을 하십시오. 그러다가 다시 감동이 떠오르면 또 다시 통역을 외치십시오. 이것을 반복하십시오. 메시지와 감동은 점점 더 선명해집니다. 처음에는 누구나 의심하면서 시작하지만 그 메시지와 감동이 자기 영혼에게 주는 충격과 은혜를 경험하면 누구나 힘을 얻고 자신감을 얻으며 주님의 은총을 기뻐하고 감사하게 됩니다.

4. 영의 찬양을 위한 적용

39. 감사를 드리면서 방언으로 찬양하십시오.

감사와 찬양은 승리의 상태이며 천국적인 상태입니다. 우리는 많은 경우에 문제 가운데 둘러싸여 있으며 전쟁 중에 있습니다. 전쟁 중에서도, 고통 중에서도 믿음으로 감사와 찬양을 드릴 수 있습니다. 그러나 일반적으로는 전쟁에서 승리했을 때 감사가 나오게 됩니다.

다윗도 처음에 부르짖어 기도하다가 어느 정도 영의 충만함과 승리가 이루어졌을 때 감사와 찬양을 드리곤 했습니다. 처음에는 간구와 호소로 시작한 비탄시가 나중에는 감사와 찬양의 시로 바뀌는 것입니다.

우리는 기도를 드리며 부르짖고 방언을 하며 전쟁을 치르다가 어느 순간 승리의 영이 오고 감사가 나오는 것을 경험하게 됩니다. 이때 우리말로 감사를 드리며 또한 방언으로 찬양을 드리십시오. 감사의 마음, 승리의 기쁨을 방언찬양으로 표현할 때 우리의 영은 하늘높이 날아오르게 됩니다.

40. 방언찬양과 마음의 찬양을 번갈아서 드리십시오.

  마음으로 찬양을 드리고, 또한 방언으로 영으로 찬양을 드리십시오. 그것을 섞어서 반복하십시오. 영으로만 감사와 찬양을 드리면 우리의 마음은 그 내용을 알 수 없어서 답답해합니다. 그러므로 마음으로도 감사의 마음을 표현해야 합니다. 영으로 찬양할 때 마음에 감사의 제목이 떠오르게 되며, 마음으로 찬양할 때 다시 찬송의 영감이 올라오게 됩니다. 이것을 반복하며 영계의 하늘에 높이 오르십시오.

41. 기존의 찬송을 가사대로 부르다가 감동이 오면 가사에 방언을 대입하여 부르십시오.

  방언 찬양을 어렵게 생각하는 사람들도 있습니다. 음악적인 면에서 달란트가 없다고 여기는 이들도 있습니다. 그러나 그런 이들도 충분히 방언으로 찬양할 수 있습니다. 방언찬양은 음악적인 면보다 영이 자유롭게 찬양할 수 있도록 풀어주는 것이기 때문입니다.

  기존의 찬송가나 복음송, 경배곡을 기존의 음과 가사를 그대로 따라 부르다가 영의 감동이 오면 가사에 방언을 붙여서 찬양을 하기만 해도 영의 찬양이 시작되며 영의 자유함이 오게 됩니다.

  가사를 무시하는 것이 좋은 것은 아닙니다. 찬송의 가사에는 하나님의 은혜와 감동에 대한 저자의 사연들과 신앙고백이 담겨져 있는 귀한 것이기 때문입니다.

  그러나 과거에 다른 사람들에게 역사하신 하나님이 지금 이 순간에 당신에게 직접 역사하실 수 있습니다. 그럴 때는 과거의 그 은총을 넘어선 찬양을 드리고 싶은 감동이 일어나게 됩니다. 그러므로 기존의 찬송은 하나의 시작이었지만, 그것을 넘어서 지금 이 시간에 임하시는 주님의 은혜로 나아가며 자유롭게 찬양을 할 수 있습니다.
 가사에 방언을 대입해서 부르기만 해도, 그것은 우리의 영이 틀에 매이지 않고 자유롭게 흐르게 합니다. 그래서 차츰 음정도 자연스럽게 움직이게 됩니다.

42. 하나의 음을 선택하고 그 음에 맞추어 방언으로 찬양하십시오.
 도나 미, 혹은 솔.. 그런 하나의 음을 설정하십시오. 자신의 음높이에 맞는, 너무 높지 않고 낮지 않고 편하게 부를 수 있는 음을 선택한 후 그 음높이에 맞추어서 방언으로 노래하고 찬양하십시오.
 그 음으로 계속 가도 되고, 거기서부터 자연스럽게 위 아래로 움직여도 됩니다. 그러면 자연스럽게 새 노래가 나오게 됩니다. 마치 성령께서 안에서 새로운 작곡을 하시는 것처럼 새로운 곡조와 새로운 가사가 떠오르게 됩니다.
 그러나 음악적인 면에 집중해서 화음이나 멜로디를 만들어내려고 애를 쓸 필요는 없습니다. 방언이 속에서 자연스럽게 나오는 것처럼 멜로디와 화음도 속에서 자연스럽게 나오는 대로 해야 합니다. 그럴 때 영의 자유와 풍성함을 누릴 수 있습니다.

43. 오~ 하고 길게 높은 음으로 소리를 올려 찬양하십시오.
 입이 자음을 사용하지 않고 '아' 나 '오' 같은 모음만을 사용해서 찬양을 하면 거기에는 부딪침이 없기 때문에 자연스럽고 편안하게 영으로 찬양을 드릴 수 있습니다. '오~' 또는 '아~' 하는 발음을 길게, 높이 올려 부르십시오. 사이렌을 울리는 것처럼 소리를 점점 높이 올렸다가 다시 낮출 수 있습니다. 이것은 방언이 직접적으로 등장하지 않지만 곡조와 가사를 초월해서 자기의 깊은 영을 표현하며 주를 찬양한다는 면에서 방언찬양, 영의 찬양의 범주에 들어간다고 할 수 있습니다.

기도 중에 찬양의 감동이 올라올 때에 이렇게 높은 음으로 점점 올리면서 주님을 찬양하십시오. 음은 자신도 놀랄 정도로 높이 올라가게 되며 영은 점점 더 하늘을 날아 한없이 올라가는 것 같은 행복감을 누리게 될 것입니다.

44. 집회에서 방언으로 찬양하십시오.

집회에서 방언으로 찬양하는 것은 아주 행복하고 놀라운 경험입니다. 그것은 마치 천국이 이 땅에 내려온 것과 같은 황홀한 아름다움을 가져다줍니다.

집회를 인도하는 사역자가 영의 찬양을 인도한다면 성도들은 편안하게 자신을 영의 감동에 맡기고 자연스럽게 영에서 흘러나오는 대로 찬양을 드리면 됩니다. 그러면 전체의 하모니가 기가 막히게 아름다운 화음과 조화를 만들어냅니다.

그러나 그렇게 영으로 찬양을 드리는 시간이 아니더라도 자유롭게 통성기도를 하는 시간이면 영으로 찬양을 드려도 좋을 것입니다. 여기저기서 뜨겁게 통성으로 기도하며 방언으로 기도하는 분위기라면 방언으로 찬양을 드리는 것이 그 분위기와 조화가 됩니다. 기도 중에 기도만 하지 않고 찬송도 하다가 다시 기도하고.. 하는 것은 자연스럽고 좋은 것입니다. 그러나 그러한 분위기가 아닌 혼자서 튀는 분위기라면 절제해야합니다.

자연스러운 집회의 분위기에서 주님의 은혜를 생각하며 마음껏 영으로 찬양하십시오. 찬양의 영이 흐르는 것에 따라 자신을 맡기십시오. 다른 이들의 기도 소리, 찬양소리와 조화를 이루어서 찬양을 드리십시오. 시끄럽고 강력한 소리가 아니고 조화롭고 아름답고 부드러운 소리로 주님을 찬양하십시오. 그것은 우리 영혼을 아름답고 풍성하게 합니다.

45. 주님과 대화하듯이 방언을 드리십시오.

방언을 주님과의 교제의 도구로 사용하십시오. 조용히 주님과 같이 산책을 나가십시오. 벤치에 앉아서 교제의 방언을 나누십시오. 감사와 찬양을 드리며 사랑의 고백을 드리며 방언하십시오.

방언과 감사와 사랑의 고백을 드린 후에 주님의 말씀하시는 것에 귀를 기울이십시오. 주님은 우리에게 말씀하시는 분입니다 방언을 할수록 그 임재와 느낌은 선명해집니다. 사랑의 고백과 대화를 주고받으며 아름다운 교제를 누리십시오. 방언은 이를 위한 아름답고 놀라운 도구입니다.

5. 사역에서의 적용

46. 방언을 사모하는 이들에게 방언이 나올 수 있도록 인도하고 도우십시오.

방언을 할 수 있도록 돕는 것은 성령의 권능이 이 땅에 임하게 하는 중요한 사역입니다. 아직 거듭나지 않은 이라면 복음을 전하십시오. 그러나 이미 주를 믿고 섬기는 사람이라면 그의 안에서 성령의 능력이 바깥으로 풀려나도록 도와주십시오.

방언에 대해서 설명하십시오. 그리고 용기를 불어넣어주십시오. 방언이란 아무런 자격이 없는 자에게, 다만 사모하는 자에게 주시는 선물이며 은총인 것을 설명하십시오. 그리고 당신도 성령의 도구가 될 수 있음을 믿으십시오. 주님은 온전하지 않은 도구들을 사용하십니다.

도울 때, 곁에서 방언으로 기도함으로 도우십시오. 방언이 터지면 떠오르는 감동을 통역하십시오. 통역에 대해서 근심하지 마십시오. 상대방은 도움을 얻을 것입니다. 하지만 항상 반드시 해야 하는 것은 아닙니다.

개인적으로도 이렇게 도울 수 있으며 집회에서도 방언이 나타나도록 인도할 수 있습니다. 어렵지 않습니다. 개인적으로 돕지 않아도 됩니다. 방언에 대해서 간단히 설명하고 회개의 기도를 시킨 후에 통성으로 기도를 시키면 대부분의 사람들은 성령의 나타남을 경험하며 방언이 터져 나오게 됩니다. 방언이 나타난 후에는 격려하고 축복하십시오. 그들은 새로운 영역을 경험하게 되며 열정적인 신자로 변화될 것입니다.

47. 사역자는 집회 전에 적어도 30분 정도는 방언으로 기도하는 것이 좋습니다.

그렇게 방언으로 소리 내어서 30분 정도를 기도하고 강단에 선 것과 그렇지 않고 강단에 선 것이 얼마나 차이가 있는 지는 경험해보면 분명하게 알 수 있습니다. 기도할 때, 찬양할 때, 무엇보다도 설교할 때 많은 차이를 느끼게 되며 놀라운 자유를 경험하게 됩니다. 이상하게 말이 술술 흘러나가는 것을 느끼게 됩니다. 설교를 하는 중에도 자신의 메시지에서 능력이 나가며 그것이 성도들의 심령에 역사하는 것을 느낄 수 있습니다.

예배를 마친 후에는 성도들에게 '은혜가 되었습니다. 설교가 꼭 내게 맞는 상황입니다. 저의 상황을 어떻게 아셨습니까?' 그런 말을 자주 듣게 됩니다. 이렇게 방언으로 충분히 기도한 후에 설교를 하면 자신이 아니고 성령께서 설교하시는 것을 느낄 수 있고 알 수 있습니다.

설교를 하는 중에 전혀 준비하지 않은 적절한 예화가 떠오르고 적절한 지혜로운 말이 떠오르게 됩니다. 바람에 밀리듯이 설교가 자유롭게 나아갑니다. 이것을 경험하게 되면 방언의 효과가 너무 실제적이라는 것을, 방언이 성령의 기름 부으심을 증가시킨다는 사실을 분명하게 알게 될 것입니다.

집회를 위하여 방언으로 기도하는 중에 강한 압력감이나 불편함이 느껴지면 강력하게 대적하고 부르짖는 방언을 해야 합니다. 그것은 집회를 방해하는 영들입니다. 그것을 내버려두면 집회 인도가 아주 어렵게 됩니다.

성도들은 대부분 교회에 올 때, 대체로 영적으로 준비되지 않은 상태에서 옵니다. 지난 밤 늦게 TV를 보다가 오는 사람들도 있고, 저녁 예배 같은 경우에는 세상에서 엉망으로 살다가 전혀 영을 관리하지 않고 세상의 기운이 잔뜩 묻어있는 상태에서 오는 이들이 많이 있습니다.

사역자의 영이 강하면 그들이 가지고 있는 어두움의 기운을 제어하고 성도들의 영을 풍성한 곳으로 인도할 수 있을 것입니다. 그러나 사역자의 영이 약하고 준비되어 있지 않으면 집회 인도가 어렵고 힘들게 됩니다.

사역자에게 있어서 강단에 올라가는 것은 격투기 선수가 링 위에 올라가는 것과 비슷합니다. 영이 강하고 충만할 때는 그는 승리자가 되어 풍성한 집회를 인도할 것입니다. 그러나 영이 약하고 준비되어 있지 않으면 그는 무기력하게 집회를 인도하고 성도들의 눌림을 전혀 회복시켜주지 못하고 본인 자신도 탈진하고 상해서 강단에서 내려올 것입니다. 영이 충만할 때 사역자는 집회에 당장 올라가고 싶고 강력하게 말씀을 선포하고 싶어집니다. 그러나 영이 약하면 무엇을 전해야 할지 아무런 감동이 오지 않으며 수많은 설교집과 예화집과 자료를 찾아보아도 도움이 되지 않고 집회에 서는 것이 부담되며 도망가고 싶어집니다.

사역자가 집회를 준비할 때 가장 필요한 것은 설교집이나 예화집이 아니고 설교 원고도 아닙니다. 사역자에게 필요한 것은 오직 강력한 성령의 능력으로 충전되는 것입니다. 이 때 방언기도는 아주 유용합니다. 강력하게 방언을 할 때 그의 영은 충만하고 강건해집니다.

중요한 것은 이 때 절대로 조용한 방언을 해서는 안 된다는 것입니다. 집회를 준비하면서 고요한 침묵 기도를 하는 사역자가 있다면 그는 영적인 세계를 전혀 모르는 것입니다. 그는 집회를 망치고 눌리게 됩니다. 그의 영은 눌리고 성도들은 잠들게 될 것입니다.

혼자서 기도할 때는 달콤하고 행복하게 느껴질지 모르지만 집회를 시작하는 순간 그는 입이 안 떨어지고 찬송을 부르는 것이 어렵다는 것을 깨닫게 될 것입니다. 집회인도는 전쟁을 하는 것과 같습니다. 집회 전에 침묵기도를 하는 것은 전쟁터에서, 혹은 격투기의 링 위에서 상대방에게 사랑의 고백을 하는 것과 같은 것입니다. 당연히 그는 상대방의 펀치를 맞고 바닥에 쓰러질 것입니다.

그러므로 집회 전에 강하게 부르짖고 방언기도를 하십시오. 집회에는 충만한 은혜가 임하게 되며 사역자의 메시지는 깊은 충격과 함께 성도들의 심령에 꽂히게 될 것입니다.

48. 설교를 준비하기 전에 어떤 메시지를 전해야 할지 인도를 구하며 방언으로 기도하십시오.

어떤 말씀을 전해야하는지, 주님이 무엇을 원하시는지 물으며 방언으로 기도하십시오. 충분히 방언으로 기도하며 영감을 받으십시오. 영감이 떠오르지 않으면, 혹시 주님이 기뻐하지 않으시는 것이 있는지 물으며 방언을 하면서 기다리십시오.

설교준비를 마친 후에는 권능이 임하도록 강하게 방언을 하십시오. 그렇게 할 때 메시지에 강력한 화력을 장착하게 되는 것입니다.

49. 사람을 상담하거나 돕기 전에 방언으로 준비하십시오.

사람을 만나서 돕기로 약속했다면 그를 만나기 전에 방언으로 충분히 무장하고 기도하십시오. 상대의 사정을 우리는 알 수 없으나 성령은 아십니다. 상대가 영적 묶임을 가지고 있을 때 우리는 그것을 제압할 수 없으나 성령이 역사하시면 우리는 그것들을 처리할 수 있습니다. 그러므로 성령의 능력이 나타날 수 있도록, 성령의 가르치심과 지혜가 나타날 수 있도록 충분히 방언으로 기도하십시오.

충분히 방언을 하고 사람을 만나면 우리는 상담과 도움에 필요한 힘과 지혜를 성령으로부터 받게 됩니다. 그래서 대화중에 적절한 통찰력을 얻고 권고할 수 있으며 적절한 처방과 기도로 도움을 줄 수 있습니다. 방언을 함으로 성령께서 그 상황을 주장하시도록 준비한다면 우리는 풍성한 결실을 기대할 수 있습니다.

50. 집회에서 통성 기도와 방언기도를 자주 시키십시오.

자주 통성기도를 시키십시오. 통성기도를 하면서 방언을 사용하여 기도하는 것에 익숙해지도록 하십시오. 그것은 성도의 영을 풍성하게 하고 활성화시킵니다.

　우리말로만 기도하면 자칫 사람의 소원이나 문제 해결 중심의 기도를 드릴 수 있습니다. 그러나 방언으로 통성기도하면 자연히 영의 흐름이 나타나서 영적인 변화와 깨어남이 일어나게 됩니다. 그러한 통성기도와 방언기도는 교회에 활기가 생기게 하고 영적인 열심이 일어나게 하므로 부흥의 중요한 요인이 되는 것입니다.

51. 평신도 지도자들이 통성기도와 방언기도에 익숙해지게 하십시오.

　지도적인 위치에 있는 이들은 통성기도와 방언기도에 익숙해져서 교회의 어떤 일이나 행사, 중요한 문제가 있을 때 항상 모여서 통성기도와 방언기도를 함으로 주님의 도우심과 인도하심을 얻을 수 있도록 훈련되어야 합니다. 그렇게 할 수 있다면 이들은 영적인 면에서 큰 힘이 되며 귀중한 동역자가 될 수 있습니다.

　세상 경험이 많고 지식이 많지만 통성기도에 익숙하지 않고 그 즐거움을 모르는 이들은 영적세계에 대한 이해가 부족하여 일을 하더라도 충분히 기도함으로 성령의 인도를 받는 것보다 사람의 생각과 계획을 앞세우기 쉽습니다. 마음이 선한 사람도 기도와 영감이 부족한 선함은 오히려 주님을 제한할 수도 있습니다.

　그것은 많은 문제와 갈등의 시작이 될 수 있습니다. 그러므로 은혜를 사모하는 이들, 자주 기도하는 이들을 지도자, 동역자로 세우십시오. 그것은 주님이 인도하시고 역사하시는 사역이 되기 위한 중요한 요소입니다. 주님의 일은 돈으로써가 아니라, 사람의 지혜로써가 아니라, 오직 기도로써 이루어갈 수 있기 때문입니다.

52. 집회에서 방언찬양을 할 수 있도록 시도하십시오.

성도들에게 방언을 받게 하고, 기도하게 한 후에 방언으로 자유롭게 찬양을 드릴 수 있도록 인도하십시오. 그것은 성도들의 영을 한 차원 높게 업그레이드시킵니다. 영으로 찬양을 드리며 주님께 사랑의 고백을 드리도록 인도하십시오. 성도가 찬양과 사랑의 고백을 주님께 드리며 하나님의 임재의 기쁨, 친밀한 교제의 기쁨에 잠기도록 인도하십시오.

성도들에게 아무런 부담을 지울 필요가 없습니다. 오직 그들의 영을 열어주고 주님과의 친밀한 교제에 들어가도록, 주님과의 사랑에 빠지도록 인도하십시오. 그렇게 할 때 각 사람의 안에서 성령께서 역사하시므로 헌신과 사랑의 열매를 맺게 되는 것입니다.

이상과 같이 방언을 사용하는 요령에 대해서 간단하게 정리를 하였습니다. 이것은 하나의 참고 사항에 불과하며 절대적으로 이렇게 하라는 의미는 아닙니다. 각 사람이 자기 안에서 역사하시는 성령을 모시고 있기 때문에 이러한 흐름으로 시작하였다가 주님께서 각 자에게 맞는 어떤 감동을 주시면 그렇게 나아가면 됩니다.

중요한 것은 충분히, 계속 방언을 사용하면서 발전시켜 나아가야 한다는 것입니다. 관리가 되지 않은 정원에서는 잡풀이 무성하게 우거져서 아름답지 않습니다.

그러나 잘 관리된 정원은 아름답고 멋진 휴식의 공간이 될 것입니다. 방언을 잘 관리하고 사용하고 발전시키십시오. 아름답고 멋진 정원이 되게 하십시오. 그리고 그 사랑스러운 정원에서 주님과 아름다운 교제를 누리십시오. 할렐루야.

37. 은사는 열매를 위한 도구이다

　신령한 은사를 얻기를 소원하는 그리스도인들은 많이 있습니다. 그러나 사모하는 것은 좋은 일이지만 더 중요한 것은 왜 사모하는가, 그 사모함의 동기는 무엇인가? 하는 것입니다.
　나는 기도원에서 여러 사역자들이 모여서 서로 누가 더 깊은가를 토론하는 것을 보았습니다. 다들 자기들의 영적 경험을 이야기하고 자랑하는 것을 보았습니다. 어떤 이의 간증 비슷한 이야기를 들은 적이 있었는데, 그는 말하기를 다른 사람들이 영적 체험을 자랑하는 것을 들으면서 자기가 "아직도 멀었어!" 하고 호통을 쳤다고 자랑하는 것입니다. 그는 자신이 영분별 은사를 받았으며 자기가 더 깊다는 것이었습니다.
　상식적으로 생각하면 이런 것은 아주 유치한 모습인데, 은혜를 사모하는 이들 중에는 간혹 이렇게 신령한 유치함에 빠진 이들이 있습니다.
　이들은 무협지에 등장하는 무림의 고수가 신비한 무공으로 강호를 평정하듯이 신령한 무공을 쌓고 영계의 고수가 되어 놀라운 역사를 이루고 싶은 꿈이 있는 것 같습니다.
　언젠가 어떤 이가 '한국교회 영계의 쌍벽을 이루는 분이 ○○, △△ 다.' 라고 말하는 것을 들었었는데, 그 영계의 쌍벽이라는 기준이 무엇인지 참 궁금했었던 적이 있었습니다.

유치한 싸움들

이들은 누군가가 신기한 경험을 하고 신기한 능력을 발휘하면 몹시 부러워합니다.

어떻게 하면 자기도 그러한 체험을 하고 능력을 얻을 수 있을지 물어보고 이른바 접목기도라는 것을 통하여 자기에게도 그것을 나누어 달라고 하기도 합니다. 그러면 은사체험자는 자랑을 하면서 기도를 해주거나 조언을 해주곤 합니다.

많은 능력을 받았다는 분이 치유기도를 하다가 다른 사역자들과 싸우는 것을 본 적도 있었습니다. 치유가 되었다, 안 되었다.. 기름부음이 있다, 없다.. 이러면서 싸우는 것입니다.

한쪽은 "아, 이게 지금 내가 하는 건 줄 알아?" 하시고 다른 쪽은 "아, 저도 그 정도는 합니다. 하지만 이건 아니에요.." 뭐 이런 식으로 다투고 있는 것입니다.

이런 사역자들은 사역 이전에 감정을 다스리는 훈련이 먼저 필요하겠지만, 이렇게 유치하고 단순하게 자기감정을 드러내고 다투는 경우는 그리 많지 않을 것입니다. 사람들은 대체로 싸울 때 자기의 유치한 감정이나 의도를 감춘 채 그럴듯한 명분을 가지고 싸웁니다. 상대가 나를 무시했다고, 그것이 불쾌하다고 솔직히 말하는 경우는 드뭅니다. 뭔가 그럴듯하게 보이는 명분을 들어 이런 저런 면에서 합당하지 않다고 말할 것입니다.

은사로 인하여 긍지를 가질 수 있는가

아무튼 이러한 은사 경험자들의 모습에서 보이는 기본적인 인식은 긍지입니다. 자부심입니다. 자기는 능력을 받았으니 대단한 사람이고 특별한 사람이라는 인식입니다. 이렇게 긍지와 자부심이 있으면 자연히 거들먹거리는 모습이 나타나고 자기를 포장하게 되고 대접을 받으려는 태도가 나타날 수 있습니다.

그런데 생각해봐야 할 것은 어떤 은사가 임했을 때, 그것이 과연 긍지를 가질 일인가? 하는 것입니다. 은사가 임하고 특별한 경험을 하고, 어떤 능력이 나타나게 되었을 때, 그것이 긍지를 가질 정도로 과연 대단한 일일까요?

아닙니다. 은사가 임하는 것은 물론 감사할 일이지만 그것은 전혀 긍지를 가질만한 것이 아닙니다. 우리는 은사를 받았다고 자랑하거나 거들먹거릴 이유가 전혀 없습니다. 제 아무리 신령한 은사나 경험이나 능력이 나타나도 마찬가지입니다. 그것은 은사가 목적이 아니기 때문입니다. 은사는 목적이 아니고 도구입니다. 그리고 도구가 목적이 되는 것은 위험합니다.

도구는 목적을 위한 것이다

도구는 목적이 아닙니다. 그 자체는 의미가 없습니다. 도구는 그것을 사용하여 어떤 결과를, 열매를 얻어내는 것이 목적입니다. 도구는 사용되어야 하는 것이지 대접받아야 하는 것이 아닙니다. 도구가 도구의 위치에 있지 않고 목적의 위치를 차지하는 것은 아주 위험한 일입니다. 도구는 목적을 위하여 존재하는 것인데 스스로 목적이 된다면 그것은 곧 변질되는 것과 같습니다.

도구가 목적이 되는 것, 그것은 곧 변질됨과 같다는 것을 예를 들어 설명해보겠습니다.

도구가 목적을 잃어버리다

인간에게 성욕이 주어진 것은 종족의 보존을 위한 것입니다. 성욕이 있어야 성적 교류가 이루어지고 자녀 생산이 가능하므로 이것이 없으면 인간은 멸종이 되겠지요. 이것은 존재여부를 결정하는 중요한 사항이니까 이 욕망은 아주 강력하게 입력되었을 것입니다. 또한 이 욕망은 단순히 종족보존을 넘어서 사랑을 표현하는 교제의 도구도 될 것입니다.

하나님께서는 인간을 기계적인 존재로 만들지 않으시고 인격적인 존재로 지으셨기 때문에 성의 행위가 단순히 기계적이고 본능적인 행위에 그치지 않고 기쁨을 느낄 수 있도록 허락하셨습니다. 분명한 것은 이것이 도구라는 것입니다. 사랑의 표현을 위한 도구, 자녀의 생산을 위한 도구.. 이것은 목적을 위한 도구입니다.

그런데 도구가 목적이 된다면? 그것은 목적과 상관없이 도구자체의 즐거움과 만족을 추구하게 됩니다. 그것이 곧 음란으로 가는 길입니다. 성의 본질적인 의미와 목적을 잃어버리고 성 자체를 통해서 만족과 쾌락을 얻기 위하여 갖은 악한 행위가 동반됩니다. 그래서 결국 사람을 파괴하는 도구로 쓰이는 경우가 많아지게 되었습니다. 도구가 원래의 목적을 잃어버리고 자체가 목적이 되면 거기에서 많은 문제와 재앙이 시작되는 것입니다.

타락하여 목적을 잃어버림

인간은 타락한 후에 목적을 잃어버렸습니다. 인간을 지으신 하나님과의 관계와 교제가 막히게 되자 삶의 의미, 삶의 목적이 불분명하게 되었습니다. 왜 사는지, 어디로 가는지, 가야하는지.. 도무지 알 수 없게 된 것입니다. 그 결과 목적과 도구가 혼동이 되어버렸습니다. 목적을 위하여 주신 것이 그 자체가 목적이 되고 주인이 되고 우상이 되어버렸던 것입니다. 이것이 바로 본질이 변질된 것입니다. 이러한 증상은 인간의 모든 삶의 부분에 나타납니다.

식욕도 이와 비슷하게 도구가 목적으로 많이 변질되어버린 분야라고 할 수 있습니다. 먹는 행위는 육체의 생명을 보존하기 위한 것입니다. 이것이 없으면 생명이 유지될 수 없습니다. 그러므로 어떤 욕구보다도 이 욕구가 가장 강력하며 우선적으로 나타납니다. 이 욕구도 그 자체가 목적이 아니라 몸을 보존하고 유지하고 활동하기 위한, 에너지를 얻기 위한 도구일 뿐입니다. 즉 먹는 행위는 목적이 아니고 도구입니다. 수단입니다.

도구가 목적이 되는 것이 변질이다

그런데 이 수단이자 도구인 욕망이 그 자체가 목적이 된다면, 단순히 먹는 즐거움, 먹는 쾌락이 목적이 된다면 그것은 변질입니다. 도구가 목적이 되고 쾌락이 목적이 된 것입니다. 그리고 그것은 바로 재앙입니다. 먹는 것 자체에서 기쁨을 얻으며 맛있는 음식을 먹는 것이 목적이 됩니다.

살기 위해서 먹는 것이 아니라 먹기 위해서 삽니다. 이것이 바로 변질이며 도구가 목적이 된 것입니다. 식사는 생명을 유지하고 활동에너지를 얻기 위하여 하는 것인데 그것이 쾌락이 되고 위로의 기능을 하며 도피처가 됩니다. 그래서 탐식이 생기고 과식이 생기고 온갖 질병과 문제가 따르게 됩니다. 먹는 것이 도구를 넘어서 목적이 되고 지나치게 높은 위치를 차지하게 되면 생존을 위한 욕망이 오히려 사람을 파괴하게 됩니다.

"그들의 마침은 멸망이요 그들의 신은 배요 그 영광은 그들의 부끄러움에 있고 땅의 일을 생각하는 자라" (빌3:19)

육적인 사람은 육욕의 충족을 하나님처럼 여긴다

'저희의 신은 배요..' 이 말은 육신적인 사람, 땅에 속한 사람의 중요한 특성 중의 하나가 배를 채우는 것, 먹는 것을 하나님처럼 생각한다는 것을 의미합니다. 위장이 하나님이라는 것.. 그 정도로 먹는 것을 즐거워하고 대단한 것으로 여긴다는 것입니다. 먹는 것이 도구와 수단을 넘어서 목적이 되고 의미가 되고 삶의 존재 이유가 되고 신이 되는 것.. 이것이 바로 변질입니다. 하나님의 형상으로 지음 받은 인간이 동물적이고 본능적인 존재가 되어버리는 것입니다.

즐거움의 노예가 되어버림

인간의 타락 이후에 수단과 목적이 혼동되어 있는 모습은 어디서나 발견할 수 있습니다. 취미생활도 목적이 됩니다. 삶의 재충전을 위한 가벼운 오락거리가 목적이 되고 우상이 되는 것입니다. 처음에 잠깐의 즐거움으로 시작했다가 거기에 빠져버리는 것입니다. 그러면 그것이 목적이 됩니다. 도구를 수단으로 사용하는 것이 아니라 그것이 목적이 되고 주인이 되어 그것에게 경배하는 것입니다.

이러한 현상을 흔히 마니아라고 부릅니다. 만화를 보다가 거기에 빠지고 그것이 목적이 되고 우상이 됩니다. 장난삼아 도박을 했다가 그것이 목적이 되고 주인이 됩니다. 사소한 물건도 이런 식으로 본질이 바뀔 수 있습니다. 사소한 물건을 샀다가 거기에 매료되어 그것을 수집하는 것이 목적이 되어 버립니다. 나중에는 그것을 위해서 살게 됩니다. '저희의 신은 배라'.. 거기에서 배 대신에 다른 것을 집어넣습니다. 그렇게 본질이 아닌 도구와 수단이 목적이 되고 주인이 됩니다.

참 목적을 잃으면 정욕의 노예가 된다

인간은 참 주인 되신 하나님을 떠나면 온갖 우상을 주인으로 섬기게 되어 있습니다. 그것은 사사기에서 계속 되풀이되는 바, 이스라엘이 하나님을 섬기는 것을 거절할 때 온갖 이방민족의 노예가 되어 그들을 섬기는 것과 같습니다. 참 목적을 발견하지 못하면, 자신의 존재목적, 인생을 살아가는 목적을 발견하지 못하면 사소한 것에 목숨을 걸며 그것을 주인으로 목적으로 삼고 살아가게 되는 것입니다.

오늘날 몸의 정욕이 우상이 되고, 목적이 되어버린 이들이 많이 있습니다. 또한 자아의 영광이 우상이 되어 스스로 높아지고 영광을 얻고 성공하는 것이 목적이 된 이들이 많이 있습니다. 그들은 결코 행복할 수 없으며 천국에서 오는 기쁨과 만족을 누릴 수 없습니다. 그들은 변질되었기 때문입니다. 도구가 목적이 되어 버렸기 때문입니다.

몸은 목적이 아니고 도구이다

몸은 도구입니다. 몸은 수단입니다. 몸은 목적이 아닙니다. 몸은 영혼을 위해서 존재합니다. 몸은 옷과 같으며 영혼은 본체입니다. 옷이 몸을 위하여 존재하는 것처럼 몸은 영혼을 위하여 존재합니다.

몸은 영혼을 표현합니다. 손이 없으면 우리는 상처받은 이들을 안아줄 수 없을 것입니다. 다른 이들의 발을 씻겨줄 수 없을 것입니다. 그러나 손이 있으므로 우리는 우리의 영혼 안에 있는 사랑을 표현할 수 있습니다. 부드럽게 어루만지며 사랑한다고 말할 수 있습니다. 우리의 입도, 눈도, 영혼의 표현입니다. 우리의 영혼 안에 있는 아름다움과 사랑과 지혜를 몸을 통하여 드러내고 표현합니다. 영혼에 사랑이 있을 때 우리의 몸은 수고를 통하여 그것을 표현합니다.

몸이 스스로를 위해서 살 때 인간은 불행하다

그러나 몸이 영혼을 떠나서 스스로 독립한다면, 스스로 존재목적이 된다면, 그것이 바로 빗나간 것입니다. 먹고 마셔서 몸을 보존하고 강건하게 하여 영혼을 잘 나타낼 수 있다면 몸은 행복할 것입니다. 그러나 몸이 영혼을 돌보지 않으며 영혼의 말을 듣지 않고 거슬러 사람의 주인이 되고 몸의 정욕을 위하여 영혼을 억압한다면, 이는 변질된 것이며 재앙의 시작입니다.

자, 몸이 영혼을 돕고 표현하기 위하여 존재하는 자기 목적을 버리고 스스로가 목적이 된다고 합시다. 몸이 맛있는 것을 먹고, 먹고, 또 먹고 즐깁니다. 자, 몸은 행복할까요? 우리는 즐거움을 느낄까요? 아닙니다. 우리는 행복하지 않습니다. 우리는 불행합니다.

우리가 사랑하는 사람들과 즐거운 교제의 시간을 가지며 서로 섬기고 위로하며 음식을 먹습니다. 행복할까요? 행복합니다. 이 때 먹는 것은 목적이 아니라 도구가 되었기 때문입니다.

자, 어떤 이가 전혀 사랑하지 않는 상대와 아무런 교감도 없이 그저 본능의 충족을 위하여 성적인 관계를 맺었습니다. 행복할까요? 몸이 본능을 누렸으니 즐거울까요?

아닙니다. 행복하지 않습니다. 몸은 스스로 독립하면 비참합니다. 몸은 스스로의 쾌락을 위하여 살면 불행하고 비참합니다. 죄책감에 빠지고 스스로 불결감에 빠집니다. 그러므로 그런 짓을 고통 없이 즐기기 위해서는 영혼의 감각을 마비시켜야 하기 때문에 술에 취해야 합니다.

행복은 영혼에서 온다

자, 어떤 사람이 돈을 벌었습니다. 전혀 영혼의 만족이 없는 일, 보람이 없는 일, 심지어 죄와 관련된 일로 돈을 벌었습니다. 자, 그는 행복할까요? 만족할까요? 아닙니다. 그는 행복하지 않습니다. 몸도 물질도 다 도구에 불과합니다. 몸과 물질이 영혼과 같이 움직이지 않고 독자적으로 움직여서는 결코 사람에게 행복을 주지 못합니다. 결국 그는 영혼의 고통을 잊어버리기 위해서 마약을 하든지, 도박을 하든지.. 무엇인가 방법을 찾아야 합니다.

자, 어떤 사람이 자기의 사명을 발견했습니다. 자신의 소질에 맞고 좋아하는 일입니다. 그것은 그리 돈이 되는 일이 아닙니다. 약간의 돈을 벌 수 있을 뿐입니다. 자, 그는 행복할까요? 행복합니다.

행복은 영혼으로부터 오는 것이기 때문에 돈을 많지 벌지 못한다는 것은 행복과 별로 상관이 없습니다. 그는 영혼이 행복한 일을 찾으며 영혼을 따라 가면 물질적으로도 차츰 채워진다는 것을 알게 될 것입니다. 그러나 그는 그 영혼의 깊은 만족을 누리고 있기 때문에 그다지 물질이 충족되지 않아도 단순히 생존을 유지할 정도라고 해도 기쁨을 누리게 될 것입니다.

도구가 바르게 사용될 때 행복과 만족이 온다

몸이든 물질이든 그것은 바른 목적을 위해서 사용될 때 행복합니다. 그러나 도구가 독립하여 스스로의 만족을 구한다면 그것은 재앙입니다. 몸이 영혼에게서 독립하면 그것은 재앙입니다. 도구가 수단으로서의 자기의 위치를 잊어버리고, 목적의 위치가 되고 하나님의 위치가 되면 그것이 변질이며 타락입니다.

그러므로 몸이 독자적으로 쾌락을 추구하면 그 분량만큼 그는 멸망의 길로 가고 있는 것입니다.

이제 그런 면에서 은사가 도구라는 사실을 분명히 인식해야 합니다. 은사는 좋은 것입니다. 아름다운 것입니다. 그러나 바르게 사용될 때, 목적을 위하여 사용될 때 아름다운 것입니다. 은사가 그 자체로 독립한다면 그것은 대단한 것이 아닙니다. 그는 행복과 만족을 누릴 수 없습니다. 그것은 긍지를 가질 수 있는 일이 아닙니다.

신령한 것을 아는 것과 신령한 사람이 되는 것은 다르다

은사는 신령한 것일까요? 예. 그렇습니다. 성경이 그렇게 말하고 있기 때문에 신령한 것입니다.

"형제들아 신령한 것에 대하여 나는 너희가 알지 못하기를 원하지 아니하노니 너희도 알거니와 너희가 이방인으로 있을 때에 말 못하는 우상에게로 끄는 그대로 끌려 갔느니라 그러므로 내가 너희에게 알리노니 하나님의 영으로 말하는 자는 누구든지 예수를 저주할 자라 하지 아니하고 또 성령으로 아니하고는 누구든지 예수를 주시라 할 수 없느니라 은사는 여러 가지나 성령은 같고" (고전12:1-4)

사도바울은 고린도교회 사람들에게 말하기를 너희가 신령한 것에 대하여 알지 못하는 것을 원하지 않는다고 하였습니다. 그리고는 은사에 대하여 설명하기 시작하였습니다. 바울이 말하는 신령한 것은 은사라는 것이 명백합니다.

그러나 여기서 말하는 신령한 것, 은사를 아는 것이 곧 신령한 사람이라는 것은 아닙니다. 신령한 것을 아는 것과 신령한 사람이 되는 것은 다른 것입니다.

"형제들아 내가 신령한 자들을 대함과 같이 너희에게 말할 수 없어서 육신에 속한 자 곧 그리스도 안에서 어린 아이들을 대함과 같이 하노라 내가 너희를 젖으로 먹이고 밥으로 아니하였노니 이는 너희가 감당하지 못하였음이거니와 지금도 못하리라 너희는 아직도 육신에 속한 자로다 너희 가운데 시기와 분쟁이 있으니 어찌 육신에 속하여 사람을 따라 행함이 아니리요" (고전3:1-3)

같은 편지에서 바울은 그들을 신령한 자들로 인정할 수 없으며 육신에 속한 자, 곧 어린 아이로 여기겠다고 하였습니다. 그렇다면 고린도 교회 사람들은 신령한 것들, 은사에 대해서 모르기 때문에 신령한 자들이 아니라고 한 것일까요?

그것은 아닙니다. 바울은 고린도서에서 은사에 대해서 많이 이야기했습니다. 사실 고린도서는 고린도교회에서 나타난 은사들에 대해 설명하고 정리해주기 위해서 기록된 측면도 많이 있습니다. 그만큼 고린도교회에는 은사가 많이 나타났음을 알 수 있습니다. 또한 바울은 고린도교회 사람들이 은사에 부족함이 없다고 직접 언급하고 있습니다.

"너희가 모든 은사에 부족함이 없이 우리 주 예수 그리스도의 나타나심을 기다림이라" (고전1:7)

정리하면 이렇습니다. 은사는 신령한 것입니다. 신령한 것이 맞습니다. 그리고 고린도교인들은 은사를 많이 경험하였습니다. 그러나 그들은 신령한 자들은 아닙니다.

그렇다면 신령한가, 아닌가의 기준.. 성숙한가, 아닌가의 기준은 신령한 은사를 많이 알고 경험하는 것이 아니라는 것입니다. 신령한 은사를 알고 경험하는 것은 좋은 일이지만 그것은 신령한 사람이 되는 것과 다릅니다. 그러면 무엇에 근거해서 신령한 사람이다, 육신적인 사람이다.. 하고 판단할 수 있는 것일까요? 그 근거를 고전 3장 3절은 분명하게 제시하고 있습니다.

"너희는 아직도 육신에 속한 자로다 너희 가운데 시기와 분쟁이 있으니 어찌 육신에 속하여 사람을 따라 행함이 아니리요"

신령한 사람의 기준은 삶에서 나타나는 열매이다

이 말씀에 의하면 신령한 사람은 성숙한 사람을 의미합니다. 그리고 그 기준은 삶에서 나타나는 열매입니다. 고린도교회의 사람들은 신령한 은사를 알고 경험했지만 그들의 삶은 전혀 신령하지 않았습니다. 시기하고 싸우고 잘난 척하고 사람을 따라 분파를 만들고.. 이런 열매를 나타냈습니다. 바울은 그들의 은사에는 문제가 없지만 삶에는 문제가 많기 때문에 육신적인 사람, 어린 아이라고 했던 것입니다.

그러므로 신령한 사람의 기준은 바로 열매입니다. 그 사람이 경험한 은사 체험과 신비한 체험과 능력에 있지 않고 그 사람이 맺고 있는 열매가 기준입니다. 그 사람의 삶이 기준입니다.

자신의 삶을 점검해보라

그러므로 자신이 신령한 사람인지 알고 싶으면 자신의 삶을 돌아보고 자문하면 됩니다. 나의 열매는 어떠한가? 나의 마음은 어떠한가? 나의 삶은 어떤가? 나는 남이 잘되면 시기가 일어나는가?

우리는 우리의 입장에서 모든 것을 합리화시키는 데에 익숙해있습니다. 그러므로 우리가 시기를 할 때 우리는 그것을 시기라고 말하지 않고 영분별이라고 할 것입니다. 남을 판단하면서도 그것이 교회를 염려해서 하는 말이라고 할 것입니다.

우리는 포장에 익숙하고 합리화에 익숙해서 자신까지도 속일 수 있습니다. 하지만 우리는 스스로 양심을 속이지 말고 정직해야 합니다. 언젠가 영원한 심판대 앞에 서게 될 때 우리의 변명과 합리화는 주님 앞에서 아무런 효력도 없을 것이기 때문입니다. 그러므로 우리는 자신에 대해서 정직하고 엄격한 기준을 가져야 합니다.

우리는 남이 잘되면 그것을 즐겁게 여깁니까? 아니면 시기가 일어납니까? 누가 우리를 무시하면 우리는 어떻게 반응합니까? 우리가 분노할 때 그것은 주님을 위한 것입니까? 아니면 자신을 위한 것입니까? 우리는 주를 변호합니까? 아니면 자신을 변호합니까?

누가 자신을 따르면 기분이 좋습니까? 높임을 받으면 기분이 좋습니까? 이런 것들이 우리의 상태를 객관적으로 알 수 있는 기준이 됩니다.

만약 우리의 열매가 보잘 것이 없다면, 우리는 전혀 긍지를 가질 수가 없습니다. 우리에게 많은 체험이 있고 은사와 지식이 있어도 우리는 아무 긍지를 가질 수가 없습니다.

'내가 누군지 알아?', '내가 지금 어떤 능력을 받았는지 알아?' 이런 말은 사탄의 말은 아니지만 어린 아이의 말입니다. 이런 이들은 좀 더 자라나야 합니다. 능력이 나타나든 기적이 나타나든, 그러한 것은 신령함과 아무 상관이 없습니다. 그는 신령한 것을 알지만 신령한 사람은 아닙니다. 성숙한 사람은 아닙니다. 긍지를 가질 하등의 이유가 없으며 오히려 위험합니다. 그는 반성하지 않으면 주님께 많은 책망을 들을 것입니다.

은사가 많은 것은 빚이 많은 것이다

은사가 많은 것은 전혀 자랑이 될 수 없습니다. 긍지를 가질 일이 아닙니다. 왜냐하면 그것은 주님이 우리에게 장사를 하라고 맡기신 달란트와 같은 것이기 때문입니다.

어떤 이가 자랑하기를 "나는 다섯 달란트를 받았다. 나만큼 달란트를 많이 받은 사람이 있는가?" 하고 말한다면 그것은 어리석은 일입니다. 그 달란트는 빚입니다. 언젠가는 토해놓아야 할 빚입니다. 은행에서 대출을 받은 것과 같은 것입니다.

어떤 사람이 자랑하기를 "나는 은행에서 5000억의 빚이 있다. 나만큼 빚이 많은 사람이 있는가?" 한다면 모든 사람이 그를 바보 취급할 것입니다.

달란트는 열매를 얻기 위하여 주님이 도구로 주신 것입니다. 언젠가 주님이 심판하실 때, 그는 맡겨주신 달란트를 통하여 얼마큼의 열매를 거두었는지, 결실을 얻었는지를 확인하실 것입니다.

한 달란트를 받은 종은 말합니다.

"주인님, 여기 맡겨두신 달란트가 있습니다. 제가 잘 보존하여 두었습니다."

주님은 뭐라고 하실까요?

"오, 그래. 달란트를 잘 보존했구나? 다행이다. 나는 네가 그것을 잃어버릴 줄 알고 얼마나 걱정했는지 몰라.."

그러실까요? 아닙니다. 주님은 책망하실 것입니다.

"네가 그 달란트를 사용할 것이 아니면 은행에 맡겨서 이자라도 받아야 할 것이 아니냐? 다른 사람이라도 사용하게 해야 하지 않느냐?"

주님은 그렇게 말씀하실 것입니다 달란트는 보존하라고 맡기신 것이 아닙니다. 열매를 맺으라고, 목적을 위하여 주신 것입니다.

어느 종이 이렇게 말합니다.

"주인님, 저는 주인님이 주신 이 달란트를 통해서 출세했어요. 제가 세계 최고가 되었어요. 모든 사람이 저보고 제일이래요."

그러면 주님이 뭐라고 하실까요?

"그래? 잘했다. 기분이 아주 좋았겠구나. 나도 기쁘다."

그러실까요? 아닙니다. 주님은 말씀하실 것입니다.

"이 어리석은 종아, 그 달란트는 네 영광을 위해서 준 것이 아니다. 나의 뜻을 이루기 위한 것이며 나의 영광을 나타내기 위한 것이다."

하실 것입니다. 성경에는 한 달란트 받은 종이 책망을 받는 이야기가 나옵니다. 그때 그 종이 책망을 받은 것은 달란트가 적어서가 아니고 열매를 맺지 못했기 때문입니다.

성공의 기준은 어떤 열매를 맺었는가 이다

은사는 열매를 지향하는 것입니다. 은사와 열매의 관계는 도구와 목적의 관계입니다. 달란트는 기능이며 그 자체가 목적이 아닙니다. 지식도 재능도 물질도 학벌도 지위도 다 기능적이고 도구적인 것입니다. 목적적인 것이 아닙니다.

그 도구들을 통해서 목적을 이루게 된다면 그는 성공한 것입니다. 그러나 도구를 통해서 목적을 달성하지 못하면 그는 실패한 것입니다.

어떤 이가 물질을 받았습니다. 그러나 그는 그것으로 자기 혼자만 편안하고 여유 있게 누리며 살았습니다. 그는 성공자인가요? 아닙니다. 실패자입니다. 그는 도구를 잘 활용하지 못했습니다.

어떤 이는 특별한 재능을 받았습니다. 그리고 그 재능으로 크게 인정을 받고 명예를 얻었습니다. 그는 성공자입니까? 인정과 명예 자체로는 성공과 실패를 결정할 수 없습니다. 오직 그가 가진 재능과 얻은 명예를 통하여 어떤 열매를 맺었느냐가 그의 성공을 판가름할 수 있는 것입니다.

지위와 권력도 은사적인 것이다

에스더는 왕후의 지위를 가지고 있었습니다. 이스라엘에게 위기가 왔을 때 모르드개가 에스더에게 말했습니다.

"너는 왕궁에 있으니 모든 유다인 중에 홀로 목숨을 건지리라 생각하지 말라 이 때에 네가 만일 잠잠하여 말이 없으면 유다인은 다른 데로 말미암아 놓임과 구원을 얻으려니와 너와 네 아버지 집은 멸망하리라 네가 왕후의 자리를 얻은 것이 이 때를 위함이 아닌지 누가 알겠느냐" (에4:13-14)

에스더의 지위는 은사적인 것이며 도구적인 것이며 기능적인 것입니다. 그것은 부르심입니다. 그녀가 왕후의 지위를 누리면서 그녀에게 맡겨진 역할을 하지 않으면 그녀는 나중에 책망을 받을 것입니다. 그러나 그녀는 그녀의 지위를 사용하였습니다. 그녀는 "죽으면 죽으리이다" 하고 자신에게 주어진 은사, 지위를 하나님의 뜻을 위하여 사용하였습니다.

이것이 바로 성공입니다. 모든 은사들, 재능, 물질, 권력, 지위, 지식.. 모든 주어진 것을 통하여 열매를 얻을 때 그 은사들은 목적을 달성한 것입니다. 자기를 위하여 사용하지 않고 그 은사를 주신 이를 위하여 사용할 때 그는 성공한 것입니다. 은사의 목적은 은사를 받은 이의 유익이 아니라 그 선물을 주신 이를 위함이기 때문입니다.

은사는 많으나 열매가 적은 것은 부끄러운 것이다

그러므로 은사를 자랑하고 긍지를 느끼며 내가 뭘 체험했다고 자랑하는 것은 아무 의미가 없는 것입니다. 오직 '그 은사를 통해서 맺은 열매는 무엇인가?' 이것을 점검해야 합니다.

은사를 통해서, 방언을 통해서, 능력을 통해서 어떤 열매를 얻었는가? 나는 변화되었는가? 나의 삶에는 하나님에 대한 사랑이 있고 영혼에 대한 사랑이 있으며 주님의 형상은 나에게서 나타나고 있는가? 그러한 자기 점검이 필요합니다. 열매가 있으면 기뻐하고 감사할 수 있습니다. 그러나 은사는 많지만 열매가 없으면 부끄러운 줄을 알아야 합니다. 많이 투자를 했는데, 결실이 없다면 투자자는 그것을 좋아하지 않을 것입니다.

오늘날 열매보다 은사를 중요시하는 경향은 보편적인 것입니다. 목적보다 도구를 좋아하는 경향은 타락의 결과로 인하여 보편적인 현상입니다. 사람들은 열매의 아름다움보다 외모의 아름다움, 드러나고 나타나는 아름다움에 더 점수를 줍니다.

재능이 있는 사람, 매력이 있는 사람, 유능한 사람, 영리한 사람을 좋아합니다. 아이를 칭찬할 때 '너는 천재야..' 하고 말합니다. 그것은 다 달란트와 재능을 높이는 것입니다. 목적보다 도구를 높이는 것입니다. 그러나 재능보다 더 중요한 것은 열매입니다. 우리는 달란트를 받은 종이며 종에게 필요한 것은 재능이 아니라 순종이며 열매이고 성실함입니다.

경험이나 재능을 높이지 말고 그가 어떤 사람인가를 보라

우리는 사람의 경험이나 재능을 평가하지 말고 그가 어떤 사람인지를 보아야 합니다. 주님이 나에게 나타나셨다, 음성을 들었다, 놀라운 경험을 했다.. 이러한 것은 아무 의미가 없습니다. 그는 어떻게 순종했으며 어떤 열매를 맺었으며 그가 어떤 사람인가가 중요합니다.

어떤 이가 자기를 드러내며 자신의 탁월함을 자랑할 때 그가 어떤 사람인지 보아야 합니다. 자신을 낮추며 하나님을 높이며 남을 섬기는 사람인지 보아야 합니다. 그러한 모습이 부족하면 그는 육신적인 사람이며 어린아이입니다.

은사를 문제해결과 육의 욕망을 위한 도구로 남용하지 말라

한국교회에 많은 은사들이 나타났고 은사자들이 많이 있었습니다. 그들은 도움을 요청하는 사람들을 기도해주고 도와주었습니다. 그러나 은사를 사용해서 주로 그의 문제를 해결해주고 외적인 복을 받도록 도와주는 데 힘을 쓰는 경향이 많이 있었습니다. 사역자들도 은사와 능력을 얻은 후 그것을 가지고 성도들에게 기도하고 안수해주고 문제를 해결해주는 데 집중하는 경향이 있었습니다.

그것은 필요한 것이지만, 그러나 궁극적인 것은 아닙니다. 은사와 능력은 열매를 맺도록, 그들이 그리스도에게 속하도록 돕기 위하여 사용되어야 하는 것입니다.

안타깝게도 한국교회의 성령운동, 은사운동들은 주로 사람들의 육신적인 꿈과 목적을 이루는 데 많이 사용되었습니다. 자신의 성공과 잘됨을 위하여 사용된 경향이 있었습니다. 그것은 바로 도구를 목적화한 것입니다. 말로는 하나님께 영광이라고 하면서 모든 이득과 영광을 자신이 취했습니다.

목적이 잘못되면 악한 열매를 맺게 된다

그것은 많은 육신적인 열매를 맺었고 아름답지 않았습니다. 그것은 많은 사람들이 은사적인 것, 신령한 것에 대해서 거부감을 느끼고 멀어지는 데에 영향을 주었습니다. 그것은 은사의 기능이 바른 목적을 위하여 나아가지 않았기 때문입니다.

어떤 도구이든, 기능이든 간에 목적을 향하는 방향이 잘못되어 있으면 그것은 아름다운 열매를 맺을 수 없습니다. 그것은 악취가 나게 됩니다. 처음보기에는 신기하고 멋있어보여도 결국에는 육신적이고 지옥적인 냄새가 나게 됩니다. 그 악취는 많은 사람들의 마음을 닫게 합니다. 그것은 은사가 잘못된 것이 아니라 사용이 잘못되었고 방향이 올바르지 않았기 때문입니다. 은사의 그 바른 방향은 물질적인 것이 아니라 영적인 것이며, 나를 향한 것이 아니라 그리스도를 향한 것이어야 합니다. 그것이 은사를 통하여 바른 열매를 맺는 길입니다.

목적을 알려면 하나님을 향해야 한다

은사의 목적은 열매라는 것을 지금까지 이야기했습니다. 그것을 좀 더 구체적으로 이야기해보겠습니다. 은사는 도구이며 목적이 아닙니다. 은사는 목적을 위하여 존재하는 것입니다. 우리의 목적은 무엇입니까? 우리 삶의 목적은 무엇입니까?

우리가 목적을 이야기할 때 반드시 고려해야 하는 분은 하나님이십니다. 우리 자신, 인간 자신에게서는 목적을 찾을 수 없습니다. 왜냐하면 우리는 피조물이지 창조주가 아니기 때문입니다. 우리는 목적이 담겨진 존재이며 바른 목적을 향해서 나아갈 때 행복한 존재이지 스스로 목적이 무엇인지 알 수 있는 존재가 아닌 것입니다.

어떤 존재든, 그의 존재목적을 알기 위해서는 항상 그것을 만든 제작자의 의도를 알아야 합니다. 제작자의 의도가 가장 중요합니다. 시계가 있습니다. 우리는 시계에게 '너는 왜 존재하느냐' 고 묻지 않습니다. 그 시계를 만든 이에게 물어야 알 수 있는 것이기 때문입니다.

독특한 시계가 있습니다. 일반적인 시계와 디자인이나 기능이 다릅니다. 우리는 그것을 알고 싶으면 그 시계를 제작한 회사의 홈페이지를 찾아보거나 전화를 할 것입니다. 제작 의도란 항상 제작자에게서 나오는 것입니다.

우리를 만드신 분은 누구십니까? 하나님이십니다. 왜 우리를 만드셨을까요? 그 목적은 하나님만이 아십니다. 그런데 인간은 다 같지 않습니다. 다들 성격도 재능도 좋아하는 것도 다 다릅니다. 그것은 제작의도가 다 각자 다르기 때문입니다. 그렇다면 우리를 독특하게 지으신 그분의 개별적인 의도, 목적은 무엇입니까? 그것을 발견해야 합니다. 그러므로 목적이란 발견되어야 합니다. 우리를 지으신 개별적인 목적을 발견해야 합니다. 그것을 달란트라고도 부르고 사명이라고도 부릅니다. 그 목적을 발견하고 순종하는 것, 이것이 우리 삶의 의미이고 목적입니다.

그저 단순히 자신의 행복을 추구하고 자기가 원하는 삶을 추구하고 그것이 어려움에 부딪칠 때 하나님을 찾는.. 그러한 삶은 기본방향이 잘못된 것입니다. 그것은 자기 주도적 삶이지, 하나님 주도적 삶이 아닙니다.

시계를 벽에 걸어두려고 만들었는데, 시계가 '나는 고소공포증이 있다' 고 책상 밑에 숨어있습니다. 그것이 바로 불행한 삶의 원인입니다. 하나님의 뜻을 찾지 않고 우리를 지으신 분의 의도를 찾지 않고 자기 나름대로, 자기 마음대로 삽니다. 자기의 문제를 해결해달라고, 자기에게 행복을 달라고 아우성칩니다. 그것은 시작이 틀렸습니다.

인생은 하나님의 뜻을 발견하고 이루기 위한 과정이다

행복이란 우리가 하나님의 원하심을 발견하고 순종하는 결과로 이루어지는 것입니다. 하나님의 의도와 목적을 이룰 때 행복이 자연스럽게 주어지며 우리가 행복을 구한다고 주어지는 것이 아닙니다. 인생이란 우리를 향하신 하나님의 뜻을 우리의 삶에서 이루어가는 과정입니다. 인생은 내 꿈을 이루기 위한 과정이 아닙니다.

은사도 내 비전이나 내 목적을 이루는 도구가 아닙니다. 은사와 능력이란 눌려있던 내가 기를 펴보고 성공하고 보란 듯이 출세해서 부모님께 자랑이 되고 가문에 영광이 되고.. 그러한 것이 아닙니다.

은사, 특히 방언의 은사는 그 하나님의 목적을 발견하고 이루어가기 위하여 주시는 도구인 것입니다.

말씀과 성령을 통해서 하나님의 뜻을 발견하게 된다

우리는 이러한 생각을 할 수 있습니다. '나를 지으신 그 하나님의 목적을 발견하는 것은 성경으로 충분하지 않은가? 하나님의 계획과 목적이 성경에 기록되어 있으므로 말씀을 묵상하는 가운데 우리는 그 의도를 발견할 수 있지 않은가?' 이런 생각을 할 수 있습니다. 그것은 물론입니다. 그것이 기본입니다. 우리는 그러한 기초 위에서 생각을 해야 합니다.

우리는 성경을 읽고 말씀을 통해서 우리를 향한 하나님의 목적을 발견할 수 있습니다. 그리고 이러한 발견을 돕는 것이 방언의 은사입니다. 성경의 저자는 성령입니다. 그리고 방언을 통해서 성경의 저자이신 성령이 운행하고 역사하므로 우리의 영은 말씀에 대하여 깊은 충격을 받게 됩니다.

방언을 하면 할수록 우리는 말씀을 읽을 때 감동을 받고 속이 뜨거워집니다. 그것은 하나님의 목적을 이해하고 경험하는 것을 도와줍니다. 말씀에 대해서 지적으로 동의를 하는데 그치지 않고 속에서 불이 타오르게 되는 것입니다.

성경은 일반적인 진리를 제시하며
성령은 개인적으로 가르치고 깨닫게 하신다

성경은 모든 사람을 향한 일반적인 진리, 방향을 제시합니다. 그런데 성령이 역사하실 때는 일반적인 진리와 목적을 넘어서 말씀을 개인적으로 깨닫고 경험하도록 도와줍니다.

학원에서 강의를 들으면, 들을 때는 알 것 같은데 혼자서 공부하다보면 모르는 것이 있습니다. 이 때 가정교사에게 질문하면 그는 친절하게 대답해줍니다. 성령의 역사는 이러한 가정교사와 같아서 말씀이 우리 안에서 살아서 움직이게 하고 실제가 되도록 도와줍니다. 가까이 오셔서 우리의 목적, 의미, 방향을 깨닫게 하고 확증해주는 것입니다.

방언은 이런 면에서 하나님의 목적을 우리가 찾을 수 있도록 도와

줍니다. 말씀을 읽으면 깨닫게 하고 뜨겁게 합니다. 방언은 이렇게 하나님의 의도, 목적을 이루기 위하여 도움이 되는 것입니다.

열매를 맺기 위하여 성령주도적인 삶을 살아야 한다

방언이 은사로 그치지 않고 하나님의 목적을 이루며 열매를 맺기 위해서는 성령주도적인 삶을 살아야 합니다. 성령께서 우리의 삶을 주관하시고 인도하시는 삶을 살아야 합니다. 방언을 많이 할수록 그것이 유리한 이유는, 방언을 할수록 우리가 영적으로 민감해지며 하나님의 임재에 익숙해지고 하나님의 음성을 듣고 느끼는 것에 익숙해지기 때문입니다.

우리는 하나님의 뜻을 찾으며 말씀을 읽을 때 속이 뜨거워지는 구절을 발견할 수 있습니다. 또한 주님께 구체적으로 무엇을 원하시는지 충분히 방언을 하면서 이것, 저것을 물어볼 때 영감을 느끼게 되며 확증을 얻을 수 있습니다.

하지만 중요한 것은 이것입니다. 우리가 아무리 방언을 하고 영감을 얻어도 성령주도적인 삶을 살지 않는다면, 자기주도적이고 자기중심적인 삶을 산다면 그러한 영감은 별로 유익이 없다는 것입니다. 우리가 물을 때 주님은 말씀하십니다. 우리가 찾을 때 주님은 대답해주십니다. 하지만 묻지 않으면 답을 얻을 수 없습니다. 찾지 않으면 답을 얻을 수 없습니다. 성령께서는 일방적으로 우리에게 강권하시고 말씀하시지 않습니다.

항상 성령의 인도하심을 구해야 한다

그러므로 우리가 방언을 하더라도 이것을 우리의 이익을 위하여 사용하며 필요할 때만 주님께 묻는다면, 급할 때 어려움을 헤쳐 나가기 위해서만 사용한다면, 그것은 방언을 실용적으로 이용하는 것에 그치는 것이며 은사를 제대로 사용하는 것이 아닙니다.

그러므로 우리는 성령주도적인 삶을 살아야 합니다. 주님께 묻고 동행하고 순종해야 합니다. 방언도, 어떤 은사도 나를 위해서가 아니라 주를 위하여 사용해야합니다.

우리는 방언으로 꾸준히 기도하면서 주님과 친밀한 동행을 할 수 있습니다. 항상 인도하심을 구하며 받을 수 있습니다. 모든 것에 성령의 가르치심을 구할 수 있습니다. 방언은 우리의 영감을 민감하게 하므로 우리는 주의 음성듣기에 익숙해질 수 있습니다.

그러나 평소에는 묻지 않고 내 멋대로 살다가 급할 때만 주를 찾는다면 이 은사는 아무 의미가 없습니다. 그러므로 이 은사는 하나님의 뜻을 구하고 하나님의 목적을 구하기 위한, 하나님의 인도하심 속에서 날마다 동행하고 묻고 들으며 순종하기 위한 도구로 사용되어야 합니다. 그것이 방언이 은사로 그치지 않고 열매로 나아갈 수 있도록 돕는 도구가 되는 길입니다.

주님은 우리가 열매 맺기를 기대하신다

주님은 은사를 통해서 우리에게 열매를 기대하십니다. 주님은 그저 재미있으라고 달란트를 주시지 않습니다. 주님이 주신 것은 씨입니다. 그리고 우리에게 기대하시는 것은 열매입니다. 주님께 씨를 받은 우리는 씨를 통하여 열매를 얻어야 하고 그 열매를 주님께 드려야 합니다. 말씀과 사명을 씨라고 한다면, 은사는 씨가 뿌리를 내릴 수 있도록 돕는 도구와 같습니다.

갈라디아서 5장의 말씀은 우리가 맺어야 할 열매가 어떤 것인지를 보여주고 있습니다.

"오직 성령의 열매는 사랑과 희락과 화평과 오래 참음과 자비와 양선과 충성과 온유와 절제니 이 같은 것을 금지할 법이 없느니라"(갈5:22-23)

이 구절은 열매에 대한 대표적인 구절입니다. 이 열매는 곧 우리의 삶에서 나타나야할 아름다운 모습을 말합니다. 주님은 우리에게 아름다운 삶, 향기가 가득한 삶을 살아야 할 것을 요구하고 계신 것입니다.

열매란 목적입니다. 그것은 내 목적이 아니고 하나님의 목적입니다. 내가 좋아하는 것이 아니고 하나님이 좋아하시는 것입니다. 아홉 가지로 나타나는 성령의 열매, 그것을 하나님이 원하시며 요구하십니다. 하나님의 성품이 거룩이고 사랑이시므로 그 과실을 기쁘게 받으십니다.

열매를 맺으면 우리가 행복한 것이 아니라 하나님이 기뻐하시므로 자연히 우리가 행복해지는 것입니다. 행복은 목표가 아니고 순종할 때 자연스럽게 얻어지는 결과입니다. 이 과실은 아름다운 것이며 향기가 가득한 삶입니다. 이것은 곧 천국의 향취와 같은 것입니다. 열매란 곧 천국적인 삶입니다. 이와 같이 아름다운 삶을 살고 아름다운 열매를 맺는 것은 덕을 세우는 일이며 하나님께 영광을 돌리는 일입니다.

"너희가 이방인 중에서 행실을 선하게 가져 너희를 악행 한다고 비방하는 자들로 하여금 너희 선한 일을 보고 오시는 날에 하나님께 영광을 돌리게 하려 함이라"(벧전2:12)

"이같이 너희 빛이 사람 앞에 비치게 하여 그들로 너희 착한 행실을 보고 하늘에 계신 너희 아버지께 영광을 돌리게 하라"(마5:16)

이것은 우리가 스스로 맺을 수 있는 열매가 아니다

이것은 우리가 맺어야할 아름다운 삶의 열매입니다. 그런데 갈라디아서 5장 22절은 왜 이것을 성령의 열매라고 하는 것일까요? 그것은 그 열매가 우리에게서 나타나지만 우리로 인하여 나타나는 것이 아니기 때문입니다. 이것은 우리가 스스로 애쓰고 노력해서 얻을 수 있는 열매가 아닙니다. 이하의 이어지는 말씀을 보면 그 원리는 명백해집니다.

"그리스도 예수의 사람들은 육체와 함께 그 정욕과 탐심을 십자가에 못 박았느니라 만일 우리가 성령으로 살면 또한 성령으로 행할지니 헛된 영광을 구하여 서로 노엽게 하거나 서로 투기하지 말지니라"(갈5:24-26)

성령으로 살 때 성령이 우리 안에서 열매를 맺으신다

성령의 열매를 맺는 비결은, 자신의 능력이나 육체의 힘으로는 열매를 맺을 수 없음을 깨닫는 데 있습니다. 진정한 성령의 열매를 맺기 위해서는 오히려 육과 자아를 부인하고 자아의 영광과 욕심을 십자가에 못 박아야 합니다. 그리고 성령으로 살고 성령으로 행할 때 성령께서 우리 안에서 역사하셔서 열매를 맺게 하십니다. 이 열매는 우리가 우리 안에서 가르치시고 말씀하시고 인도하시는 성령께 순종하고 동행함으로써 성령이 맺으시는 열매인 것입니다.

방언의 은사는 성령께 민감하게 하고 성령의 음성과 감동을 듣는 것에 유익합니다. 만약 이 은사를 잘 활용하여 순종한다면 그는 열매를 맺기에 유리할 것입니다.

은사가 있어서 성령의 음성을 예민하게 느끼지만 헌신이 부족해서 순종하지 않는다면 그는 열매를 맺을 수 없습니다. 또한 성령께 순종하기를 원하지만 영감이 둔하고 영적 이해가 둔해서 성령이 원하시는 것을 오히려 거스르고 거꾸로 갈 수도 있습니다. 이러한 경우에는 무지로 인하여 열매를 맺지 못하게 됩니다.

주님은 우리에게 열매를 원하십니다. 그것은 아름다운 삶이며 변화된 삶입니다. 그러나 그 열매는 마음이 선한 사람이 얻는 것이 아닙니다. 이것은 영적 전쟁과 관련이 있는 것입니다. 우리는 착하게 살려고 애써서 열매를 맺는 것이 아니라, 성령과 동행하고 성령께 순종하고 무기를 얻어 영적 전쟁에서 승리했을 때 열매와 전리품을 얻게 되는 것입니다.

사사기 6장을 보면 영적 전쟁에서 눌리고 패배한 이스라엘의 상태가 나타납니다. 그들은 전혀 전쟁의 준비가 되어있지 않았습니다. 그들은 무기도 없고 전의도 없었습니다.

"이스라엘 자손이 또 여호와의 목전에 악을 행하였으므로 여호와께서 칠 년 동안 그들을 미디안의 손에 넘겨 주시니 미디안의 손이 이스라엘을 이긴지라 이스라엘 자손이 미디안으로 말미암아 산에서 웅덩이와 굴과 산성을 자기들을 위하여 만들었으며 이스라엘이 파종한 때면 미디안과 아말렉과 동방 사람들이 치러 올라와서 진을 치고 가사에 이르도록 토지 소산을 멸하여 이스라엘 가운데에 먹을 것을 남겨 두지 아니하며 양이나 소나 나귀도 남기지 아니하니 이는 그들이 그들의 짐승과 장막을 가지고 올라와 메뚜기 떼 같이 많이 들어오니 그 사람과 낙타가 무수함이라 그들이 그 땅에 들어와 멸하려 하니 이스라엘이 미디안으로 말미암아 궁핍함이 심한지라 이에 이스라엘 자손이 여호와께 부르짖었더라" (삿6:1-6)

영적 전쟁에서 패배하는 이들은 열매가 없다

미디안 군대가 이스라엘 지경으로 넘어올 때 이스라엘은 아예 싸울 생각이 없었습니다. 그들은 산에서 웅덩이와 굴과 산성을 만들어서 거기에 숨어 있었습니다. 그들은 구덩이 속에서 결코 나오지 않았습니다. 약탈자들이 다 사라진 후에야 그들은 구덩이에서 나와서 한숨을 쉬었습니다.

그들의 궁핍함이 심했던 것은 미디안의 약탈이 일시적인 것이 아니었기 때문입니다. 파종을 할 때면 그들은 작정을 하고 와서 진을 치고 머물면서 소도, 양도, 나귀도, 토지의 각종 열매들도.. 다 가져가 버렸습니다.

이스라엘은 열심히 일했지만 파종할 때가 되면 원수들이 와서 다 빼앗아가 버리고 그들은 아무 결실도 맺을 수 없었습니다. 이는 오늘날 많은 신자들이 경험하고 있는 상태입니다.

열심히 일하고 노력하고 애쓰지만 결실이 없이 다 빼앗기고 슬퍼하고 있는.. 이러한 상태는 오늘날 아주 보편적인 상태입니다. 자기에게 주어진 예수 이름의 능력과 권세에 대해서 알지 못하여 원수들에게 모든 것을 빼앗기고 사는 그리스도인들은 오늘날 이 땅에 아주 많이 있습니다.

영적 전쟁에서 패배한 이들은 열매가 없습니다. 분노의 영, 두려움의 영, 불안의 영들이 마음 안에 가득한데 어떻게 세상에서 승리하고 결실을 얻을 수 있겠습니까?

승리가 임할 때 열매가 있다

미움이 사라지고 사랑이 임하며 슬픔이 사라지고 기쁨이 임하며 두려움이 사라지고 평안이 오는 것.. 이것은 승리 후에 나타나는 영의 열매, 성령의 열매입니다.

이것은 선한 사람에게서 나타나는 것이 아니라, 성령과 동행하고 영적인 능력과 무기를 얻어 마귀의 진을 초토화하는 사람들에게서 나타나는 것입니다. 원수의 진이 무너졌을 때 거기에서 승리의 열매가 옵니다.

은사는 영적전쟁에서 승리를 얻을 수 있도록 도와주는 무기가 됩니다. 능력은 승리의 도구입니다. 능력은 그 자체가 목적이 아니라 승리를 위한 유용한 도구이며 무기인 것입니다.

은사, 능력은 승리와 열매를 위한 것이다

1절을 보면 패배의 원인은 하나님의 목전에서 죄를 지은 것입니다. 그것은 하나님의 영이 소멸되었음을 의미합니다. 하나님의 함께 하심이 없을 때 그들은 승리할 수 없습니다. 하나님의 영, 성령이 떠나셨을 때 아무도 원수를 이길 수 없습니다.

은사의 나타남은 하나님의 함께 하심을 의미합니다. 소멸된 하나님의 영, 성령이 회복되고 임하셔서 흘러나오시며 동행하시고 같이 싸우시는 것을 의미합니다.

그러므로 동행, 함께 함, 성령 안에서 무기를 얻는 것, 성령께서 같이 싸우시는 것.. 여기에 승리가 있고 전리품이 있으며 열매가 있습니다. 그것이 성령의 열매입니다.

그러므로 은사는 이렇게 승리를 얻고 열매를 맺도록 돕는 역할을 합니다. 스스로의 힘으로는 아무도 이길 수 없습니다. 사역할 수 없습니다. 전도하는 것도 어렵고 기도하는 것도 어렵습니다. 설교를 하는 것도 어렵고 사람의 마음을 여는 것도 어렵습니다. 그러나 은사를 얻고 무기를 얻고 성령 안에서 사역할 때 그것은 쉽습니다. 방언을 하면서 성령을 느끼고 동행하고 순종하면 우리는 승리와 결실을 얻을 수 있습니다.

열매를 맺도록 돕는 것이 은사와 방언의 가치이다

이렇게 열매를 맺도록 돕는 것이 은사의, 방언의 놀라운 가치입니다. 은사를 잘 활용해서 승리와 열매를 얻을 수 있다면 그것은 아름답고 놀라운 것입니다. 그러나 은사를 잘못 사용해서 결실을 얻지 못한다면 그것은 실패한 것입니다. 은사는 자동적으로 열매로 이어지는 것이 아니며 어떻게 사용하고 관리하느냐에 따라서 좋은 열매를 맺을 수도 있고 아닐 수도 있습니다.

은사는 많지만 열매를 맺지 못하는 이들은 많이 있습니다. 은사를 사용하고 방언을 많이 말해서 영적 감각이 있으나 변화된 삶을 살지 못하는 이들은 많이 있습니다. 은사는 많으나 전혀 성장하지 못하는 이들은 많이 있습니다. 그들은 헌신이 부족하며 올바른 방향성이 부족합니다.

은사를 통하여 감각이 생긴 후에는 삶의 패턴을 바꾸어야 한다

은사를 통하여 감각이 생깁니다. 영적인 힘을 느끼며 자신감을 얻습니다. 악한 영들의 움직임을 느낍니다. 그는 새롭게 얻은 영적인 권능으로 그것들을 부숴버립니다. 그는 하나님의 임재를 느낍니다. 달콤함을 느낍니다.

하지만 여전히 세상을 사랑하는 사람들이 있습니다. 여전히 자아의 영광을 사랑하는 이들이 있습니다. 그들은 능력을 통해서 사람을 도울 수 있습니다. 하지만 다시 세상으로 가서 주님이 기뻐하시지 않는 것들과 접촉할 수도 있습니다.

이러한 삶을 반복해야 할까요? 그는 지금은 눌려도 나중에 다시 방언을 하고 부르짖으면 회복되는 것을 압니다. 그러나 계속 그런 식의 삶을 반복해야할까요? 그것은 잘못된 삶입니다.

은사가 임하고 감각이 깨어났을 때 그는 이제 삶의 패턴을 바꾸어야 합니다. 깨어난 감각을 통하여 말씀하시는 성령께 순종하며 거룩함에서 발전하고 성결의 삶에서 발전해가야 합니다. 분별력에서 발전해야 하고 성령과의 친밀하고 인격적인 동행이 깊어져야 합니다.

은사는 많이 나타나지만 순종이 부족해서 성장하지 못하는 사람보다는, 은사는 적게 나타나지만 작은 일에 순종하여 성장하는 사람이 아름답고 귀한 것입니다.

은사를 경험한 이들은 그 깨어난 감각을 따라 영적인 억압이 있는 악한 문화를 거절해야 합니다. 참여하지 말아야 합니다. 성령께서 기뻐하시는 것을 찾고 순종하는 분량이 많아져야 합니다. 성령이 자신을 지배하시는 점유율이 증가되어야 합니다. 순복함과 구별됨이 증가될수록 분별력과 영적 감각은 동반하여 발전합니다. 은사와 능력은 열매를 얻고 주님의 목적을 이루기 위하여 잘 사용되어져야 합니다.

은사의 중요한 목적은 사람을 얻는 것이다

열매, 목적에 대해서 이야기할 때 아주 중요한 하나의 목적은 사람이라는 것입니다. 사람을 얻는 것.. 그것은 곧 열매이며 목적입니다. 은사의 중요한 목적은 사람을 얻는 것이며 사람을 얻기 위하여 은사는 아주 유용합니다.

주님이 이 땅에 오신 이유는 사람을 얻기 위한 것입니다. 주님은 지구를 구하기 위해서 오신 것이 아닙니다. 지구에서 사는 사람들을 구하기 위해서 오셨습니다. 사람을 얻는 것은 주님의 목적입니다. 그러므로 우리도 주님의 목적을 같이 가져야 합니다. 은사의 중요한 목적도 이것을 위하여 주어지는 것입니다.

그런데 사람을 얻는다는 것이 무엇입니까? 우리가 인맥을 넓힌다는 말입니까? 우리의 말을 잘 듣는 심복을 얻는다는 말입니까? 아는 사람이 많으면 삶에서 여러 면에서 유리한 일이 많이 있으므로 이를 위하여 좋은 인간관계를 맺는다는 의미입니까?

사람을 얻는다는 것은 사람을 그리스도에게 인도하는 것이다

아닙니다. 은사를 통해서 사람을 얻는다는 것은 사람을 그리스도의 사람으로 만드는 것을 의미합니다. 은사를 통해서 내 사람으로 만드는 것이 아니라 그리스도의 사람으로 만드는 것입니다. 이것이 바로 사역입니다.

은사는 성령의 나타나심이며 능력과 역사가 동반됩니다. 그것은 사역에 있어서 큰 힘이 됩니다. 그것은 사람들을 도울 수 있는 무기입니다. 은사에서 권능이 나타나 사람을 억압하는 영들을 제압하고 영혼을 자유롭게 해줍니다. 그 사역의 결과 사람의 인정을 받고 존경을 받을 수 있습니다.

그러나 은사와 능력을 통하여 사람들을 나의 사람으로 만들고 내가 재물을 얻고 하는 것이 아닙니다. 그것은 은사의 오용입니다. 은사는 사람을 얻고 그 사람을 하나님께 드리는 것입니다. 곧, 영혼을 얻어 그리스도에게 드리고 그 영혼으로 천국 곳간을 채우는 것입니다. 영혼도 과실의 종류이며 열매입니다.

일 자체를 목적으로 삼아서는 안 된다

사람이 목적이 아니고 일이 목적인 사람이 많이 있습니다. 자기가 좋아하는 일을 하고 일을 통한 성취를 목표로 삼습니다. 그것은 잘못된 목표입니다. 그것은 바로 자신의 자아를 목적 삼는 것입니다. 그것은 자기영광과 자기만족을 위한 것입니다.

진정한 목적은 오직 사람이어야 합니다. 어떤 능력이 있다면, 재능이 있다면, 자기가 좋아하는 일이 있다면 그 자체를 통해서 만족해서는 안 됩니다. 그것을 통해서 사람을 얻어야 합니다. 은사 자체를 통해서, 능력 자체를 통해서 자기만족을 느낀다면 그것은 어리석은 것입니다. 좋아하는 일 자체를 통해서 만족을 느끼는 것도 어리석은 것입니다. 그것도 도구를 목적화하는 것입니다.

주님이 병을 고치신 것도, 십자가에 달리신 것도.. 그 모든 사역은 사람을 얻기 위한 것이었습니다. 영혼을 얻기 위한 것이었습니다. 우리는 주님과 다른 목표를 가져서는 안 됩니다.

사람을 자기 사람으로 만들려고 해서는 안 된다

사람을 얻되 자기 사람으로 만들려고 하는 이들이 많이 있습니다. 그것은 잘못입니다. 그것은 실패입니다. 그리스도에 속한 사람은 천국에 속한 사람입니다. 그러나 사람에게 속한 사람은 천국에 속할 수 없습니다.

베드로든 아볼로든 바울이든.. 아무리 위대한 지도자라고 하더라도 사람은 그들에게 속해서는 안 됩니다. 사람은 오직 그리스도에게 속해야 하며, 그리스도에게 속하도록 사역하는 것이 바른 사역입니다.

사람을 훈련해서 자기 심복으로 만드는 것을 제자훈련이라고 여기는 이들도 더러 있습니다. 그러나 사역자는 자기의 말을 잘 듣게 사람을 키워서는 안 됩니다. 그렇게 하면 사역자도, 가르침을 받는 자도 같이 넘어지게 됩니다. 그것은 천국적이지 않습니다. 진정한 가르침은 사람을 오직 그리스도에게 속하게 하는 것이며, 진정한 사역은 사람들이 오직 그리스도의 말씀을 잘 듣고 따르도록 키우는 것입니다.

은사는 무기이며 능력입니다. 그것은 사람의 인기를 끌고 주목을 받게 하는 요소가 있습니다. 그런데 어떤 사람이 그 은사와 능력을 자기의 유익을 위하여 사용하였습니다. 은사를 통해서 자기 사람을 얻고 자기에 속한 분당을 만들고 자기 배를 채우고 자기 명예를 세우고 편하게 살았습니다.

만약 그렇게 한다면 그는 언젠가 주인 앞에서 책망을 받지 않겠습니까? 주님을 위하여, 하나님의 나라를 위하여, 하나님의 영광을 위하여 사용하라고 주신 은사와 능력을 자기의 유익을 위하여 사용한다면, 모든 이익을 자기가 취한다면, 그는 은사와 무기를 주신 분으로부터 나중에 책망을 받지 않겠습니까?

제자훈련이란 그리스도의 사람으로 만드는 것이다

제자훈련이란 사역자가 사람들에게 그리스도를 가르치는 것입니다. 올바른 제자훈련은 사람들을 사역자의 제자로 만드는 것이 아니라, 그리스도의 제자로 만드는 것입니다.

사역자는 제자에게 그리스도를 가르치는 통로이며 그리스도를 보여주는 통로입니다. 그러므로 사역자가 그리스도를 잘 보여주면 그를 따르고 동역하지만 그리스도를 가르치지 않고 자기를 드러낸다면, 그리고 이에 대해서 경고하는데도 사역자가 듣지 않는다면, 그 사역자를 떠나는 것이 제대로 훈련된 제자입니다. 그것이 잘 가르친 것입니다.

내 사람으로 만드는 것은 실패입니다. 그리스도의 사람으로 만드는 것이 진정한 사역입니다. 그리스도의 사람이 될 때 거기에서 죄에서의 해방이 있고 승리가 있고 천국이 임하게 됩니다. 그러나 그리스도의 제자가 아닌 사역자의 제자들은 아무런 열매도 없습니다. 그들은 죄에서의 해방이 없고 승리가 없고 천국도 모릅니다. 그들은 하나의 분파를 가지고 있을 뿐입니다. 자기의 파를 높이고 자기의 사역자를 높이며 모든 다른 이들과 싸우는 분파를 만들 뿐입니다. 그리스도의 제자들은 그리스도를 닮지만 사역자의 제자는 사역자를 닮습니다.

천국의 주인은 그리스도입니다. 그리스도가 천국을 다스리십니다. 그러므로 그리스도의 통치를 받는 그리스도의 사람으로 만드는 것..이것이 사람을 얻는 것이며 천국의 곡식을 얻는 것입니다. 천국의 곳간을 채우는 것입니다.

은사를 통하여 하나님의 창고에 영혼을 가득 채워야 한다

은사란 사람을 얻는 것입니다. 사람을 돕고 사람을 치유하며 그리스도에게 속하게 하고 천국에 속하게 하는 것입니다. 주님은 그 사역을 위하여 오셨고 그 사역을 우리에게 맡기십니다. 은사는 그것을 위하여 주신 것입니다. 우리가 개인적으로 형통하고 잘되고 복 받으라고 주신 것이 아니고 하나님의 왕국을 확장하라고 주신 것입니다. 마귀 왕국을 무너뜨리라고 주신 것입니다.

그러므로 예수 믿고 복 받자는 메시지는 낮은 메시지입니다. 예수를 믿고 그에게 속하고 천국의 백성으로 열매를 맺고 나아가야 합니다.

은사와 능력을 통해서 우리는 유능한 사람이 되고 사람을 얻습니다. 우리의 은사, 달란트, 재능, 지식, 경험으로 우리는 사람을 얻어 그들을 주님께로 드리며 우리의 은사로 하나님의 곡식 창고에 영혼이 가득하게 하는 것입니다.

요셉이 은사를 통하여 이루어가는 것들

요셉은 하나님께 독특한 은사를 받았습니다. 그의 행동을 살펴보면 그가 은사를 어떻게 사용하며 은사를 통해서 무엇을 이루어가는지, 그 원리를 잘 볼 수 있습니다.

요셉은 바로의 꿈을 해석하고 애굽에 칠년의 풍년과 이어진 칠년의 흉년이 올 것을 예언하였습니다. 그리고 이에 대한 대비책을 제시하였습니다. 요셉은 애굽의 총리가 되었고 애굽의 경제정책과 모든 정책에 전권을 행사하게 되었습니다.

"바로가 요셉에게 이르되 나는 바로라 애굽 온 땅에서 네 허락이 없이는 수족을 놀릴 자가 없으리라 하고" (창41:44)

그는 풍년의 시기에 지혜롭게 곡물을 저장하였고 기근의 때를 위하여 충분히 준비하였습니다. 기근이 오자 그의 관리 능력은 더 빛을 발하였습니다.

"요셉의 말과 같이 일곱 해 흉년이 들기 시작하매 각국에는 기근이 있으나 애굽 온 땅에는 먹을 것이 있더니 애굽 온 땅이 굶주리매 백성이 바로에게 부르짖어 양식을 구하는지라 바로가 애굽 모든 백성에게 이르되 요셉에게 가서 그가 너희에게 이르는 대로 하라 하니라 온 지면에 기근이 있으매 요셉이 모든 창고를 열고 애굽 백성에게 팔새 애굽 땅에 기근이 심하며 각국 백성도 양식을 사려고 애굽으로 들어와 요셉에게 이르렀으니 기근이 온 세상에 심함이었더라" (창41:54-57)

과연 요셉의 말대로 기근이 왔고 그는 이제 모든 실제적인 권세를 누리게 되었습니다. 그리고 기근 때에 생명을 부지할 수 있는 양식을 오직 요셉만이 줄 수 있었습니다. 모든 사람들은 오직 요셉만을 찾게 되었습니다.

"기근이 더욱 심하여 사방에 먹을 것이 없고 애굽 땅과 가나안 땅이 기근으로 황폐하니 요셉이 곡식을 팔아 애굽 땅과 가나안 땅에 있는 돈을 모두 거두어들이고 그 돈을 바로의 궁으로 가져가니" (창47:13-14)

그들은 요셉에게서 곡식을 샀으나 그것은 얼마 가지 않았습니다. 요셉은 기근을 이용하여 애굽과 가나안 땅의 모든 돈을 거두어들였습니다.

"애굽 땅과 가나안 땅에 돈이 떨어진지라 애굽 백성이 다 요셉에게 와서 이르되 돈이 떨어졌사오니 우리에게 먹을거리를 주소서 어찌 주 앞에서 죽으리이까 요셉이 이르되 너희의 가축을 내라 돈이 떨어졌은즉 내가 너희의 가축과 바꾸어 주리라 그들이 그들의 가축을 요셉에게 끌어오는지라 요셉이 그 말과 양 떼와 소 떼와 나귀를 받고 그들에게 먹을 것을 주되 곧 그 모든 가축과 바꾸어서 그 해 동안에 먹을 것을 그들에게 주니라" (창47:15-17)

모든 돈을 다 썼지만 기근은 해결되지 않았습니다. 애굽 백성은 더 이상 바칠 돈이 없자 다음에는 자신의 모든 가축을 바쳤습니다. 기근으로 인하여 돈에 이어서 가축도 바로의 소유가 되었습니다.

"그 해가 다 가고 새 해가 되매 무리가 요셉에게 와서 그에게 말하되 우리가 주께 숨기지 아니하나이다 우리의 돈이 다하였고 우리의 가축 떼가 주께로 돌아갔사오니 주께 낼 것이 아무것도 남지 아니하고 우리의 몸과 토지뿐이라 우리가 어찌 우리의 토지와 함께 주의 목전에 죽으리이까 우리 몸과 우리 토지를 먹을 것을 주고 사소서 우리가 토지와 함께 바로의 종이 되리니 우리에게 종자를 주시면 우리가 살고 죽지 아니하며 토지도 황폐하게 되지 아니하리이다 그러므로 요셉이 애굽의 모든 토지를 다 사서 바로에게 바치니 애굽의 모든 사람들이 기근에 시달려 각기 토지를 팔았음이라 땅이 바로의 소유가 되니라"(창47:18-20)

모든 돈에 이어서 가축까지 바쳤지만 그들의 기근 문제는 해결되지 않았습니다. 결국 그들은 모든 땅을 바로에게 바쳤습니다. 모든 땅은 바로의 소유가 되었습니다.

"요셉이 백성에게 이르되 오늘 내가 바로를 위하여 너희 몸과 너희 토지를 샀노라 여기 종자가 있으니 너희는 그 땅에 뿌리라 추수의 오분의 일을 바로에게 상납하고 오분의 사는 너희가 가져서 토지의 종자로도 삼고 너희의 양식으로도 삼고 너희 가족과 어린 아이의 양식으로도 삼으라 그들이 이르되 주께서 우리를 살리셨사오니 우리가 주께 은혜를 입고 바로의 종이 되겠나이다"(창47:23-25)

모든 것을 사용하여 사람을 사로잡고 바로에게 바침

그러나 문제는 그것으로 끝나지 않았습니다. 지금 먹을 양식이 있다고 해도 종자가 없으면 씨를 뿌릴 수가 없었습니다. 토지는 바로의 소유가 되었지만 경작은 백성들이 해야 했습니다. 그러나 경작을 하려면 종자가 있어야 했습니다. 요셉은 그들에게 종자를 주었습니다. 그리고 그 대가로 결국 애굽의 모든 백성은 바로에게 자신의 몸을 드렸고 모두가 바로의 종이 되었습니다. 기근으로 인하여 그들은 처음에 돈, 그 다음에 가축, 다음에 토지, 그리고 마지막으로 그들의 몸을 바로에게 드렸습니다.

요셉은 조금도 낭비를 하지 않았습니다. 풍년이 있을 때 그는 그것을 하나도 버리지 않고 잘 관리하고 지켰습니다. 기근이 있을 때 그는 한 톨의 양식도 함부로 사용하지 않고 그것들을 잘 관리해서 애굽의 모든 것들을 끌어 모았습니다. 애굽의 모든 돈, 모든 가축, 모든 땅, 심지어 모든 사람을 사로잡아 바로에게 바쳤습니다.

이러한 요셉의 행적을 보면 의문스러운 면이 있습니다. 상대방의 약점을 이용해서 모든 다 빼앗아가는 아주 야박한 모습.. 과연 요셉은 그렇게 바로에게 충성을 해야 했을까요? 나중에 바로는 이스라엘 백성들을 극도로 핍박하게 되는데, 그런 사람에게 그렇게 충성하는 것이 과연 좋은 일이었을까요?

요셉은 그리스도의 표상이다

이 물음에 답하기 위해서는 여기에서 등장하는 요셉이라는 인물이 누구를 상징하는지를 알아야 합니다. 그래야 이 사건의 의미를 제대로 파악할 수 있습니다.

성경의 사건들은 단순한 역사 이야기가 아닙니다. 사건들, 이야기들을 통해서 보여주는 영적인 메시지들이 있습니다. 그 메시지와 그림을 이해하지 못하고 문자적으로만 해석해서 구약에서 이방인을 진멸하라는 메시지를 정말 실천하려고 하면 안 됩니다.

그것은 영적 전쟁에 대한 메시지입니다. 가나안 땅이라는 작은 땅을 정말 젖과 꿀이 흐르는 땅이라고 문자적으로 해석하고 집착하면 안 됩니다. 그 땅은 천국을 상징적으로 의미하는 것이기 때문입니다.

요셉은 무엇을 상징할까요? 그는 명백하게 그리스도를 상징합니다. 그리스도의 예표입니다. 그리스도의 삶과 사역을 보여줍니다. 물론 구약에서 그리스도를 예표하는 사람이나 사건들이 하나 둘이 아니고 엄청나게 많지만 요셉의 경우는 좀 더 선명한데, 간단하게 요셉의 특징과 주님의 공통점을 살펴보겠습니다.

요셉은 아버지의 사랑하는 아들이었습니다. 아버지는 요셉에게 채색옷을 입혀주었습니다. 예수 그리스도는 하나님의 독생자이십니다. 하나님은 예수에게 기름부음의 옷을 입히셔서 세상에 보내셨습니다.

요셉은 형제가 열 두 명입니다. 예수 그리스도는 제자가 열 두 명이었습니다. 요셉은 형제들의 잘못을 아버지께 일러서 형제들의 미움을 받았습니다. 그리스도는 바리새인들과 서기관들의 잘못을 지적하므로 미움을 받았습니다.

요셉은 형제를 통하여 이방인에게 팔렸습니다. 그리스도는 제자들 중의 한 사람에 의해 이방인에게 넘겨졌습니다. 요셉은 은 이십에 팔리고(창37:28), 그리스도는 은 삼십에 팔렸습니다(마26:15).

요셉은 팔려서 감옥에 갔고 그리스도는 십자가에 달리셨습니다. 요셉이 갇힌 옥에는 두 사람의 죄수가 있었고 그리스도의 십자가 옆에는 두 강도가 달렸습니다. 요셉의 옥에 들어온 두 죄수 중에서 한 사람은 매어 달렸고, 한 사람은 복직되었습니다. 십자가 옆의 두 죄

수 중에 한 사람은 여전히 믿지 않고 조롱하다가 죽었고 한 강도는 마지막에 회개하고 구원을 약속받았습니다. 요셉은 감옥에서 나와서 바로 우편에 앉아 애굽 전체를 치리하는 총리가 되었습니다. 그리스도는 부활하신 후에 하나님 우편에 앉아서 세상을 통치하시며 산자와 죽은 자를 심판하실 것입니다.

요셉의 삶은 그리스도의 삶과 사역과 정확하게 일치합니다. 그러므로 그의 삶은 그리스도에 대한 예언이며 메시지인 것을 알 수 있습니다.

여기서 요셉이 그리스도를 상징한다면, 이 배역에서 바로의 역할은 무엇입니까? 그리스도가 하나님 우편에 앉아계시는 것처럼, 요셉은 바로의 옆에서 전권을 가지고 통치합니다. 이 장면에서 바로는 하나님을 예표하는 것입니다. 그러므로 요셉이 바로에게 충성하는 모습은 예수 그리스도가 아버지이신 하나님께 충성하시는 모습을 보여주시는 것입니다.

이 상황을 예표적으로 이해하기 위해서는 애굽과 이스라엘과의 관계적인 면에서 보는 것이 아니라, 아버지 하나님을 위한 예수 그리스도의 사역이라는 측면에서 보아야 하는 것입니다.

그렇다면 여기에서 애굽 백성의 예표는 무엇입니까? 바로 성도의 예표입니다. 그러므로 이 사건에서 요셉이 행한 일들은 그리스도가 그의 백성, 성도들을 아버지 하나님께 올려드리는 사역을 보여주는 것입니다.

그리스도만이 기근을 해결해주실 수 있다

성도는 세상에서 기근을 경험합니다. 인생에는 풍년의 시절이 있는데 그 때는 아무도 구주이신 그리스도를 찾지 않습니다. 다들 제 잘난 맛에 삽니다. 아무도 기근을 준비하지 않습니다. 그러나 어느 순간 흉년이 옵니다. 그것은 하늘에서 오는 흉년이기 때문에 어디에서도 해결책을 찾을 수가 없습니다. 온 세상 어디에도 기근을 해결할 수 있는 곳은 없습니다.

오직 요셉만이 양식을 가지고 있습니다. 오직 그만이 하늘에서 주신 양식을 가지고 있습니다. 그가 가진 곡식은 7년의 풍년을 하늘의 지식으로 미리 알고 예비한 것이기 때문에 하늘양식의 상징입니다. 예수 그리스도는 바로 하늘양식입니다. 주님은 말씀하셨습니다.

"썩을 양식을 위하여 일하지 말고 영생하도록 있는 양식을 위하여 하라 이 양식은 인자가 너희에게 주리니 인자는 아버지 하나님께서 인치신 자니라"(요6:27)

"예수께서 이르시되 나는 생명의 떡이니 내게 오는 자는 결코 주리지 아니할 터이요 나를 믿는 자는 영원히 목마르지 아니하리라"(요6:35)

"나는 하늘에서 내려온 살아 있는 떡이니 사람이 이 떡을 먹으면 영생하리라 내가 줄 떡은 곧 세상의 생명을 위한 내 살이니라 하시니라"(요6:51)

그리스도에게 나아와 참 양식을 얻음

애굽 백성들이 기근 가운데서 죽을 수밖에 없을 때 살리는 양식을 공급하는 요셉은 그리스도의 상징입니다. 그분은 우리에게 썩을 양식을 위하여 일하며 무엇을 입을까, 먹을까, 마실까 염려하지 말고 오직 생명의 떡을 먹으라고 하십니다. 그 떡은 곧 예수님 자신입니다. 요셉을 통한 양식의 공급은 곧 이러한 메시지를 보여주는 것입니다.

모든 기근의 해결책은 오직 그리스도이신 예수 앞에 나아가는 것입니다. 바로가 요셉에게 모든 열쇠를 맡긴 것처럼 아버지 하나님은 예수에게 구원에 관한 모든 것을 맡기셨습니다.

처음에 백성들은 요셉에게 나아와 양식을 샀습니다. 그러나 그것은 구원의 시작이지 완성이 아닙니다. 그들은 주님께 나아오기는 했지만 아직도 여전히 그 의식 속에 세상이 가득합니다. 그들의 의식은 아직도 무엇을 먹을까, 무엇을 마실까, 어떻게 세상에서 잘 나갈까, 행복해질까로 가득 차 있습니다.

그리스도의 사역은 성도들을 온전히 사로잡으시는 것이다

그들을 다루시는 그리스도의 역사는 계속 됩니다. 그들은 양식을 얻기 위해 할 수 없이 하나씩 그리스도께 가지고 나갑니다. 처음에는 돈을, 물질에 대한 애정과 욕망을 드립니다.

다음에는 가축들, 수입을 얻을 수 있는 자신의 직장과 재능과 달란트를 주님께 굴복시킵니다. 그리고 다음에는 땅을 드리고 결국 최후에는 자신의 몸, 목숨을 주님께 드립니다. 그리고 주님은 그 모든 것을 접수해서 그것을 아버지 하나님께 드립니다. 천국의 곳간에 그 영혼을 넣는 것입니다. 그것이 그리스도의 사역이며 성령의 사역입니다.

그러므로 처음에 요셉에게 나아가 요셉의 이름을 부르며 양식을 구하던 이들이 결국 자기 모든 것을 바치게 되는 과정은, 처음에 주의 이름을 부르며 주님께 나아가던 성도가 차츰 자신의 안에 있는 타고난 욕망, 성질, 애정, 가치관, 세상사랑, 물질사랑, 자아사랑, 자기 목숨까지 주님의 손에 드리게 되는 성령의 역사의 과정이라고 볼 수 있습니다.

기근을 통하여, 문제를 통하여, 고통을 통하여 주님을 알아가고 하나님께 드려지며 성령께 사로잡혀 가는 과정을 이 사건의 그림은 보여주고 있는 것입니다.

이것은 에스겔 47장에 나타나는 성령의 강물, 성령께서 성도를 사로잡아 가시는 과정의 모습과 흡사합니다. 처음에 발목 정도에 차오르는 물은 나중에 너무 깊어져서 헤엄치지 않으면 나아갈 수 없게 되는데, 이것은 처음에 미약하게 성령의 역사를 경험하지만 나중에는 성령에 완전히 함몰되어 성령의 강물 안에서 헤엄쳐야만 나아갈 수 있는 삶이 되는 것을 보여줍니다.

처음에는 단순히 먹고 살 길을 찾아 요셉, 예수에게 나아갔다가 이제 나중에는 모든 의식, 생각, 마음, 호흡, 살아갈 이유까지.. 모든 것이 예수가 없이는 전혀 살 수 없는, 숨도 쉴 수 없는 사로잡힘의 단계까지 나아가는 과정을 보여주시는 것입니다.

요셉의 행동은 사역의 원리를 보여 준다

이 책은 설교집이 아니므로, 이 부분을 자세하게 풀고 싶은 마음은 없습니다. 그러나 성경의 메시지는 기본적으로 대부분이 이러한 메시지라는 것을 기억해야 합니다.

성경은 우리를 그리스도에게 사로잡히도록 가르치고 권면하는 책입니다. 충분히 방언을 하고 성령에 사로잡히고 눈이 열릴수록 성경의 전체에서 피와 그리스도를 보게 됩니다.

성경은 피와 그리스도, 그 영원한 생명을 가르치고 경험하도록 하여 영혼을 깨어나게 하고 살아계신 그리스도, 그 영과 실제적인 교류를 맛보고 누리게 하는 책입니다.

요셉은 그리스도의 예표이며 그의 행동은 사역의 원리를 보여줍니다. 요셉이 보여준 사역의 원리는 자기의 은사, 지식, 지위, 모든 것을 통하여 사람을 얻고 하나님께 속하게 하는 것입니다. 그에게 맡겨진 모든 사람들을 하나님께 속하게 하는 것입니다.

그것이 바로 사역입니다. 자기의 은사, 지식, 경험, 달란트 모든 것을 사용하여 사람을 돕고 그의 마음 문을 열고 사람을 얻어 그를 하나님께 올려드려 천국의 곳간을 채우는 것입니다.

하늘에서 임한 칠년의 풍성한 양식을 사용하여 사람들을 얻어서 하늘의 창고에 채우는 것입니다. 하늘에서 나온 은사와 권능을 통하여 사람을 얻고 그 영혼들을 하나님께 드림으로 하늘 곳간을 채우는 것입니다.

사역자의 사람으로 만드는 사역은 실패한 사역이다

요셉은 아무도 자신의 사람으로 만들지 않았습니다. 모든 이들을 바로의 종으로 만들었습니다. 그것이 바로 사역입니다. 사역이란 사람들을 나의 사람으로 만드는 것이 아니고 하나님의 사람으로 만드는 것입니다.

사역의 결과, 어떤 이가 '나는 베드로에게 속했다'고 말한다면 그 사역은 실패입니다. '아, 베드로 선생은 너무 시원하고 화끈해서 좋아!' 하고 말한다면 그 사역은 실패한 것입니다. 그러한 신자들은 다른 지적인 신자를 비판할 것입니다. 사람을 따르는 이들은 사람의 인간적인 매력에 빠져 상반된 스타일의 사람들을 싫어하며 그리스도를 대적하는 입장에 서게 됩니다.

어떤 이가 사역의 결과 '나는 아볼로에게 속했다'고 말한다면 그 사역은 실패입니다. '아, 우리 아볼로 선생은 정말 지적이고 말씀이 깊어!' 라고 한다면 그 사역은 실패한 것입니다. 그들은 다른 단순한 이들을 판단할 것입니다. '나는 바울에게 속했다' 하는 이들이 있다면 그것도 사역의 실패입니다. 그들은 다른 사람들을 영적이지 않다고 판단할 것입니다.

사역자가 아닌 그리스도를 보아야 한다

바른 사역은 사역자를 보지 않고 오직 그리스도를 보게 합니다. 사역자의 개별적인 특성을 좋아하고 높이지 않습니다. 그들은 다만 사역자에게서 그리스도를 알고 배우고 그리스도를 갈망합니다. 그들에게 사역자는 아무 것도 아닙니다. 그는 그리스도의 종이므로 주님이 '너는 그곳을 떠나 저리로 가라.' 하면 바로 떠날 것입니다.

사역자에게 속한 사람은 결코 떠나지 못하며 나는 여기서 떠나면 죽는다고 아우성칠 것입니다. 그들은 그리스도를 믿는 것이 아니라 사역자를 믿는 것입니다. 사역자를 따르고 존경할 수 있지만 그를 어디까지나 통로로 여겨야 하며 그에게서 묶이지 않고 자유해야 합니다. 사역자도 성도에게 묶여서는 안 되며 성도도 사역자에게 묶여서는 안 됩니다.

아무도 요셉에게 속하지 않고 바로에게 속하게 하는 것, 그것이 사역의 중심입니다. 은사도, 사역도 사람을 얻어서 하나님께 드리기 위해서 있는 것입니다.

오늘날 많은 사역자들이 성도와 헤어질 때 아파하고 상처를 받습니다. 사람에 대한 애착에서 자유한 사역자들은 많지 않습니다. 그 영혼이 하나님께 가까워졌는지, 멀어졌는지에 대해서는 그다지 고려하지 않고 자신과 멀어지면 힘들어합니다.

이는 사역자가 정신적으로 성도를 소유하고 있는 것입니다. 그 욕심을 내려놓지 않으면 그는 결코 자유함을 얻을 수 없습니다. 그는 항상 상처를 받지만 상처의 가해자는 떠나간 성도가 아니라 자신의 욕망입니다. 오늘날 사람을 얻어서 그리스도의 사람으로 만들려고 하는 이들은 찾기 어렵습니다.

사역자는 성도에 대한 애착을 내려놓아야 한다

비교적 규모가 큰 교회를 담임하고 있는 사역자의 설교를 들은 적이 있습니다. 그의 동생도 큰 교회를 담임하고 있었습니다. 그런데 형님 목사님의 교회에서 중요한 위치에 있는 장로님의 집이 동생 목사님의 교회 바로 앞에 있었습니다.

장로님은 본 교회에 가려면 왕복 몇 시간이나 걸리고 너무 피곤하여 동생 목사님께 부탁을 했습니다. 교회를 옮기게 해달라고.. 동생 목사님이 형님 목사님께 부탁을 하자 형님 목사님은 큰 소리로 외쳤습니다. "개 같은 소리 하지 말라우!"

목사님은 그 이야기를 하면서 말했습니다. "여러분, 지나치다고 생각되지요? '다른 사람도 아닌 동생 목사님의 교회에 가는 것을 그렇게 일언지하에 거절하다니..' 라고요?" 그는 목소리를 낮추더니 작은 소리로 진지하게 말했습니다. "여러분.. 바로 그게 성도들에 대한 목자의 사랑입니다."

나는 이 설교를 들으며 안타까웠습니다. 왜 그것을 사랑이라고 생각할까요? 사랑이란 자기의 기쁨을 구하는 것이 아니라 상대의 기쁨을 구하는 것입니다. 상대방이 행복하다면 자신은 어떤 아픔이라도 즐거이 감당하는 것이 사랑입니다.

'내가 너를 너무 사랑하기 때문에 너는 결코 갈 수 없어..' 하는 것을 사랑이라고 보기는 어렵습니다. 더구나 사역자라면 자기의 기쁨보다 주님의 기쁨을 구해야 합니다. 성도가 사역자와 가까워지는 것보다 주님과 더 가까워지도록 돕는 것이 진정한 사역입니다.

사역이란 사람을 얻어서 그리스도의 소유로 만드는 것입니다. 그것이 바로 사역의 목적이며 열매입니다. 은사의 방향도 이를 활용하여 사람을 얻고 그리스도의 소유로 만드는 데 있어야 합니다. 그것이 바로 은사의 목적이며 열매입니다.

요셉은 그가 받은 은사를 조금도 낭비하지 않았습니다. 그가 받은 지식과 능력을 낭비하지 않았습니다. 그 은사를 통하여 풍년에 얻은 모든 것을 저축했고 기근 때에 조금도 낭비 없이 적절하게 사용하여 하늘의 것을 통하여 땅에 속한 모든 것을 얻었습니다. 땅에 속한 모든 영혼들을 얻어 하나님께 돌렸습니다.

은사를 남용하고 낭비하지 말라

우리는 은사를 낭비해서는 안 됩니다. 그것을 바르게 사용해야 합니다. 은사의 목적을 잘 이해해서 사람을 얻고 하나님께 드려야 합니다.

주님은 내게 은사를 주셨습니다. 방언을 주셨고 몇 가지 은사들과 지식들과 경험들과 분별력과 통찰력을 주셨습니다. 나는 내게 주어진 것들을 적절하게 사용하기를 원합니다. 나는 내가 그리스도에게 속하기를 원합니다. 그리고 내가 돕는 이들이 그리스도에게 속하기를 원합니다.

성도들이 무슨 신비한 것을 체험하고 자기의 야망을 이루도록 도울 마음은 없습니다. 나는 이들이 그리스도에게 속하도록 인도하기를 원합니다. 그것은 내게 주어진 빚입니다. 그 빚을 마지막 날에 주님은 내게서 찾으실 것입니다. 물으실 것입니다.

"너는 네게 준 지식과 은사를 통해서 장사해서 수익을 얻었느냐? 내게 영혼을 데리고 왔느냐? 나의 천국창고에 알곡으로 채웠느냐?"

나는 그 질문에 대해서 대답할 거리를 만들어가야 합니다. 주님이 내게 주신 것들로 인하여 정원목사가 사랑과 존경을 받으며 대단한 자로 여김을 받는다면 나는 실패자이며 버림을 받을 것입니다.

그러나 사람들이 그것들로 인하여 주를 사랑하고 주께 속하게 된다면 나는 마지막 날 칭찬을 듣게 될 것입니다. 그리고 그것이 바로 성공입니다. 성공과 실패는 아직 알 수 없는 것입니다. 이 땅에서 살아있는 동안에는 알 수 없습니다. 많은 사람들이 좋아한다고 해서 성공이라고 단언할 수 없습니다.

은사는 그리스도의 유익을 위한 것이다

은사란 도구입니다. 목적은 열매입니다. 은사란 나의 유익을 위한 것이 아닙니다. 그리스도의 유익을 위한 것입니다. 은사란 그리스도의 창고를 채우는 것입니다. 내 집을 채우는 것이 아닙니다. 성령은 우리를 그리스도에게로 인도하며 그리스도는 우리를 하나님께로 인도합니다. 그리스도는 곧 하나님이십니다. 우리는 은사를 경험하는 과정에서 물질이나 여러 면에서 풍성함을 경험합니다. 그러나 그것은 과정이지 목적이 아닙니다. 목적은 바로 그리스도입니다.

은사가 있다고 해서 자동적으로 열매가 오는 것이 아니다

은사는 능력입니다. 은사는 무기입니다. 은사가 있으면 열매를 맺는데 유리합니다. 하지만 잘 사용해야 유리하지 저절로 열매가 나타나는 것이 아닙니다.

방언을 많이 말할 때 영감이 생깁니다. 악한 영의 존재를 느끼게 됩니다. 죄를 지을 때, 세상의 악한 문화에 접할 때, 전에는 마음속으로 이것이 옳지 않다고 생각만 했을 것입니다. 그러나 방언을 많이 하면 단순하게 그렇게 생각만 되는 것이 아니라 온 몸이 아프고 영이 피곤합니다. 고통을 느낍니다. 그러므로 지속적으로 방언을 하며 은사를 사용할 때 이러한 감각은 죄와 육신적인 것을 극복하는 데 도움이 됩니다.

하지만 본인이 죄를 짓는 것을 포기하고 결단하지 않으면 고통을 느끼면서도 여전히 죄를 지을 수 있습니다. 삼손이 고통을 느끼면서도 여전히 들릴라를 사랑했던 것처럼 아무리 은사가 있어도 자신이 악을 선택하면 그것은 은사로도 이길 수 없습니다.

열매는 은사보다 뛰어난 것이다

이것을 반드시 기억해야 합니다. 열매는 은사보다 뛰어난 것입니다. 그것은 열매가 은사의 목적이기 때문입니다. 열매를 위하여 은사가 존재하는 것이지 은사를 위하여 열매가 존재하는 것이 아닙니다.

우리 중 아무도 은사가 없다고 심판을 받지는 않을 것입니다. 그러나 열매가 없으면 심판을 받고 책망을 받을 것입니다. 받은 은사를 사용하지 않으면 책망을 받을 것입니다.

은사가 없다고 해서 책망이 있는 것은 아닙니다. 다만 은사가 없으면 신앙이 힘들고 삶이 힘이 듭니다. 그러므로 은사를 잘 사용해서 좋은 열매를 맺도록 힘써야 합니다.

열매가 아름답지 않은 이들을 멀리하라

그러므로 은사 자체를 높이지 마십시오. 은사 자체로 인하여 교만하지 말며 긍지를 갖지 마십시오. 결코 자신을 높이지 마십시오. 그것은 빚입니다. 언젠가 갚아야 할 빚입니다. 열매를 맺는 것은 빚을 갚아나가고 있는 것입니다.

나는 은사를 통하여 자기를 드러내는 이들을 많이 보았습니다. 자기에게 특별한 능력이 임했다고 하면서 남을 무시하고 함부로 말하며 거드름을 피우고 높은 대접받기를 요구하는 이들을 보았습니다.

그들은 주님의 사람이 아닙니다. 주님의 사람들은 접대하는 것을 좋아하지 접대받는 것을 좋아하지 않습니다.

돈을 요구하는 사람들도 있습니다. 자신이 신유은사가 있다고 하면서 치유를 빙자하여 돈을 흥정하는 사람을 본 적도 있습니다. 이러한 이들을 가까이 해서는 안 됩니다.

능력은 나타나지만 그리스도의 형상과 인격이 나타나지 않는다면 그들을 가까이 하지 마십시오. 그들은 아마 악한 자는 아닐 것입니다. 그러나 그러한 이들은 너무나 어린 사람들입니다. 그들과 같이 있으면 유익을 얻을 수 없으며 오히려 많은 피해를 입을 수 있습니다.

은사는 열매를 위하여 주님이 주신 것입니다. 하나님을 높이고 하나님의 영광을 드러내며 하나님의 곳간을 채우기 위하여 주신 것입니다. 그런데 그것으로 자기의 유익을 구하고, 물질을 구하고, 자기의 이름을 내고, 사람들을 자기의 사람으로 만들고, 자기가 영광을 받는다면, 그 마지막의 심판이 얼마나 엄중하겠습니까.. 그것은 아주 무서운 일입니다.

은사를 통하여 아름다운 열매를 맺으라

은사의 목적을 바르게 이해하십시오. 은사를 통해서 주님과 동행하십시오. 거룩한 삶을 사십시오. 은사를 통해서 사람을 얻고 그들을 하나님께로 돌리며 모든 영광을 하나님께 돌리십시오.

은사는 능력입니다. 그러므로 방언을 할수록 은사를 사용할수록 표적과 역사가 나타날 수 있습니다. 그러므로 자칫하면 드러날 수 있고 존경을 받을 수 있고 영광을 받을 수 있습니다. 그것을 조심하고 두려워하십시오. 모든 영광을 항상 하나님께 돌리십시오. 방언은 은혜이며 모든 은사들은 값없이 받은 은혜입니다. 그것으로 인하여 높임을 받는다면 그것은 나쁜 것입니다.

기억하십시오. 적은 은사에 적은 심판이 있고 많은 은사에 많은 심판이 있습니다. 많은 지식, 많은 재능, 많은 능력에 많은 심판이 있습니다. 언젠가 주님께서는 그것들을 찾으실 것입니다. 그러므로 순종하고 자신을 낮추며 충성을 다하십시오.

오늘날 은사는 많으나 아름다운 열매를 맺는 이들은 많지 않습니다. 그러므로 조심하고 주의하여 행하십시오. 은사를 통해 주와 동행하며 아름다운 삶의 열매를 맺으십시오.

사람을 얻고 오직 주님만을 사랑하고 높이는 아름다운 관계를 만드십시오. 그것이 바로 천국의 곳간을 채우는 것이며 이 땅에서 천국을 확장하는 것입니다.

그렇게 받은 은사를 아름다운 도구로 잘 사용할 때, 그는 이 땅에서도 열매를 맺고 풍성한 삶을 살 것이며 영원한 곳에서도 칭찬을 들을 것입니다. 부디 앞으로 나아가십시오. 주님은 우리 모두와 함께 하십니다. 할렐루야.

38. 사랑의 임재, 동행

고린도전서 13장은 사랑장으로 널리 알려져 있습니다. 내가 방언을 하고 예언을 하고 모든 지식이 있고 산을 옮길만한 믿음이 있다고 해도 사랑이 없으면 내가 아무 것도 아니고 아무 유익이 없다는 말씀, 그리고 '사랑은 오래 참고..'로 시작되는 사랑에 대한 아름다운 묘사는 불신자들에게도 잘 알려져 있고 이러한 가사를 사용한 노래들도 많이 나와 있습니다. '내가 천사의 말을 한다 해도..'로 시작되는 노래는 결혼식장에서 축가로 많이 불립니다.

어느 목사님이 카페에 가서 교제를 나누고 있는데 서빙을 하는 여자 분이 '사랑은 언제나 오래 참고~' 노래를 흥얼거리더라는 것입니다. 그래서 목사님이 "자매님, 교회에 나가십니까?" 하고 물었더니 그녀는 놀란 표정으로 "아닌데요?" 하더라는 것입니다. 사랑에 대한 이 유명한 메시지는 불신자들에게도 많이 알려져 있습니다.

은사장 사이에 사랑장이 끼어있는 이유

고린도 전서 12장과 14장은 은사장입니다. 그런데 왜 갑자기 중간에 사랑장인 13장이 끼어든 것일까요? 12장은 은사의 종류와 다양성, 직임에 대해서 이야기하고 있습니다. 14장은 방언과 예언의 특성과 사용에 대해서 이야기하고 있습니다. 이야기 전개의 문맥상 도중에 사랑장이 들어간 것은 조금 생뚱맞게 보입니다. 13장을 빼고도 이야기 전개에 아무런 문제가 없습니다. 12장은 "너희는 더욱 큰 은사를 사모하라. 내가 또한 가장 좋은 길을 너희에게 보이리라" 하고 끝납니다. 은사에 대한 이야기를 하다가 그렇게 갑자기 중단한 후에 사랑에 대해서 이야기하기 시작합니다.

그렇게 13장에 사랑에 대해서 이야기를 한 후에 14장에서 "사랑을 추구하며 신령한 것들을 사모하되 특별히 예언을 하려고 하라" 하면서 12장에서 잠시 멈추었던 이야기를 이어갑니다. 왜 이렇게 했을까요? 은사를 이야기하다가 멈추고 사랑에 대한 메시지를 전한 이유는 무엇이었을까요?

그것은 아마 은사의 중심에 사랑이 있어야 한다는 의미는 아니었을까요? 은사를 사용할 때 사랑의 정신으로 관리하고 사용해야 한다는 의미는 아니었을까요?

은사는 드러나고 활동하고 나타나는 것입니다. 성령의 나타남으로서의 은사도 드러나는 것이며, 직분으로서의 은사도 드러나고 나타나는 것입니다. 그러므로 이것은 사람들의 관심을 끌 수 있고 도구 자체에 치우칠 위험이 있습니다.

그 위험을 방지하고 은사를 사용하는 마음가짐, 중심 동기에 대해서 환기를 시키려는 의도는 아니었을까요? 은사가 나타나서 으쓱할 수 있고, 기적이 나타나서 아주 뿌듯해할 수 있고 비밀스러운 지식과 깨달음이 있어서 마음이 높아질 수 있는 위험성을 방지할 수 있도록 사랑이 모든 것의 중심이며 은사와 능력이 나타나도 사랑이 없으면 소용이 없다는 것을 강조한 것은 아니었을까요?

은사는 열매를 위하여 존재한다

다시 강조하지만 은사는 도구일 뿐입니다. 은사를 통해서 열매가 나타나야 합니다. 은사는 열매를 위하여 존재하는 것입니다. 은사가 나타나고 능력이 나타나고 기적이 나타나고 놀라운 깨달음이 임하고.. 그래서 그 자체를 성공이라고 여기고 기분이 좋아져서 마음이 높아지고 완악해지고 잘난 척하고 거칠어진다면, 그것은 은사로 인하여 오히려 망한 것입니다.

은사와 능력이 있고 완악한 사람보다 은사 능력이 없어도 겸손하고 친절한 사람이 훨씬 낫습니다. 전자는 열매가 없고 후자는 열매가 있기 때문입니다. 은사가 없으면 무기가 없으므로 사는 것이 힘들고 영적 전쟁에서 눌리고 힘들어 열매를 얻는 것이 어렵습니다. 그래서 인생이 고통스럽고 사명을 감당하는 것이 고통스럽게 됩니다. 그러나 그렇게 고생을 하더라도 차라리 눌리는 것이 낫지 교만하고 완악한 사람이 되어서는 안 됩니다. 그것은 주님의 영광을 가리며 대적하는 길로 나아가게 됩니다.

열매의 중심은 사랑이다

은사의 목적은 열매입니다. 그리고 열매의 중심은 사랑입니다. 갈라디아서 5장에서 나오는 성령의 열매 아홉 가지는 모두 사랑의 속성을 말하고 있는 것입니다. 사랑, 희락, 화평, 인내, 자비, 양선, 충성, 온유, 절제.. 이는 다 사랑에서 나오는 특징입니다. 사랑하는 사람은 사랑으로 인하여 오래 참으며 기쁨이 있고 평화를 누리며 온유하고 자비로우며 선하고 아름다우며 충성하고 절제합니다. 이것은 온전한 사랑의 속성입니다. 은사란 이러한 아름다움이 나타날 수 있도록 돕는 것입니다.

사랑의 중심은 그리스도를 사랑하는 것이다

이 사랑은 인간적인 사랑이 아닙니다. 이것은 온전한 사랑입니다. 그리스도의 사랑이며 그리스도의 영이신 성령을 통해서만 나타날 수 있는 사랑입니다.

어떻게 그 사랑에 이를 수 있을까요? 어떻게 그렇게 사랑할 수 있을까요? 그 시작은 무엇일까요? 그것은 그리스도를 사랑하는 것입니다. 하나님을 사랑하는 것입니다. 주님을 사랑하게 되면, 그리고 그 사랑의 관계를 누리며 친밀한 교제를 누려 가면 갈수록 영혼들을 사랑하는 마음이 일어나게 됩니다. 그러나 그리스도를 사랑하지 않으면 영혼을 사랑할 수 없습니다. 사람을 사랑할 수 없습니다. 아무도 사랑할 수 없습니다.

그리스도를 사랑하지 않으면 자아를 사랑하게 된다

그리스도를 사랑하지 않을 때 우리는 자아를 사랑합니다. 자아의 영광을 사랑하고 자아의 애정을 사랑합니다. 자기가 좋아하는 사람을 사랑하고 자기 마음에 드는 이를 사랑합니다. 자기와 관계가 있는 이를 사랑하고 자기에게 잘해주는 자를 사랑합니다.

그것은 사실 사랑이 아닙니다. 그것은 자아사랑의 연장일 뿐입니다. 자기가 사랑한다고 여겼던 사람이 자신을 배신했을 때, 그 사랑은 증오로 바뀔 것입니다. 그가 사랑한 것은 상대방이 아니라 상대방을 통해서 얻는 자기만족이었기 때문입니다. 이렇게 자기에게 속한 사랑은 자아에 함몰되어 있어서 자아를 넘어선 범위의 대상에 대해서는 관심이 없으며 오히려 미워합니다.

자아사랑으로 인하여 온 세상에 전쟁과 재앙이 온다

 자아로부터 나오는 사랑은 사랑같이 보이지만 사실은 미움에 가까우며 지옥에 가깝습니다. 이 세상의 경쟁과 전쟁과 지옥은 모든 사람들이 각자 자신을 사랑하고 자신의 가족을 사랑하며 자기편을 사랑하고 반대편을 미워하기 때문에 생기는 것입니다. 자아로부터 온 사랑은 결코 진정한 평안을 주지 못합니다.
 배우자의 조건을 생각하며 흔히 이렇게 말합니다. "다 필요 없어요. 오직 나만 사랑해주면 돼요." 모든 사람들이 그렇게 생각하기 때문에 세상에는 전쟁이 끊이지 않습니다. 상대방인 배우자도 역시 다 필요 없고 오직 나만 사랑해달라고 요구하기 때문입니다. 자아에 대한 애정은 온 세상을 경쟁과 전쟁으로 가득하게 합니다. 그것이 자아사랑의 특성이며 열매입니다.

자아에 대한 사랑은 지옥에서 오는 사랑이다

 그리스도를 사랑하는 자는 모든 자를 사랑할 수 있습니다. 그러나 그리스도를 사랑하지 않는 자는 아무도 사랑하지 않으며 오직 자신만을, 자기에게 속한 자들만을 사랑할 수 있을 뿐입니다. 그리고 그것은 진정한 사랑이 아니며 천국에서 오는 사랑이 아닙니다.
 자아에서 오는 사랑은 인내하지 않으며, 용서하지 않으며, 진정한 희락이 없으며, 자비롭지 않으며, 온유하지 않으며, 절제하지 않으며, 평안이 없으며, 오직 이기심의 악취, 지옥의 악취가 풍겨날 뿐입니다. 그 사랑은 분노를 일으키고 서운함을 일으키며 억울함을 일으키고 상처를 일으키며 끝없이 허무함을 일으키는 허무한 사랑입니다. 성경이 말하는 사랑, 고린도 전서 13장이 말하고 있는 사랑은 그러한 사랑이 아닙니다. 하나님을 사랑하는 것, 그리스도를 사랑하는 것.. 그것이 진정한 사랑의 시작이며 진정한 사랑의 근원입니다.

그리스도를 사랑하지 않는 것은 저주받은 것과 같다

사도 바울은 고린도전서를 마무리하면서 아주 무시무시한 말로 편지를 끝냅니다.

"만일 누구든지 주를 사랑하지 아니하면 저주를 받을지어다 우리 주여 오시옵소서"(고전16:22)

이렇게 무서운 글의 마무리를 본 적이 있습니까? 이것은 정말 과격한 말씀입니다. 그러나 과격한 말이지만 사실 그리스도를 사랑하지 않는 것은 가장 본질적인 문제이며 죄입니다. 그것은 그 어떤 범죄보다도 무서운 것입니다.

"저 사람은 도둑놈이야." 하거나 "저 사람은 거짓말쟁이야." 한다면, 사람들은 "그 사람, 나쁜 사람이네." 할 것입니다. 그러나 "저 사람은 그리스도를 사랑하지 않아." 한다면 "에이, 그럴 수도 있지. 그게 사람 맘대로 되나 뭐.." 하는 식의 반응을 보일 것입니다. 그러나 바울은 이렇게 말합니다. "그리스도를 사랑하지 않는다고? 저주를 받을지어다. 거기에 누구든지 예외는 없다."

일견 이 메시지는 무섭고 과격합니다. 실제로 우리가 문자적으로 사람들에게 이렇게 적용하고 사용한다면 곤란할 것입니다. 실제로 목회사역자가 성도들에게 설교를 하면서 "여러분들 중에 주를 사랑하지 않는 분들이 있습니까? 그런 분들은 저주를 받으십시오." 하고 말한다면 사람들은 충격을 받을 것입니다.

그러나 바울은 태연하게 이 말을 하였습니다. 그리고 이 편지에 이어서 쓴 고린도후서에 "사랑하는 여러분들, 지난번에 제가 편지를 썼을 때 주를 사랑하지 않는 자는 저주를 받으라고, 제가 너무 심하게 말했지요? 죄송합니다. 상처를 받지는 마시기 바랍니다. 제가 좀 감정이 격해져서 그런 것 같습니다. 다만 문맥을 잘 이해해주십시오. 앞으로는 조심해서 너무 심한 용어는 사용하지 않겠습니다." 하고 사과하지 않았습니다. 그는 자기가 사용한 언어에 대해서 취소할 마음이 전혀 없었습니다.

바울의 표현은 문자적으로는 과격합니다. 그러나 그 내용은 전혀 과격한 것이 아니고 사실입니다. 그리스도를 사랑하지 않는 것은 그 어떤 죄보다도 무서운 것입니다. 그것은 무서운 결과를 가져옵니다.

그리스도를 사랑하지 않을 때, 그는 자아를 사랑하고 세상을 사랑하게 됩니다. 그리스도를 사랑하는 것이 자아의 사랑과 세상 사랑으로 대치되는 것입니다. 그리스도를 사랑하는 사람은 자아를 사랑하지 않고 세상을 사랑하지 않습니다. 자아를 사랑하고 세상을 사랑하는 사람은 그리스도를 사랑하지 않습니다.

그리스도를 사랑할 때 모든 재앙에서 벗어난다

그리스도를 사랑할 때 자아사랑과 세상사랑에서 벗어난다는 것은 모든 재앙에서 벗어나는 것과 같습니다. 자기 입장에서 벗어나고 자기 억울함에서 벗어납니다. 자기변호에서 벗어나고 불평에서 벗어납니다. 자아를 사랑하지 않는다는 것은 곧 자유의 삶을 의미합니다. 그것은 곧 영광의 삶을 의미합니다. 세상사랑에서 벗어난다는 것은 어떤 의미일까요? 그것은 모든 염려에서 벗어나는 것을 의미합니다.

"그러므로 염려하여 이르기를 무엇을 먹을까 무엇을 마실까 무엇을 입을까 하지 말라 이는 다 이방인들이 구하는 것이라 너희 하늘 아버지께서 이 모든 것이 너희에게 있어야 할 줄을 아시느니라 그런즉 너희는 먼저 그의 나라와 그의 의를 구하라 그리하면 이 모든 것을 너희에게 더하시리라" (마6:31-33)

세상의 이방인들은 돈을 사랑한다

염려하여 이르기를 무엇을 먹을까, 무엇을 마실까 하는 것은 이방인들이 구하는 것입니다. 왜 이방인들은 이렇게 염려하며 먹고 살 필요를 위하여 구하는 것일까요? 그것은 이방인이기 때문입니다. 이방인이란 복음을 모르는 사람을 말합니다. 하나님을 모르는 세상 사람이 이방인입니다. 하나님을 모르는 세상의 이방인들은 자기 미래에 대한, 생명에 대한 확신이 없기 때문에 항상 먹고 살 일에 대하여 걱정합니다.

세상에는 오직 두 종류의 사람이 존재할 뿐입니다. 하나님을 사랑하여 하나님의 일을 걱정하는 하나님의 사람과, 자기를 사랑하고 세상을 사랑하여 자기 일과 세상일을 걱정하는 세상사람, 이 두 종류의 사람이 있을 뿐입니다. 하나님의 사람은 하나님의 일을 걱정하고 세상 사람은 세상일을 걱정합니다. 그들은 자아를 사랑하고 세상을 사랑하고 돈을 사랑하므로 걱정합니다.

무엇을 먹을까, 무엇을 마실까 하는 것이 세상 걱정입니다. 세상을 살아갈 걱정입니다. 이러한 걱정은 결국 돈에 대한 걱정과 돈에 대한 사랑으로 이어집니다.

세상사랑에는 반드시 돈에 대한 사랑이 따라오게 됩니다. 세상에 속한 것들을 소유하기 위하여 돈이 필요하기 때문입니다. 그러므로 하나님을 사랑하지 않는 사람은 반드시 돈에 대해서 집착하게 됩니다. 여기에서 많은 염려와 고통들이 일어나게 됩니다.

돈과 하나님을 동시에 섬길 수 없다

"한 사람이 두 주인을 섬기지 못할 것이니 혹 이를 미워하고 저를 사랑하거나 혹 이를 중히 여기고 저를 경히 여김이라 너희가 하나님과 재물을 겸하여 섬기지 못하느니라 그러므로 내가 너희에게 이르노니 목숨을 위하여 무엇을 먹을까 무엇을 마실까 몸을 위하여 무엇을 입을까 염려하지 말라 목숨이 음식보다 중하지 아니하며 몸이 의복보다 중하지 아니하냐"
(마6:24-25)

사람들은 돈을 사랑하는 것을 가볍게 여깁니다. 돈이 필요한 것은 사실이지만 자신이 돈을 섬기는 것은 아니라고 말합니다. 자신을 돈의 종이라고 생각하는 사람은 아무도 없을 것입니다. 그러나 성경의 메시지는 엄중합니다. 목숨을 위하여 무엇을 먹을까, 마실까 염려하는 것이 곧 돈을 섬기는 것이라는 것입니다. 목숨을 주시고 유지시키시는 분은 하나님이신데, 마치 돈으로 목숨을 유지한다고 착각하는 것이 곧 돈을 섬기는 것이라고 선언합니다. 그리고 그렇게 돈을 섬기면서 동시에 하나님을 섬길 수 없다고 경고하는 것입니다.

돈 걱정을 하는 것이 돈을 주인으로 섬기는 것이다

한 사람은 두 주인을 섬길 수 없습니다. 반드시 한 주인만 섬기게 됩니다. 그 한 주인은 돈입니다. 다른 한 주인은 하나님입니다. 재물을 섬기는 사람은 하나님을 섬기는 것이 아니며 하나님을 섬기는 사람은 재물을 섬기지 않습니다.

하나님을 사랑하는 사람은 돈을 사랑하지 않으며 돈을 사랑하는 사람은 하나님을 사랑하지 않습니다. 하나님을 사랑하고 신뢰하는 이들은 돈 걱정을 하지 않습니다. 하나님이 보호하시고 인도하시는 것을 믿기 때문입니다. 그러나 하나님을 신뢰하지 않는 이들은 돈 걱정에 사로잡힙니다.

하나님을 사랑하지 않을 때, 왜 돈 걱정에 사로잡히고 돈을 섬기게 될까요? 그것은 어떤 사람이 하나님을 사랑하지 않을 때 그는 두려움과 염려에서 벗어날 수 없기 때문입니다.

하나님을 사랑하고 그와 친밀히 교제하며 하나님의 인도하심을 구하고 살아가는 사람에게 돈은 그다지 대단한 것이 아닙니다. 그는 돈으로 인하여 안전과 평안을 누리지 않으며 하나님을 통하여 평안과 기쁨을 누리기 때문입니다. 그러므로 그에게는 돈이 하나님의 뜻을 수행하는 하나의 도구에 불과합니다.

그러나 하나님을 사랑하지 않고 자기 인생을 하나님께 의탁하지 않는 사람은 항상 불안하고 초조하고 두려우므로 자신을 지킬 수 있는 다른 무기가 필요합니다. 그리고 그것이 바로 돈입니다. 그들은 돈을 의지하며 돈을 통하여 안전함을 느낍니다.

그들은 돈이 있어야 안전하고 행복하며 모든 것을 얻을 수 있고 원하는 것을 할 수 있다고 생각합니다. 그들의 의식에는 실제로 돈이 하나님의 위치를 차지하게 되는 것입니다. 그들은 돈이 생기면 기뻐하고 돈이 줄어들면 염려할 것입니다. 그들은 돈이 충분할 때 기도하지 않게 될 것입니다. 돈이 떨어지면 기도할 것입니다. 그들은 점점 돈의 종이 되어 돈에게 경배하고 마음을 빼앗기게 됩니다. 그러므로 하나님을 의뢰하는 사람은 돈을 의뢰하지 않지만 돈을 의뢰하는 사람은 하나님을 의뢰하지 않게 됩니다.

돈에 대한 의뢰와 근심은 그 사람의 하나님에 대한 갈망의 수준을 보여줍니다. 오늘날 하나님을 갈망하는 신자는 찾기 어렵지만 돈을 갈망하는 신자들은 많이 볼 수 있습니다. 그들은 염려 근심에서 벗어나지 못합니다. 그들은 돈이 부족하다고 염려합니다. 돈이 모자라서 아무 것도 할 수 없다고 걱정합니다.

하나님을 사랑하고 신뢰하는 이들에게는 돈이란 구하지 않아도 저절로 따라오는 것입니다. 주님은 우리의 필요를 아십니다. 먼저 하나님을 사랑하고 하나님의 일을 염려하고 걱정하면 그 이외의 모든 것들을 더하신다고 하셨습니다. 그러나 다른 필요를 먼저 사랑할 때 주님은 우리에게 가까이 오지 않으시며 물질도 오지 않습니다.

돈을 섬기고 사랑하는 이들은 염려에서 벗어나지 못한다

한 때 '부자 되세요' 하는 인사말이 유행했습니다. 그것은 '당신 인생의 주인으로 물질을 영접하세요. 그는 당신을 쉴 만한 물가로 인도하실 것입니다' 하는 세상의 복음입니다. 불행하게도 많은 이들이 그 메시지에 대해서 '아멘' 하고 물질을 자기 인생의 주인으로 영접하였습니다. 그리고 그 결과 사람들은 자유함이 없고 걱정 근심과 슬픔과 두려움으로 가득하게 되었습니다.

돈을 사랑하며 돈을 불리는 것이 자기 인생을 풍요롭게 만들 것이라고 믿는 이들은 투자와 투기를 좋아합니다. 그것은 바로 묶임입니다. 의식을 빼앗기는 것입니다. 주식을 하는 이들은 항상 시시각각으로 변하는 주식의 시세에 마음을 빼앗깁니다. 그들은 노예입니다. 자기 보물이 있는 곳에는 자기의 마음도 있게 됩니다.

한 사람이 두 주인을 섬길 수 없기 때문에, 그러한 우상 숭배는 주님의 임재를 소멸합니다. 그리고 세상의 신이 와서 그들을 사로잡습니다. 그러므로 그들은 온갖 염려와 고통 속에서 살아가게 됩니다. 돈이 모자라서가 아니라, 하나님의 임재, 그 관계가 약해졌기 때문에 그들은 시달리게 되는 것입니다.

물질이 풍성하다고 안심하고 있는 사람, 물질이 부족하다고 걱정하고 있는 사람은 이미 물질의 신을 섬기고 있는 사람입니다. 그 물질의 신이 자기의 인생을 지배한다고 믿는 사람입니다. 주님의 임재가 멀다고 걱정하는 사람, 주님의 풍성함이 가깝다고 기뻐하는 사람은 하나님을 섬기고 있는 사람입니다. 사람의 반응을 보면, 그가 무엇으로 기뻐하고 무엇으로 절망하는지를 보면, 그의 인생을 주관하는 것이 무엇인지, 누구인지 알 수 있습니다.

하나님을 사랑하지 않을 때
자아사랑 세상사랑 돈에 대한 사랑이 일어난다

하나님을 사랑하지 않는 이들은 왜 물질을 섬기고 염려하고 근심하며 사는 것일까요? 그것은 하나님을 사랑하지 않을 때 자아 사랑과 세상사랑이 일어나기 때문입니다. 인간은 누구나 하나님을 사랑하지 않으면 자아사랑과 세상사랑에 빠지게 됩니다.

인간은 인간의 주인 되신 하나님을 알지 못하면 스스로 주인이 되려고 합니다. 스스로 주인이 되어 자기 기분대로, 마음이 내키는 대로 살려고 합니다. 거기에서 자아사랑이 일어납니다.

하나님으로부터 오는 평안과 기쁨을 알지 못하면, 하나님께 경배하고 예배하고 순종하며 친밀한 교제를 누리는 행복을 알지 못하면, 사람은 세상의 물질을 통해서 만족을 얻으려고 합니다. 그리고 그 방편으로 돈을 사랑하게 됩니다. 그리고 거기에서부터 탐욕과 경쟁과 싸움 등.. 모든 노예의 증상들이 시작됩니다.

그러므로 하나님을 사랑하지 않고 그리스도를 사랑하지 않는 것, 그것은 모든 재앙의 시작입니다. 그것은 저주를 받은 것이나 마찬가지입니다. 자아를 사랑하고 세상을 사랑함으로 미움, 분노, 염려, 낙심, 두려움, 후회, 허무함, 슬픔, 쾌락 사랑, 죄를 사랑함.. 등 모든 종류의 악들, 증상들이 들어오기 시작합니다.

그리스도를 사랑하지 않는 것은 모든 고통의 뿌리입니다. 사람이 선악과를 취하고 하나님을 떠난 것이 모든 재앙의 시작이었던 것처럼 말입니다.

그리스도를 사랑하는 것이 모든 자유의 시작이다

교회에 다닌다고 해서, 입으로 예수님을 영접했다고 해서, 그가 선악과의 삶에서 생명나무의 삶으로 온전히 바뀐 것은 아닙니다. 우리의 의식과 애정이 하나님을 사랑하고 하나님을 향해야 합니다. 우리의 몸이 교회에 가고 우리의 입이 주를 믿어야 하고 찬양해야 하지만 무엇보다도 우리의 중심 의식, 애정이 주를 향해야 합니다. 하나님을 진정 사랑하는 것, 그것이 성경의 중심입니다.

오직 그리스도를 사랑하는 이.. 그는 그리스도의 일을 염려합니다. 하나님의 뜻을 염려합니다. 그 염려 가운데 하나님의 임재가 있고 은총이 있습니다. 그는 하나님의 사람입니다. 그에게는 천국의 임함이 있고 천국의 향취가 있습니다.

그리스도를 사랑하는 것, 그것은 모든 자유의 시작입니다. 그것은 천국의 시작입니다. 물질이나 외적인 보이는 것으로 충족되는 것이 아니고 심령에 천국이 임합니다. 기쁨이 임합니다. 환경이 줄 수 없고 세상이 줄 수 없는 기쁨이 임합니다. 목숨을 빼앗겨도 사라지지 않을 기쁨이 임합니다. 그것은 자아사랑을 버리고 세상 사랑을 버리고 주를 사랑하는 사람들이 누리는 천국의 특권입니다.

스데반은 돌에 맞아죽으면서도 심령의 기쁨이 사라지지 않았습니다. 그에게는 고통보다 그리스도에 대한 사랑이 더 컸고, 그리스도가 더 가까웠기 때문입니다. 그것은 소유를 사랑하고 명예를 사랑하고 쾌락을 사랑하고 돈을 사랑하는 사람들이 결코 누릴 수 없는 영광입니다.

바울과 실라는 주님께 순복하여 복음을 전하다가 잡혀서 옷 벗김을 당하고 많이 매를 맞은 후에 발에 차꼬를 차고 감옥에 들어갔습니다.

그리고 그들은 한밤중에 기도하고 하나님을 찬양하였습니다. 그들의 육체는 고난을 당하나 그들의 심령은 곧 천국이었습니다. 그들의 깊은 속에서는 감사와 찬양이 올라왔습니다. 그것은 곧 천국의 영광이며 향취입니다.

그리스도를 사랑하면 그 영에 사로잡히게 됩니다. 누구나 자기가 사랑하는 것에 사로잡힙니다. 자기를 사랑하고 세상을 사랑하여 세상 신에 사로잡히고, 주를 사랑하여 주의 영에 사로잡힙니다.

주님이 베드로를 부르심

주님은 베드로에게 세 가지 질문을 하셨습니다. 첫 번째 질문, 요구는 이것입니다.

"나를 따라 오라 내가 너희를 사람을 낚는 어부가 되게 하리라" (마 4:19)

그것은 나를 따라 오겠니? 하는 질문과 같았습니다. 베드로는 즉시로 반응하였습니다. 그는 당장 하던 일을 멈추고 주를 따라갔습니다. 그는 당장 그물을 버려두고 주를 따랐습니다.

인간이 할 수 있는 가장 아름다운 일은 주의 부르심을 따르는 것입니다. 가장 아름다운 사람은 주님의 부르심에 아무 고민 없이, 갈등 없이 베드로처럼 바로 따르는 사람입니다.

사람들은 선한 사람, 지적인 사람, 재능 있는 사람.. 이러한 이들에게 매력을 느낄 것입니다. 그러나 그 무엇보다도 아름다운 사람은 그리스도를 따르는 데 방해가 되는 모든 것을 버리고 그리스도를 따르는 사람입니다.

그것이 가장 아름다운 삶입니다. 성격, 학벌, 재능, 그 모든 조건이 아무 의미가 없습니다. 그리스도의 부르심을 따르는 자는 성공한 사람이며 복 받은 사람입니다.

두 번째 질문 후에 비로소 십자가를 가르치심

주님은 베드로에게 두 번째 질문을 하셨습니다.

"사람들이 나를 누구라 하느냐? 너희는 나를 누구라고 하느냐?" (마 16:13,15)

베드로는 이 때 성령의 감동을 받고 대답하였습니다.

"주는 그리스도시요 살아 계신 하나님의 아들이시니이다."(마16:16)

주님은 기뻐하시며 베드로를 축복하셨습니다.

"바요나 시몬아 네가 복이 있도다 이를 네게 알게 한 이는 혈육이 아니요 하늘에 계신 내 아버지시니라"(마16:17)

그리고 이때로부터 주님은 십자가에 대해서 말씀하시기 시작하셨습니다.

"이 때로부터 예수 그리스도께서 자기가 예루살렘에 올라가 장로들과 대제사장들과 서기관들에게 많은 고난을 받고 죽임을 당하고 제삼일에 살아나야 할 것을 제자들에게 비로소 나타내시니"(마16:21)

이때부터 주님은 '비로소' 십자가를 가르치십니다. '비로소' 가르치시는 이유는 그 전에는 아직 때가 되지 않았고 그들이 말씀을 먹을 수 있는 상태가 아니었기 때문입니다.

그리스도에 대한, 진리에 대한 지식이 열리지 않을 때 그들은 아직 십자가의 메시지를 감당할 수 없습니다. 그들은 아직 자기부인에 대해서 배울 수 없습니다. 그들은 아직 형통과 축복과 성공에 대해서만 이해할 수 있을 뿐입니다. 그들은 아직 자기 안에 자아사랑과 세상 사랑과 많은 처리되어야 할 부분이 있다는 사실을 모릅니다. 그러나 주를 진리적으로 알아갈 때, 그는 서서히 십자가를 알아가게 되고 경험하게 됩니다. 비로소 실제적인 주님의 사람이 되어가는 훈련이 시작되는 것입니다.

"베드로가 예수를 붙들고 항변하여 이르되 주여 그리 마옵소서 이 일이 결코 주께 미치지 아니하리이다 예수께서 돌이키시며 베드로에게 이르시되 사탄아 내 뒤로 물러가라 너는 나를 넘어지게 하는 자로다 네가 하나님의 일을 생각하지 아니하고 도리어 사람의 일을 생각하는도다 하시고 이에 예수께서 제자들에게 이르시되 누구든지 나를 따라오려거든 자기를 부인하고 자기 십자가를 지고 나를 따를 것이니라 누구든지 제 목숨을 구원하고자 하면 잃을 것이요 누구든지 나를 위하여 제 목숨을 잃으면 찾으리라"(마16:22-25)

비로소 십자가를 배우기 시작함

베드로는 주님께 위로의 말씀을 던졌다가 혼쭐이 나도록 책망을 받습니다. 베드로는 조금 전에 엄청난 칭찬을 받았다기 이어서 심하게 야단치시는 주님의 메시지에 놀랐을 것입니다.

그는 이제 십자가를 배워야했습니다. 사람의 생각, 사람의 감정이 십자가에 못 박혀야 한다는 것을 그는 이제 배우기 시작해야했습니다. 그것은 곧 자기애정, 자기 사랑, 자기 목숨을 포기하는 훈련의 시작이었습니다. 베드로는 처음에 주님의 부르심을 받고 세상을 버리고 주를 좇았습니다. 그리고 두 번째 질문에 대답하면서 이제 자기를 버리는 훈련을 시작해야했습니다.

좌충우돌이 있었지만 베드로는 주님의 부르심, 인도하심을 충실히 따르고 있었습니다. 넘어지기도 했지만, 베드로는 항상 주님이 계신 곳에 같이 있었습니다. 그리고 때가 되었습니다. 주님이 떠나실 때가 되었습니다. 주님은 그에게 세 번째 질문을 하셨습니다.

주님의 마지막 질문, "네가 나를 사랑하느냐?"

"요한의 아들 시몬아 네가 이 사람들보다 나를 더 사랑하느냐"(요 21:15)

그것은 주님의 마지막 질문이었습니다. 그것은 오랫동안 주님의 마음속에 있었던 것이었습니다. 그분은 떠나기 전에 마지막으로 이 질문에 대한 답을 듣기 원하셨습니다.

베드로는 주님의 첫 번째 부르심, 요구에 성실하게 따랐습니다. 두 번째 부르심, 질문에 바른 깨달음을 얻고 바른 답을 하였습니다. 이제 가장 중요한 질문, 핵심질문에 베드로는 어떻게 답을 하였을까요? 그는 여전히 아름다운 대답을 하였습니다. 그렇기 때문에 그의 인생은 성공이고 승리이고 영광인 것입니다.

"그들이 조반 먹은 후에 예수께서 시몬 베드로에게 이르시되 요한의 아들 시몬아 네가 이 사람들보다 나를 더 사랑하느냐 하시니 이르되 주님 그러하나이다 내가 주님을 사랑하는 줄 주님께서 아시나이다 이르시되 내 어린 양을 먹이라 하시고 또 두 번째 이르시되 요한의 아들 시몬아 네가 나를 사랑하느냐 하시니 이르되 주님 그러하나이다 내가 주님을 사랑하는 줄 주님께서 아시나이다 이르시되 내 양을 치라 하시고 세 번째 이르시되 요한의 아들 시몬아 네가 나를 사랑하느냐 하시니 주께서 세 번째 네가 나를 사랑하느냐 하시므로 베드로가 근심하여 이르되 주님 모든 것을 아시오매 내가 주님을 사랑하는 줄을 주님께서 아시나이다 예수께서 이르시되 내 양을 먹이라 내가 진실로 진실로 네게 이르노니 네가 젊어서는 스스로 띠 띠고 원하는 곳으로 다녔거니와 늙어서는 네 팔을 벌리리니 남이 네게 띠 띠우고 원하지 아니하는 곳으로 데려가리라 이 말씀을 하심은 베드로가 어떠한 죽음으로 하나님께 영광을 돌릴 것을 가리키심이러라 이 말씀을 하시고 베드로에게 이르시되 나를 따르라 하시니" (요21:15-21)

진정 사랑할 때 상대방의 마음을 알기 원한다

한 사람을 진정 사랑하게 될 때, 그는 가슴의 설렘을 경험하게 됩니다. 하루 종일 상대방을 생각하면서 그의 관심은 오직 하나입니다. 나는 이렇게 그를 생각하고 있는데, 그는 나를 어떻게 생각할까? 바로 그것입니다. 그는 상대방의 마음을 알고 싶습니다. 그러나 상대방의 마음을 확인하는 것도 망설여집니다. 너무 가까이 접근하면 오히려 그가 멀어지지 않을까 걱정합니다. 조바심하면서 상대의 마음을 알고 싶어 합니다.

나는 오래전 어느 젊은이가 하는 이야기를 들었습니다. 그는 한 여성을 짝사랑했습니다. 그는 상대가 자기를 싫어하면 어떻게 하나, 하고 너무 걱정이 되었습니다. 그런데 어느 날 그는 상대방도 자기를 사랑하는 것을 알게 되었다고 했습니다. 그는 너무 가슴이 설레고 너무나 행복하다고 하였습니다.

이 이야기에 등장한 그 짝사랑하는 젊은이처럼, 주님은 우리를 짝

사랑하십니다. 그리고 우리의 마음이 어떨까? 과연 우리의 마음은 진정 그분을 향하고 있을까? 걱정하고 염려하십니다. 그리고 우리를 기다리십니다. 그분은 왕의 왕이시며 주의 주이십니다. 그러나 그는 크신 왕으로 오시지 않고 우리의 사랑을 강요하지 않으시고 섬세한 연인으로 우리에게 다가오십니다.

사랑을 확인한 후에 사역을 맡기신다

주님은 베드로에게 "나를 사랑하느냐" 질문을 하신 후에 베드로의 답을 듣고는 "내 양을 치라"고 말씀하십니다. 사역을 맡기십니다. 주님은 사역을 맡기시기 전에 물으십니다. 그분은 오직 주를 사랑하는 자에게 사역을 맡기기 원하십니다.

사역을 위한 진정한 준비는 주를 사랑하는 것입니다. 진정 주를 사랑하지 않으면 양을 칠 수 없습니다. 주를 사랑하지 않는 이들은 양을 위하여 목숨을 버리신 주님처럼 하지 않고, 양을 이용하고 양을 통하여 이익을 얻으려 할 것입니다. 그러나 진정 주를 사랑하는 이들은 진정 목숨보다 주를 사랑하기에, 주님의 그 사랑에 대한 보답으로, 감사하는 마음으로 양을 사랑하게 됩니다.

주님은 반복하여 사랑의 고백을 요구하신다

주님은 베드로에게 사랑의 고백을 반복하여 듣기를 원하셨습니다. 베드로가 대답했지만 주님은 계속하여 물으셨습니다.
"네가 나를 사랑하느냐.. 네가 나를 사랑하느냐.."
그분은 반복해서 물으셨습니다. 그래서 베드로는 걱정이 되었습니다. 그는 근심하였습니다.

'주님이 나의 마음을 모르시는 것일까.. 나를 믿지 않으시는 것일까.. 전에 주님을 부인하였기 때문에 주님은 나를 더 이상 신뢰하지 않으시는 것일까..'

그는 두려운 마음으로 대답하였습니다.

"주님.. 모든 것을 아시지 않습니까.. 내가 주를 얼마나 사랑하는지.. 주님이 아시지 않습니까.."

주님은 왜 계속 같은 질문을 하셨을까요. 그분은 베드로를 의심하셨을까요? 아닙니다. 그분은 그 대답을 듣고 싶어 하시는 것입니다. 그 사랑을 확인하고 싶어 하시는 것입니다. 그분은 사랑의 고백을 받고 싶어 하십니다. 그분은 진정 우리를 사랑하시기 때문입니다.

주님은 사랑의 우선순위를 확인하신다

"네가 이 사람들보다 나를 더 사랑하느냐.."

주님은 베드로의 사랑을 확인하시며 그 사랑의 우선순위를 확인하십니다. 그분은 첫째가 되기를 원하십니다. 첫 번째의 사랑을 원하십니다.

나는 이 말씀을 대할 때마다 눈물을 흘립니다. 지금도 이 말씀 앞에서 나는 웁니다. 그 이유는 이 말씀, 이 질문이 베드로에게만이 아니고 내게도 동시에 주어진 질문이기 때문입니다. 그리고 이 질문은 여러분들 모두에게 주시는 주님의 질문입니다.

베드로가 고백한 것처럼 나는 고백합니다. 나는 울면서 사랑한다고 고백합니다. 나는 그것이 주님을 기쁘시게 한다는 것을 알고 있습니다.

우리 같이 미천하고 악하고 한심스러운 사람들을 위하여 주님은 모든 대가를 지불하셨습니다. 주님은 우리를 너무나 사랑하시기 때문에 십자가에서 죽으셨습니다. 그분은 우리를 얻기 위하여 겪는 고통을 기뻐하셨습니다.

그분은 이제 우리의 사랑을 원하십니다. 그분은 강하시지만 연약한 자가 되어 우리의 사랑을 기다리십니다. 그분은 왕 중의 왕이시고 우주의 주인이시지만 그분은 우리에게 연약한 연인으로 다가오십니다. 사랑은 모든 강한 자들을 약하게 합니다.

삼손의 사랑은 그리스도의 아픈 사랑을 표상한다

삼손을 보십시오. 그가 들릴라를 사랑하는 것을 보십시오. 물론 문자적으로 보았을 때 그 사랑의 선택은 삼손의 잘못이며 그의 헌신되지 않은 모습을 보여줍니다. 그러나 동시에 그 사건은 하나의 모형을 보여줍니다. 그 모형은 그리스도의 아픈 사랑에 대한 것입니다.

삼손은 들릴라가 자기를 진정 사랑하지 않는다는 것을 잘 압니다. 삼손은 바보가 아닙니다. 덩치가 크고 힘만 세고 어리석은 자가 아닙니다. 그가 만든 수수께끼를 보면 묘하게 비밀과 정답이 감추어져 있습니다. 삼손은 지혜로운 사람입니다.

그는 들릴라가 사랑을 이용하여 자기를 죽이고 이득을 취하려는 것을 압니다. 그러기에 몇 번이나 블레셋의 군사들이 그를 기습했다는 것을, 그리고 그것이 자신이 들릴라에게 준 정보에 의한 것임을 삼손은 잘 압니다.

그가 계속 거짓정보를 준 것은 바른 정보를 줄 때 자기의 목숨이 위험하다는 것을 잘 알기 때문입니다. 그러므로 삼손은 들릴라가 비밀을 말하라고 다그칠 때 죽을 정도로 고민했던 것입니다. '나는 그녀를 사랑한다. 그러나 그녀는 나의 목숨을 원한다. 나는 어떻게 하면 좋으냐..' 이것은 삼손의 고민이면서 또한 그리스도의 마음을 보여줍니다.

 삼손의 선택은 죽음입니다. 사랑을 위하여 죽음을 선택합니다. 그것은 어리석은 사랑입니다. 그러나 그것은 그리스도의 사랑에 대한 하나의 모형입니다.

그리스도의 사랑은 아픈 짝사랑이다

 그것은 그리스도의 사랑의 측면을 보여줍니다. 주님께 나와서 부르짖어 기도하는 성도들.. 문제가 해결되고 고통이 사라지면 그들은 다시 세상사랑과 자아사랑으로 나아갈 것을 주님은 아십니다.

 고통이 사라지면 곧 그들의 마음은 곧 주님을 떠날 것을 주님은 아십니다. 그러나 주님은 아시면서 그들을 사랑하십니다. 버림받을 것을 아시면서, 이용당할 것을 아시면서 주님은 우리를 사랑하십니다. 그리고 기다리십니다.

 주님을 이용해서 자기 영광을 드러내고 자기 이익을 추구하려고 하는 것을 주님은 아십니다. 그러나 아시면서 사랑하십니다. 아시면서 목숨을 버리십니다. 그분의 사랑은 아픈 사랑입니다. 아픈 짝사랑입니다.

 아홉 문둥이처럼 병이 낫고 문제가 해결되면 사람들은 자기 소원과 행복을 찾아 떠날 것을 주님은 잘 아십니다. 그분은 물으십니다. "왜.. 다른 아홉 명은 돌아오지 않느냐? 왜? 돌아오지 않느냐? 내가 너를 치유했는데.. 너를 사랑했는데.. 왜.. 너의 마음은 세상에 있느냐? 세상에서 그렇게 속고 당하고 버림받고 고통하면서 왜 너의 마음은 세상에 가 있느냐?"

주님은 슬퍼하시며 물으시며 기다리십니다. 집을 떠난 탕자를 기다리며 그분은 물으십니다.

"아들아.. 내가 이렇게 너를 사랑하는데.. 왜.. 너는 돌아오지 않느냐? 너에게는 아무 것도 아깝지 않은데.. 모든 것을 줄 수 있는데.. 왜 무엇이 부족하여 세상으로 갔느냐.. 세상은 결코 너에게 행복을 줄 수 없는데.. 왜 떠났느냐.."

그분은 기다리시면서 집 근처를 배회하십니다. 돌아오는 아들을 볼 수 있을 때까지 말입니다. 그분은 사랑하시지만 강압하지 않으시며 그저 슬퍼하시며 조용히 기다리십니다.

주님은 우리를 연인으로 부르신다

주님의 사랑에 대하여 대답하십시오. 당신의 사랑을 고백하십시오. 주님은 당신의 대답을 크게 기뻐하십니다. 주님은 당신의 마음을 얻기를 원하시기 때문입니다.

사랑하시기 때문에 그분은 약하십니다. 처음에 그분은 우리의 왕으로 오시고 주인으로, 인도자로 오십니다. 그러나 때가 되면 그분은 우리를 연인으로 부르십니다. 우리가 그분의 연인이 되기를 원하십니다.

언젠가 영원한 곳에 갔을 때 그분은 더 이상 약한 자로 우리의 사랑을 찾으시지 않으실 것입니다. 그분은 심판자로 오실 것입니다. 그러나 우리가 사는 동안에, 그분은 우리를 인도하시며 사로잡으시며 우리가 연인이 되기를 원하시고 기다리십니다.

베드로가 세 번 사랑을 고백했을 때 주님은 다시 그에게 "나를 따르라"고 말씀하셨습니다. 그것은 베드로를 처음 만났을 때 "나를 따라오너라"고 하신 말씀과 다릅니다. 그 처음의 따름과 다릅니다.

그 때는 주님으로서 부르셨다면, 지금은 연인으로서 따르기를 원하시는 것입니다. 지금의 동행은 주인에 대한 순종보다는 연인으로서, 사랑함으로 동행하는 것입니다.

주님은 그것을 원하십니다. 지금도 여전히 주님은 왕이시고 주인이시지만, 동시에 우리의 연인이십니다. 그렇게 사랑의 관계를 가지시기 원하십니다.

과연 우리는 주님을 사랑합니까? 우리는 진정 주를 사랑하고 있습니까? 주를 사랑할 수 있습니까? 그것은 우리 삶에 있어서 최고의 문제입니다.

만일 그렇다면 우리는 아무 문제가 없습니다. 우리는 모든 것을 얻은 것입니다. 우리가 목숨보다 주를 더 사랑한다면 우리는 더 이상 바랄 것이 없는 상태입니다. 그러므로 우리의 최대 기도제목은 주를 사랑하게 해달라고 기도하는 것입니다. 그것은 최상의 상태이기 때문입니다.

"나의 계명을 지키는 자라야 나를 사랑하는 자니 나를 사랑하는 자는 내 아버지께 사랑을 받을 것이요 나도 그를 사랑하여 그에게 나를 나타내리라 가룟인 아닌 유다가 이르되 주여 어찌하여 자기를 우리에게는 나타내시고 세상에는 아니하려 하시나이까 예수께서 대답하여 이르시되 사람이 나를 사랑하면 내 말을 지키리니 내 아버지께서 그를 사랑하실 것이요 우리가 그에게 가서 거처를 그와 함께 하리라" (요14:21-23)

사랑에는 임재가 있고 동행이 있다

사랑은 그리움입니다. 사랑이란 끌어당기는 것입니다. 사랑이 있을 때 그 임재가 있습니다. 그리고 동행이 있습니다. 주를 사랑하는 사람은 하루 종일 주를 생각합니다. 급할 때, 필요할 때만 찾는 것이 아니라 하루 종일 주님을 생각합니다. 주를 그리워하며 주를 기쁘시게 할 것을 생각합니다. 주님의 말씀, 주님이 원하시는 것을 생각합니다.

사랑하기 전에는 내가 있지만 사랑하고 나면 내가 없어집니다. 나는 작아지고 줄어들고 상대방의 생각만이 가득해집니다. 그것이 사랑입니다. 사랑이란 내가 좋아하는 것을 상대에게 주는 것이 아니라 상대가 좋아하는 것을 좋아하는 것이며 상대의 필요에 민감해지는 것이며 자신에 대해서 잊어버리는 것입니다.

사랑이란 아침에 일어나면 그분에 대한 애정으로 눈을 뜨고 그리워하며 하루 종일 그를 기쁘시게 하려고 힘쓰며 사랑함으로 안타까워하다가 그분을 생각하며 잠자리에 드는 것입니다. 그리고 꿈속에서 그를 만나는 것입니다. 그것이 사랑의 행복입니다.

사랑은 끌어당김을 가져온다

그러므로 그러한 사랑이 있을 때 그것은 끌어당김을 낳습니다. 주님은 가까이 오십니다. 주님께 대한 그리움으로, 사랑으로 인하여 눈물을 흘릴 때 주님은 가까이 오십니다. 눈물을 닦아주시며 말씀하십니다.

"울지 마라. 내가 여기에 있다.."

주님을 사랑하고 사랑의 계명을 지키는 이에게 주님은 가까이 임하십니다. 그분은 가까이 오셔서 거처를 함께 하십니다. 그리고 아름답고 행복한 동행이 이루어집니다. 임재와 동행이 같이 있습니다.

사도행전은 능력의 행전인가요? 그렇습니다. 그러나 그것은 동시에 성령과의 동행이며 사랑의 행전입니다. 사랑이 있으므로 동행이 있고 고난 중의 기쁨이 있었습니다. 스데반, 바울, 베드로, 그리고 모든 제자들은 죽음도 감옥도 아무것도 두려워하지 않고 기뻐하였습니다.

"제자들은 기쁨과 성령이 충만하니라" (행13:52)

"그들이 옳게 여겨 사도들을 불러들여 채찍질하며 예수의 이름으로 말하는 것을 금하고 놓으니 사도들은 그 이름을 위하여 능욕 받는 일에 합당한 자로 여기심을 기뻐하면서 공회 앞을 떠나니라" (행5:40-42)

"공회 중에 앉은 사람들이 다 스데반을 주목하여 보니 그 얼굴이 천사의 얼굴과 같더라" (행6:15)

사랑은 고통도 즐거워하게 만든다

제자들에게 핍박이 왔지만 그것은 그들을 낙담하거나 두려워하게 만들지 못했습니다. 그들은 성령과 기쁨이 더욱 더 충만해졌습니다. 스데반을 죽이기 위하여 온갖 비난과 중상과 저주가 퍼부어졌을 때 스데반의 얼굴은 천사와 같았습니다.

그것이 주님께 속한 사람의 특성입니다. 핍박과 조롱과 공격이 있을수록 그들의 기쁨은 충만해지고 얼굴은 천사와 같이 빛납니다. 그들은 사랑의 주님과 같이 있기 때문입니다.

이익을 위하여 죽는 사람은 없습니다. 돈에게 충성하기 위하여 목숨을 버리는 사람은 없습니다. 그러나 사랑은 고통도 기쁘게 하며 죽음도 기쁘게 합니다. 주님을 진정 사랑할 때, 사랑하는 이를 위한 고통과 죽음은 그 자체도 행복이기 때문입니다.

사랑함에 동행이 있고 연합이 있습니다. 주님은 그를 진정 사랑하는 자에게 가까이 임하시고 자신을 드러내십니다. 그러므로 사랑 안에 임재가 있고 가까우심이 있습니다.

주님께 대한 뜨거운 갈망, 뜨거운 사랑이 일어날 때, 그것은 곧 행복입니다. 성공입니다. 그는 아무 것도 더 바랄 것이 없습니다. 그는 주님과 동행하고 그의 음성을 들으며 그를 기쁘시게 하는 것으로 모든 삶의 목적을 삼습니다. 그는 싸우지 않고 변호하지 않으며 오직 주의 뜻이 이루어지기를 갈망합니다. 그는 세상의 성공과 성취에 아무 관심이 없습니다. 오직 주를 기쁘시게 하기를 원합니다. 그리고 그것이 바로 자유입니다.

어떻게 그러한 사랑이 일어날 수 있는가?

주님을 향한 사랑의 뜨거움이 일어나는 것, 바로 그것이 최대의 행복입니다. 그런데 과연 그것이 가능할까요? 우리가 그 분을 어떻게 사랑할 수 있을까요? 그것이 바로 은혜입니다. 우리는 우리 힘으로 주님을 사랑할 수가 없습니다. 그렇다면, 주를 갈망하는 사람들은 어떻게 된 일일까요? 우리 안에서 주님에 대한, 은혜에 대한 갈망이 일어납니다. 사랑이 일어납니다. 그것은 어떤 일입니까?

사랑은 동류에게서만 일어나는 것이다

생각해보십시오. 그것은 가능한 일이 아닙니다. 개미가 코끼리를 사랑한다면 그게 말이 될까요? 그것은 불가능합니다. 개미가 코끼리를 보고 사랑에 빠졌습니다. 그리움에 빠졌습니다. 그것은 이상한 일입니다.

사랑이란 동류에게서 일어나는 것입니다. 코끼리를 보고 애정을 느끼는 것은 다른 코끼리입니다. 사랑은 동류에서 일어납니다. 그렇다면 우리에게서 일어나는 주님을 향한 갈망, 은혜에 대한 갈망은 무엇입니까? 그것은 우리가 아닙니다. 그것은 우리 안에서 성령이 일으키시는 것입니다. 우리는 마땅히 빌 바를 알지 못하나 우리 안에서 성령께서 우리를 위하여 말할 수 없는 탄식을 일으키십니다. 그리고 사랑을 일으키십니다.

오직 성령만이 주님을 사랑하도록 역사하실 수 있습니다. 오직 성령만이 주님이 하나님의 아들이심을, 하나님이심을 알려 주십니다. 주님에 대한 지식을 얻는 것도, 사랑하는 것도 오직 하나님의 영이신 성령을 통해서만 가능합니다. 우리가 주를 사랑할 수 있는 것은 오직 우리 안에서 성령께서 그러한 감동을 주시며 역사하시는 결과입니다.

"내 아버지께서 모든 것을 내게 주셨으니 아버지 외에는 아들을 아는 자가 없고 아들과 또 아들의 소원대로 계시를 받는 자 외에는 아버지를 아는 자가 없느니라"(마11:27)

"예수께서 대답하여 이르시되 바요나 시몬아 네가 복이 있도다 이를

네게 알게 한 이는 혈육이 아니요 하늘에 계신 내 아버지시니라"(마 16:17)

방언을 할수록 사랑의 갈망이 일어난다

방언의 아름다움의 본질은 바로 이것입니다. 방언을 하면 할수록 성령의 물줄기, 파도에 휩싸이게 된다는 것, 그리고 내적인 변화가 일어나게 된다는 것입니다. 그 중심의 변화는 애정입니다. 주님께 대한, 은혜에 대한 사모함이 일어나는 것입니다.

당신은 방언을 하면 할수록 당신 안에서 그리움이 일어나는 것을 경험하게 될 것입니다. 주를 알고 싶고 주를 위해 죽고 싶고 다른 모든 것을 잃어버리고 싶은 욕망이 일어나게 될 것입니다. 그를 향한 더 깊은 갈망이 일어나게 될 것입니다.

왜 그럴까요? 방언은 성령이 주시는 것입니다. 그리고 성령의 목적은 우리를 그리스도에게로 인도하시는 것입니다. 그분은 우리에게 그리스도를 생각나게 합니다. 그리스도의 말씀을 생각나게 합니다.

"보혜사 곧 아버지께서 내 이름으로 보내실 성령 그가 너희에게 모든 것을 가르치고 내가 너희에게 말한 모든 것을 생각나게 하리라"(요14:26)

성령은 하루 종일 주님을 생각나게 하신다

성령이 당신에게 임하시고 역사하실 때 당신은 하루 종일 주님의 말씀이 생각날 것입니다. 주님이 생각날 것입니다. 오늘날 신자들이 승리의 삶을 살지 못하는 중요한 이유는 영을 분별하지 못하므로 세상의 영을 분별하고 물리치지 못하므로 세상의 영들이 심어주는 세상의 생각으로 가득 차 있기 때문입니다.

성령은 주님과 주님의 말씀을 생각나게 합니다. 세상의 영들은 세상에 대한 생각을 주입시킵니다. 그래서 피상적으로 믿는 이들은 하루 종일 세상을 생각합니다. 돈을 생각하고 해야 할 일에 대해서 생각합니다.

그들은 주님을 생각하지 않습니다. 세상의 영들이 자꾸 잊어버리게 만듭니다. 그래서 문제가 생길 때만 주를 기억하고 예배 시간에만 주를 기억하며 예배가 끝나고 문제가 끝나는 그 순간에, 기도실을 떠나는 그 순간부터 다시 기억과 의식 속에서 주님이 사라져버립니다. 그것이 실패의 주원인입니다.

하루 종일 주님을 생각하지 않으면, 하루 종일 주님과 동행하지 않으면 아무도 승리의 삶을 살 수 없습니다.

주님과 같이 공부하고 주님과 같이 일하며 언제나 항상 주의 이름을 부르고 마시며 주님의 은총에 의지해서 사는 삶의 훈련이 되어있지 않으면 아무도 이 험악한 세상에서, 치열한 영적 전투가 벌어지고 있는 이 세상에서 자기 영혼을 지키고 승리하는 삶을 살 수가 없는 것입니다.

방언을 할수록 우리는 우리 안에서 성령께서 생각을 넣어주시는 것을 경험합니다. 주님의 음성을 듣게 되고 더 깊은 갈망이 일어나게 됩니다. 그리움이 점점 더 일어나고 사무치게 됩니다. 그 사랑, 그 애정은 우리가 할 수 있는 것이 아닙니다. 오직 주님과 동류이신 성령께서 우리 안에서 일으키시는 것입니다.

방언을 할수록 성령의 강물에 잠기게 된다

　방언할수록, 기도할수록, 찬양할수록, 예배할수록, 당신은 성령의 강물에 잠기게 될 것입니다. 처음에는 그 물에 발목을 담갔지만 당신은 점점 더 그것으로 만족할 수 없을 것입니다. 무릎이 잠기고 허리가 잠기고, 그리고 마침내 그 흐름 속에 들어가 사로잡혀 그 사랑 안에 엄몰되어 살아가기를, 동행하기를 원할 것입니다.

　사랑이 임할 때, 떨어져서 살아가는 것은 너무나 고통스러운 일입니다. 사랑이 임할 때 나는 없고 오직 그리스도만 있기를 소원하게 됩니다. 내가 사는 것이 아니요, 오직 내 안에서 그리스도가 살기를 소원하게 됩니다. 이것이 방언을 하면 할수록 주어지는, 방언을 통해서 이루어지는 가장 놀라운 아름다움이며 변화입니다.

　나의 경우도 방언을 할수록 내 안에서 더 깊은 사모함이 일어났습니다. 내 삶은 바뀌었고 나의 목표는 바뀌었습니다. 주를 알아가고 사랑하는 것, 그 외의 다른 목표는 다 사라져버렸습니다. 내 속에서 끊임없는 갈증이 일어났습니다. 그리고 그 만남의 시간, 기도의 시간이 가장 행복한 시간이 되었습니다.

방언을 통하여 인생이 바뀌다

　그저 방언을 열심히 했는데 내 속에 많은 변화가 일어났습니다. 처음에 주를 찾았을 때는 삶이 힘들어서 주를 찾았고, 그 후에는 주를 더 알고 싶어서, 그 사랑에 함몰되어서 더 간절하게 찾게 되었습니다.

　방언을 하기 전에 나의 삶은 어리석고 한심하였으며 희망도 기쁨도 없고 환경도 지옥과 같았습니다. 아무런 길도 보이지 않았습니다. 그것은 정말 상상하고 싶지 않은 삶이었습니다. 나는 어디에서도 환영받지 못했고 어리석고 답답한 사람이었습니다.

그러나 방언으로 기도하면서 모든 것이 바뀌었습니다. 방언을 할수록 새로운 통찰력을 얻게 되었고 기쁨을 누리게 되었습니다. 지금은 사십 여권의 책을 쓰고 수십 만 권의 책이 팔리고 사람들에게 사랑과 존경을 받게 되었습니다. 많은 사랑의 만남, 관계들을 가지게 되었습니다.

나로서는 성공이라든가.. 하는 식의 목표를 가져보거나 기도한 적도 없었습니다. 인간적인 일체의 방법을 싫어하기 때문에 한 번도 책을 광고하거나 한 적이 없었습니다. 그저 기도하고 방언을 하는 것이 다였습니다. 나는 그저 주님을 알고 싶었을 뿐입니다. 방언을 통해서 나는 정말 행복해졌고, 무엇보다도 삶의 기쁨을.. 기도의 행복을 알게 되었습니다.

방언을 할수록 영의 풍성함을 경험하게 된다

당신도 자신에 대해서 만족할 수 없거든, 삶에 대해서 만족할 수 없거든 이 기도에 몰입해보십시오. 변화가 일어날 것입니다. 내가 달라진 것처럼 당신도 그렇게 될 것입니다.

당신이 세상에서 유명해진다거나, 성공한다거나, 부유해진다거나.. 하는 것은 전혀 보장할 수가 없습니다. 당신을 향한 하나님의 계획이 무엇인지, 나는 알 수 없기 때문입니다. 오히려 현실적으로는 더 힘들어질 수도 있습니다.

그러나 분명한 것은 당신은 영의 풍성함을 경험하게 될 것입니다.

주님을 가까이, 친밀하게 경험하게 될 것이며 더 깊이 주를 갈망하게 될 것이며 죄를 미워하게 될 것입니다. 기도를 즐기게 될 것이며 주님의 뜻을 순종하고 이루고 싶은 갈망이 증가될 것이며 삶의 기쁨, 행복을 누리게 될 것입니다.

방언은 성령의 기름 부으심을 증가시킵니다. 당신의 안에 이미 성령이 계시지만, 방언을 할 때 비로소 그 성령이 안에만 머물러 있지 않고 당신의 삶에 주도적으로 역사하시게 됩니다. 방언은 성령의 역사하시는 분량을 증가시킵니다. 당신의 갈망을 증가시키고 하나님 나라에 대한 소망을 증가시킵니다.

이 은사를 발전시키십시오. 주님의 성령과 동행하십시오. 방언을 하면 은사들이 더 나타나고 능력과 역사가 나타날 것입니다. 그러나 은사를 남용하지 말고, 그것으로 인하여 자기를 높이지 말고, 이득을 취하지 말고, 세상을 얻는 도구로 쓰지 마십시오. 주님을 사랑하고 영혼을 사랑하며 능력으로 원수의 세력을 부수는 도구로, 주님과 사랑의 교제를 나누며 동행하는 도구로 사용하십시오.

더욱 더 주를 사랑하십시오. 사랑할 때 그 임재는 선명해지며 당신은 진정한 행복을 누리게 될 것입니다.

사도행전에 나타나는 역동성에서 방언은 중요한 위치를 차지하고 있습니다. 성령이 함께 하셔서 능력이 나타나고 아름다운 인도하심과 동행이 이루어졌고 사랑과 갈망이 있었습니다.

단순한 능력의 나타남이 아니라 사랑의 역사, 사랑의 동행이 있었습니다. 단순히 기적과 역사와 능력만 나타났다고 생각하지 마십시오. 그것은 곧 주의 함께 하심이었고 사랑의 동행이었습니다. 동행이란, 사랑이 가득할 때 이루어지는 것입니다.

당신이 방언을 사용할 때에 같은 일이 일어날 것입니다. 능력이 나타나고 주를 향한 더 깊은 갈망이 일어날 것입니다. 그리고 거기에서부터 임재와 사랑의 동행이 시작될 것입니다.

방언은 끝이 아니고 시작이다

그러나 그것은 끝이 아니고 시작입니다. 그리고 그 모든 것은 자동적으로 이루어지지 않습니다. 당신이 가진 것을 빼앗기 위한 지옥의 공격은 끊이지 않습니다. 당신은 전쟁에서 이겨야 합니다. 얼마만큼 그 충만함을 유지하고 더 나아갈 수 있느냐 하는 것은 당신의 순종과 사랑과 중심 동기에 달려 있습니다.

우리는 얼마든지 넘어질 수 있고 타락할 수 있습니다. 스스로 된 줄로 생각하고 높은 마음을 품으며 영광을 구하며 세상사랑 자아사랑을 구할 때, 다시 능력은 사라질 것이고 달콤한 임재와 동행은 중단되며 사랑은 식어갈 것입니다. 그러므로 낮은 마음과 갈망을 잃어버리지 마십시오. 부디 주를 놓치지 말고 앞으로 나아가십시오.

나누는 것을 조심하며 싸우지 말고 변호하지 말라

당신은 처음에 이 은혜를 경험한 후에 그것을 다른 이들과 나누고 싶은 마음이 많이 일어날 것입니다. 하지만 조심하십시오. 은혜를 사모하는 이들도 있지만 또한 잘 모르고 싫어하는 이들도 있습니다. 그러므로 주님의 인도와 감동이 있을 때 움직여야 하며 상대방의 간절함을 먼저 확인하여야 합니다.

또한 은사를 공격하고 부정하고 조롱하는 이들이 있습니다. 그들과 절대로 논쟁하지 마십시오. 대적하지 말고 변호하지 마십시오.

그저 사랑하고 축복하십시오. 그들에게 당신의 변화된 삶, 온유하고 겸손하며 사랑하는 삶을 보여주십시오. 보여줄 것이 없으면 침묵을 지키십시오.

그들은 우리의 대적이 아닙니다. 우리의 대적은 이 세상의 배후에서 유혹하고 속이는 마귀뿐입니다. 그들은 신자들을 이간질해서 서로 미워하고 싸우게 만듭니다. 그러므로 싸우는 것은 마귀에게 속는 것이며 지는 것입니다.

그리스도를 사랑하는 이들은 다 같은 편이며 친구입니다. 그러므로 좋은 관계를 유지해야 하며 주를 사랑하는 면에서 일치한다면 사소한 의견 차이로 갈라서지 말아야 합니다. 만일 잘못한 일이 있으면 사과하고 변호하지 마십시오.

이 은혜로 인하여 갈등을 일으키지 마십시오. 옳고 그름보다는 덕을 세움이 중요합니다. 피해를 입더라도 억울하게 여기거나 변호하지 마십시오.

듣지 않는 이들에게 은혜를 강요하지 말라

또한 듣지 않는 자에게 강요하고 설교하며 가르치려 해서는 안 됩니다. 어떤 이들은 아직 헌신되지 않은 이들에게 억지로 은혜를 받으라고 강요하거나 억지로 집회에 끌고 오려고 하거나 하는 식으로 인간적인 노력을 하기도 합니다. 그것은 오히려 하나님의 역사를 방해할 수 있습니다. 기도하며 하나님의 때를 기다려야 합니다.

하나님의 역사는 하나님께 맡겨야합니다. 억지로 되는 것은 아무것도 없습니다. 원하지 않는 이들은 받을 수 없으며 설사 은혜가 임했다고 하더라도 그들은 그 은혜를 유지할 수 없습니다. 가치를 모르는 이들에게 강요해서는 안 됩니다.

배부른 이들은 내버려 두고 갈급한 자를 도와야 합니다. 주님의 은혜는 값싼 것이 아닙니다. 그 값이 측량할 수 없이 비싼 것이기 때문에 거저 주는 것입니다. 오직 갈망하는 이들만이 은혜를 경험하고 유지하며 더 깊이 나아갈 수 있습니다. 그러므로 가치를 모르는 이들에게 억지로 주려고해서는 안 됩니다.

인도하심이 없이 함부로 움직이지 말라

은혜의 흐름은 억지스럽지 않고 편안하며 자연스럽습니다. 인간적 열정이 많은 경우에 해를 일으킬 수 있음을 기억하십시오. '저 사람이 빨리 변해야 내가 행복할 텐데..' 하는 생각은 사람의 생각이며 욕심에 속한 것입니다.

주님의 역사에는 항상 대가를 치르는 사람이 있어야합니다. 인도하심과 감동이 없는 열심은 문제를 일으킵니다. 우리는 다만 묻고 순종할 수 있을 뿐이지 계획하고 요구할 수 없습니다. 우리 마음대로 한 후에 결과가 나쁘다고 하나님을 원망해서는 안 됩니다. 우리는 오직 주인을 사랑하며 분부가 떨어지면 순종하기를 기다리는 겸손한 종이 되어야 합니다. 어떤 은사와 능력이 임하든 우리는 여전히 종입니다. 은사가 임한다고 우리의 신분이 달라지는 것이 아닙니다.

초고를 마치고

이제 이 책을 마칠 때가 되었습니다. 쓰면서 한 해가 지났고 또 여러 번 계절이 바뀌었습니다. 이 책을 쓰는 것은 힘든 전쟁이었습니다. 너무나 많은 압박감이 있었고 힘든 고통이 있었습니다. 전신에 통증이 있었고 숨 쉬기도 어려울 때가 있었습니다. 기도 없이는 한 걸음도 나아갈 수 없을 때가 많이 있었습니다.

이 책의 초고를 마친 것은 새벽 4시였습니다. 나는 한동안 밤에서 아침까지 책을 쓰다가 아침에 잠이 들곤 했습니다. 초고를 마친 새벽, 나는 집에서 나왔습니다.

이 책을 시작할 때의 기도 산보, 그리고 주님의 메시지를 나는 기억합니다. 나는 주님께 물었었습니다.

"주님.. 저에게서 원하시는 것이 무엇입니까?"

그리고 나는 답을 들었습니다.

"너다. 너 자신이다. 나는 사역보다 더 너를 원한다. 너를 소유하기를 원한다. 그리고 사람들이 나를 갈망하도록 가르치기를 원한다.."

나는 그 답을 듣고 울었습니다.

초고를 마친 새벽, 나는 그 메시지를 들었던 거리로 다시 나갔습니다. 그리고 주님께 말했습니다.

"주님.. 이제 책을 마쳤습니다. 아무 자격도 없고, 아는 것도 없고 죄로 가득한 당신의 미천한 종이 주님의 사랑에 대한 이야기를 썼습니다.."

나는 계속 울면서 주님께 말했습니다. 나는 다시금 주님의 메시지를 느꼈습니다.

"수고했다. 너의 자격 없음에 대하여 걱정하지 말아라. 나는 부족하고 연약한 자들을 사용할 것이다. 나는 여전히 너를 원한다. 그리고 더 많은 사람들을 원한다. 나를 진정으로 사랑하는 이들을 원하고 찾는다. 나와 함께 걸어갈 자들을 찾는다. 그리고 그렇게 나를 진정 사랑하는 이들을 일으킬 것이다."

나는 주님의 메시지를 받으면서 계속 울었습니다.

주님의 메시지를 받는 것은 특별한 일이 아니다

어떤 이들은 주님께 메시지를 받는 것을 특별한 일이라고 여길지 모릅니다. 그러나 모든 양들은 목자의 음성을 듣습니다. 주님은 묻지 않는 자에게는 말씀하시지 않지만 묻는 자에게는 메시지를 주십니다. 각 사람이 알아들을 수 있는 방식으로 말씀하십니다.

또한 주님이 말씀하신다고 해서 모든 것에 대해서 말씀하시는 것은 아닙니다. 우리에게 필요한 부분에 대해서만 말씀하십니다. 우리에게 허락되지 않는 것에 대해 물을 때에는 대답하지 않으십니다. 그러나 필요하고 알아야 할 것을 물을 때 주님은 말씀하십니다. 그리고 그 답을 들을 때 가슴이 뛰고 기쁨과 행복을 느끼게 됩니다. 그 음성은 단순한 지식이 아니며 우리의 영혼을 소생시키는 감동과 평안을 동반합니다.

방언은 주님의 음성을 선명하게 듣게 해준다

방언은 음성듣기와 어떤 관계가 있을까요? 방언을 하지 않아도 주님께 묻는 이들은 주님의 음성을 들을 수 있습니다. 주님은 묻는 자에게 대답하시기 때문입니다. 하지만 그 음성은 대체로 희미해서 분별하기가 쉽지 않습니다.

그러나 방언을 하면 할수록 그 음성은 점점 더 선명해집니다. 그것은 모니터의 해상도가 높아지는 것과 같습니다. 카메라의 화소가 높아져서 사진의 화질이 선명해지는 것과 같습니다. 그처럼 우리는 방언을 할수록 영감이 예민해져서 주님의 메시지를 좀 더 선명하게 느끼게 됩니다.

우리가 주님께 묻고, 주님이 말씀하실 때 우리는 묻기 전에는 전혀 알 수 없고 깨달을 수 없었던 것들을 알고 깨닫고 감동하게 됩니다. 우리는 대단한 비밀을 알게 되는 것이 아니라 우리의 잘못을 지적하시고 가르치시고 교정하시는 성령의 친밀하신 조언을 받게 됩니다. 자기의 욕망을 따라 구하는 이들은 답을 얻을 수 없지만 주님의 뜻을 알기 원하고 주의 뜻을 실현하려는 이들은 반드시 답을 얻게 됩니다.

이제 책을 마치면서 나는 이 책을 주님께 드립니다. 나는 이 책을 주님이 사용해주실 것을 기도합니다. 방언을 통해서 주님을 깊이 경험하고 주님의 은혜를 갈망하며 그 사랑에 함몰되는 이들이 많이 일어나기를 기도합니다.

목숨을 다하여 주님을 갈망하고 사랑하라

이 은혜를 통하여 주님께 깊이 나아가십시오. 아름다운 사랑의 동행을 이루십시오. 주님의 오심, 죽으심의 목적은 당신을 얻기 위한 것입니다. 주님께는 이 우주 그 어떤 것보다 당신이 중요하고 당신의 사랑이 중요합니다.

주님은 당신의 사랑을 원하십니다. 당신의 돈과 당신의 행위가 아니라 당신의 사랑, 마음을 얻기 원하십니다. 그분은 당신과 단순한 거래를 하시는 것이 아닙니다. 생명을 주는 사랑, 최고의 사랑, 자신을 주는 사랑, 목숨까지 아까워하지 않는 사랑, 사랑을 위해서는 고통도 즐거워하는 사랑을 하시려고 오셨습니다.

주님은 십자가에서 당신의 이름을 부르다 절규하다 돌아가셨습니다. 당신을 향한 애절한 그 사랑으로 인하여 말입니다. 그러므로 우리가 피상적으로 사랑하는 것은 그 사랑을 모독하는 것입니다.

그분의 사랑에 합당한 사랑을 그분에게 바치십시오. 그분이 미친 사랑을 하신 것처럼, 당신도 미쳐야 합니다. 우리는 그분이 우리를 사랑하시는 것처럼 미치도록 사랑해야 합니다. 그래야 사랑의 균형이 이루어집니다.

그 사랑에 함몰되십시오. 빠져들어 가십시오. 방언은 그 사랑을 위한 도구로 사용되어야 합니다. 방언은 그 사랑의 동행을 위하여 주어진 것입니다. 부디 주님과 아름다운 동행을 이루어 가십시오.

여러분 사랑합니다. 예수님이 당신을 진정 사랑하십니다. 그분은 당신을 붙잡고 놓치기 싫어하십니다. 그 사랑 안에 거하십시오.

주님.. 감사합니다. 사랑합니다. 주님..

모든 영광을 받으시옵소서.. 아멘..

39. 방언기도 경험자들의 소감과 간증

[정원목사 기도모임]에 참여하는 분들과 각 지부교회에 다니는 분들이 방언을 하면서 느끼는 소감과 간증을 실었습니다. 어떻게 방언을 하게 되었는지, 할 때의 마음이나 상태는 어떠한지, 방언을 하면서 경험한 여러 변화들에 대해서 소감과 간증을 써주셨습니다.

1. 방언기도와 추억들 -H전도사-

추억을 떠올리는 것은 참 즐거운 일입니다. 특히, 기도의 추억은요. 1994년 대학 1학년, 그 전까지는 불신자였던 제가 대학에 와서 아는 언니를 통해 예수님에 대한 얘기를 처음 듣게 되었어요.

복음을 받아들이지는 않았지만, 성경에 대해서는 궁금했던 터라, 함께 성경을 읽기로 하였지요. 처음에는 지식적인 질문이 무척 많았어요.

그러다 1995년 대학2학년, 여름 수련회에서 저는 예수님을 인격적으로 제 삶의 주인으로 영접하게 되었어요. 다른 사람들은 회개하고 주님을 영접하면서 울기도 하고 감정적인 실제적인 어떤 변화들을 경험하는 것이 보였는데 저는 그저 밋밋하고 무덤덤했어요.

게다가 큰소리로 울며 기도하는 이들을 보면서는 엄청 신기하고 부러웠어요. 방언하는 사람은 없었지만 울며 기도하는 이들은 많았는데, 저 사람들은 기도하며 어떤 체험들을 하는 것일까.. 몹시 부럽고 궁금했지요.

그리고 나서 1년 후, 1996년 대학 3학년 여름수련회 때였는데, 금식하고 기도해도 마지막 날까지 아무 경험이 없어 운동장에서 혼자 괴로워하고 울며 점점 영적인 세계에 대한 갈급함이 일어났어요.

그 이후부터는 신앙서적을 닥치는 대로 읽었는데, 주님의 임재를 실제로 경험하는 이들은 방언을 하는 경우가 많다는 걸 알게 되었어요. 방언에 대한 찬반론을 담은 책들도 여러 권 접하게 되었구요.

그런데 아무리 객관적으로 책을 읽고 생각해봐도, 성경을 정직하게 받아들인다면 방언이 끝났다고 이야기하는 쪽의 논리는 타당성이 없다는 생각이 더 많이 들면서 저는 너무나 방언을 하고 싶어졌어요.

제가 속해있던 단체는 방언에 대해 아주 과격한 부정론을 펴는 곳은 아니었지만 그렇다고 적극적으로 방언을 권하는 편은 아니었지요. 그래서 방언을 받을 수 있도록 도와줄 곳을 찾아 헤매기 시작했어요.

이리 저리 여러 단체를 돌아다니며 방언을 받도록 도와주는 집회에도 참석했었지만, 다른 사람들은 쉽게 방언을 받는 것 같은데 저는 도무지 되지 않는 거예요.

괴로워하며 한참 헤매다가 학교의 아는 선배님이 소개해준 한 작은 교회의 사모님을 만나게 되었어요. 그 분은 저를 보시고는 방언이 이미 와 있다고, 단음절 방언이 아니라 언어 방언이 와 있으니 소리를 내 보라고, 우리말이 아닌 모르는 외국어를 하듯 그냥 아무 말이나 해 보라고 하셨어요.

그런데 저는 도통 어찌해야 할지를 모르겠는 거예요. 머리로 생각하지 않고 아무 소리나 내뱉는 것 자체를 해 본 적이 없고, 쑥스럽기도 하고, 또 '이런 식으로 하는 건 너무 인위적인 것이 아닌가.. 뭔가 혀가 저절로 움직여야 되는 게 아닌가?' 등등의 의문이 막 올라와서 마음이 복잡해졌어요.

마침 그 때, 그 사모님께서 제 머리를 탁탁 치시면서 머리가 너무 많이 움직인다고, 생각을 비우고 혀를 맡기라고 하셨어요. 머리를 맞으니 아프기도 하고, 마음을 다해 기도해 주시는데 계속 버티고 있기도 죄송하고 해서.. 되든 안 되든 아무 소리나 일단 내 보았는데, 근데 그게 방언이 맞다고 하시는 거예요.

하지만 제게는 아무 감동이나 느낌이 없었기 때문에 의아했어요. 그러나 사모님은 방언이 맞으니 집에 가서 30분씩 기도해 보면 점점 더 편하게 나올 거라고 하시는 거예요.

집에 가서 그대로 해 보았는데 실제로 발음이 바뀌면서 불어 같은 소리, 중국어 같은 소리, 아프리카어 같은 소리, 영어 같은 소리, 등 등.. 다양한 소리들이 단음절로 끊어져서 다양하게 나왔어요.

근데 여전히 '이건 너무 인위적인 것이 아닌가? 이게 정말 방언이 맞나?' 하는 의문이 사라지지 않았어요. 그래서 지속적으로 하지는 못하고, 하다가 만 채로 기억의 창고 속에 밀어 넣었지요.

그러다가 2001년 초봄에 목사님의 글을 우연히 인터넷상에서 접하게 되었어요. 처음 읽자마자 "아! 이거다!" 하는 탄성이 솟아났어요.

그렇게 갈망하고 찾던.. 무언지는 모르겠지만 몇 년 동안 미칠 것 같이 애타게 찾았던 그 무언가를 만난 기쁨에 쉴 새 없이 카페에 올라온 글들을 읽어 내려갔지요. 그 즈음에는 목사님께서 집필을 많이 하시던 때가 아니어서, 가끔 답글도 달아주곤 하셨기에 카페에 질문의 글도 올리고, 메일로도 장문의 무수한 질문들을 보냈었죠.

그 중에 방언에 대한 질문도 있었어요. 제가 받은 게 방언이 맞는지 모르겠나고, 방언을 받은 과정을 간단히 적어 보내드렸던 것 같은 데요. 목사님께서 방언이 맞다고 하시면서 이런 이야기를 해 주셨어요.

낮에 별이 안보이듯이 자매는 이성 작용이 너무 활발해서 영적 감각이 느껴지지 않을 뿐이라고, 낮에 안 보인다고 별이 없는 게 아니듯이, 감격이 없다고 해서 방언이 아닌 것은 아니라고.. 지금은 에너지가 머리에 몰려있어서 주님이 임하시고 역사하셔도 느끼지 못하는 것일 뿐이고, 가슴의 감각이 살아나게 되면 점점 방언기도의 감격을 느끼게 될 거라고.. 이미 주님은 자매 안에서 많이 일하고 계신다고 하셨어요.

그 때는 그 말씀이 무슨 뜻인지 조차 잘 이해하지 못했고, 그저 용기를 주시려고 위로와 격려의 말씀을 해 주시는가보다.. 생각했거든요. 한참 세월이 지나고 나서야 그 때 그 말씀이 무슨 뜻인지를 이해하게 됐죠.

아무튼 그때는 말씀해 주신 것을 그냥 이해가 되든 안 되든 단순히 믿고, 창고 속에 넣어두었던 방언을 끄집어내서 어색하고 인위적인 것 같다는 마음을 떨쳐내고 조금씩 다시 시도해보기 시작했어요.

그리고 부르짖어 소리를 내라고도 많이 얘기해 주셨던 터라, 정말 기질에 맞지 않았지만 '지금의 절망적인 영적 상태에서 벗어나려면 이 길 밖에 없다' 는 심정으로 '으아아악~~!' 하면서 소리도 크게 내고 난리법석을 해봤던 거 같아요.

근데! 신기한 일들이 일어나기 시작했어요. 방언을 하는데 점점 가슴에 어떤 감각들이 생기기 시작한 거예요.

그렇게 무디고, 기도가 잘된다는 게 뭔지, 안 된다는 게 뭔지조차 이해할 수 없었던 무감각의 극치였던 제게도, 미세하지만 가슴의 통증으로부터 시작해서 어떤 흐름과 느낌들이 일어나기 시작한 것이었어요.

처음에는 밋밋하게 방언기도를 했었는데 어느 정도 지나니 내 입이 나도 모르게 어떤 흐름 속에 사로잡혀 빠르고 강하게, 느리고 부드럽게, 무언가 나를 이끌어가는 힘에 의해 움직인다는 느낌도 갖게 되었고, 가끔은 방언하다가 우리말이 저절로 나오기도 했는데 그 내용이 제게 꼭 맞는 내용이어서 스스로 말하면서 울기도 했지요.

어느 날 밤에는 여동생이랑 둘이 작은 방에서 기도를 했어요. 방언도 했다가, 찬양도 했다가.. 그냥 같이 자유롭게 기도를 했는데 너무나 행복하고 기쁘고 즐거웠어요.

눈물 범벅, 웃음 범벅으로 시간가는 줄 모르게 함께 기도를 하다가 나중에 시계를 보니 6시간이 훌쩍 지나가서 깜짝 놀랐던 때도 있었어요.

방언기도에 기쁨과 감격이 있다는 것을 점점 더 경험하게 되면서 환경적으로도 풍성함이 임했어요.

이상하게 물질적인 문제들이 풀리기 시작하더니 빚더미가 점점 해결되어 갔어요. 보증금 700에 월세 30의 지하 주차장을 개조한 반지하 방에서 6식구가 복닥복닥 살았었는데, 몇 달 지나지 않아서 2층의 방 3개짜리 집으로 옮겨가게 되었어요.

북한산이 보이는 넓은 옥상도 있는, 저희에게는 대궐 같은 곳이었지요. 옥상에 올라가서 북한산을 보면서 얼마나 감격스러워하고, 감사했는지!

대인관계가 두렵고 무서웠는데 서서히 편안해지게 되었고 무엇보다, 주님의 임재를 느끼는 감각이 서서히 증가되기 시작했어요.

생각이 많고 복잡해서 영적인 세계를 경험하는 데 장애물이 많았는데 일단 방언을 하면 생각이 잠잠해지고 가슴의 느낌이 생기고! 그것이 제게 일어난 가장 중요한 변화인 것 같아요.

예전에는 제 속에 어떤 감정이 있는지, 느끼지도 못했고 표현하지도 못했었는데.. 방언을 하면서, 가슴 속에 오래 쌓인 고통, 슬픔, 외로움, 지친 마음들이 하나씩 둘씩 올라오기 시작했어요.

처음에는 내 속에 이런 감정이 있다는 사실에 놀라고 혼란스러워하고 어쩔 줄 몰라 했지만, 점점 정직하게 나 자신을 보게 되고 가슴

속의 감정의 찌꺼기들을 울며 토해내게 되면서 조금씩 새로운 기쁨과 행복을 누리게 되었어요.

　아직은 머리가 복잡하고 생각이 복잡한 경향이 많이 남아있지만 더 많이! 더 충분히! 방언하고 기도하면 점점 더 발전해 나가게 될 것 같아서 기대가 돼요!

　논리와 이성으로 접근할 수 없는 영의 세계, 제 기질로는 평생 한 번도 경험하지 못했을 영혼의 세계로 저를 인도해주는 방언기도가 너무 감사하고, 주님의 은혜가 너무 감사합니다. 주님.. 찬양합니다!

2. 방언기도의 경험   -L집사-

중 3때 셋째 언니를 따라 간 교회에서 기도도 모르고 어색하고 쑥스러운 가운데 신앙생활을 1년여 했었다.

그때 멋모르고 쫓아간 수련회나 기도원에서 주위 아이들이 방언을 하며 기도하는 모습을 보았는데, 뭔지는 모르지만 기도가 뜨거워 보이고 주님과 어떤 교제를 하고 있는 것처럼 보였다.

그때부터 방언에 대해 관심을 갖기 시작했었다. '나도 받고 싶다.' 하는 마음이 생겼다. 하지만 난 너무 소극적이었다. 언니가 교회를 옮기고서부터 나도 어영부영 교회 다니는 것을 중지하고 그냥 마음속으로만 하나님에 대해 동경하며 흐지부지 지냈었다.

그러다가 고3 졸업을 하고 사회초년생이었는데 이번에는 둘째 언니네 교회 철야예배를 가게 되었다. 그리고 그곳에서 방언이 너무 받고 싶어서 기도하게 되었다.

처음 받았을 때 저절로 움직이는 혀와 온몸의 진동과 폭포수 같은 눈물.. 가슴속에서부터 올라오는 뜨거운 회개.. 그리고 하나님 아버지의 놀라운 사랑이 물밀듯이 밀려와서 얼마나 울었는지 모른다.

큰 성전에서 작은 기도실로 내려와 계속 기도하며 언니가 곁에서 같이 도와주었는데 그때 그 감격은 정말 잊을 수가 없었다.

내 삶은 너무 초라했고 또 비참했고 불쌍했고 지쳤었다. 19살밖에 먹지 않은 나이인데 너무 슬픔이 많았다. 무기력했었고 자신감도 없었다. 그런데 그런 내 삶을 다 알고 있고 나를 너무나 사랑하신다는 아버지를 만나게 된 것이다. 정말 떨 듯이 기뻤다.

한동안 행복한 그 마음을 감출수가 없어서 구름에 뜬 것처럼 살았다. 나는 혼자가 아니구나.. 나를 지으신 분이 주님이시구나.. 이것을 가슴으로 받아들이며 행복한 신앙생활을 하게 되었다.

그러다가 교회를 정하고 신앙생활을 하면서 교회의 틀과 나의 모습 안에서 방황이 시작되었다. 교회에서는 내가 뭔가를 열심히 하길 기대했고 나는 그것을 따라가는 것이 너무 버거워서 자꾸 피하게 되었다. 아무런 지식도 없었고, 신앙생활 하는 것이 참 힘든 것이라고 생각하며 지쳐갔었다.

하지만 그 가운데 방언은 나에게 너무나 큰 힘이 되었다. 이유도 뜻도 모르지만 방언을 하면서 가슴이 뭉클해지며 눈물이 나고 남을 위해 기도할 때도 방언으로 하게 되면 가슴이 뜨거워지고 성령께서 막 일하시는 것이 느껴졌다.

위로가 필요할 때 방언하면 깊은 위로를 주시며 마음의 평안함을 경험하였고, 힘이 필요할 때 강력한 방언을 하면 힘이 채워졌다. 마귀를 대적할 때는 호통을 치듯이 마귀에게 분노하며 기도했다.

작은 기도의 경험들이 조금씩은 있었지만, 그렇지만.. 가장 중요한 것이 없었다. 내가 했던 것은 문제를 해결받기 위해, 고통을 피하기 위한 방언기도였던 것이다. 나는 진정 주님을 사랑하고 있는가.. 내 바람만 늘어놓고 해결해달라고 방언을 이용한 것은 아닌가.. 이런 갈등이 서서히 올라오기 시작했다.

그런데 목사님 책을 만나게 되었다. 책에는 온통 주님을 사랑하는 이야기뿐이었다. 너무나 충격이 되었다. 아, 이러한 삶도 있구나. 내 안에 이 갈등이 이제 무엇인가 해소되겠구나.. 하는 마음으로 너무나 기뻤다.

주님사랑.. 주님사랑.. 아, 나도 주님을 이렇게 사랑하고 싶다.. 이렇게 진심으로 사랑하고 교제하고 싶다는 마음이 막 올라왔다. 내 속에 숨겨진 갈망들이 꿈틀꿈틀 일어나고 있음을 느꼈다. 뭔지는 모르겠지만 너무나 행복했다.

그리고 여러 메시지들을 접하면서 방언은 너무나 놀라운 것이고 너무나 큰 은혜임을 알게 되었다. 내속에 이미 있는 방언.. 그것은 어딘가 밖에서 받는 것이 아니고 내안의 것을 표현할 때 나오는 영의 흐름이었다. 방언을 할수록 내가 아닌 다른 영이 움직이고 있음을 알게 된다.

방언기도를 하면 한심하고 연약한 나는 사라지고 너무나 사랑이 많으신, 그리고 거룩하신 성령께서 내 대신 기도하고 계심을 느낀다. 때로는 통곡으로, 때로는 잔잔한 사랑의 물결로, 때로는 강력한 부르짖음으로 나를 이끌어 가신다.

방언기도의 능력, 그것을 통한 은혜가 날마다 내게 새롭게 다가온다. 시원하게 채워주는 생수처럼, 달콤한 꿀처럼, 맛있는 아이스크림처럼.. 내안의 영을 바꾸어준다.

그 무엇보다도 어디에서나 주님과 교제 할 수 있다는 것.. 그리고 내 곁에서 사랑의 눈으로 나를 보시며 나를 지키시며 따뜻한 품으로 안아주시는 주님을 만날 수 있다는 것이 부족한 나 같은 자에게 내려주신 가장 큰 주님의 은혜이다.

주님을 잃고 싶지 않다. 이전의 방황과 갈등은 이제 내게 없다. 이 세상에서 가장 크신 하나님.. 온 우주를 지으시고 왕이시고 주인이신 주님이 날 사랑하신다. 주님이 늘 내 곁에 함께 하신다.

하늘로부터 내려온 언어, 방언.. 나는 이 방언을 통해 더 주님의 사랑을, 능력을, 은혜를 그리고 교제와 친밀한 연합을 하게 될 것이다.

더 큰 갈망을 주님께서 내게 주시기를, 그리고 방언으로 더 자유해진 삶의 열매들이 가득해질 것을 꿈꾸고 기대하며 기도한다.
　주님.. 이 아름다운 언어를 소멸치 않고 계속 나누기를 원합니다.
　감사합니다.. 사랑합니다.. 주님을 찬양합니다.. 할렐루야..

3. 방언을 받게 된 계기와 유익 -K집사-

저는 어려서부터 어머니를 따라 교회에 나갔었지만, 방언을 받기까지는 참 오랜 세월이 지나야 했습니다. 어렸을 때 저희 교회는 조용히 말씀 중심으로 예배를 드리는 큰 교회였는데, 예배 때 크게 부르짖어 기도하거나 방언기도를 하는 분들이 별로 없었고, 저는 새벽기도도 나가지 않았기 때문에 사실 방언을 하는 분들을 실제로 본 적이 한 번도 없었습니다.

유치부 때부터 대학 2학년 될 무렵까지 별다른 영적 체험은 해 본 적이 없었지만, 하나님이 계시는 것을 의심 없이 믿었기 때문에 교회에 나가는 것이 당연한 것이라 생각하며 주일학교 예배에 꾸준히 참석을 했었습니다. 아버지가 믿지 않는 분이셔서 교회에 오래 있는 것을 싫어하셨기 때문에 주일학교 예배만 드리고는 곧 집으로 돌아왔었고, 그렇게 주일 예배 드리는 것으로 신앙생활을 충분히 잘 하고 있다고 착각하며 살았습니다.

그렇지만 저는 하나님이 계시고 저를 사랑하시며 제 기도를 듣고 계신 것을 굳게 믿었었기 때문에, 밤에 잠을 자려고 누우면 늘 주님께 이런 저런 마음 속 이야기를 드렸고, 늘 외로움을 타고 친구관계를 힘들어했었기 때문에, 그런 힘든 마음을 말씀드리다 훌쩍훌쩍 울고 나면, 한결 홀가분해져서 잠이 들곤 했었습니다.

또 어떨 때는 어두운 것이 너무 무서워서 시편 23편을 계속 마음 속으로 외면서 주님께 도와달라고 기도하다가 잠이 들기도 했습니다. 이 때 주님은 제게 누구보다 가까운 친구이자 좋으신 아버지 같은 분이셨습니다. 하지만 저는 나직하게 중얼거리는 것 이상으로 큰 소리를 내어 기도를 거의 한 적이 없었고, 그래서인지 방언을 비롯한 영적 체험은 전혀 하지 못했었습니다.

여름 수련회에 가면 친구들 중 몇몇은 은혜를 받아서 펑펑 울고불고 하면서 큰 소리로 기도를 하는 경우가 있었는데, 저는 그런 분위기에 동화되지 못해 왠지 어색하고 불편한 마음이 들었던 기억이 납니다.

그리고 그렇게 울고불고 기도하던 친구들이 다음 날 되어 평소와 똑같이 화를 내거나 이기적으로 행동하는 것을 보면서, 울고불고 기도하는 것에 대해 약간의 부정적인 감정도 가지고 있었던 것 같습니다. 그렇게 난리를 치며 기도하고서 제 멋대로 사는 삶 보다는, 조용히 말씀을 읽고, 가슴에 느껴지는 감동이나 지혜대로 묵묵히 실천하며 사는 삶이 더 아름답지 않은가하고 생각했었습니다.

신앙을 가슴에 품은 채로 묵묵히 남을 섬기며 사시는 분들을 존경하며 저도 그렇게 살기를 바랐을 뿐, 영적인 체험에 대해서는 잘 알지도 못했고 동경도 하지 않았습니다.

그러다가 고등학생, 대학생이 되면서 저는 친구들의 영향과 여러 가지 책들의 영향으로 어린 시절의 순진했던 신앙을 잃게 되었습니다. 사람에 대해서, 세상에 대해서, 더 많이 경험하고 배우고 이치를 깨닫기를 원했고, 절대적 진리로 검증되기 전까지는 아무 것도 받아들일 수 없다고 생각했습니다. 그 때 저는 참 생각이 많았고 마음은 허무하고 비참했습니다. 사람들은 다 각기 다른 주장을 하고 그게 맞다고 믿을 근거는 없으니, 세상 모든 것이 다 불확실해 보였고 무엇을 위하여 살아야 할지 막막했습니다.

그 막막하고 허무한 느낌이 너무 힘들어, 저는 어떤 절대적인 진리를 찾기를 간절히 원했습니다. 세상 누가 뭐라고 해도 그게 진리가 맞기 때문에 그냥 그 말만 믿고 단순하게 따르면 되는 그러한 진리를 알면 제 마음이 든든하고 삶이 쉬워질 것 같았습니다.

기독교가 가장 익숙하고 가까운 종교였지만, 단지 그 이유 때문에 돌아가는 것은 맞지 않다는 생각이 들어 망설였습니다. 기독교, 불교, 유교, 도교, 이슬람교 등 각각 진리라고 주장하는 종교들 속에서 과연 어떤 것이 진정한 진리인지를 찾기 위해, 이런 저런 종교들에 관해 수박 겉핥기식으로 공부하며 답을 찾고자 애썼지만, 잘 알 수가 없었습니다.

그러다가 지쳐버린 저는 결국 다시 기독교를, 하나님을, 예수님을 붙잡았습니다. 아무 진리도 깨달을 능력이 없고, 아무 선함도 이룰 수가 없는 연약하고 무지하고 부족한 저와 같은 자를 불러 위로해 주는 종교는 기독교밖에 없는 것 같다는 생각이 들었기 때문이었습니다.

설령 이게 진리가 아닐 지라도 제가 의지할 곳은 이곳밖에 없는 것 같다는, 그냥 어린 시절 그랬듯 단순하게 주님께 가서 그 품에 안겨 쉬고 싶다는 마음이 너무 커져서, 내 힘으로 진리를 찾겠다는 고집을 포기하고 일단 주님께 돌아가기로 했습니다. 그러나 그런 이유로 돌아갔기에 제 마음 속 깊숙이 저의 신앙은 가짜라는 죄의식 같은 것이 있었습니다. 예수님을 순전하게 믿는 신실한 사람들을 보면 많이 부러웠고, 저도 그렇게 되고 싶었지만 머리와 마음속이 너무 복잡해서 쉽지가 않았습니다.

그러던 어느 날 누군가의 소개로 성경 공부도 하고 마지막에 성령 수양회도 하는 어떤 코스에 등록하게 되었고, 저는 이 기회에 저에게도 하나님이 살아 계시다는 것과 기독교가 진리라는 확신이 생기기를 소망하며 진지하게 공부에 임했습니다. 성령 수양회가 다가올 무렵 모임을 인도하시던 여집사님이 방언을 하면 좋다고, 사모함이 방언을 받는 비결이라고 말씀해 주셨는데, 그 말씀을 간절하게 붙잡았습니다.

그 여집사님은 은사가 많으시고 다양한 방언을 하실 수 있는 분이셨는데, 왠지 이번 기회에 저도 저분처럼 방언을 받을 수 있다면 얼마나 좋을까 하는 소망과 기대가 생겼습니다. 그럴 수만 있다면 그동안의 기나긴 회의와 방황을 이제는 끝내고, 진리에 대한 확신 속에서 평안한 마음으로 살 수 있을 것 같은 생각이 들었습니다.

그래서 성령 수양회 두 주 전부터 처음으로 새벽기도를 나가서 방언을 달라고, 주님의 살아계심을 느끼게 해 달라고, 그러면 저의 삶을 주님께 바치겠다고 기도하면서 준비하였습니다. 그리고 성령 수양회 날, 간절히 방언을 사모하며 열심히 소리를 내어 기도하던 제게, 그 여집사님이 오셔서 방언을 이미 할 줄 아니 해 보라고 하시고는 기도 하시면서 제 입과 턱과 배를 만져 주셨고, 갑자기 제 입에서 방언이 나오기 시작했습니다.

처음 입에서 말소리와 같지 않은 이상한 소리가 나올 때, 이게 방언인가보다 하면서 너무 놀랍고 얼떨떨하고 감사했지만, 그 감사의 느낌이 심장에서 찡하게 오기보다는 머리에서 '참 감사하다' 는 생각만 들었던 것 같습니다. 그런데 방언을 계속 할수록 가슴과 온 몸이 뜨거워지면서 좀 더 마음에서부터 감사함이 우러나오고, 주변 사람들을 위해 기도를 해 주라고 할 때 좀 더 진심으로 사랑을 느끼며 축복 기도를 해 줄 수 있었습니다. 그렇게 오랫동안 기도를 계속하면서, 저는 '이제 되었다. 나는 이제 주님을 아는 일에 인생을 바치면서 살아야지.' 하고 결심했습니다.

그날 밤 집에 돌아와서도 계속 방언을 하고, 다음날 아침 눈을 뜨자마자 내가 아직도 방언을 할 수 있나 확인해 보았더니 방언이 되어서 무척 설레었습니다.

그날은 하루 종일 조용히 방언을 계속 하면서 신기해했는데, 방언을 하면 심장과 온 몸에 약간의 전류가 흐르는 것처럼 마음이 설레고 몸이 붕 뜬 듯 하고, 주님을 알고 싶고 사모하는 감정이 솟아 나오는 것을 느낄 수 있었습니다. 그 뒤로 5년 동안, 저는 방언으로 인해 많은 변화를 겪고 유익을 얻었습니다.

우선 깨어 있는 시간 동안 내내, 약하든 강하든 주님을 생각하고 그리워하고 주님을 알고 싶어 하는 마음이 듭니다. 예전에 방언을 하지 못할 때도 그러한 생각을 안 한 것은 아니지만 그렇게 하루 종일 하지는 못했고, 주로 머리에서 그런 생각이 나오는 느낌이 들었다면, 방언을 하게 된 후부터는 억지로 생각하려 애쓰지 않아도 심장에 늘 아련한 그리움이 있다는 것이 다른 점인 것 같습니다.

그리고 예전에 방언을 하지 못할 때 주님을 구하는 기도를 하면 그냥 마음이 평안하고 조금 감동이 되는 정도 외에는 별다른 감각을 못 느꼈는데, 이제 방언을 하며 주님을 구하면 심장과 온 몸에 주님이 임재하시는 감각이 예전보다 더 강하고 선명하게 느껴져서 마음이 무척 포근하고 든든해지고 행복해집니다.

그 외에도 여러 가지 경험들을 생각해 볼 때, 방언 기도는 저의 영의 감각을 깨우고, 주님께 대한 갈망을 일으키고, 주님의 임재에 대한 감각을 예민하게 해 주는 것 같습니다.

그리고 방언 기도는 머리를 잠잠하게 하여, 더 단순하고 지혜롭게 생각할 수 있게 해 주는 것 같습니다. 예전에는 이런 저런 생각이 많고 눈과 귀로 많은 것들을 보고 들어서, 늘 피곤하고 지친 상태였는데, 방언을 자주 하면서부터는 평소에 머리에서 오고가는 복잡한 생각이 많이 줄어들고, 주변에서 보이고 들리는 것에 지나치게 마음이 빼앗기지 않아서, 예전보다 늘 정신이 더 맑고 덜 지치며, 해야 될 일이 생겼을 때 좀 더 단순하면서도 지혜로운 방법이 떠올라, 그에 따라 행하면 쉽고 자연스럽게 해낼 수 있는 것을 경험하곤 합니다.

방언 기도는 또 주님으로 충전하고 영이 회복되는 데에도 도움이 됩니다. 직장에서 일에 쫓길 때, 사람들과의 관계 속에서 힘들 때도, 조용히 속으로 방언을 하거나 잠깐 밖으로 나가서 나지막하게 방언을 하면, 어느새 마음이 평안해 지고 심장에 새 힘이 충전되는 것 같습니다.

그리고 우리 교회에선 새벽기도가 아니라 밤 기도를 하는데, 별로 체력이 강하지 않고 바깥 영향을 많이 받는 편인 저는 하루 일과에 지쳐 아무 의욕도 없고 기도할 힘조차 없을 때가 많습니다.

그럴 때 크지 않은 소리로 방언기도만 계속 해도, 하루의 피로가 말끔히 씻기고 새 힘이 솟아 어느새 크게 부르짖어 기도할 수 있게 되곤 합니다.

방언 기도는 또 제 영이 말하고 싶어 하는 것이니 주님의 마음을 더 잘 느끼게 해 주는 것 같습니다. 예전에 그냥 머리로 기도하고 말로 기도할 때는 그것만이 저의 생각인 줄 알았고, 또 주님이 저의 기도에 무엇이라고 응답하시는지 잘 느낄 수가 없었는데, 이제 마음에 어떤 생각을 가지고 방언으로 기도하면, 제 영혼의 감정이나 주님이 주시는 감동이 강하게 솟아나오곤 하는 것을 느낍니다.

주님을 사랑한다고 고백하거나 저를 드린다고 고백하면 눈물이 솟구치면서 감격이 되어 통곡하게 될 때가 있는데, 그럴 때면 저의 머리는 몰랐지만 제 영혼이 그만큼이나 주님을 그리워하고 갈급해하고 있었구나하고 느끼게 됩니다. 또한 방언 기도를 드리다보면 주님이 때에 따라 '내가 너를 사랑하며 불쌍히 여긴다', '네가 두려워하고 있구나. 염려하지 마라. 내가 네 곁에 있다', 혹은 '내가 너의 마음을 안다. 너의 마음을 내가 기뻐한다.' 하고 말씀하시는 듯한 감동이 들곤 하는데, 그럴 때면 제 가슴이 찡하게 감격이 되고 충족된 느낌이 들어서 참 행복합니다.

그리고 방언 기도를 하다보면 다른 사람의 영적 상태에 대해 더 민감해 지는 것 같습니다. 집회 같은 데서 둘씩 안고 대언을 하거나 하는 일이 있는데, 방언을 한 지 얼마 안 된 옛날에는 무슨 말을 해야 할지 몰라 당황스럽고 부담될 때도 있었습니다.

그러나 요즈음은 가만히 안고 방언을 하다보면 왠지 심장에 어떤 감동이 와서 그에 따라 말하게 되는데, 그러면서 주님의 사랑을 뭉클하게 느끼게 되고, 그 분도 저의 대언을 주님의 음성으로 느끼고 감동하여 우시곤 하는 일이 있습니다. 머리의 생각과는 상관없이 일어나는 이 심령의 감동이 참 신기하고, 이를 통해 사람들과 가깝게 연합하여 그들에게 주님의 사랑을 전하고 축복해 줄 수 있다는 것이 너무 감사합니다.

이렇듯 방언기도는 저에게 참으로 많은 유익을 가져다주었습니다. 슬픔과 절망 속에서 헤매고 방황하던 저를 긍휼히 여기시고 방언이라는 선물을 주셔서, 주님께 대한 사모함을 일으키시고, 더 단순하고 순전하게 주님을 의지하며 나아갈 수 있도록 붙들고 이끌어 주신 주님께 저의 모든 감사와 찬양을 올려드립니다.

남은 평생, 주님께서 주신 이 귀한 선물을 통하여, 날마다 주님을 더 찾고 알아가며, 주님께 더 저를 드려 주님과 연합되어가기를 소망합니다. 주님을 사랑합니다. 할렐루야.

4. 방언의 능력과 부흥 -B목사-

청소년 시절에 전형적인 장로교회를 다니던 나는 방언의 존재 자체도 잘 몰랐다. 청년이 되어 작은 개척교회로 옮겼는데 어느 날 그 교회에서 부흥회를 하게 되었다.

강사 목사님이 이번 부흥회 때 모두 방언을 받자고 해서 나도 잔뜩 기대하면서 열심히 기도를 했다. 그래서 많은 사람들이 방언을 받았고 그들은 몹시 기뻐했다. 그러나 슬프게도 나는 방언을 받지 못했다. 아쉽지만 다음 부흥회를 기약하면서 방언 받기를 사모하며 기다렸다.

드디어 부흥회가 열렸고 첫날부터 열기가 아주 뜨거웠다. 나는 내심 이번에는 꼭 방언을 받고야 말리라 결심하면서 열정적으로 기도했다. 그런데 첫째 날에도, 둘째 날에도 방언을 받지 못한 채 시간은 속절없이 흘러가고 있었다.

부흥회 마지막 날 나는 약간 낙심이 되었지만 그래도 포기하지 않고 필사적으로 기도했다. 정말 눈물, 콧물 흘리며 정신없이 기도하고 있었는데 어느덧 부흥회가 끝나버렸다.

'아.. 이번에도 결국 방언을 못 받았단 말인가?' 하며 마음 아파하고 있었는데, 청년부의 형제, 자매들이 나에게 오더니 '아까 기도할 때 보니까 형제님이 방언을 받은 것 같다' 고 했다.

나는 깜짝 놀라 내가 어떤 방언을 하고 있었는지 좀 자세히 설명해 달라고 부탁했다. 그랬더니 흉내 잘 내는 한 형제가 '이 숟가락, 저 숟가락' 하면서 내가 방언을 하고 있었다고 했다.

그 친구는, 이번 부흥회 때 청년회장이 숟가락 방언을 받았으니 청년부가 하늘 양식으로 충만해져 부흥할 것 같다고 사람들에게 얘기를 하고 다녔다.

사람들의 축하를 받으면서, 나는 방언을 받았다는 사실 때문에 기쁘기도 했지만 진짜로 방언을 받은 것인지 확신이 서지 않아 조금 당황이 되었다. 그래서 부흥회가 끝난 후에 혼자 남아 부흥회의 분위기를 회상하면서 다시 한 번 간절히 기도를 했다.

그랬더니 진짜로 내 입에서 '이수까라리, 저수까라리' 하고 방언이 나오는 것이었다.

'아.. 나는 진짜로 숟가락 방언을 받은 것이 맞구나! 주님.. 나에게 방언을 주셔서 정말 감사합니다..'

그날 밤에 감격과 기쁨 가운데 몇 시간 동안 방언 기도를 계속 했던 것 같다.

방언 기도를 받고 기도 생활의 즐거움을 맛보게 된 나는 틈만 나면 방언 기도를 했다. 그렇게 계속 기도하다 보니 성경 말씀도 열심히 읽게 되고 주님에 대한 갈망도 생겨 아예 신학교로 입학을 했다.

그런데 신학교는 내가 생각했던 곳이 아니었다. 생각보다 신학교에서는 기도를 많이 할 수 없었다. 가끔 기도실에 들어가 기도를 하기는 했지만 방언기도를 충분히 하시는 못했.

어느덧 세월이 흘러 목사 안수를 받고 부목사가 되어 교회에서 기도학교를 담당하게 되었다. 그 때 정원 목사님의 저서를 강의 교재로 정하고, 목사님이 설명해 놓으신 기도훈련 내용으로 커리큘럼을 짜서 강의를 시작했다.

다른 선배 부목사님들이 담당한 강의에는 개강과 함께 2~30명의 수강생들이 몰려왔지만, 신참내기 막내 부목사여서 그랬는지 내가 담당한 강의에는 첫째 주에 10명 정도가 왔다. 그래도 믿음을 가지고 강의를 시작했다.

첫째 주에 부르짖는 기도, 둘째 주에 대적기도, 셋째 주에 예수호흡기도, 넷째 주에 방언기도.. 이런 식으로 강의를 진행했다.

그런데 놀라운 일이 일어났다. 다른 선배 부목사님들이 맡은 강의에는 개강 때 많은 분들이 왔다가 점차 수강생 숫자가 줄어들거나 현상유지를 하는 정도였는데 내가 맡은 강의는 매주 마다 10명 정도씩 수강생 숫자가 증가했다.

특히 넷째 주에 방언기도 강의를 하고 실습할 때는 강의실이 가득 채워지는 기현상이 발생했다.

셋째 주 강의가 끝나면서 '다음 주에는 방언기도 강의와 실습이 있으니 방언 받고 싶은 분들은 누구든지 오셔도 좋다' 고 광고를 했는데 그 이야기를 듣고 수십 명이 몰려온 것이었다.

당시에 내가 섬기던 교회는 수 천 명이 모이는 대형교회였지만 성도들이 얼마나 기도에 굶주려 있었고 방언 받기를 간절히 사모하고 있었는지 실감할 수 있었다.

수십 명의 사모하는 심령들 앞에서 방언의 성경적 근거와 정원 목사님의 저서 〈주님의 마음에 이르는 기도〉에서 제시한 방언의 원리를 설명한 후에 드디어 방언기도 실습에 들어갔다.

30~40명 정도의 사람들이 방언을 받고 싶어서 몰려왔는데 그 열기는 정말 대단했다. 인원이 너무 많아 조를 편성해 이미 방언을 받은 사람들이 아직 방언을 받지 못한 사람들에게 손을 얹고 함께 기도를 시작했다.

대략 30분 정도 기도를 한 것 같은데 거의 대부분의 사람들이 눈물과 콧물을 쏟으면서 간절히 기도를 했다.

기도가 끝난 후에 방언을 받았다고 생각되는 분들은 손을 들어보라고 했더니 거의 80% 이상이 손을 들었다. 나머지 사람들은 아직 확신이 잘 안 선다는 사람들이었다.

그래서 나머지 사람들을 위해 한 번 더 뜨겁게 기도했다. 이번에는 내가 직접 돌아다니며 안수기도를 해줬다.

결과는 놀라웠다. 나머지 사람들도 모두 방언을 받게 된 것이다. 뿐만 아니라 며칠 후에 남편 따라 중국으로 몇 년간 출장 근무를 떠나게 될 여집사님은 중국어 방언을 받았다고 눈물을 흘리면서 간증을 하고, 또 어떤 분은 방언 통변을 받고, 또 어떤 분은 환상을 보고, 또 어떤 분은 수십 년 된 질병이 치유되는 등 정말 놀라운 일들이 많이 일어났다.

그 날 그 자리에 참석했던 모든 사람들은 기쁨과 감격에 사로잡혀 주님을 찬양하고 경배했다. 강의를 진행하고 방언을 받도록 도왔던 나도 너무나 놀라서 주님께 감사와 찬양을 올려드렸다.

기도학교 강의 때 방언기도를 받았다는 소문이 교회에 퍼져 많은 성도들이 어떻게 하면 방언을 받을 수 있냐고 나에게 상담을 요청했고 심지어 다른 교회에 다니는 성도들까지 나를 찾아와 방언을 받도록 도와달라고 도움을 청했다. 10명으로 시작된 기도학교는 12주 코스가 끝날 즈음에 100여명의 수강생으로 늘어나 성횡리에 모든 과정을 마칠 수 있었다.

개인적으로 방언기도가 얼마나 유익한지는 이루 말로 다 할 수 없다. 굵고 강한 목소리로 우렁차게 방언기도를 하면 심령이 담대해지면서 믿음의 확신이 생기고, 감정을 토하면서 방언기도를 하면 심령이 뜨거워지면서 주님에 대한 갈망이 일어나고, 부드럽게 방언으로 기도하면서 통변을 하면 가슴 속에 주님의 따뜻한 사랑이 느껴지고,

방언으로 기도하면서 성도들에게 대언기도를 해주면 감동으로 눈물바다가 되고, 악한 영에 사로잡힌 사람을 위해 강력하게 방언으로 기도하면 귀신이 소리 지르며 떠나가게 되고, 심령이 답답할 때 계속 방언으로 기도하다 보면 어느 순간 심령이 뻥 뚫리면서 기쁨이 충만해지는 등.. 정말 방언기도를 통한 영적인 유익은 이루 다 헤아릴 수 없다고 생각한다.

하지만 나는 사역자이기 때문에 방언기도의 개인적인 유익에 대해 쓰기 보다는 사역적인 측면에서 방언기도의 효과에 대해서 부족하지만 몇 글자 적어보고 싶다.

오늘날 한국교회가 어렵다고 한다. 특히 작은 교회들이 너무 어렵다고 한다. 교회가 부흥되지 않고 자꾸 침체되어 걱정이라고 한다.

하지만, 내가 경험한 바에 의하면 교회 부흥은 결코 어렵지 않다고 생각한다. 담임목사와 성도들이 부르짖는 기도나 방언기도와 같은 발성기도만 제대로 하고 있어도 교회 부흥은 자연스럽게 이루어진다고 생각한다. 특히 방언기도를 많이 하면 영육간에 풍성한 은혜를 체험할 수 있고 교회는 부흥할 수밖에 없다고 나는 믿고 있다.

이것은 나의 경험이고 나처럼 사역의 현장에서 방언기도를 많이 하고 있는 친구 목사들이 이구동성으로 얘기하는 것이다.

한 명의 그리스도인으로서, 그리고 사역자로서 나는 한국교회의 모든 목회자들이 교단과 교파를 떠나 방언기도를 모두 했으면 참 좋겠다는 생각을 갖고 있다.

그래서 사역자들이 다시금 사역에 자신감을 가지고 힘 있게 사역함으로써 모든 교회마다, 모든 사역단체마다 기도의 함성 소리가 하늘 높이 울려 퍼지기를 간절히 바라고 있다.

방언기도를 통해 침체된 한국교회에 다시금 부흥의 불길이 일어나고 하나님의 나라가 확장되는 놀라운 역사를 보게 되는 그날이 오기를 나는 소망한다.

    방언기도를 통해 모든 성도들이 주님을 더욱 갈망하고 이 땅에서 실제적인 천국을 경험함으로써 주님의 임재와 영광 가운데 살아가는 멋진 날이 올 것을 나는 확실히 믿는다. 아멘.

5. 방언기도 소감   -J형제-

방언을 받게 된 것은 처음 예수님을 믿고 얼마 안 되었을 때였다. 그땐 방언이 무엇인지도 몰랐다. 그냥 친구가 교회에서 성령세례를 준다고 같이 가자고 해서 따라갔었다. 그때 그 교회 목사님이 방언 못하는 사람들에게 안수를 해주며 기도를 해 주었는데 나도 모르게 혀가 막 움직이기 시작했다.

그 순간 난 '이게 뭐지? 이상하다.' 하고 생각을 했는데 그런 생각이 들자 혀가 움직이던 것이 딱! 멈춰 버렸다. 미리 방언에 대해 알고 갔다면 좋았을 텐데 이상한 현상이 일어나자 머리가 움직이면서 영의 움직임이 막혔던 것 같다.

그때 당시엔 아무것도 몰랐지만, 그 후로 방언에 대해 설명을 듣고 방언을 하면 좋다는 말에 무작정 방언을 달라고 주님께 매달리기 시작했다.

근 한 달을 새벽기도도 가고 방언을 많이 하는 교회 철야예배도 참석했는데 어느 날 철야예배에서 돌아다니면서 안수하시는 분이 안수해 주시는데 방언이 나오기 시작했다.

"따따따따따.."

그 때는 어렵게 받은 방언이라 무지 감격스러웠다. 그 때 같이 철야 다니면서 도와준 친구도 무지 기뻐했다. 그런데 그 당시 내가 다니던 교회는 대학 선교단체 소속 교회라 지적이고 말씀 중심의 교회였다. 방언을 하는 분도 거의 없고 방언에 대해서 아는 분도 거의 없었다.

초신자였던 내가 물어보자 그냥 외국어 같은 거라고 설명해줬던 기억이 난다. 지금 생각해보면 영에 대해 정말 무지했던 것 같다.

분위기상 그때는 방언기도를 잘 할 수 없었지만, 교회를 옮기면서 날마다 방언을 하고 부르짖고 하면서 좋은 것이 많았다.

첫째는 영감이 많이 생겼다는 것이다.

전에는 안 좋은 걸 보든, 뭘 하든 별 감각이 없었는데 계속 방언하며 부르짖으면서, 안 좋은 것에 접할 때 머리가 아프거나 가슴이 답답한 등의 감각이 생겼고 은혜 받고 좋을 때도 가슴이 시원하거나 포근해지기도 하고 사랑하는 마음이 많이 생기기도 한다. 방언이 영적인 감각을 깨우는 데 중요한 도구가 되는 것 같다.

둘째는 자유함을 많이 누리게 되고 마음의 아픔과 상처가 치유된다는 것이다. 방언하고 통역을 하면서 느낀 것인데, 통역을 해보면 그 때 나에게 꼭 필요한 말씀을 듣게 되고 내 스스로 내 방언을 통역하면서 마음이 평안해지기도 하고, 울기도 하면서 치유가 많이 되고 묶임과 상처가 있던 부분에서 자유하게 되는 것 같다.

다른 사람의 방언을 통역해 줄 때도 그와 비슷하게 상대방이 위로를 받고 힘을 얻는 것을 느꼈다.

셋째는 갈망이 많이 일어난다는 것이다.

계속 방언하고 부르짖으면서 가장 큰 변화인 것 같다. 세상의 소망을 버리게 되고 오직 주를 위해 살고 싶고, 주를 위해 내 목숨도 다 버리고 싶고 하루 종일 주님을 의식하며 살고 싶은 간절한 소원이 일어나는 것을 느끼게 된다.

주님께 감사할 뿐이다.

할렐루야!!

6. 방언기도 소감   -K자매-

　나는 어렸을 적 주일학교에서 기도하다가 아주 잠깐 방언이 터졌던 것 같다. 그런데 너무 어린 나이라 그것이 무엇인지도 모르고 성인이 되기까지 한 번도 방언으로 기도해 본 적이 없었다.
　그런데 정원 목사님의 저서 중에 〈주님의 임재를 경험하는 길〉을 읽으면서, '방언기도를 드리십시오' 라는 장에서 하라고 하신 대로 그냥 방에서 혼자 따라했는데 다시 방언이 나오기 시작했다.
　그러면서 옛날에 방언을 한번 한 적이 있었던 기억이 떠올랐다. 그 기억이 아주 가물가물했기에, 나에게는 방언이 마치 새로 터진 것처럼 느껴졌다.
　방언이 얼마나 재미있는지, 방언이 터지니 한시도 쉬고 싶지 않고 계속 방언기도를 드리고 싶었다. 그래서 길거리를 다니면서도, 입술을 움직이면 이상하게 보이니까, 입을 다물고 혀는 속에서 계속 움직이면서 방언기도를 하며 다녔던 기억이 난다.
　방언기도가 시작되자 막혔던 가슴이 뚫리는 듯, 내가 느꼈던 영적인 답답함, 무언가 알고 싶고, 경험하고 싶고, 체험하고 싶었던 답답함이 풀리는 것 같았다. 그냥 '다다다다.. 라라라라..' 하고만 있어도 기분이 좋아지고 시원해졌다.
　조금 더 시간이 지나면서는 방언통역을 하게 되었는데, 그게 다른 사람을 위해서도 나를 위해서도 참 도움이 된다는 걸 알았다. 내가 방언을 하고, 누군가가 그것을 통변해 줄 때, 정말 내 깊은 속에서만 느끼고 알고 있었던 것들을 이야기로 들으며, 주님이 정말 나를 가장 잘 알고 계시고 내 가장 깊은 마음을 이해하시고 있는, 사랑하시는, 따뜻한 분이시라는 것을 알게 되었다.

그리고 남의 방언을 통역해줄 때도, 주님이 얼마나 이 사람을 사랑하시는지, 이 사람이 얼마나 주님을 간절히 찾고 있는지, 갈망하고 있는지 알게 되어, 정말 그 사람과 마음을 합하여 기도하고 울고 통곡할 수 있었다.

그리고 가까운 사람들과의 관계에서 문제가 있을 때도, 말로 풀려고 하다가 오히려 더 오해가 생기고 말이 꼬일 때, 말이 통하지 않을 때, 조용히 손잡고 몇 분만 같이 방언기도를 하고 나면, 양쪽 다 마음이 정리되고, 풀리면서, 대화가 잘 진행되는 것을 경험하곤 하였다.

방언이 없는 삶은 상상할 수 없다. 방언은 속에 있는 무언가를 끄집어 올리는 것 같다. 가슴에 있는 감정을, 뭐라 말로 표현할 수 없는 감정들을 그냥 있는 그대로 표현해낼 수 있도록 해준다.

한국어로 하면 뭔가 생각을 해야 되고, 내 말에 내가 신경을 쓰게 되는 면이 있는데, 방언으로 기도하면 그런 이성이 움직일 겨를이 없이 온전히 가슴에 집중할 수 있게 되는 것 같다. 가슴으로, 영혼으로, 더 솔직하게 주님께 나아갈 수 있도록 도와주는 것 같다.

방언으로 기도하고, 통역하며 얻은 유익은 말로 다할 수 없다. 주님이 더 가까이 느껴졌고, 친밀하게 느껴졌다. 방언이 다시 트인 날, 막혔던 숨통이 다시 트이는 것만 같았다. 방언이 계속 발전하고 아름다워지며, 내 영이 자라고, 주님과 교제하는 아름다운 통로로 발전되어지길 기대한다.

할렐루야!

7. 방언기도 소감   -K집사-

　20여 년 동안 교회에 다녔지만 방언기도는 나와는 전혀 무관한, 방언의 은사를 가진 사람만 받는 특별한 은혜인 줄만 알았다.
　그러다 목사님의 책에서 방언기도가 무엇인지에 대해 알게 되고 누구나 원하면 할 수 있다는 것을 알고부터 나도 경험해보고 싶어졌다. 그렇지만 주변에 방언으로 기도하는 사람도 별로 없고 더군다나 내가 다니던 교회에서는 얘기도 꺼내볼 수 없는 분위기였다.
　그러다가 주님의 은혜로 정원목사 기도모임에 참여할 수 있는 기회가 생겨 갔다가 첫날 모임에서 마침 모두 둘러 앉아 방언기도를 하게 되었다.
　분위기를 보니 나만 못하는 것 같았다. 쭈뼛거리고 있었더니 옆에 있던 자매가 웃으며 도와주어서 같이 기도를 하고 있는데 어느 순간 혀가 나도 모르게 움직이는 것 같았다.
　신기하기도 했는데 그런데 갑자기 '이거 내가 괜히 오버하는 게 아닌가' 하는 생각이 들면서 멈추려고 하는데 자매가 계속 격려해줘서 꽤 오래 했던 것 같다. 끝나고 나니 "집사님..방언 받으셨네요.." 라고 자매가 말해 줬는데 얼마나 가슴이 벅찼는지 모른다.
　그랬던 그 감격이 오래 가지 않았다. 똑같은 소리를 계속하고 있으니 잡념이 수시로 들락거렸다. 그러다보니 이게 정말 방언이 맞는가 하는 의심도 들었다. 그러나 감사하게도 포기하지는 않았다.
　2년 정도 되니까 소리도 조금 바뀌면서 기도시간도 조금씩 늘어갔다. '라라.. 다다..' 하는 단음에서 짧은 언어로 바뀌게 되면서부터는 방언에 감정을 넣어서 하다보면 감동이 오면서 내 속에 갇혀있던 감정들이 올라와 통곡하기도 했다.

  방언 통역은 또 다른 경험이었다. '내가 무슨 통역을 할 수 있나?' 하는 마음으로 염려하고 두려웠는데 편하게 주님께 나를 내어드리고 맡겨 드릴 때 나의 통역을 전해들은 상대방이 너무 자신에게 꼭 맞는 말씀이라며 눈물을 펑펑 쏟는 것을 보았다.

  그리고 나 자신에 대해서도 통역하면 가슴이 찡 하면서 주님의 사랑이 느껴져서 너무 감동이 되곤 했다. 귀한 방언기도를 할 수 있도록 은혜를 주신 주님.. 감사합니다.

  주님을 찬양합니다.

8. 방언기도 소감   -O집사-

　모임에 처음 왔을 때 방언에 대해서 부정적인 견해를 가지고 있었고 하지도 못했고, 하기도 싫어했었다.
　모임에 처음 참석했을 때 생일이신 분을 위해 기도해줄 때도 다들 방언으로 하고 중보기도할 때도 대부분 방언으로 했기에 당황스러웠었다.
　남집사님 한분이 방언에 대해 조언을 해주셔서 처음에는 인위적으로 한 가지 발음으로 방언을 시작했다. 그러다가 점점 여러 가지 발음으로도 발전이 되어 갔다.
　예전에 통성기도만 할 때는 옆 사람이 듣는 것이 신경 쓰이기도 하고 기도내용에 대해서 생각을 하고, 여러모로 머리를 많이 쓰게 되어 정작 영혼은 자유롭게 표현되지 못했던 것 같다. 오히려 더 답답한 부분도 있고 시원하지 않게 기도를 마치는 경우도 많았다.
　그러나 방언을 하면서 알게 된 유익 중에 하나는 기도에 몰입할 수 있고 내 심장이 시원해지도록 쏟아낼 수 있다는 것이다. 남이 알지 못하는 내 속사정도, 내가 미처 깨닫지 못하는 내안의 또 다른 내가 (그것이 내 영혼이라고 생각된다) 분출하며 일어난다.
　내안의 많은 묶임이 풀려나고 뜻을 알지 못하는 울부짖음의 방언을 통해 내안의 어두움이 한 꺼풀씩 벗겨지는 느낌이 들었다. 때로는 밋밋하게 방언을 하기도 하고, 때로는 포효하며 나를 쏟아낸다. 그러고 나면 그때마다 세상을 보는 나의 눈이 조금씩 바뀌는 것을 느끼게 된다. 방언을 알기 전에는 마음속 깊은 곳에 슬픔이나 우울함으로 기분이 늘 가라앉아 있었다. 인생이 힘들고 슬프게만 느껴졌었다. 그러나 방언을 하게 되면서 점점 마음이 밝아지고 인생이 즐겁고 행복한 것이라는 것을 고백하고 느끼게 되었다.

그리고 직장에서 좋지 않은 경험들을 하게 되거나 어려움을 겪었을 때에도 방언을 통해 부르짖고 계속 토해내면 내안에 찌꺼기가 쌓이지 않고 날아가 버리는 느낌이 들었다.

쉽게 한마디로 굳이 표현하자면 방언은 내 영혼의 청소기 같은 역할을 하는 느낌이다. 지금은 방언을 하지 않고 일상생활을 하는 것을 생각하기 어렵다.

방언을 하면서 느낀 또 하나의 유익은 주님에 대한 느낌이 조금씩 예민해진다는 것이다. 예전에는 상상으로라도 주님의 음성을 느끼는 것이 불가능했지만, 방언을 하면서 주님의 음성을 미세하게라도 느끼게 되었다는 것이다. 그것은 직접 들리는 소리가 아니라 심장에서 느껴지는 느낌의 소리인 것 같다.

방언이라는 언어를 주신 주님께 감사하고 계속해서 주님과의 관계를 더 친밀하게 가꾸어 가고 싶다.

방언의 목적도 주님과의 교제라고 생각한다. 방언은 주님과 가까이 교제하기 위한 내 영혼의 청소기이다. 주님을 더 많이 경험하고 주님을 갈망하는 나의 인생이 되기를 바란다. 할렐루야!

9. 방언기도 소감 -K형제-

저는 지식을 많이 강조하는 교회에서 신앙생활을 시작했어요. 그래서인지 경험이나 체험보다는 성경 말씀을 지식적으로 공부하고 이해하는 것을 중시했지요. 그 결과 은사, 특히 방언에 대해서는 경험해보지 못한 채로, 약간 비판적인 시각을 갖고 있었죠.

방언을 말하면 자기의 덕을 세운다, 방언으로 기도하면 나의 마음은 열매를 맺지 못한다는 성경 구절을 방언에 대한 비판의 주된 이유로 내세웠어요.

정작 사도 바울이 위 말씀들이 있는 성경의 같은 장 마지막에 모든 사람보다 더 방언을 말하는 것으로 주님께 감사하고, 방언 말하기를 금하지 말라고 한 것은 다 무시했었죠. 그 결과 기도는 거의 묵상기도만 했었지요.

그러다 언젠가 고시공부를 그만둘 때에 앞으로 뭘 어떻게 해야 하나 막막한 마음에 점심을 금식하고 고시촌 내 교회에서 혼자 기도하다가 방언을 받게 되었어요.

약간 감사하긴 했으나, 방언 기도에 대해 잘 모르니 그 이후 거의 하지 않게 되었어요. 다니던 교회도 별로 주위에 방언 기도하시는 분도 거의 없었구요.

그러다 부르짖는 기도를 알게 된 후, 방언기도로 부르짖는 기도를 하게 되었는데 그 후로 방언기도의 능력 및 유익을 많이 알게 되었어요. 무엇보다 하루가 끝나는 밤의 시간에 방언기도와 부르짖는 기도를 하게 되면 하루 동안 제가 겪은 여러 사건들에 대해 제 영이 자신의 반응을 나타내는 것 같아요. 업무에 대한 스트레스를 많이 받은 날은 방언기도를 하면서 깊은 한숨이 많이 나오고 안 좋은 일이 있었을 때는 방언을 하면서 갑자기 목소리가 굵어지며 마치 싸움을 하는 사람처럼 소리를 높이며 기도를 할 때도 있어요.

그러다가도 주님께 탄식하듯 기도하며 눈물이 날 때도 있구요. 제 머리가 하루의 사건을 다 기억하진 못해도 제 영은 방언을 통해서 기도를 한다는 게 느껴지더라구요. 말씀에도 방언을 통해 영이 기도를 한다고 하는데, 이런 게 그런 것이 아닐까 싶어요.

하루의 일들을 방언기도를 통해 깨끗이 씻은 후에 호흡기도를 하면 더 잘 되고, 또 이렇게 기도한 날은 편안한 마음으로 잠을 자게 되고 스트레스도 많이 사라지구요.

제 경험으로는 방언을 하지 않고 그냥 처음부터 마음으로 기도하는 것보다는 방언으로 기도한 후 마음으로 기도하는 것이 더 유익한 것 같아요.

예전에는 마음의 열매를 더 중요하게 생각하여 방언 기도보다는 묵상기도를 열심히 했는데, 이제는 방언기도를 통해 영혼을 맑게 한 후 호흡기도등 내적인 기도를 하는 게 열매를 맺는 데에는 더 유익하다는 생각을 하게 되었어요.

또 예전엔 감정을 잘 느끼지 못했고, 표현도 거의 하지 못했었어요. 제가 느낄 수 있는 감정은 '화난다'와 '기분 나쁘다'는 감정 정도였죠.

내 마음의 상태나 세세한 감정들의 차이를 모르겠고, 어떻게 표현해야하는지도 모르겠더라구요. 그래서 그냥 화를 내버리고.. 저도 어려서부터 남자로서 감정을 무시하고 누르고 숨기는 훈련을 많이 받아서 그랬나 봐요.

그랬던 제가 최근 감정이라는 세계에 눈을 뜨고, 또 감정을 표현하는 법을 배우게 되었는데 이 역시 방언기도의 영향이라는 생각이 들어요.

방언기도를 하며, 제 영의 부정적인 감정을 표현하다보니(큰 소리로 감정을 표현한다거나, 울든가..) 일상생활에서도 감정 표현이 더 자유로워지는 것 같아요. 행복하다, 재밌다, 즐겁다, 기쁘다는 감정도 알게 되고.. 감정을 표현한다는 게 참 자유롭고 재밌더라구요.

이외에도 많은 유익이 있겠지만, 무엇보다도 나도 깨닫지 못하는 내 영의 근심과 탄식.. 두려움을 주님께 나아가 기도하고 또 어느 새인가 기도응답을 받아 변화되고.. 이러한 과정을 겪으면서 점차 주님을 더 알게 되고, 사랑하게 된다는 게 방언기도의 가장 큰 유익이라 생각돼요.

내 영으로 주님께 비밀을 아뢰고, 아뢴 만큼 응답받아 더 주님을 사랑하게 되는 것.. 방언기도!! 이제 방언은 제게 참 쉽고 유익이 많은 기도 방법이 되었어요.

10. 방언기도 소감   -L집사-

　방언을 처음 받고 시작하게 된 건 고2때였다. 내 인생의 나름 고뇌가 시작되던 즈음 나는 교회에 내 전부를 걸고 다니기 시작했었다. 지금 생각해보면 어릴 때였지만 마음은 아픔과 슬픔으로 신음할 때였다. 내가 다니던 교회는 아니었지만 학교근처 한 교회에 가서 아침과 방과 후에 날마다 방언기도를 하며 부르짖었던 추억이 있다. 그러다 나중에 오지 말라고 쫓겨나기도 했다. 시끄럽게 매일 부르짖고 방언을 해대니 아마 이상하게 여겼던 모양이다. 아마 그 교회는 방언기도를 싫어했던 교회였던 것 같았다.
　그 당시 내가 다니던 교회는 거리가 좀 떨어진 삼양동에 있는 은사가 많이 나타나는 교회였다. 그 당시 많은 은사를 경험하면서 방언기도, 부르짖는 기도로 목소리는 항상 쉬어있었고 산기도와 기도원을 다녔었지만 채워지지 않는 갈급함, 인격적인 나눔의 부족, 열매가 없는 삶, 경직되고 율법적인 신앙.. 그러한 모든 것에서 점점 절망과 한계가 느껴졌다.
　그 뒤로도 진리를 찾아 여기 저기 참 많은 교회를 찾아다녔으니 가는 곳마다 이상하게도 서로 다투는 교회의 모습, 평안을 찾을 수 없는, 아픔과 상처로 가득한 교회의 모습을 보면서 이 땅의 교회와 영혼들의 아픔이 느껴지면서 신학교를 가게 되었다. 하지만 거기서도 실망과 좌절을 경험했을 뿐 영혼의 기쁨과 행복을 알지 못했다.
　처음 목사님 책, '예수 호흡기도'를 만나면서 그 동안 오랫동안 찾고 갈망하던 내 영혼의 소원의 글을 읽으며 내 영혼이 꿈틀거리며 감격하기 시작했다. 쉬지 않고 기도할 수 있는, 쉬지 않고 주님을 부르며 사모하는, 주님만을 사랑하는 영혼의 책을 만난 것이 내 인생의 가장 소중한 만남이 되었다. 그리고 여러 과정들을 경험하게 되었고 올해에 특히 부르짖는 방언을 제대로 하기 시작했던 것 같다.

어릴 때 하던 방언기도와는 달리 내 심령을 토해내는 방언기도.. 이것을 통해 내 영혼이 깨어나고 있음을 분명히 느낀다.

내 소원인 주님을 생각하며 주님께 대한 사랑과 마음을 쏟아 물붓듯이 하는 방언기도.. 포효하는 기도는 내 삶을 바꾸어 놓기 시작했다.

가슴 깊은 속에서 뜨겁게 일어나는 주님을 향한 사랑과 갈망이 내 영혼의 중심소원이라는 것.. 오직 주님뿐이라는 것을 깨닫게 해주며, 죄에 대한 선명하고도 따스한 주님의 지적을 받을 때는 감격과 감동이 가슴과 온 몸을 녹이는 느낌이었고, 죽어도 좋을 만큼 주님의 사랑은 따스하고 포근하게 느껴졌다. 주님의 아픈 사랑.. 너무도 아프게 기다리신 사랑임을 선명하게 느끼게 해준다.

얼마나 오랫동안 친밀한 교제를 기다리며 원하셨는지.. 너무도 선명하고도 따스한 주님의 음성.. 주님의 그 용서하시는 한없는 사랑에 울어도 울어도 끝이 나지 않는 눈물로 주님께 경배를 드리고 싶어졌다.

내 안에 숨겨져 있던 중심의 문제들, 기질적인 악, 받아먹고 즐겨왔던 악한 죄들과 속이고 공격하는 영들을 발견하면서 분노와 증오 또한 솟구쳐 올라와 영적전쟁을 계속 하게 되었다.

그 결과 얼마나 시원하고 통쾌하며 죄에서의 해방감과 자유를 얻게 되었는지! 복음의 놀라운 감격과 감동이 방언기도를 통해 얻을 수 있는 열매들이었다.

그 중에 무엇보다도 놀라운 것은 주님의 마음, 주님의 사랑을 가슴깊이 느끼며 맛보고 경험하는 것이었다. 기계적인 기도가 아닌, 주님이 너무나 좋아서 계속 기도하고 싶은, 교제하고 싶은 갈망과 삶의 행복과 기쁨과 만족감으로 채워져 가는 것이었다.

그러면서 나 혼자만이 누리는 기쁨이 아닌, 내 안에 계신 주님을 나누고 싶은 소원이 부르짖는 방언기도를 하면서 불같이 일어나기 시작했다.

주님이 원하시는 것, 오직 주님이 기뻐하시는 것을 위해 주님께 나를 토하고 심령을 쏟아 붓는 기도는 확실히 효과가 있다.

내 안에 오랫동안 묶여만 있던 영이 충만하게 흐를 수 있도록 쉬지 않고 소리를 내며 방언을 하고 싶다. 주의 영이 충만하게 흐르는 통로가 되어 주님의 원하시는 한 영혼을 찾고 싶다. 나누고 싶다.

방언기도를 하면서 주님이 내게 주신 사명도 발견하게 된다. 나에겐 특별한 재능이나 달란트가 있지는 않지만 주님을 오직 사랑하고 사랑하기 위해 부르신 부르심, 그 사랑의 친밀한 교제를 통해 얻은 기쁨.. 주님의 그 놀라운 사랑과 마음을 보여주고 전하라는 주님의 감동을 받는다.

내게 쏟아 부으신 끝없는 그 사랑처럼 나도 주님을 위해 아픔도 버림받음도 오해도 그 모든 것을 경험해도 이젠 아프지 않을 것 같다. 그렇게 주님께 나아갈 때 오히려 속에서 기쁨이 일어난다는 것을 조금 알 것 같다.

생명을 다해 기도하며 영혼을 얻기 위해 살 것이다. 내 영혼의 기도인 방언기도를 쉬지 않고 더 많이 계속할 것이다.

나도 사도바울처럼.. 방언기도를 할 수 있는 한 많이 하고 싶다. 심령에 매인 자가 되고 싶다.

이 놀라운 기도, 방언기도를 할 수 있고.. 방언기도의 맛을 알게 해주셔서 얼마나 감사한지 모른다.

특히나 토해내고 심령을 쏟아내면서 하는 방언기도는 너무나 가슴을 후련하게 한다. 죄와 절망의 한계가 어느새 소망과 자신감, 자유, 해방감, 기쁨, 만족감으로 채워지게 된다.

가슴에 포근하고 따스한 기운이 오랫동안 떠나질 않아서 자다가 깨어나면 그리움과 눈물이 일어나 그 사랑의 교제 속에 머물고만 싶어진다.

내 죄의 선명함이 더 많이 다가온다. 그런데도 좌절이 아닌 용서받은 감격으로 통곡이 일어난다. 주님의 깊은 사랑이 가슴가득 벅차기만 하다.

방언기도를 하면 할수록 인격적이고 섬세하신 주님이 느껴져 실제 옆에 가까이 계심이 더 많이 느껴지기도 하고 방안에도, 사무실에도, 버스를 타도, 길을 걸어도, 사람들과 대화중에도, 따뜻하고 온유하신.. 겸손하시고 친절하신.. 너무나 자비하신 주님, 그 향취가 내 주변을 감싸는 것 같다. 천국이 느껴진다.

방언을 많이 하면서 성경을 읽을 때도 많이 달라진 것 같다. 수시로 감격과 감동이 일어나고 한 귀절 한 귀절들이 살아 움직이듯이 지금 나에게 말씀하시는 주님이 느껴져 펑펑 엎드려 울기도 하고 가슴 속에 새겨져 하루 종일 그 말씀이 머리에서도 떠나질 않는다.

방언기도를 통해 내 삶에 참 많은 열매가 일어나기 시작했다. 무엇보다 주님의 마음에 대해 예민해진 것 같고 주님의 사랑이 얼마나 놀라운지, 주님이 얼마나 아름다운 분이신지 말로 표현할 수 없을 만큼 감격적으로 다가오며 알게 되었고 사람들의 마음이 좀 더 섬세하게 느껴지면서 그들의 아픔과 기쁨을 나와 하나된 것처럼 경험하기도 한다. 사람들에 대한 시선도 참 많이 바뀐 것 같다. 사람들 한 사람 한 사람이 얼마나 소중하고 아름다운지.. 비록 하나님을 알지 못해도, 아직 영혼이 깨어나지 않았어도, 모두가 아름답고 사랑스럽게 보이면서 전에 가지고 있었던 사람들에 대한 두려움들은 어디론가 사라지고 참 많이 불쌍해 보이고 사랑해주고 싶은 마음이 많이 일어나게 되었다.

주님의 마음이 얼마나 사랑으로 가득한지 느낄 수 있고, 내 마음도 그 사랑으로 조금씩 채워져 가는지.. 기쁨과 사랑을 나눠주고 싶은 마음뿐이다.

다 기억하고 기록할 수 없지만 방언기도를 통해 주님을 더 사랑하게 되었고 삶속에서 주님을 더 가까이 느낄 수 있게 되었다. 앞으로 더 많은 방언기도를 하면서 주님과의 친밀한 교제, 가까운 교제를 사모하고 갈망하며 주님의 통로가 되어갈 것을 기대한다.

좋으신 주님.. 주님을 찬양합니다. 주님은 너무나도 아름답고 선하십니다. 감사합니다. 사랑합니다. 나의 주님..

11. 방언기도 소감   -K형제-

초등학교 3학년 때 방언을 받았다. 그러나 그때는 방언의 무한한 유익과 풍성함을 몰랐으므로 잊어버리고 살다가 주님을 만나고 방언의 영적유익과 풍성함에 대해 배우면서 이 방언이 얼마나 놀라운 축복이며 은혜의 통로인지 깨닫게 되었다.

목사님의 가르침을 통해 방언을 하게 되면서 많은 자유함을 경험했다. 세상 사랑이 소멸되고, 세상문화와 가치관이 싫어지고, 죄가 미워지고, 복잡하고 우울하던 분위기에서 단순함과 담대함, 밝음과 기쁨이 일어났다.

방언을 통해 이렇게 많은 은혜와 유익을 경험했지만, 그 중에서도 내가 방언을 통해 받은 가장 큰 은혜는 예수를 향한 뜨거운 사랑과 간절함, 그리움, 주를 위해 내 목숨과 모든 것을 드리고 싶은 마음들이 생겼다는 것이다.

하루 종일 예수생각이 나고, 어떻게 하면 내가 주를 기쁘시게 할 수 있을까. 어떻게 하면 주를 위해 내 목숨을 드릴 수 있을까.. 이 생각을 하게 되었다는 것이다.

세상과 주님 사이에서, 자아의 만족과 주님 사이에서 수없이 방황하고 주님을 아프시게 한 나의 미지근한 신앙이 방언을 통해 빠르게 바뀌어갔다.

방언을 가슴으로 외치고 토할 때 알 수 없는 눈물과 간절함과 사랑이 흘러나왔는데 이것은 진정 행복이고 만족이었다.

내 삶에서 가장 행복했던 시간이 언제였을까 떠올려보면 혼자 교회에서 무릎 꿇고 한창 방언을 했었던.. 순간이었다. 그 때의 그 시간이 떠오르고 그리워진다. 그리고 또다시 불이 타오른다.

　방언을 통해 주님을 더 깊이 만나고 싶다. 내 힘으로는 주를 사랑할 수 없지만 방언을 통해 자연스럽게 주님을 사랑하게 되고, 갈망하게 되고, 나같이 부족하고 한심한 사람도 예수에 미친 사람이 될 수 있다니 정말 놀랍고 감사하다.

　그리고 내가 경험한 방언의 은혜와 축복을 더 많은 사람들이 경험하게 되고, 그것이 확장되어서, 예수께 미친 사람들, 그리스도를 간절하게 사랑하고 갈망하는 사람들이 일어났으면 좋겠다.

　주님.. 감사합니다. 모든 영광과 찬양과 감사와 사랑을.. 경배를 주님만 받으시길 원합니다. 할렐루야!

12. 방언기도 소감   -L집사-

20대 때 방언을 너무나 하고 싶어서 교회에 밤마다 가서 기도했다. 일주일 쯤 지나서 기도하다 갑자기 방언을 하게 되어 너무나 좋아했었다. 그러나 그 이후 누가 이끄는 사람도 없고 잘 몰라서 그냥 흐지부지 지내게 되었다.

40대 초반이 되어서야 방언기도의 중요성을 알게 되어 3년여 동안 새벽기도 다니면서 방언기도를 많이 한 것 같다.

처음에는 큰소리로 방언기도 1-2시간 하면 가끔 통역이 되기도 했다. "내가 너를 사랑한다." 이 말을 듣기 위해 잠도 안자고 새벽 2-3시부터 일어나서 방언기도 한 기억이 난다. "사랑한다"라는 말을 듣기 위해 5시간 이상 방언기도 한 적도 있다. 그 말을 듣고 너무나 감격하고 기뻐했다. 행복했고 붕~ 떠다니는 느낌이었다.

수면시간에 민감한 내가 그 기쁨이 얼마나 컸는지 잠도 안자고 방언기도를 하였다. 그리고 한참 지나서 통역도 되고 많이 알아지고, 남을 위해 대언기도도 하고 그랬다.

방언기도를 하면 머리의 복잡한 생각이 없어지고 가슴속에서 조용한 소리가 들린다. 그런데 소리.. 말의 내용보다도 그 아련한 느낌..가슴이 찡하고 감동으로 전하는 느낌.. 그것이 너무나 포근하고 따뜻하다. 눈물이 주루룩 흐르면서 주님의 사랑이 느껴진다. 그리고 그것으로 충분하다. 마음이 아프고 힘들었던 것들이 스르 녹으면서 기분이 좋아진다. 신기하다.

방언기도를 통해 영계를 열고 주님을 만나는 기쁨이 참 놀랍다.

13. 방언기도 소감   -L집사-

저는 20대 초반에 교회를 다니기 시작했어요. 이곳은 방언기도 하는 사람을 이단시하는 교회였어요. 오직 말씀중심, 거룩함을 강조하는 분위기였지요.

그러다가 또 어느 선교단체에서 성경을 배웠는데, 거기서는 성령시대는 끝났다고, 은사적인 초보신앙은 버려야 한다고 들었어요.

마음에서 일어나는 갈망, 주님을 향한 그리움은 있으나 어찌해야 할 바를 알지 못하고 자포자기하는 삶을 살다가 2002년도에 목사님을 만나고 방언기도를 사모하다가 그해 8월 기도하는 중에 혀가 이상하게 꼬이고 이상한 발음이 나오면서 어떨 때는 둔탁한 소리가 나오기도 하고 날카로운 소리가 나오기도 하면서 그 과정에서 가슴이 많이 아팠고 트림과 가래가 많이 나왔어요.

저는 호흡이 참 얕았어요. 가슴위에서 할딱거리고, 목소리는 가늘고 높고, 말을 조금만 해도 쉽게 지치고 걸으면서 말을 하거나 조금 높은 곳을 올라가는 것은 숨이 차고 어지러워서 정말 힘겨운 일이였어요.

마음의 상태는 걱정, 근심, 두려움, 불안, 초조, 원망, 불평, 억울함, 짜증, 분노, 미움, 판단, 정죄 등이 가득하고 참 안 좋았지요. 다른 사람들은 다 행복한데 나만 불행한 것 같은, 그야말로 세상의 짐들은 내가 다 짊어지고 사는 것 같았어요.

감정의 기복은 또 얼마나 심하던지.. 방언기도를 하면서 속에서 쉴 새 없이 올라오는 트림과 가래를 뽑아내면서, 제대로 하는 것이 맞는지 의심이 올 때가 있고, 빨리 변화가 없으니 해서 뭐하나 싶을 때도 있고 가슴의 통증이 무서워 포기하고 싶을 때도 있었지만, 힘이 들면서도 계속 방언하고 부르짖고 대적하고 회개하고 호흡하고 선포하고 울고 또 울고.. 그랬던 것 같아요.

그러기를 한해, 두해가 거듭되면서 서서히 변화가 시작된 것 같아요. 나도 모르게 "평안하다. 자유롭다. 기쁘다. 행복하다"는 고백이 나오는 것을 보고 내가 변화되고 있다는 것을 알았어요.

그 다음부터는 서서히 기도가 재미있고 가슴의 상태를 살피며 기도하게 됐어요. 불편하고 답답한 느낌이 있을 때는 방언하고 부르짖고 대적하면 즉시 시원해지니까요.

이렇듯 내 마음이 변하면서 건강도 회복되고 환경도 좋아졌어요. 불편한 사람이 없어지고 비교하고 불평하던 마음도 없어지고 사람들이 사랑스럽고 불쌍하고 측은한 마음이 들고 주님이 내게 베풀어주신 사랑과 은혜, 자유와 기쁨, 평안과 행복을 나눠주고 싶은 마음이 간절해지게 되었어요. 무엇보다 하나님의 마음.. 하나님의 사랑.. 하나님의 긍휼하심을 가까이 느낄 수 있는 것이 너무나 감사하고 행복했어요.

이제는 오직 주님만 사랑하고 주님께 미치고 주님의 기쁨, 주님의 영광을 위해 살고 싶다는 생각이 간절합니다.

주님의 마음에 합한 자가 되어 주님의 아름다운 통로가 될 수 있다면 얼마나 행복할까요. 내 안에서 이 소망을 일으키신 분은 주님이십니다. 주님께서 저를 그 길로 인도하고 계심을 믿습니다.

아직 내 안에는 처리되지 않는 많은 것들이 있지만, 더 많이 방언하고 부르짖고 토해내고 대적하고 주님을 먹고 마시며 주님의 점유율이 점점 증가되고 사랑이 저절로 흘러가게 하는 아름다운 통로가 되도록 매일매일 이 전쟁을 해나갈 것입니다.

　방언기도를 더 많이 해서 사명을 감당하고 승리할 수 있는 강한 영력을 얻고 싶어요.

　강한 용사가 되어 빼앗긴 주님의 나라, 주님의 백성들을 되찾는

　하나님 나라의 용사가 되고 싶습니다. 주님, 저를 드립니다. 훈련 시켜주시고 사용해 주세요. 감사합니다.

14. 내가 경험한 방언기도의 은혜 -O자매-

초등학교 때 아무것도 모르고 기도하시는 분께 안수 받고 방언을 처음 말해봤다. 하지만 그저 밋밋한 느낌이었고 별로 갈급함도 없던 때라 그런가보다 하고 지나갔다.

그러다가 중학교 2학년 때인가 청소년 연합수련회에 가서 뜨겁게 찬양하고 울면서 간절히 기도하다가 방언이 강력하게 다시 나오게 되었다. 그 즈음부터 매일 한 시간씩 기도도 해보려고 하고, 나 혼자 피아노 치면서 큰소리로 찬양도 하고, 온갖 부흥회, 기도원 집회, 철야예배까지 사모함을 가지고 신앙생활을 했던 것 같다.

나를 다 드려서 쏟아 붓는 기도와 찬양 후에 오는 기쁨.. 주님을 향한 뜨거운 열정을 경험하고 나니 세상에 이것만큼 좋은 것은 없다는 생각이 들었다.

당시 가정의 힘든 상황, 나 자신에 대한 고민, 눌린 마음으로 아무 것에도 의욕이 없던 나에게 신앙생활은 유일한 기쁨이었다. 하지만 입으로는 방언을 하고 한 시간 채워보려고 수시로 시계를 보면서 기도하면서도 생각은 마음대로 다니고, 뭔가 이것은 아니지 않나 하는 생각이 들었다.

목회를 하셨고 나름대로 기도생활을 하시던 부모님께 여쭤 봐도 방언하다가 생각이 떠오르면 한국말로 하다가 반복하면 된다고만 하시고 딱히 방언기도의 기쁨을 알 수가 없었다. 그저 한 두 시간을 기도시간 채우는 용도로 방언을 사용했던 것 같다.

그래도 지금 돌아보면 그 와중에도 가끔씩 미친 듯이 외치고 포효하면서 방언을 할 때는 속에서 가래도 올라오고 눈물도 터지고 했던 기억이 있다.

특히 새벽에 졸리다가도 아무 생각 없이 방언기도를 하다보면 속에서 끝도 없는 엄청난 통곡이 올라와서 오열하면서 방언을 하는 중에도 신기하게 머리로는 '도대체 내가 왜 울고 있지? 무슨 슬픈 일이 있나?' 의아해 했던 순간들이 있었다. 지금은 나의 머리와 심장이 다르다는 것을 조금 알지만 그때는 정말 신기했다.

부르짖고 외치는 방언기도의 유익, 내 영혼의 표현에 대해 알았더라면 어렸을 때부터 강력한 권능을 경험하고 자신감 있게 살 수 있었을 텐데.. 마음에는 주를 향한 사모함과 선의가 있지만 매일 타협하고 약하게 눌리고 스스로에게 화를 내는 식으로, 오히려 불신자보다 더 눌리고 약한 삶을 살았다.

부르짖는 것도, 마귀를 대적하는 것도, 귀한 은사인 방언기도에 대해서도 어쩌면 그렇게 어설프고, 단편적으로 알고 제대로 사용하지 않았는지.. 무능력한 그리스도인으로 살기에 바빴다!

나중에 기도의 원리에 대해서 조금씩 배우고 조금씩만 방향을 바꿔도 눌림이 떠나고 내 삶이 변하고 실제적으로 자유함을 얻는 것을 점점 경험하면서 감사하기도 하고, 이런 간단한 가르침이 없어서 귀한 시간을 낭비한 것이 너무 안타까웠다. 우리 부모님도 일생을 사모하고 여기저기 은혜 받는 곳은 다 쫓아다니셨으면서도 제대로 기도의 능력과 권능을.. 영혼의 깨어남과 주님과의 친밀한 은혜를 누리지 못하시는 것을 보면서 안타까움을 금할 수 없다.

요즘은 몸, 얼굴, 가슴에 힘을 주고 나를 토하면서 울부짖는 방언기도를 한 후에 나의 마음과 생각이 바뀌는 것을 수시로 경험하면서 너무도 감사하다.

방언기도를 놓지 않고 계속하면서 점점 더 주님께 대한 갈망이 생기고 더 주님을 알고 싶은 간절함이 사라지지 않는 것은 내게 주신 세상에서 가장 복된 은혜인 것 같다. 원리도 모르고 방향도 불분명했지만 방언을 말하고 기도할 때 그래도 계속적으로 부어주셨던 은혜는 이것이었던 것 같다.

나는 주님 없이 살 수 없다. 나는 주님을 더 사랑하고 싶다. 요즘 방언으로 부르짖고 가슴을 토하는 기도를 하면서 예수를 더 간절히 찾고 부르면서 은혜가 더욱 넘치는 것 같다.

더욱더 주님을 선명히 느끼고 주님의 마음을 알아드리고 싶다.

내 일생 예수께 미치고 빠지는 삶을 살고 싶다. 오직 내 안에 계신 주님.. 나의 영혼의 갈망은 한 가지 예수라는 것이 점점 더 뚜렷해진다. 앞으로도 더 방언을 말하고 나의 온 의식, 삶, 인생 전체가 예수에 대한 그리움과 사랑으로 가득 찬 삶을 살고 싶다.

나 같은 자에게도 주님을 사랑하는 마음을 주셔서 감사합니다.

주님을 더 알기 원합니다. 사랑하고 감사합니다.

주님은 나의 전부이십니다. 할렐루야!

15. 방언기도 소감문 -J자매-

처음 방언을 한 건 초등학교 3학년 때였나요. 엄마가 해보라고 하셔서 아무것도 모르고 그냥 했던 것 같아요. 그 이후 많은 기도를 한 것은 아니었고 그냥 우리말로 기도하고 그랬던 것 같아요.

제대로 방언을 많이 하게 된 건, 모임에 온 중3때부터 사람들이 다 방언으로 기도하니까 저도 같이 방언으로 기도를 했죠.

그런데 그때는 방언의 용도도 모르고, 영적으로도 둔해서 기계적으로만 방언을 하고 큰 감격이나 갈망이 일어나지는 않았어요. 그때는 공부해서 성적올리고 경쟁하는 것에 집중하느라고 영적으로는 더 막혀있었던 것 같기도 해요.

그 이후에 아빠가 아프시고 가정형편이 안 좋아지고, 제 안에 있는 여러 악성들과 싸우게 되다보니 자연스럽게 기도를 더 하게 되었는데 그때 마침 가슴을 토하는 방언기도에 대한 메시지를 듣게 되었어요.

그리고 나서 처음으로 센터에서 혼자 기도하는 시간을 가졌는데 할수록 마음이 뜨거워지고 원인모를 눈물도 나고 그러더라구요. 그걸 시작으로 방언기도, 가슴을 쏟는 기도에 재미를 붙이게 된 것 같아요.

기도를 하면 할수록 제 속에 있던 어두움들이 드러나고, 드러나면 바로 또 토하고, 방언하고.. 하면서 예전에 갖고 있었던 세상가치관, 쌓아놓고 있던 우상들이 하나 둘씩 무너지고 있는 것 같아요.

또 겉으로 드러나진 않아도 알게 모르게 제 마음도 평안해지고 든든해지는 느낌이 들기도 해요.

가장 감사한 건 주님을 향한 갈망, 하나님 나라에 대한 소망이 점점 생긴다는 것이에요.

사실 예전엔 그렇지 않았다는 것을 제 마음이 가장 잘 알고 있어요. 그런데 요즘은 정말로 주를 위해 죽는 다는 것, 주께 미친다는 것에 대한 얘기만 들어도 '그렇게 되고 싶다, 그런 사람이 되고 싶다!' 그런 마음이 막 솟구쳐 올라와요.

그런 글을 접하거나, 얘기를 듣거나, 그런 생각을 할 때.. 울컥하는 마음.. 막 솟구쳐 올라오는 마음.. 그런 게 올라오더라구요.

방언을 하면서 제 마음속에 주님에 대한 갈망, 주를 향한 사랑이 생긴 것이 정말로 감사하고.. 앞으로도 쭉 방언을 하고.. 길을 가면서, 공부하면서, 일하면서도 주님을 생각하며 방언을 하면서 제 영혼을 더 일으키고, 갈망의 불씨를 꺼트리지 않도록 유지하면 살고 싶어요.

주님, 감사합니다.

제 안에서 탄식하고 계신 성령의 감동을 더 토하고.. 가슴을 쏟고.. 방언하면서 주님의 마음을 풀어드리고 싶어요.

제 안에 갈망을 일으키시고 저를 새롭게 바꾸실 주님을 찬양합니다.

내주하시는 그리스도가 저의 소망입니다.

주님.. 나를 더 사로잡아 주세요. 성령의 강물..생수의 강이. 흘러 넘치기를 소망합니다. 할렐루야!

16. 방언기도의 세계 속으로 -H자매-

처음 방언기도를 받았을 때는 예수님을 믿은 지 얼마 되지 않은 어느 날이었습니다. O 교회를 다니고 있었는데, 교회에서 밥 피츠 찬양집회가 있었는데, 행복한 마음으로 익숙지 않은 영어찬양을 따라 부르고 있었습니다.

그 때, 뭔가 신기한 언어들이 나오고 혀가 자연스럽게 움직이는 느낌이 들었고, 즐거운 마음이 들었습니다.

집으로 돌아와서는 먼저 예수님을 믿고 신앙적인 경험이 많은 친언니에게 내 혀가 꼬이는 등 있었던 현상들에 대해 이야기를 했습니다.

언니는 듣자마자 "아, 그건 방언이라는 거야." 하며 방언기도에 대해 설명을 해주었습니다.

저는 궁금했던 부분들이 싹 풀렸지요. 그것을 활성화시키기 위해 자주 사용해야 한다는 얘기도 들어서 의지적으로 혀를 움직이며 자주 방언을 했습니다.

나중에는 점점 더 자연스러워졌고, 교회에서도 방언으로 기도하니 더 기도가 간절해지는 것 같았습니다. 생각을 비우며 계속 기도할 수 있다는 것이 참 좋았어요.

그리고 큰오빠도 나중에 예수님을 믿고 방언을 하게 되었는데, 서로 방언으로 대화도 하고, 웃고.. 그랬지요.

방언기도를 하니 영이 조금씩 예민해지는 것을 느꼈고, 은사도 일어나는 것 같았어요. 무엇보다 기분이 좋아지고, 행복해지고, 예수님을 더 바라보게 되었습니다.

　다른 사람을 위해서나, 기도제목을 놓고 기도할 때도, 때론 강하게 때론 부드럽게 자연스럽게 방언이 나오며 마음이 시원해지는 경험들을 했습니다.

　또, 모임에서 서로의 방언을 통변해 줄 때, 각자에게 필요한 격려나 사랑의 말씀을 듣게 되고 하나님이 한 사람 한 사람을 너무나 사랑하시는 마음을 느낄 수 있었어요.

　영이신 하나님을 영의 언어인 방언을 사용하여, 더 만날 수 있다는 것! 너무 놀랍고, 더 많이 하고 싶어집니다.

　나의 경험과 머리로는 한계가 있지만, 방언은 내 영의 필요를 잘 알고 구하며, 성령께서 내 영을 터치하시니 너무 감사해요.

　내 영을 깨우고, 발전시키는 방언기도.. 주님을 더 사랑하도록, 더 발전시키고 일으킬 것입니다.

　하나님, 감사합니다!

17. 방언기도 소감   -S자매-

처음 모임에서 예배 중에 방언을 하게 되고 그때는 단순한 언어를 반복적으로 계속 내었었는데 처음에는 조금 부끄럽고 어색했지만 예배 중이었고 또 주변에서 함께 기도해 주셔서 자연스럽게 방언을 하게 되었고 그러면서 점점 나도 모르게 계속 울었던 기억이 나요.

그리고 옆에서 기도해 주는 언니가 통역을 해주셨는데 '주님의 얼굴을 구하기 원합니다..' 그런 내용을 반복적으로 강력하게 들려주시는데.. 속에서 깊은 울부짖음이 함께 터져 나왔어요.

그때의 감격, 시원함.. 주님과 내 영혼이 만난 것 같은 그 느낌은 아직도 기억에 남아 있어요. 하지만 혼자서 기도할 때는 쉽게 그때의 감격이 일어나진 않아서 밋밋한 느낌이 들 때도 많았던 것 같아요. 그렇지만 해가 거듭될수록 주님께 부르짖고 외치고 표현하게 되고 눌림이나 부자유한 것들에서 점점 벗어나면서 점점 방언기도도 제 속에서 깊어지는 것 같은 느낌이 들었어요.

요즈음은 방언기도를 하면서 가슴에서 달콤한 기운들이 조금씩 일어나는 것을 느끼게 되어요.

방언을 하면서 주님께 사랑과 헌신의 고백을 드리며 또 방언을 하고 그러다가 속에서 자연스런 울부짖음 같은 영혼의 외침이 터져 나와 그렇게 부르짖으며 강하게 외치는 방언을 하게 되고, 그러면 어느새 가슴과 눈에 주님의 사랑과 은혜에 대한 감격과 눈물이 차있는 것을 느껴요.

그 시간이 너무 행복하고 감사하고 감사해서 또 그렇게 기도를 하고 싶어져요. 점점 기도가 내 삶의 가장 큰 기쁨이고 소원이 되어가는 것을 느껴요.

방언으로 기도하며 내 가슴에 집중할수록 더 기도 하고 싶고, 아, 내 영혼이 이토록 주님을 갈망하구나.. 내 영혼이 원하는 것은 그 무엇도 아닌 오직 예수구나.. 그 분을 위해 살고, 그 분을 위해 뭐든 하고 싶어 하는구나.. 그 분을 위해 목숨을 드릴 수 있다면 그렇게 되길 간절히 바라는구나 하고 느끼게 되요.

그리고 그렇게 주님께 내 중심을 모두 드려 기도하고 싶고 엎드리고 싶은 소원, 갈망이 일어나요. 내 속의 영을 표현할수록 내 속에 계신 주님이 거룩한 소원과 열망을 일으키시고 나는 자연히 그 삶을 사모하고 갈망하게 된다는 것! 정말 놀랍고 감사한 일이에요.

그저 나는 내 안에 계신 주님을 가두어 놓지만 않고 표현하면 된다는 것, 그러면 그러한 기도를 통해 그분이 드러나시고 내 영의 소원이 내 삶을 지배하고 이끌어 가게 된다는 것.. 그래서 점점 기대가 돼요.

영으로 사는 삶, 내 영혼이 내 온몸과 마음을 지배하고 그 영의 소원대로 사는 삶이 가능하구나! 내 안에 모든 것을 이루신 그 분이 계시는구나! 방언기도를 통해 내 중심을 토하면 그 영이 자유롭게 나를 사로잡고 운행하게 되는구나!

그래서 나는 점점 더 주님과 가까워지고, 그분의 음성과 뜻에 민감한 사람이 되어가는구나.. 더 주님을 사랑하고.. 갈망하게 되는구나.. 이 길이 너무 놀랍고 점점 더 기대가 되요.

내 영을 표현하고 나의 모든 것이 주님께 속하여지고 지배되어 가는 삶.. 점점 더 나는 그러한 사람이 되어갈 것입니다.

주님.. 너무나 감사해요. 주님을 찬양합니다. 사랑해요. 주님..

18. 방언기도 소감   -J자매-

방언기도를 처음 하기 시작한 것이 정확히 언제인지는 잘 기억나지 않지만, 초등학교 때 교회 사람들이 신기하게 기도하는 것을 보고 재밌어서 혼자 옹알옹알 따라해 봤던 것 같다.

그땐 그냥, 내 입에서 뭔가 다른 소리가 나온다는 것이 신기했고, 방언기도를 하고나면 기분이 좋았던 것 같다. 그래서 그 기분이 좋아서 아무 생각 없이 방언기도를 했다.

그러다가 대학생이 되었고, 교회에서 기도하던 중 방언기도에 대해 좀 더 자세히 알게 되었다. 심령에 집중하고 그 느낌을 살피면서, 그리고 내 입에서 나오는 소리에 집중하면서 방언기도를 하니 뭔가 새로운 느낌이 들었다.

내 심장의 느낌에 집중하면서 방언을 하기 시작하니, 갑자기 가슴이 아리고 뭉클한 느낌이 들면서 눈물이 나기도 하고, 엄청난 통곡이 나오기도 했다. 때때로 가슴이 따뜻하고 너무 행복한 느낌이 들기도 했다.

내안에 내가 아닌 다른 존재가 있다는 것이 느껴졌고, 그 느낌은 방언기도를 할수록 점점 선명해졌다. 내 안에 살아계신 성령님의 존재를 좀 더 확실히 알게 되었다고 할까.

그 때 이후론, 뭔가 힘들고 답답한 순간이 올 때 방언기도를 한다. 그러고 나면 예수님께서 나에게 마치 답을 말해주시는 것 같은 기분이 든다. 방언기도는 참 놀랍고 아름다운 기도인 것 같다

19. 방언기도 소감 -K집사-

방언이란 나에게 생소한 기도였다. 처음 고등학교 시절에는 방언 하시는 어른들을 따라 하며 시작했다. 그리하다가 청년시절에 수련회에 가서 처음 내가 알 수 없는 말로 무어라 주체할 수 없도록 혀가 꼬부라지면서 시작되었다. 놀라움과 신기함으로 방언을 시작하게 되었다.

그리고 정원 목사님을 알기 전까지는 그렇게 사용하지 않고 있다가 훈련을 받으면서 방언을 다시 사용하게 되었다. 그러면서 예전에는 미처 몰랐던 심령의 기쁨과 즐거움이 생겨나기 시작했다.

방언을 하면 할수록 심령이 열리고 내 머리는 잠잠해지는 것 같다. 많이 애쓰지 않아도 주님의 영이 임하는 것을 느낄 수 있다.

방언을 하다보면 자유함이 많이 생긴다. 어느 때는 방언에서 대적을 향한 분노가 배어 나오고 어느 때는 주님의 사랑과 행복이 흘러나온다. 방언을 하다보면 주님께서 나에게 하시는 말씀들이 감동적이다.

"사랑한다, 두려워말아라, 염려하지 말라, 내가 너와 함께 하겠다" 하시는 주님의 위로하심이 큰 힘이 된다.

머리를 쓰지 않아도 되고 생각하지 않아도 주님과 교제함을 누릴 수 있어서 좋다.

나에게 방언은 안식이다. 어렵게만 느껴졌던 기도가 참 쉽고 즐겁다는 것을 알게 해줬다.

방언을 허락하신 주님께 감사드립니다. 주님을 찬양합니다.

20. 방언기도 소감   -S자매-

제가 처음 방언을 의식하게 된 것은 대학 때 소속된 선교단체에서 여러 은사들을 성경에서 보게 되면서입니다. 그전까지 교회 주일학교에서도 방언 소리를 들으면, '응? 이게 뭐꼬?' 하고 희한하다고 느끼고, 선교단체에서 이야기 해준 방언의 은사도 크게 사모되진 않았습니다. 그러다가 직장생활을 할 즈음부터 친구를 통해 정원 목사님 책을 소개 받았습니다.

책을 읽으면서 기질 상 큰 충격과 결단과 감격 속에 잠기진 못했지만, 그래도 내가 알고 있는 예수님보다는 너무나 실제적이고 감동적이어서 별다른 선입견 없이 맘에 와 닿곤 했습니다.

그러다가 '은사' 라는 게 이전에 내가 생각했던, 무시막지한 성령파 사람들만의 것도 아니고 특히 방언을 통해서는 영혼을 깨우는 도구가 된다는 게 너무나 끌렸습니다.

그즈음에 정원목사님을 소개해준 친구가 어떤 집회가 있는데 거기에 가면 방언을 받을 수도 있을 거라며 같이 가보자고 했습니다. 저는 매우 전통적인 합동 즉 장로교회만 십 수 년 다녔고 지적인 성경 연구를 바탕으로 한 선교단체 생활만 해봤던지라 그런 집회의 광경은 매우 충격적이었습니다.

모두들 불을 끄고는 여기저기서 기도하다 울고 웃고 쓰러지고 춤추고 방언하고 찬양하고 있었던 것입니다. 맘속은 매우 놀랐지만 그래도 왠지 거부감 보다는 신기했습니다.

아무튼 저는 거기에서 집회를 인도하시던 사역자님께 기도를 받고 방언을 하게 되었습니다. 그 분이 머리에 안수하는대로 가만히 있다가 이냥저냥 중얼중얼 기도했습니다. 그러다가 입에서 제가 알지 못하는 의미 불명의 소리가 튀어나왔습니다!

저는 직업이 언어치료사입니다. 항상 음소 하나하나에도 여러 조음방법과 조음위치를 정확히! 가르치며 살아왔던 사람이었던 것입니다. 그런데.. 왜 나는 지금 의미 불명의 괴상한 발음들을 연발하고 있는지 알 수 없었습니다.

'사람이 꼭 의미 있는 음소만 이야기하는 게 아니고 이런 발음을 내도 되는 거구나..' 생각하면서 속으로는 웃기기도 하고 신기했습니다.

인도하시던 사역자분은 내가 그 방언을 멈추면 계속, 계속 멈추지 말라고 몇 시간이고 연속적으로 하고 싶은 대로 계속하라고 얘기해 주셨습니다. 그 이후 그 집회는 다시 가지 않았지만, 덕분에 저는 드디어 방언을 받게 되었던 것입니다!

지금까지 방언을 받은 지 벌써 7년째입니다. 그 동안의 변화는 사실 뚜렷이 기억나는 것은 잘 없습니다. 하지만 기도할 때, 특히 부르짖을 때의 방언 기도는 저에게 매우 큰 자유를 가져다주었습니다.

처음 방언을 받았을 때에도 의미 있는 소리의 세계 속에서만 살던 제게 의미 없는 무작위의 소리 나열은 큰 충격과 자유를 주었듯이, 지금도 크게 방언으로 부르짖으면 왠지 모르는 무궁한 자유감을 느낍니다.

머릿속의 지적인 영역을 넘어선 그 무언가의 확장이 느껴지고 무엇보다 맘이 참 시원했습니다. 방언은 머리를 잠잠하게 해 주는 것이구나.. 새삼 느낍니다.

때로는 또박또박 우리말로 기도하고 싶을 때도 있지만 또 때로는 방언으로만 소리를 지르고 싶을 때도 많습니다.

저 자신이 알아듣는 말은 그 말 자체에의 의미로만 영향을 미칠 것 같은데, 방언으로 기도하면 그 말을 나는 잘 몰라도 (때로는 맘에 어떤 소원, 갈망을 두지만) 영적인 세계에서는 무언가 더 넓고 깊은 영역으로의 확장된 영향이 미칠 것은 같은 생각이 듭니다.

그렇게 부르짖는 방언 기도를 하다보면 가슴 속에서 갑작스러운 감격과 눈물이 나올 때가 많았습니다. 방언으로 기도하다보면 감정이 더 잘 흘러나온다는 느낌이 듭니다. 뭔가 방언은, 내 안의 감정, 긴장, 묵혀진 그 무언가를 끄집어내는 도구인 듯합니다.

요즘에는 주로 출퇴근할 때 운전을 하면서 의식적으로 방언을 하고 있습니다. 완전한 자유와 기쁨을 누린 상태에는 조금 못 미친다 할지라도 말입니다.

저는 실제로 방언을 하면서 마음이 매우 여유로워져서 차를 운전할 때 5차선에서 1차선으로 차선을 바꿀 때도 예전보다 차분하고 안정적인 마음이 듭니다.

그리고 자주 주님과 대화를 나눠보는 마음으로 방언을 할 때가 많은데, 그 때도 이전보다 매우 빨리.. 주님의 감동.. 감격이 느껴질 때가 많아서 운전을 하면서 자주 두려움과 염려를 물리치기도 하고 주님의 마음으로 느껴지는 감동 때문에 울 때도 많았고 회개와 감사가 자연스럽게 나오며, 그리고 무엇보다 좀 더 빨리 주님과 접속되는 느낌을 받곤 했습니다.

생각해보면, 이것보다 감사한 것은 없는 것 같습니다. 할렐루야!

계속적으로 주님이 주신 이 도구를 통해 주님을 더 깊이 만나길 원합니다! 주님 사랑합니다.

21. 방언기도 소감 -O집사-

고등학교 때 철야예배를 다니면서 방언을 하는 집사님을 보았다. 주님께서 내 안에 거하시는 확실한 증거가 바로 방언이라는 고등부 선생님의 이야기를 듣고 내 안에도 주님이 거하시면 정말 좋겠다는 생각을 했다.

하지만 "주님.. 방언을 주세요!" 하고 소리 질러 기도했지만 방언을 할 수 없었다. 그러다가 대학교 때 선배의 권유로 선교단체의 간사님을 만났다. 이야기를 나누며 방언을 너무 하고 싶다는 이야기를 했다.

선배 여러 명이 돕는 기도를 해 주면서 의식을 주님께 두면 쉽게 방언이 나오게 된다고 말해 주었다. 잠시 후, 혀가 마비되는 것 같은 느낌이 들면서 뜨거운 눈물이 흐르기 시작했다.

의미 없는 말들이 나의 혀에서 계속 흘러나오는데 나의 가슴은 이루 표현할 수 없도록 시원하면서 뜨거워졌다. 다음날 아침 내가 아직도 방언을 할 수 있을까 의심스러워 다시 소리를 내어 보니 신기하게도 다시 할 수 있었다.

세상이 아름다워 보이고 왠지 모르게 기쁨이 올라왔다. 누구나 사모함만 있으면 주님께서 은혜의 도구로 우리에게 주시는 것이 얼마나 감사한지!

내가 힘들고 지칠 때 울부짖으며 방언을 하면 근심과 두려움과 걱정들이 사라진다. 감정과 상관없이 방언을 하면 기분이 좋아지고 가슴이 시원해진다.

특히, 큰소리로 방언을 했을 때 영이 자유해짐을 느낀다. 이 세상의 근심은 떠나고 오직 주님과 나만이 존재하는 듯하다. 억눌리고 숨쉬기 힘들어하는 나의 영이 주님을 호흡하며 천국의 기운을 마시는 듯하다.

배에 힘을 주고 방언을 하면 대적하지 않아도 어둠들이 내 안에서 밖으로 나오는 듯하다. 또, 부드러운 방언을 할 때면 나의 영이 춤을 추는 것 같다. 하늘 높이 주님이 계신 곳으로 향하여 날아오르는 것 같다.

방언을 하며 기도할 때 주님의 마음이 더 느껴질 때가 있다. 주님께서 얼마나 우리를 사랑하시는지, 주님께서 얼마나 우리 곁에 거하시길 원하시는지.. 주님의 마음을 조금이나마 느낄 수 있어서 감사하다.

날마다 주님과 대화하며 주님께서 우리에게 원하시는 것이 무엇인지, 주님의 기뻐하시는 것을 알아가길 원한다.

방언을 할 수 있음이 감사하다. 주님과 대화하고 이야기 할 수 있는 것이 너무 감사하다.

22. 방언기도 소감   -U집사-

예수님을 처음 믿게 된 것이 대학교 때입니다. 선교단체 여름수련회에 가서 방언을 받게 되면서 저의 신앙생활은 시작되었습니다.

며칠 동안 하나님께 만나달라고 매달렸지만 다른 조원들은 쉽게 방언도 하고 방언통역도 받으며 좋아 했지만 전 아무리 애쓰고 노력해도 잘 되지 않고 힘만 들었습니다.

3일이라는 시간동안 수련회 장소에 갇혀 기도하는 것이 너무 힘들고 고생이었습니다. 그때가 전 처음 예수님께 나아가 기도하는 것이어서 믿음도 없고 그래서 기도나 찬양이나 설교가 너무 지루했습니다.

감사하게도 3일이 지나갈 쯤 이런 일이 있었습니다. 저녁예배 전에 기도를 하고 있었는데, '하나님 정말 살아계신다면 절 만나주세요.' 하는 정도의 기도였지요. 근데 제 입에서 아기가 옹아리를 하는 것 같은 소리가 어렵게 아주 조금씩 '뜨.. 뜨.. 뜨..' 하면서 나오는 것이었습니다.

전 이게 뭔지도 모르고 별의식이 없었는데 도와주는 형제가 방언을 받았다며 축하해 주는 겁니다. 그때까지 별 감동도 없고 확신도 없었습니다.

그런데 예배 후 방언통역을 해 주시는 분이 통역을 해 주셨는데 저만 아는 제 속의 이야기가 나오고 제가 알지도 느끼지도 못하고 있던 영혼이 주님을 갈망하는 말들을 통역해 주시는데, 알 수 없는 눈물이 나왔고 가슴이 참 시원해지고 따뜻해지고 좋았습니다. 놀라기도 하고 신기하기도 했습니다.

　그날 저녁 밤 예배를 드리는데 그전까지는 지루하고 모르는 찬양을 따라하느라 곤욕이었던 것이 너무 은혜롭고 주님이 믿어지고 나의 죄가 느껴지고 너무 행복해지기 시작했습니다.

　그날은 아침까지 기도하고 찬양하고 그랬는데 시간이 너무 짧았고 재밌고 행복했습니다. 아침에 밖으로 나아보니 너무 세상이 아름답고 행복하고 모든 사람들을 사랑하고 싶었습니다.

　밤새 방언으로 기도하고 찬양하고 회개하며 시간을 보냈는데 그동안 깨닫지 못했던 죄가 너무나 잘 보여지고 느껴지고 통탄이 되어졌습니다.

　또 너무나 용서하기 싫고 죽이고 싶은 사람이 저절로 용서가 되어지고 제 입으로 "그 사람을 용서합니다." 고백이 되는 것을 보고, '이건 내 힘으로 하는 게 아니구나.. 하나님이 나에게 지금 그렇게 하시고 계시는구나.' 하는 것을 느낄 수 있었습니다.

　오히려 미워하고 저주한 제 자신이 너무 죄송하고 그 사람을 만나게 되면 용서를 구하고 싶은 마음이 가득해 졌습니다. 짧은 시간에 이렇게 마음이 변하는 것이 신기했습니다.

　저는 수련회에 가기 전날까지 예수님을 믿지도 교회에 가지도 않은 불신자였습니다. 그러나 방언을 경험하고 내가 할 수 없는 용서의 마음을 주시는 주님을 경험하고 나서 하나님이 바로 믿어지고 성경이 믿어지고 세상이 너무 아름다워 보였습니다.

　그리고 세상에서 즐기던 술, 담배 등이 바로 끊어지게 되었습니다.

　담배는 군대에서도 사회에 나아와서도 여러 번 금연의 시도를 했지만 매번 실패해서 포기하고 있었던 것이었습니다.

옆에서 누가 하라고 한 것이 아닌데 제 안에 그런 마음이 들었고 드는 즉시 그렇게 되어졌습니다.

기도하는 것이 너무 쉽고, 예배드리는 것도 쉽고, 성경을 읽고 알고 싶고, 주님만을 사랑하고 싶은 마음이 불같이 일어났습니다.

한 학기는 계속 방언기도와 말씀 등으로 정말 행복하게 보낸 것 같습니다. 그 전에는 전 삶이 너무 힘들고 괴로워서 어디론가 떠나고 싶은 마음뿐이었습니다.

그런데 승리의 시간은 길지 않았습니다. 시간이 지나면서 큐티, 말씀암송, 철야기도, 새벽기도, 전도, 말씀통독.. 등 신앙행위는 많아지고 성경지식도 많이 생겼지만 신앙은 처음 시작할 때 보다는 행복하지 않았습니다.

그래서 고민을 많이 하게 되었습니다. 처음에는 참 좋았는데 왜? 시간이 지날수록 행복하지 않지? 기도도 말씀도 예전보다 더 많이 하는데.. 쉽게 승리하던 죄들은 다시 어렵게 여겨지고 낙담하여 포기가 되고.. 그래서 마음도 점점 어두워지게 되었고 사모하는 마음도 점점 줄어들기 시작했습니다.

그렇게 7여년 시간이 지나가 버렸습니다. 처음 주님을 만나게 된 것처럼 제 앞에는 큰 어려움이 다시 찾아 왔고 그때에 목사님 책과 모임을 만나게 되었습니다.

부르짖고 훈련하면서 많은 것을 경험하고 은혜를 누리고 있지만 마음에 선명하게 느끼는 것은 '아! 그래! 예수 믿는 것이 이런 것이구나!' 하는 감동을 다시 갖게 되었다는 것입니다.

처음 방언 받고 기쁨이 넘쳤던 행복한 삶.. 저는 신앙생활하면서 그것이 너무 그립고 매일 그렇게 살고 싶었는데 신앙행위는 더 많이 늘었지만 도대체 그것을 얻을 수가 없었습니다.

내 힘이 아니라 주님의 의해서 죄가 이겨지고 내 자신을 뛰어넘어 주님이 주시는 것으로 삶이 행복해지고 나를 통해 주님의 생명이 넘쳐 주위 사람들에게 영향을 미치는 삶.. 이제 다시 이것을 조금씩 경험하고 되어지는 것에 감사를 드립니다. 그리고 계속 주님 안으로 더 들어가는 삶을 소망하며 나아가고 싶습니다.
　불러주시고 귀한 은혜주신 주시는 주님을 찬양합니다. 주님께 모든 영광과 경배를 올려드립니다. 할렐루야!

23. 방언기도   -L집사-

예전 교회에서 새벽기도를 다닐 때 집사님들이 기도를 한참 하다가 조그만 소리로 중얼중얼 방언기도를 하는 것을 보고 많이 부러웠다.

나도 방언기도가 너무 하고 싶었다. 내 맘대로 기도하는 것이 아니고 하늘의 언어로 기도하는 것 같았다. 방언기도를 하시는 분들은 왠지 좀 나보다 더 주님을 깊이 만나는 사람들같이 느껴졌다.

"방언기도를 사모하면 누구나 할 수 있다", "우리말 기도보다는 방언기도가 포크레인으로 땅을 파는 것과 같다.", "방언기도를 하면 기도를 오래할 수 있다"고 얘기들을 해 주었다.

그래서 나는 그때부터 방언기도를 할 수 있기를 간절히 기도했다.

방언은사를 받도록 도와준다는 기도의 능력 있는 분들에게 찾아가기도 했는데, 그분들은 나를 위해 침을 튀기며 기도해 주셨지만 나의 입술은 움직이지 않았다.

'나는 죄가 많아서 안 되나 보다..' 하는 생각에 좌절과 함께 죄책감이 많이 밀려왔다.

회개기도도 하고, 방언기도만 주신다면 한입으로 두말하지 않겠다고 방언기도를 하는 내 입으로 절대로 남을 비판하거나 비난하지 않고 사랑의 말만 하겠다고 기도했다.

어느 날 밤에는 철야기도회를 마치고 집에 돌아와서 너무 슬펐다. 방언기도가 너무 하고 싶었다.

"주님~ 오늘밤에 방언기도를 못하면 잠을 자지 않겠습니다."고

떼를 썼다. 그렇게 기도하는 중에 혼자서 "할렐루야~ 할렐루야~ 할렐루야~"를 계속하는데, 아~ 내 몸이 이상해지면서 진동이 오고 몸도 떨리고 입도 떨렸다. 그리고 갑자기 혀가 확 말려들어가면서 혀가 꼬이기 시작하는 것이었다.

속으로는 '아~ 이것이구나! 드디어 나에게도 왔구나! 이런 황홀함이었구나!' 생각하며 신이 났다. 세상을 다 얻은 기분이었다.

'나는 이제 사랑만 할 수 있는 주님의 온전한 통로가 되겠구나.. 이게 바로 성령의 술에 취하는 거구나.. 앗싸!' 하고 기뻐했다.

밤새도록 방언기도를 하는데 혀가 막 아파왔다. 아마도 혀의 안 쓰던 근육을 써서 아프나 보다고 생각했다.

그 뒤로도 밤만 되면 잠을 자고 있는데 나는 분명히 자고 있는데 잠꼬대하듯이 뭐라고 내가 말을 하는 것 같았다. 나의 소리에 깨어 일어나보니 자면서도 방언을 하고 있었던 것이다.

일어나 앉아서 내가 하던 방언을 그대로 따라서 하니까 눈물이 펑펑 쏟아지며 통곡이 나오는 것이었다. 나는 생각하기에 '그렇게 슬픈 일이 없는데, 내가 왜 울지?' 하고 의아한 마음이 들었다.

이렇게 그해 여름 방학은 밤마다 잠을 자다가 내 가슴속에서 무엇이 나오는듯하고 내 몸이 내 몸이 아닌 것 같이 붕 뜨는 것 같으면서 내 속에서 소리기 흘러나왔다. 나중에 정원 목사님 책을 읽으면서 그것이 주님의 만지심이었구나.. 하고 깨닫게 되었다.

그 뒤로도 방언기도를 계속했지만 나의 생활은 확 바뀌지는 않았다. 주님의 온전한 사랑의 사람이 되지 못했다. 방언기도의 감격도 조금씩 사라져가고 있었다.

그 뒤로 정원목사님 책을 읽으며 대구 J교회에서 훈련을 하면서 방언기도를 제대로 사용하는 것을 자연스럽게 알아가게 되었다.

부르짖어 기도하고 주님의 임재 속에서 잔잔히 방언으로 기도할 때 주님 앞에서 주님의 가까이 하심을 느끼게 되었다.

주님의 따뜻함 포근함을 느끼며 주님께 나도 모르고 있는 나의 속마음을 모두 다 털어놓게 되는 것 같았다. 주님의 친밀함을 더 느끼며 무엇으로 표현할 수 없는 행복을 느꼈다.

무슨 물건을 찾을 때는 방언기도를 하면 1분 이내로 그 물건이 눈에 보이는 것이 참 좋았다.

대적기도 할 때도 부르짖어 기도할 때도 주님께 집중하는 기도를 할 때도 방언기도를 사용한다. 그럴 때는 더 힘이 생기고 기도에 탄력이 붙는 것 같다.

그래도 제일 좋은 것은 주님을 놓쳤을 때, 주님을 구할 때, 주님을 더 가까이 느끼고 바라보고 싶을 때, 방언기도의 효력을 단단히 느끼게 된다는 것이다.

나는 예전보다는 지금 우리교회나 기도모임에서 훈련받으며 더 많이 방언기도를 사용하게 되고 주님의 임재를 더 가까이 느끼면서 더 많이 행복하고 평안하고 여유로워졌다. 주님의 상상할 수 없는 무한한 세계에서 나를 향하신 주님의 한없는 은혜를 누리며 더 깊이 주님을 사랑하는 주님의 사람이고 싶다.

주님.. 감사합니다. 할렐루야!

24. 방언기도 소감 -H집사-

나는 방언에 대해 참 무지한 사람이었다. 방언은 특별한 사람에게 나 임하는 것인 줄 알았고, 나 같은 사람에게는 도무지 일어날 것 같지 않은 역사라고만 생각했다. 그렇게 방언에 대해 무지했던 내가 정원 목사님의 책을 접하면서 달라졌다. 책속에서 방언의 유익과 능력들을 간접 경험하면서 방언이 사모되기 시작한 것이다.

그러나 나는 방언을 받는 것이 그리 쉽지만은 않았다. 함께 책을 접한 다른 이는 책에서 시키는 대로 해봤더니 갑자기 방언이 터졌다고 하는데 나는 아무리 구하고 기다려도 방언이 터지지 않아 답답하기만 했다.

그러던 어느 날 혼자 기도하다가 하도 답답해서 다른 사람들이 방언하는 소리들을 기억해내 따라해 보았다.

지금 생각하면 참 웃기지만 그 땐 참 간절했기에 뜻도 모르는 소리들을 흉내 내다가 의미 없는 말들을 만들어 소리도 내어보았다.

그렇게 소리를 내다가 어떤 발음들은 마음이 편하고 속이 시원해지는 것이 느껴지기도 해서 계속해서 해보기도 했다. 그렇게 따라 하다 보니 처음엔 어색했던, 뜻도 의미도 모르겠는 그 외계어들이 익숙해지기 시작했다.

그냥 소리를 따라 흉내를 내며 시작한 짝퉁 방언이었지만 신기하게도 그런 소리들을 낼 때 왠지 모를 눈물이 나기도 하고 가슴이 뭉클해지기도 하는 것이 내가 진짜 방언을 받은 것인가 의아해 하기도 하면서 말이다.

나는 참 궁금했다. 내가 진짜 방언을 받은 것인지 아님 너무 사모한 나머지 따라하다 짝퉁으로 나온 것인지.. 그러던 즈음에 "라라라.. 다다다" 가 대부분이었던 내 방언이 능력을 나타내기 시작했다.

고열에 시달리던 자녀가 "라라라.. 다다다.." 만 외치는 내 소리에 순간 열이 사라지기도 하고, 갑자기 허리가 아프다며 쓰러져 극심한 고통을 호소하던 남편에게도 무슨 자신감에선지 남편의 허리를 붙잡고 "라라라..다다다.." 를 외쳤더니 순간 통증이 사라져 멀쩡해지는 일들이 벌어진 것이다.

그때까지만 해도 조용하고 사색적인 신앙인의 모습이었던 나로선 도저히 상상도 할 수 없는 영적인 실제 사건들이 생기기 시작한 것이다.

남들은 고꾸라지며 방언이 왔다고 하기도 하고, 기절하고 일어나 보니 방언이 왔다고 하기도 하고, 기도하다 나가떨어지더니 방언이 왔다는 이들도 있어서 방언이 임할 때는 그렇게 요란하게 임하는 것이라는 이야기를 믿고 있었는데, 나에게도 방언의 은혜가 조용히 소리 없이 와있었던 것이다. 그 후로 난 방언주심을 믿고 감사드렸고 방언으로 기도하는 일이 너무 재밌게 느껴졌다.

예전엔 아무리 기도해도 이것이 주님께서 들으신 것인지 혼자 떠든 것인지 벽을 치는 느낌이 많이 들었었는데 방언을 하고 난 후 부터는 마음에 느낌이 생기기 시작했다.

어느 날은 무언가를 위해 방언으로 한참을 기도하는데 왠지 모르게 해결되었다는 마음의 확신이 갑자기 생겨 감사의 고백을 드렸더니, 다음날 바로 해결되는 것을 경험하기도 했다. 참 신기하고 재밌는 경험들이었다.

방언을 받기 전에는 일방적이고도 모호했던 기도의 습관이 이제는 조금씩 조금씩 내 마음을 주님과 주고받고 있다는 행복과 기쁨이 생겨났다.

　방언을 받기 전에는 기도하는 시간이 너무도 짧았었다. 그러나 방언을 한 후로는 기도하면 시간이 가는 줄 모를 정도로 재미가 있어서 기도를 하게 되었다.

　기도가 이렇게 재밌고 행복한 일인지 방언을 받은 후 더욱 깊이 느낄 수 있었다. 예전엔 주님은 너무 멀리 계신 분이라 여기고 가끔씩 날 찾아와 나를 도와주시는 주님이라고 생각했는데 방언을 한 후 나는 주님이 더욱 실제적으로 가깝게 느껴졌다.

　내 손을 잡아주시고, 등을 토닥여 주시고, 날 보며 웃어주시고, 살아온 날들 속에 장소 장소마다 주님이 함께 계셨음을 느끼게 해주셨다.

　난 그 무엇보다 주님이 날 많이 사랑해주시는 따뜻한 분이시라는 것과 내가 생각하는 것 이상으로 내 가까이 와 계신 분이란 것을 몸소 느낄 수 있었다.

　방언기도는 나에게 해방을 주었다. 몸의 부자유로부터 해방.. 손뼉을 치고 손을 높이 들고 율동을 하며 춤추고 싶다는 감정을 방언기도를 하면서 처음 느꼈다. 소리 내어 웃을 수 있게 해 주었다. 그 속 시원함이란! 잘 웃지 못했던 나로선 참 기쁜 일이었다.

　인색함과 가난함으로부터의 해방.. 많은 빚들을 갚았고, 물질의 풍성함과 넉넉히 나누고 섬길 수 있는 풍성함을 누리고 있다.

　방언기도는 나에게 많은 눈물을 주었다. 속 시원한 눈물을 얼마나 많이 흘렸는지 모른다. 그런데 그것이 그렇게 달콤하고 행복할 수가 없었다. 주님 앞에서 마음껏 울 수 있다는 것.. 울고 싶어도 마음껏 눈물이 나오지 않아 답답했던 딱딱한 나의 가슴에 주님이 보고 싶고 그리워 눈물을 흘릴 수 있게 되어서 참 기쁘다.

　방언기도는 나에게 담대함을 주었다. 나는 참 소심하고 말이 없고 눌림이 많은 사람이었다. 지금도 그런 부분이 남아있어 여전히 훈련 받고 있지만.. 그러나 방언기도를 하면서 예전보다 훨씬 마음이 단단해졌다.

　악한 영들을 많이 무서워했는데, 이제는 악한 영들을 보면 무서움보다 잡아 죽이고 싶은 분노가 생겼다. 방언기도를 하면서 악한 영들을 대적하고 부술 때 많은 해방과 승리의 기쁨을 맛보았다.

　방언을 받은 후 나의 신앙생활은 확연하게 달라졌다. 핏기 없고 어둡고 늘 빼앗기면서도 무지해서 모르고, 그리스도의 능력을 제대로 발휘하지도 못해 쩔쩔매며 애만 태우던 나였는데, 방언을 받은 후 나는 점점 생기가 있는 그리스도인이 되어 가는 듯하다.

　메마른 뼈와 같았던 나에게 방언을 통해 주님께서 생기를 불어 넣으셨다.

　방언을 받고 난 후의 많은 유익 중에 가장 내게 으뜸이 되는 것이라면 기도할 때 아주 가까이 계시는 주님을 보는 듯이 느낄 수 있게 되었다는 것이다.

　주님의 손짓, 표정, 움직임, 날 향한 사랑의 말씀들.. 그것들을 느낄 수 있음이 젤 행복하다.

　저만치 손을 뻗어도 잡히지 않는 저 먼 곳에 계신 것만 같던 주님이 내 곁에서 함께 울어주시고 웃어주시고 위로해주심을 느낄 수 있어서 너무 좋다.

　내 심장에 생긴 주님을 향한 영의 감각이 난 그 어떤 것 보다 감사하다. 아직 갈 길이 멀고 한참 멀었지만 난 더 사모할 것이다.

　더욱 방언함으로 내 영이 열려서 주님의 작은 움직임에도 반응하는 내가 되기를 소망한다. 머리가 아닌 가슴으로 주님을 더욱 사모하고 느끼고 싶다. 주님을 찬양합니다. 할렐루야!!

** 다른 사람이 하는 방언을 따라하거나 혼자서 마음속에 떠오르는 단순한 발음을 계속 하는 가운데 방언이 나오는 이들이 흔히 있습니다. 방언이 그렇게 시작되었을 경우, 이것이 인위적으로 만들어낸 것이라거나 짝퉁방언이라고 오해하는 것은 흔히 있을 수 있는 일입니다.

그러나 그것은 내가 하는 것 같지만, 처음에는 그렇게 보이지만 우리 안에 거하시는 성령이 흘러나올 조건이 되었을 때 나타나는 것으로 성령이 주시는 것이 맞고, 우리는 그 성령의 역사에 동참하고 있는 것입니다.

그것은 발음의 유창함이나 단순함과는 상관이 없습니다. 각 사람에게 필요한 언어를 성령께서 주시기 때문입니다. 그러므로 단순히 발음만을 보고 얕다, 깊다고 말할 수는 없습니다.

그렇게 나오는 방언에 대한 의구심이 있다고 해도, 지속적으로 충분히 방언을 하게 되면 더 이상 의심을 할 수 없습니다. 그 기도를 통하여 나타나는 많은 변화와 유익들을 경험한 후에 그것이 성령으로부터 오는 것이 아니라고 믿는 것이 더 어려운 일입니다.

아무튼 초기의 의심을 딛고 간절함으로 꾸준히 나아감으로 아름다운 결실을 얻으신 것을 축하합니다. 거기서 멈추지 말고 더욱 더 풍성하시고 아름다우신 주님의 은총의 세계로 나아가시기를 기원합니다.

25. 방언 소감 -O형제-

방언을 처음 받게 된 건 정기모 모임에서 많은 분들의 기도를 통해서 받게 됐습니다.

오랜 시간 동안 방언을 받기 위해 기도했었는데 못 받자 다른 사람은 돼도 나는 안 된다는 생각을 했었습니다. 그런데 방언을 받게 되어 정말 신기하고 기뻤습니다.

방언을 받고 나서 기도하는 시간이 편해졌습니다. 방언을 받기 전에는 기도 시간만 되면 정말 도망가고 싶고 부담이 됐는데 그런 부담이 없어지고 지금은 편하고 기도하는 시간이 좋아졌습니다.

방언을 하고 나서 머리가 복잡하거나 일에 많이 집중해서 머리가 무거울 때 방언을 하고 나면 머리가 가벼워 지고 편해지는 것을 느낍니다.

또 방언기도를 통해서 주님의 음성을 들을 수 있어서 좋았습니다. 방언 기도를 하며 속을 집중하면 속에서 떠오르는 느낌이 있습니다.

'내가 너를 사랑한다.. 너는 혼자가 아니다..' 라는 느낌이 떠오르고 눈물이 나옵니다.

오늘 처음 부르짖는 방언기도를 했는데 속이 후련하고 시원했습니다. 방언기도를 주신 주님께 감사를 드립니다.

26. 방언기도 소감   -O집사-

저는 모태신앙으로 오랫동안 교회를 다녔는데 기도를 할 때 뭘 어떻게 기도해야 하는지 몰랐어요.

우리말로 발성 기도를 하면 처음에는 비장한 각오로 기도에 몰입하다가도 기도하는 중에 말이 꼬이거나 무엇을 기도해야 될지 생각하다가 기도 진도가 나가지 못하고 중도에 포기하는 때가 많았습니다. 기도만 시작하면 졸음이 오고 엎드려 있다 보면 언제나 잠들어 있는 제 모습을 보곤 했었지요.

그러던 중 개척교회에 다니게 되면서 철야기도를 나가기 시작했어요. 그중에는 방언 받은 분들이 기도하고 계셨는데 왠지 방언을 받으면 기도가 재미있겠다 싶었어요.

어느 날 사모님께서 "오늘 철야 때는 방언 받고 싶은 분 꼭 오세요!"라고 하셨어요. 그때 저는 언니와 함께 살고 있었는데 낮부터 주님께 방언을 주시기를 기도하며 그 시간을 기다리고 또 기다렸습니다.

언니가 말하기를 "우리 목욕을 하고 방언을 받자. 길에서 흙먼지가 묻은 상태로 방언 받는 것보다 몸과 맘을 깨끗이 준비한 후에 받자."라고 해서 그때 그 말이 너무 좋고, 깨끗하게 주님께 나아가 귀하고 귀한 방언을 받고 싶었습니다.

드디어 철야기도 시간이 되었고 저는 맨 뒤에 편안하게 앉아서 기도를 했습니다. 그날따라 왠지 기도가 너무 잘되는 것이었어요. 기도를 하고 또 하면서 방언주시기를 간구했습니다.

끝이 보이지 않아 잠깐 쉬는데 입에서 "샤바라샤바라" 혀가 돌아가며 한국말이 아닌 다른 소리가 나기 시작했고 그 소리가 얼마나 듣기 좋은지 계속 "샤바라샤바라.." 하며 방언으로 기도하였습니다.

끝나고 사모님께서 방언을 들어보자고 하셔서 방언으로 기도하니 주님이 주신 방언이 맞다고 하셨어요. 너무너무 좋아서 밤잠까지 설쳤던 기억이 납니다.

그 후로 제 기도는 바뀌게 되었습니다. 방언으로 기도하니 졸음도 오지 않고 "어떤 기도를 할까?" 라는 생각이 사라지게 되었습니다.

그 이후로 많이는 못했지만 틈틈이 방언으로 기도하였는데 방언으로 기도하다보면 나도 알 수 없는 눈물이 나기도 하고 큰소리로 소리가 나가기도 하였어요.

오랜 시간 방언을 할 때에는 영의 감각이 예민해져서 악한 영을 느끼고 부술 수 있었고 머리로 오랫동안 고민하던 일들이 방언을 통해서 느낌으로 응답이 오기도 하고 죄를 깨닫기도 하며 주님께 대한 갈망이 터져 나오는 것을 경험하게 되었어요.

기도가 안 될 때도 방언으로 오래 기도하다보면 잡념이 사라지고 기도에 몰입할 수 있게 되었습니다.

저에게 방언기도는 주님께로 나아갈 수 있는 길을 열어 준 좋은 친구였습니다.

27. 방언 소감   -B집사-

　중학교 2학년 때부터 방언을 사모해 기도원과 교회에서 열심히 기도하고 기도원에서 가르쳐준 '할렐루야'도 열심히 반복했지만 재미없고 너무 힘들다는 생각을 많이 했다. 남들은 쉽게 받는데 나는 좀처럼 방언을 받을 수 없었다.
　아무에게나 주어지는 것이 아닌가 낙심도 하고 자책도 많이 했었다. 지은 죄가 많다고 생각해 회개도 참 열심히 했는데 방언을 못 받으니 속이 상했다.
　군대를 재대하자마자 교회에서 부흥회를 했고 이번기회에 꼭 받아야겠다고 생각했고 열심히 기도했지만 역시나 실패였다.
　부흥회가 끝나고 같은 강사님이 기도원에서 40일 기도회를 하셔서 열심히 참석했다.
　마지막 날쯤 되어 시간이 없다고 생각할 때 혈루병 앓던 여인이 생각났고 강대상에 손을 대면 방언과 성령의 불이 떨어질 것이라는 마음이 생겨 찬송을 하며 앞으로 조금씩 나가 강대상에 손을 대었다. 하지만 방언도 어떠한 역사도 없었다.
　그런데 강사님이 내려오셔서 안수해 주실 때 몸이 뜨거워지며 데굴데굴 굴렀고 정신을 차렸을 땐 피아노 밑에 있었다.
　얼른 자리에 와서 기도를 하는데 나도 모르게 새로운 말로 기도가 되었고 새로운 말로 찬양을 하고 있었다. 정말 새로운 세상이 열린 것 같았다. 집에 와서도 화장실에서도 잊어버릴까봐 순간순간 방언을 하며 너무 신기하고 행복했다.

그런데 밖에 나가니 세상이 온통 죄로 가득해 보였다. 사람들을 보는 것이 너무 힘들어 땅바닥만 보고 다녔다.

방언을 받고나니 기도가 너무 재미있고 방언을 하면 할수록 말도 바뀌고 신기하고 재미있어 날마다 교회에서 잠을 자면서 기도하는 것이 세상을 다 얻은 것 같았다.

하지만 교회를 옮긴 후 방언을 할 곳이 없어졌다. 방언하는 사람도 없고 방언을 하지 않으면서 믿음도 약해지고 세상의 즐거움에 빠지고 중독도 강해지는 것 같았다.

이제 영성의 길을 걸으면서 방언이 회복되고 부르짖는 기도와 영성의 원리를 통해 알고 보니 방언이 얼마나 쉽게 할 수 있는 것인지 알게 되었다.

방언을 하면 할수록 마음의 기쁨이 올라오고 자신이 없던 일들에 자신감이 생기고 죄에 대해 민감해지고 주님을 향한 갈망도 더 증가하는 것 같다.

특히 나도 모르게 행복하다는 말이 자주 나오는 것이 신기하다. 환경은 행복하지 않은데 행복하다는 고백이 나온다.

방언은 주님과 대화하는 언어인 것 같다. 하면 할수록 더 깊은 생수와 같은 것 같다.

방언을 하면 주님이 따스함으로 다가온다. 주님의 포근함.. 사랑한다고 말씀해 주시는 주님의 마음을 알고 느낄 수 있어서 행복하다.

방언을 주신 주님께 감사드립니다. 주님 때문에 너무 행복합니다.

28. 방언기도 소감   -S집사-

고등학교를 자퇴하고 검정고시를 준비하면서 신앙생활을 하게 되었습니다. 당시 방언을 받기 원해서 기도를 하며 구하기도 하고 여러 사람에게 기도도 받아 보았는데 쉽게 받지를 못했습니다.

몇 년 후에 대학을 다니면서 부흥회 때 강사님을 통하여 "랄랄랄~라"라는 방언을 하게 되었습니다.

처음에 "랄랄랄~라"가 무슨 뜻인지 몰랐지만 강사님이 약간의 통역과 함께 "여호와는 나의 목자시니 내가 부족함이 없으리로다." 라는 통역을 해 주셔서 "랄랄랄~라"가 확실한 방언이라는 것을 알게 되었습니다.

이날 이후로 매일 걸으면서 "랄랄랄~라" 교회에서 아침, 저녁으로 "랄랄랄~라" 하면서 한두 시간씩 기도를 하였습니다.

방언을 받기 전에는 한 시간 기도하는 것이 많이 힘이 들었지만 방언을 받은 이후로 아무리 해도 "랄랄랄~라"가 계속해서 나오기에 기도하는 것이 참 쉬웠습니다.

매일 교회에서 한 두 시간이나 걸으면서 "랄랄랄~라"를 하다 보니 6개월 정도가 지나서 "따따따~따"로 바뀌었습니다. "랄랄랄~라"에서 "따따따~따"로 바뀌지니 신이 나서 더욱 열심히 하게 되었습니다.

그렇게 "따따따~따"도 6개월 정도를 하다 보니 어느 날 새벽예배 때 기도를 하다가 "컴 바리, 레이다이~두" 등 한 가지 발음을 며칠씩 하게 되고 계속해서 발음이 바뀌지게 되면서 지금의 방언기도로 바뀌게 되었습니다. 처음에는 아무런 뜻도 모르고 그저 기도하고 싶은 열정 때문에 하게 되었는데 점차로 방언기도를 통하여 저의 삶이 저의 계획이나 뜻대로 되기보다는 주님의 뜻에 의하여 인도되어 진다는 것을 깨닫고 경험하게 되었습니다.

나이가 들면서 차량을 운전할 때나 교회에서 기도할 때 방언을 많이 하게 되는데 방언기도를 할 때 심령에서 애타게 주님을 사모하고 갈망하는 마음이 일어나게 되며 어떤 때는 가슴에 아픔과 고통을 느끼고 울며 통곡을 할 때도 있고 나를 짓누르려는 원수들의 공격이 느껴져서 강한 분노로 원수들을 대적하기도 하고 때로는 주님의 위로와 사랑을 느끼면서 심령에 따뜻한 감동과 눈물이 흐르기도 합니다.

지금도 시간이 되는대로 방언기도를 하고 있으며 가슴을 찢듯이 부르짖고 토하며 외칠 때가 있는데 이렇게 하고나면 가슴이 너무 시원하고 좋아집니다.

조용한 곳에서 걸으면서 방언기도를 하고 통역을 하다보면 "사랑한다, 아들아..", "내가 너를 너무너무 사랑한단다." 하는 감동이 느껴지고 큰 위로가 되며 너무도 따뜻한 주님의 사랑을 경험하게 됩니다.

내 삶에서 방언기도는 주님이 주신 너무 아름답고 소중한 기도입니다. 앞으로 계속해서 이 방언기도는 이어질 것입니다. 방언기도가 너무 좋습니다. 주님.. 사랑합니다.

29. 방언기도 소감   -L형제-

　전에 다니던 교회의 청년부 여름수련회에서 방언을 처음 받았다. 성경 공부 위주의 전형적인 장로교회였기에 집회에서 방언을 받을 기회는 많지 않았다.
　그 당시 집회를 인도하셨던 분은 B목사님이셨다. 당시에도 〈그리스도인의 생각 다스리기〉를 소개하시고, 예수 호흡 기도를 집회 중에 말씀 하시는 등 영성의 길에 대해 조금씩 알려주시는 때였던 것으로 기억한다.
　목사님의 인도를 따라 혀를 자유롭게 움직이도록 놓아두고 의미 없는 말을 계속 흘러나오도록 놓아두자 어느 순간 단순한 형태의 방언을 할 수 있게 되었다.
　그 이후 취직을 하고 그저 주일 예배나 간신히 다니던 내가, 잊었던 방언의 세계를 다시 경험하게된 것은 4년 전 B교회에 나가게 되면서부터다.
　사실 이전에 나는 은사나 치유, 방언 등에 대해 적지 않은 편견을 갖고 있었다. 성경에 엄연히 귀신의 존재와 치유, 은사 등에 대해 나와 있지만, 나는 그런 것은 그 시대의 이야기일 뿐이라고 생각했고, 영적인 세계에 대해선 무지했던 상태였다. 그러나 이 교회에 오고 영성의 원리를 배우고 깨달으면서 방언이 가장 큰 무기이고 축복임을 알게 되었다.
　기도할 때, 우리말로 기도하게 되면 말을 꾸며서 하기 위해 애쓰거나 자꾸 머리를 쥐어짜내야 하고 딴 생각이 들 때가 정말 많았다.

그러나 방언으로 기도하게 되면서 조금이나마 머리의 생각으로부터 자유로워졌고, 가슴의 느낌을 알아챌 수 있게 되었다.

특히 방언으로 기도하다가 나도 모르게 감정이 복받쳐 올라 울게 될 때도 있었고, 대적하는 방언을 할 때면 분노가 치솟아 주체할 수 없을 때도 있었다. 이런 현상들을 통해 방언을 통해 영이 움직인다는 것을 알게 되었다.

여러 집회에서 방언 통변을 했던 것도 귀한 경험이다. 머리의 생각이 아니라 가슴에 오는 느낌대로 방언을 통변할 때, 울음이 나오고 가슴이 따뜻하고 평안을 맛볼 수 있었다.

예전에는 방언 기도를 하거나 통변을 한다는 것은 특별한 사람들만 가능한 것이라 생각했는데 나도 할 수 있는 쉬운 일이라는 것을 알게 되었고, 주님은 나에게 직접 듣고 싶어 하시고 또한 직접 말씀하고 싶어 하신다는 것을 깨달았다.

앞으로 지속적인 방언 기도를 통해 무딘 심령을 깨우고 일으켜 외적으로 세상을 이기고 내적으로 주님을 채우는 삶을 살고 싶다.

30. 방언기도 소감 -C집사-

처음 주님을 영접하고 나서 기도는 저의 일과가 되었습니다. 그런데 매일 저녁에 있는 기도시간과 새벽기도 시간에 5분정도 기도하고 나면 저의 기도거리(?)는 바닥이 나고 말았습니다. 다른 사람들은 기도시간이 다 끝나고 나서도 계속 기도를 하는데 저는 멀뚱거리며 사람들을 구경하다 집에 돌아오곤 하였습니다.

그러면서 방언에 대한 사모함이 생겨났고, 어느 날 갑자기 기도원이 너무너무 가고 싶어졌습니다. 예전엔 기도원 하면 광신자들이나 가는 곳이라는 생각에 꺼려지는 장소였는데, 거기에 가고 싶어 견딜 수가 없었습니다.

그래서 같은 교회 집사님을 졸라 생전 처음 기도원엘 갔습니다. 제가 다니던 교회는 원래 소리 내서 방언을 하는 교회였기에 기도원에서 찬양하며 방언을 달라고 기도하였습니다.

그런데 예배가 다 끝나가도록 방언이 터지지 않자 저의 마음은 조급해졌습니다. 그래서 더 큰소리로 울먹이며 소리를 고래고래 지르며 기도를 하는데 갑자기 혀가 이상해지면서 이상한 소리가 나는 것이었습니다.

그래서 소리에 집중해보니 생전 처음 듣는 이상한 말이 나왔습니다. 너무 감사하고 신기해서 집에 돌아와서 하루 종일 방언을 하였습니다. 그냥 입을 벌리고 '아~' 하고 소리만 내어도 방언이 줄줄 나왔습니다.

무슨 내용인지 너무나 궁금해서 녹음기에 녹음해서 들어보려는 생각까지 했을 정도로 방언의 내용과 소리가 너무나 궁금했습니다.

하루는 교회에서 기도하는데 방언의 소리가 귀에 익숙한 소리 같아서 방언을 하면서 가만히 들어보았습니다. 마치 중국말 같았습니다.

직장이 중국과 관련되어 있어서 가끔 중국어를 들을 기회가 있었고, 같이 있는 동료가 중국어를 하기에 저는 방언에서 반복되는 단어를 몇 개 씩 외워서 직장동료에게 번역을 부탁하곤 하였습니다. 그러면 동료는 신기해하며 번역을 해주었습니다.

또 한 번은 교회에서 기도를 하는데 옆 사람은 일본어를 저는 중국어를 하는 통에 그 상황이 너무나 웃겨서 한참을 웃었던 기억이 납니다.

그 이후 방언은 여러 차례 바뀌었고 방언을 할수록 재미난 경험들을 많이 하게 되었습니다.

방언기도를 하던 중 어느 날은 마치 어린아이가 한글을 처음 익힐 때처럼 한음절 한음절 한단어가 세 번 씩 똑같이 반복되었습니다.

마치 누군가가 나에게 단어를 가르치고 있고, 저는 그것을 따라하는 것 같았습니다. 그렇게 세 번 씩 반복한 단어는 작게, 또는 크게 선포하듯 외쳐졌고 며칠을 그렇게 많은 단어들을 반복한 후 강력한 방언을 하기도 하였습니다.

지금도 여전히 많이 울지만 방언을 처음 하면서 정말 많이 울었던 것 같습니다. 정말로 많은 통곡의 시간들이 있었습니다. 왜 그렇게 울었는지, 왜 그렇게 우는지는 저도 잘 모르겠습니다.

아무 생각 없이 방언을 하다가 갑자기 주님의 임재가 느껴지고 맘 속에서 아주 세미한 주님의 음성을 듣기도 하였습니다. 방언을 할 때 느껴지는 주님은 참으로 따스한 분이었습니다.

저는 묶임이 참 많은 사람이었는데 그때 참 많이 자유로워 진거 같습니다. 사람과의 관계에서 말도 잘 못하고, 목소리는 개미소리처럼 작고 힘이 없었는데, 자신 있게 말도 하게 되고 목소리도 많이 굵고 힘이 생겼습니다.

예전엔 방언을 할 때 무슨 기도인지 잘 몰라 정말 많이 답답했었는데 지금은 방언을 할 때 저의 영혼이 주님께 간구하는 내용을 알게 될 때가 있습니다.

또 주님이 저에게 방언을 통해 감동하시는 것을 느낄 때도 있습니다. 지금까지 저를 인도해주신 주님께 감사와 찬양을 올려드립니다.

31. 방언기도 소감   -J집사-

장로교회를 다니면서 방언이 있는 줄도 잘 몰랐다. 그런데 어느 날 새벽기도에서 방언으로 기도 하는 모습을 보게 되었다. 그 모습을 보면서 큰 감동을 받았다. 새벽기도에 나가면 방언으로 기도하는 분 옆에 앉아 기도는 못하고 그 분이 기도하는 것을 듣다가 오기도 했다.

어느 날은 나도 저렇게 기도 하고 싶다는 마음을 가지게 되었고 어느 날 나도 모르게 방언을 하고 있었다. 나는 그것이 방언을 받은 것인 줄 모르고 단순히 남을 따라하고 있다고 생각했다.

그런데 혼자 있을 때도 해 보았더니 혼자서도 방언으로 기도가 되는 것을 보고 참 기뻐하고 신기해했던 기억이 난다.

방언으로 기도하면 내가 아닌 다른 존재가 쉼도 없이 무엇인가를 간구하기도 하고 간절함과 사모함도 일어나고 알 수 없는 눈물도 일어나 많이 울었던 기억이 난다.

그래서 방언으로 기도 하는 것이 너무나 재미있고 신기해서 방언으로 기도 하기 위해 새벽기도에 열심히 나가고 혼자 있을 때도 기도하는 즐거움에 빠졌던 기억이 난다.

방언으로 기도하면 내 안에 무엇인가 풀려나는 자유함을 경험하게 되고 내안의 간절함과 사모함 때문에 울게 되고 주님의 마음을 알게 되어 많이 울었던 것 같다.

어느 날은 방언이 멈추어지지 않아 당황하기도 해서 내가 이상해진 것이 아닌지 걱정도 했었다.

방언으로 기도하면서 내 마음을 주님께 쏟아놓으면서 마음이 후련하고 시원해지고 주님에 대한 그리움과 사랑이 올라오는 경험을 하면서 방언으로 더 많이 기도하고 싶어진다.

방언으로 대적기도를 하면 자신감이 생기고 힘이 생기고 기분이 좋아졌다. 주님의 임재와 사랑이 더 선명해져 감격이 된다.

방언으로 기도 하면서 내 기도에 대한 방언통변이 너무나 궁금해서 방언통변을 해보았는데 주님의 말씀을 대언할 때는 너무나 감격이 되어 많이 울고 주님의 위로와 사랑에 감사하고 사랑을 고백하게 된다.

괴롭고 힘들 때, 낙심되고 외로울 때, 주님 앞에 나가 방언으로 기도하면 어느새 새로운 힘과 마음으로 다시 일어나는 경험을 하면서 방언으로 기도하는 것이 너무나 복되고 기쁘고 즐겁다.

내 안에 계신 성령님께서 어느 때는 깊은 탄식으로, 슬픔으로, 간구로, 강한 분노로, 기도하시는 대로 기도하면 너무나 기쁘고 시원하고 자유롭고 행복해진다.

나를 묶고 있었던 부자유스럽던 것들로부터 자유하게 되고 우울하고 어둡던 생각으로부터 자유하게 되고 눌리고 무기력하던 삶에서 생기와 밝음과 활력이 생겨 애교와 유머가 쉬워지고 대인관계의 어려움에서 벗어나고 있다.

내 안에서 주님께서 자연스럽게 흘러나오시도록 더 많이 자유하고 행복하고 풍성해지고 주님께서 주신 사명을 감당하기 위해 주님을 더욱더 사랑하고 나를 드리기 위해 방언으로 더 많이 기도하고 싶다.

방언으로 기도하고 주님께 나아갈 수 있도록 인도해 주신 주님의 사랑에 감사하다.

32. 방언기도 소감   -C자매-

* 방언을 받게 된 과정

정원 목사님의 여러 글들을 읽으면서 방언 기도의 중요성을 알게 되었다. 방언을 받으려면 발성이 중요 하다고 해서 밤마다 소리를 내어서 기도를 했다. 목사님의 책 중에 〈주님의 마음에 이르는 기도〉에서 나오는 방언에 관련된 글들을 읽으면서 "저도 방언이 받고 싶습니다." 라고 간단히 기도 하고 방언을 받게 되었다.

* 방언을 하고 난 뒤 소감

처음에 나 혼자 집에서 방언기도를 했기 때문에 좀 의심이 되기도 했다. 어디에서 마귀 방언이라는 말을 들어서, '이거 마귀 방언인거 아냐?' 라는 생각도 들었지만 '내가 하나님께 기도했으니까 하나님이 주신거지' 라는 생각으로 열심히 했다.

처음에 방언할 때는 아무 느낌이 없었고 단음절의 '띠띠띠띠..' 라는 발음 밖에 안 나와서 재미없기도 했다. 그러나 시간이 지날수록 다양한 발음의 방언과 언어 같은 방언이 나와서 재밌었다.

또 방언 하면서 기도 시간에 무슨 기도 할지 고민 안 해도 되고 오랜 시간동안 기도할 수 있게 되었다.

그리고 방언을 하면서 예전에 주님을 믿지 않았을 때 느낄 수 없었던 여러 느낌들과 감각들이 생겼다.

사람 몸속에 악한 세력들이 많이 숨어있다고 하셨는데, 정말 많다는 것을 느꼈다.

내 심장을 둘러싸고 있는 불편한 이질적인 느낌.. 내 몸 안에서 움직이거나 기어 다니는 느낌.. 몸에 여기저기에 어떤 것들이 붙어 있는 느낌이 생겼다.

그 느낌들을 의식하고 기도하고 대적하면 펄쩍하고 뛰거나 소름이 끼치거나 전기가 오르고 계속 반복할수록 시원해지고 기분이 좋아졌다.

방언 기도로 느낌이 생겨서 내 안에 있는 악한 세력들을 쫓아낼 때 더 실제적으로 쫓아낼 수 있게 된 것 같다.

33. 방언기도 소감 -C자매-

2007년, 영어학원에서 일하고 있을 때 O언니는 나의 직장 상사였다. 불신자였던 나는 언니를 통해 성경과 정원 목사님의 책을 처음 접하게 되었고, 언니가 해주는 예수님 이야기가 재미있었다.

목사님 책 중에 처음 읽었던 것이 〈주님의 임재를 경험하는 길〉이었는데, 눈물이 많이 났고 은혜를 많이 받았던 기억이 난다. 그 때 방언에 대한 사모함이 생겼던 것 같다.

언니는 어디에선가 몸을 이용한 기도, 부르짖는 기도, 눈 기도 등을 알아 오셔서는 직장에서 열정적으로 적용하시고 나에게도 가르쳐 주셨다. 웃기기도 했고 '참 신기한 기도도 다 있구나' 하면서 따라 했다.

어느 날 O언니는 방언을 받았다고 하시며 상기된 얼굴로 간증을 해주셨다. 우스운 소리로 방언이 나왔다고 흉내를 내다가 서로 폭소가 터진 웃긴 에피소드도 있었다. 언니의 재미있고 사랑스러운 모습을 보면서 방언에 대한 사모함이 더 커진 것 같았다.

당시에도 나는 많은 죄 가운데 있어서, 언니에게 내 삶의 고민을 털어놨고, 정원 목사님 책으로 훈련을 한다는 B교회에 가보도록 권유를 받았다. 마침 제헌절에 방언 집회가 있다고 했다.

다른 몇몇 분들과 함께 방언 받기를 기대하면서 '랄랄라, 룰룰루..' 기도했다.

B 목사님께서 머리에 손을 대고 방언해 주시고, 사모님께서 귀에 대고 방언해 주시는데, 가슴에서 무언가가 뜨거워지면서 방언이 터

져 나왔다. 멈출 수 없는 콧물과 울음이 나왔다.

하루 이틀 동안은 계속 방언만 하고 싶을 정도로 달콤함과 기쁨이 있었다. 신실하고 깨끗한 사람에게만 방언이 임하는 것이라고 생각했는데, 죄를 많이 짓고 있는 사람한테도 방언을 주신 걸 보니 주님께서는 마음이 후하신 것 같다고 느껴져서 너무 감사했다.

방언을 받은 후에 나쁜 습관들이 자연스럽게 끊어졌고 주님에 대해 더 알고 싶은 마음이 생겼다.

2007년 7월 17일을 잊을 수 없다. 그 때 너무 감사해서 정말 내 모든 삶을 다 드리리라.. 하면서 헌신을 결심했는데, 금방 또 실족하고 넘어졌다. 방언을 받은 사건은 전쟁의 끝이 아니라 시작이었나 보다.

주님께서 주신 소중한 선물을 소중히 여기지 못하고 방언의 감격을 금방 잃어버려서 주님 너무 죄송합니다.

그 이후로 계속 교회에 다니면서 대적기도도 배우고 축귀하는 모습도 보면서 (실제로 내가 악한 영에게 눌려 있었을 때는 목사님의 방언소리가 너무 무섭고 듣기가 싫어진다) 방언이 마귀들에게는 얼마나 치명적인 무기이고 주님이 주신 소중한 선물인지 깨닫게 된다.

아직까지 방언을 잘 활용하지 못하고 발전시키지 못하고 있지만, 교회생활을 하면서, 또 목사님의 책을 통해서 방언에 더욱 재미를 느끼고 소중히 여기고 싶다.

방언을 통해 주님께 얘기도 하고 싶고, 주님의 음성도 들으며 주님과 더 깊이 교제하게 될 날이 오기를 기대한다.

34. 방언기도 소감   -H자매-

* 방언을 받았을 때

20대 초반에 어느 교회의 목요집회를 갔었습니다. 목요일마다 드리는 집회였는데 중, 고등학생이 주로 많았고, 청년들도 많았는데 예배는 늘 요란했고, 예배가 끝나도 찬양은 계속 흘러나왔습니다.

나는 집회가 끝난 후 남아서 자주 기도를 했었는데, 여기저기서 방언으로 크게 기도하고 있었고 불이 꺼져 어두운 상태라 주위에 신경을 쓰지 않고 편하게 기도할 수 있었습니다. 수련회 때 밤 집회 같은 분위기였습니다.

어느 날도 주변에서 사람들이 막 빠르게 방언으로 기도하고 있었는데, 나도 같이 막 빠르게 알 수 없는 발음으로 기도를 하고 있었습니다.

기도 소리가 아주 빠르게 나왔는데, 내 힘으로 하지 않고 저절로 되는 느낌이어서 주위 언니에게 물어보았더니 그 언니는 내가 방언을 받은 것 같다고 했습니다. 그래서 집에 가서 혼자 기도했을 때도 이 기도가 나온다면 방언을 받은 게 맞을 것이라고 생각했습니다.

그래서 집에 와서 창문 앞에서 기도를 해봤는데 의미 없는 말이 계속 나오면서 울음이 났습니다. 뭔가 알 수 없는 울음이 터지면서 감사한 마음도 같이 올라왔습니다.

* 방언을 하면서 들었던 느낌

의미 없는 단조로운 발음을 되풀이 하는 것일 뿐인데도, 직장에서

하고 있으면 자신감이 생기고 뭔가 든든한 느낌이 있었고 사람들이 무섭지 않았습니다. 대적기도를 할 때 '다다다다..' 하면서 악한 영들을 떠올리면 특별히 대적을 하지 않아도 악한 영들이 손아래 꼼짝도 못하게 묶이는 기분이 들었습니다. 힘이 세지는 느낌이었습니다.

밤에 어두운 길을 걸을 때 무서운 느낌이 들면 방언기도를 하면서 걸어갑니다. 그러면 주변에 날 무섭게 하는 악한 영들이 숨고 나를 주님이 보호하시는 느낌이 들었습니다.

* 감정을 표현하는 방언기도

알 수 없는 발음으로 나의 마음을 표현하면서, 아무도 모르고 누구도 들어주지 못하는 마음을 주님께만 말한다고 생각합니다. 그러면 뭔가 해결되지 못했고, 해결 안 될 것 같은 뭔가를 이 의미 없는 소리로 외칠 때 왠지 잘 될 것 같고 더 강하게 나의 마음을 표현하고 싶은 마음이 올라왔습니다.

의미 없이 소리를 마음을 몸으로, 입으로, 얼굴로 표현할 때, 심장이 설레고, 속이 후련하고 어딘가로 막 뛰어가고 싶은 기분이었습니다.

강력하게 발성을 하면서 기도하고 찬양할 때 내 안에 뭔가 표현하고 싶은 기쁨이 강하게 올라오는 것 같았습니다. 그래서 찬양하다가 팍! 팔을 올리고, 돌리고 표현하면 가슴이 시원했습니다.

더 깊이 내 속의 깊은 느낌을 표현하고 가슴에 있는 것을 더 많이 드러내고 찬양하고 표현하고 싶습니다. 할렐루야!

35. 방언기도 소감 -K자매-

나는 중학교 3학년 때 교회 수련회에 갔다가 방언을 받게 되었다. 그때 이미 중등부에 방언을 받은 친구들이 많이 있었기 때문에 나도 방언을 받고 싶다고 수련회 기간 동안 집중적으로 기도했었다.

주님을 만나고 싶고, 친밀해지고 싶었는데 방언을 받으면 그런 것 같다고 생각했기 때문이다.

수련회의 열띤 분위기 속에서 큰소리로 기도하고 방언을 달라고 간구하다가 방언을 받았다.

처음에는 받은 게 맞는 건지, 내가 의식적으로 소리를 내는 건지 헷갈렸었다. 그런데 시간이 지나도 사라지지 않아서 맞는가보다 하고 기뻤다.

방언을 받고 좋았던 점은 주님이 내 안에 거하신다는 것을 조금 더 느낄 수 있었던 것이다. 나는 이 방언이 무슨 뜻인지 몰라도 내 마음과 함께 방언으로 기도하다보면 마음도 후련해지고 어떤 때는 막 뜨거워지기도 하고 어떤 때는 이유를 알 수 없는 눈물이 나기도 하면서 주님이 나와 함께 하시고 내 마음을 만지고 계시는구나.. 하고 느껴진다.

그렇게 기도하다보면 방금 전까지 막막했던 문제가 아무 것도 아닌 듯이 느껴지고 안 좋았던 감정이 사라지고 기분이 좋아지고 행복해진다. 주님이 가까이 계시고 나를 지키시는 분이라는 것이 불현듯 실감이 나고 든든해진다.

그래서 기도가 재밌어지고 그러한 감격의 순간들을 또 경험하고 싶고, 주님을 가까이 만나고 싶어 기도하게 된다.
 삶에서 내 힘으로 안 되는 것들을 놓고 기도하고 주님이 도와주시는 것을 느낄 때면 기도와 삶이 별개가 아니라 나의 삶속에 주님이 일하실수 있도록 주님을 초청하는 것이 기도인 것 같다는 생각이 든다.
 힘들 때만 기도하는 것이 아니라 매일 부르짖고 매순간 주님을 의식하면서 삶의 모든 순간에 주님을 찾고 주님과 함께 하고 나를 드리며 주님께 사로잡혀 가는 행복한 기도의 순간들을 경험하고 싶다.

36. 방언기도 소감   -J집사-

* 방언 받게 된 계기

친구가 방언을 받게 해 준다고 자기 따라 해보라고 해서 "랄랄랄.." 했는데 이때 받았는지 안 받았는지 잘 모르고 지나갔다.

이후에 부흥회 때 방언의 은사를 구하자 혀가 말리면서 "랄랄라.." 이런 소리가 났다. 이때도 방언을 받았다는 확신은 없었는데, 확실히 방언 받았다고 믿게 된 것은 어느 날 밤 교회에서 혼자 기도하던 때였다.

기도하면서 주님을 사랑하지 않고 육적 애정을 갈구하며 살았던 것을 회개하면서 많이 울고 속이 후련해졌을 때 "주님.. 제게 외국어 같은 확실한 방언을 주세요.." 하고 별 확신 없이 기도를 드렸다. 그리고 가까운 분을 위해 중보 기도를 하던 중에 갑자기 유창한 외국어 같은 방언이 쏟아져 나왔다. 놀랍기도 하고 어찌나 좋던지 밤새 기도했는데 시간이 순식간에 지나가 버린 것 같았다.

이후에는 방언을 잊어버리고 못하게 될까봐 길을 가거나 차를 타고 가거나 수시로 방언이 되나 확인해 보곤 했다.

* 방언의 변화

처음에는 "랄랄라.." 하는 소리가 나는 방언을 받은 것 같았다. 이후에 외국어 같은 방언이 나오면서 영어 같은 음이 나오다가 일본어 같은 방언도 나오다가 중국어 같은 방언도 나오고 러시아어 같은 방언도 나오고 스페인어 같은 방언도 나왔다. 속으로 일본어 같은 방언을 해보고 싶다고 생각하면 그런 비슷한 소리가 나왔고 또 중국어 같은 방언을 해 보고 싶다 생각하면 중국어 같은 방언이 나왔다.

방언을 천천히 하고 싶었지만, 하다 보면 나도 모르게 자꾸 속사포 같은 아주 빠른 방언이 나왔다. 지금 생각해 보면 주님이 내 속의 어둠을 쏟아내게 하시려고 빠른 방언을 계속 시키신 것 같다.

* 방언기도의 유익

기도가 재미있어지고 오래 기도해도 금방 지나간 것처럼 짧게 느껴졌다. 방언기도를 많이 할 때 다른 사람들이 내가 변한 것 같다고 했다. 나는 마음이 눌려 있어서 자세도 항상 구부정한 모습으로 다녔는데 자세가 반듯해졌다고 했다.

빠른 방언을 땀이 나도록 하고 나면 마음에 자신감이 생기고 가슴이 뻥 뚫린 것처럼 시원해졌다.

방언기도 기도를 하면서 마음에 집중하면 "사랑한다", "두려워 하지마라. 내가 너와 함께 한다." 이런 감동이 오는데 전에는 이것이 통변인지 잘 몰랐다.

통변은 아무나 하는 것이 아닌 줄 알았는데 심령의 감동을 통해 누구나 할 수 있다는 것을 알게 되어 참 감사하다.

* 방언기도에 얽힌 에피소드

이상한 사람이 쫓아와서 놀랐는데 주님이 순간적으로 지혜를 주셔서 방언으로 소리를 질렀더니 놀라서 도망가 버려 위기를 모면한 적이 있었다.

새벽기도 시간에 갑자기 아는 동생을 위해 기도하고 싶은 마음이 생겨 별 생각 없이 방언으로 기도를 했는데 보통 때와 다르게 기도가 위로 쭉 쭉 딸려 올라가는 느낌이 들면서 내가 하는 게 아니라 누가 시키는 것 같은 느낌이 들었다.

　이상해서 그 날 오후에 연락해봤더니 그 시간에 아기를 분만하고 있었다는 것이다. 나는 그 사람의 사정을 모르지만 내 영은 알고 기도한 것 같다.

　주님..

　방언을 통해 주님과 교제할 수 있게 해주셔서 감사합니다. 방언을 통해 기도의 즐거움을 알게 해주시고 나를 사랑하시는 주님의 마음을 느끼게 해 주셔서 감사합니다.

　마음으로 알 수 없는 영의 소원을 간구할 수 있게 해주셔서 감사합니다. 방언으로 더 많이 부르짖고 내 속의 어둠을 다 토해내고 주님에 대한 갈망이 커지길 원합니다. 주님과 친밀한 사람이 되기 원합니다. 주님께 사로잡힌 사람이 되기 원합니다.

　사랑합니다. 주님!

37. 방언기도 소감 -M자매-

　정원목사님의 책을 통해 은사에 대한 바른 지식을 배우게 되고 그동안 잘못 알고 있었고 주님을 제한했다는 것을 깨닫게 되었다.
　2009년4월15일 그날도 목사님 책을 읽고 잠자기 전 주님을 제한한 것에 잠깐 동안 회개기도를 했는데 침대 위에서 방언을 선물 받게 되었다.
　은사에 대한 많은 두려움, 잘못된 지식들로 인해 내안에 갇혀있던 방언이 처음 터졌을 땐 수돗물을 틀어 놓은 것처럼 눈물 콧물이 범벅이 되었고 알 수 없는 말들이 쏟아져 나왔는데 정확히 알 수는 없었지만 주님 앞에서 회개하는 내용인 것 같았다.
　회개와 감사.. 성령의 이끄심 속에 일주일간은 밤을 세워가며 기도했었는데 마치 세계의 여러 나라 언어로 말하고 있는 것 같았고 일정한 시간이 되면 언어가 계속 바뀌어서 그런지 지루하지도 않고 재미있었다.
　식욕도 사라지고 잠을 못자도 피곤하지도 않고 집에 오면 기도하고 싶은 열망에 몇 달을 보냈다.
　방언으로 기도하면서 여태까지 살면서 느끼지 못했던 맘속의 평안함, 행복감 속에 세상이, 사람들이 달라보였다.
　영적인 세계에 대해 너무나 무지했었고 악한 영의 존재는 인정했었지만 내 몸에 악한 영이 들어와서 역사한다는 것은 믿지도 않았는데 방언기도를 하면서 어느 날부터는 발작과 같은 증상이 나타나면서 주님이 몸을 정화 시켜주셨고 내 몸에 질병으로 숨어있던 악한 영들이 나가고 아픈 곳을 치유하시는 주님의 손길도 경험했다.

머리로만 주님을 알았을 때는 여태까지 믿은 신앙 전체가 흔들리는 듯한 고민을 하곤 했는데 방언으로 기도하게 되고 주님을 체험한 이후 주님의 살아계심과 믿음에 대해 흔들리지 않게 된 것 같고 나에게 얼마나 많은 영들이 역사했는지 알게 되었다.

그리고 우리말로 기도할 때와는 다르게 시간이 어찌 그리 잘 가는지.. 신앙 간증 서적에만 나오는 남의 얘기인줄 알았는데 정말 나에게도 기도가 즐겁다고 고백할 수 있는 현실이 된 것이 신기하고 주님께 너무 감사했다.

지금은 방언을 통해 내영혼의 간구와 주님의 말씀하심을 통역할 때 사랑과 긍휼이 풍성하신 주님의 음성을 가슴으로 들을 수 있다는 것이 너무 행복하고 감사하다.

앞으로 나는 방언기도를 통해 주님의 음성을 듣고 순종하고 주님의 원하심대로 행복하고 놀라운 삶을 살게 될 것을 믿는다.

주님.. 악한 영들에게 눌리고 고통가운데 비참하게 살다가 이 땅을 빨리 떠날 뻔했던 인생을 주님이 불쌍히 여기시고 저를 구원해주셔서 감사합니다. 내안에 살아계신 주님의 영이 흐르고 흘러서 나의 전 삶이 주님의 통로가 되고 사로잡히길 원합니다.

주님.. 저를 불쌍히 여겨 주셔서 감사합니다. 고맙습니다. 사랑합니다. 할렐루야!

38. 방언기도 소감   -L집사-

고등학교 졸업하고 서울에 올라와서 교회를 다녔지만 예수님을 믿고 교회를 다니는 생활이 그저 몸만 왔다 갔다 할 뿐 무의미하게 느껴졌다.

친구들이 등산가자고 하면 뿌리치고 교회에 갔지만 교회에 가면 친구들과 등산갈 걸.. 하는 마음이 있었다. 이렇게 교회 다닐 바에는 그만 두는 것이 낫겠다는 생각이 들기 시작했다.

그때 쯤 목사님이 21일 다니엘 작정 새벽기도회에 모두가 나와야 한다고 하셨다. 모두가 나오라는 말씀이 나도 해당되는 것 같아서 새벽기도에 갔다.

며칠 동안 날마다 가서 기도를 하는데 계속 눈물이 나고 혀가 자꾸 돌아갔다. 혀가 왜 돌아가는지 몰랐다. 기도가 끝나고 교회 사모님과 대화하는데도 혀가 계속 돌아갔다. 그것을 보고 사모님이 방언을 받은 것이니 열심히 하라고 하셨다.

그 후에도 혀가 아파서 그만하고 싶은데도 계속 기도가 나왔다.

그렇게 몇 달을 울었는지 모른다. '찬송가', '성결' 이란 글씨를 봐도 눈물이 흘렀다. 꿈에 나의 죄지은 모습들이 사진으로 계속 보였다. 마냥 울었다. 동생은 미친 것 같다고 했지만, 난 기뻤다.

교회가 가고 싶고, 찬양이 너무 좋았고 성경말씀도 너무 달게 느껴졌다. 방언기도도 즐거웠고 계속 하고 싶고 주님이 정말 사모가 되었다. 세상도 너무나 아름답게 보였다.

하지만 방언의 유익함이나 방언의 중요성 등은 전혀 몰랐다. 방언해석은 신앙 좋은 분들이 아주 드물게 하는 것으로 알았었다.

이번에 방언에 대하여 새로 배우며 방언기도의 첫사랑이 다시 일어나는 것 같다.

주님.. 주님은 나의 첫사랑이십니다. 그 사랑을 주께 드립니다. 나의 눈물을 주께 드립니다. 사랑합니다.

39. 방언기도 소감   -J집사-

　방언을 하고 싶었지만 나오지 않았다. 전에 다니던 교회에서 B목사님께서 맡고 계신 중보기도팀에 들어갔다. 그때 방언을 못하는 사람들을 가운데 모아 놓고 기도를 해주었다. 그때 혀가 돌아가며 방언이 나왔다.
　방언을 잃어버릴까봐 집에 와서 방언기도를 계속했다. 청소하고 부엌일 할 때 길을 걸을 때 계속해서 방언을 하며 걸었다.
　방언기도를 하면 눈물이 많이 났다. "너는 나만 바라볼 수 없니" 하시는 주님의 안타까운 마음이 느껴져서 많이 울었다.
　그때는 몰랐지만, 주님 아닌 눈에 보이는 환경에 빠져있는 나를 주님께서 안타까운 시선으로 보셨던 것 같다.
　방언을 통해 많이 자유로워져서 감사하다.
　주님 감사합니다.
　사랑합니다.

40. 방언기도 소감   -K집사-

혼자서 기도하면서 "할렐루야~"를 외치는 중에 갑자기 혀가 말리면서 "랄랄라"가 터졌다. 놀랍고 신기하고 너무나 재미있어 무릎 꿇고 방언으로만 몇 시간씩 부르짖었다. 두 손을 들고 방언 기도하다 보면 두 팔이 저절로 춤을 추고 내가 아닌 다른 아름다운 목소리로 방언 찬양을 하기도 했다.

온 몸에 힘이 주어지고 굵고 힘 있는 방언이 나오기도 하며 알 수 없는 통곡이 쏟아지기도 했다.

어떤 때는 머리가 팽이 돌아가듯 흔들어지기도 하고 얼굴이 찡그려지기도 해서 무서워 주님께 왜 그러냐고 물으니 안면마비 치료라고 알려 주시기도 했다.

열심히 방언으로 기도하는 중에 주위 사람들에게 신경이 쓰여서 집에서 혼자 하게 되었다. 혼자 하니 눈치 안보고 자유롭게 기도 할 수 있어 좋았지만 제대로 하는지 걱정되어 상담을 하면 능력 방언이라고 마음껏 하라 하여 날마다 열심히 하는데 두 눈을 꼭 감고 방언 기도에 집중하면 온 몸이 땀으로 젖고 나는 방언만 하는데 갑자기 우리말로 "예수, 예수, 오직 예수"라고 아름다운 목소리가 들려오기도 했다.

그래서 따라하라는 줄로 알고 "예수, 예수, 오직 예수"하고 한참 하다 보니 기도하는 것 같지 않아 다시 방언으로 하는데 한참동안 같은 내용이 계속 들려와 기도를 중단하고 듣기만 했다.

아무것도 모르고 죽을 수밖에 없는 나를 붙잡고 놓지 않고 이끌어

오시며 영과 육을 치유하신 나의하나님, 방언기도를 주시며 나를 만나주신 나의 아버지! 오직 예수뿐이라고 말씀하신 나의 주님!

찬양과 영광을 받으시옵소서. 오직 예수님만을 사랑합니다.

41. 방언기도 간증   -J목사-

　어린 시절 제가 자란 아버님이 목회하시던 교회 분위기는 은사를 무시하지도 않았지만 은사를 많이 추구하거나 강력하게 은사가 나타나지도 않았던 것 같습니다. 그래도 저는 은사에 대해서 호기심과 열린 마음을 가지고 성장한 것 같습니다.
　그러던 가운데 방언에 대해서 부정적인 인식을 갖게 된 사건이 있었습니다. 중학교 2학년 즈음에 친하게 지내던 세 친구가 있었는데 (그중에 두 사람은 쌍둥이이고 제가 저희 아버님이 목회하시던 교회에 전도해서 다니고 있었습니다) 정확하게 말씀드리자면 쌍둥이와 저는 아주 친했고 또 다른 친구는 조금 불편했지만 그냥 같이 지내는 관계였지요. 그 친구는 소위 노는 날라리였습니다. 술, 담배도 하고 싸움도 하는 아이였지요.
　그런데 그 친구가 교회는 열심히 다니고 있었는데 여름방학 수련회에서 방언을 받은 것입니다. 은사와 영혼의 관계에 대해서 전혀 이해할 수 없었던 어린 나이인 저와 쌍둥이는 그 친구의 모습이 정말 충격적이고 의아해했습니다.
　학교가 끝나고 저희 교회로 와서 저와 쌍둥이는 교회 바깥에서 앉아 놀고 있으면 그 친구는 혼자 교회에서 방언으로 한 시간 이상 기도하는 것입니다. 큰 소리로 방언을 하고 울부짖기도 하였지요.
　그런데 그 친구는 그렇게 방언기도를 열심히 하는데 학교에서의 모습은 전혀 변화되지 않는 것이었습니다. 여전히 날라리 생활을 하고 있었지요. 그런 모습을 보면서 저와 쌍둥이는 그 친구가 하는 방언에 대해서 부정적인 느낌을 갖게 되었습니다.

그래서 당시에는 방언이 그다지 좋아 보이지 않았습니다. 지금 생각해보면 너무 안타까운 마음입니다. 그 친구는 어린 나이에 방언의 은사를 받았지만, 육체에 임한 은사의 단계에서 머무르고 있었던 것이지요. 영혼의 성장과 발전 그리고 삶의 아름다운 변화와 열매로 나아갈 수 있도록 이끌어줄 수 있는 좋은 지도자가 있었으면 정말 좋았을 것입니다.

또한 육체에 임하는 은사와 영혼의 성장과 발전의 관계에 대해서 알지 못했었던 저로서는, 그 어린 친구의 모습을 통해 방언에 대해서 부정적인 인식을 가질 수밖에 없었던 것도 안타까운 사실이었습니다.

그 후로 시간이 많이 흘러 저는 신학대학과 신학대학원을 졸업하고 부목사 시절을 지나 교회를 개척해서 담임목사가 되었습니다.

학교를 졸업하고 전임전도사 시절, 신학대학에서 가까이 지냈던 친구를 통해 정원 목사님의 책을 소개받아 그때부터 계속 정원 목사님의 책이 나올 때마다 구입해서 읽어왔었습니다.

하지만 부목사 시절에도 그렇고 담임목사가 되어서도 어린 시절 친구의 기억 때문인지 방언기도는 하지 않았었고 그냥 통성기도라고 하는 큰소리로 부르짖는 기도를 했었습니다.

나름 열심히 기도는 했지만 무엇인가 2% 이상 부족한 것이 느껴졌었습니다. 왠지 심령이 시원하지 않았습니다.

그런 가운데 제 자신의 영적 충만함을 위해서 또 목회사역을 잘하기 위해서 저의 심령에 부족한 부분을 채움 받고 싶어 몇 군데 집회에 참석해보았었습니다. 하지만 채워지지 않는 가운데 제 자신의 한계를 느끼며 갖는 답답함과 주님을 향한 갈망이 제 안에서 커져가고 있었고 주님은 저를 인도해주셨습니다.

저에게 정원 목사님의 책을 소개해준 친구 목사님의 교회에서 예배를 드리며 방언을 하게 되었습니다. 그리고 방언으로 부르짖는 기도도 하게 되었습니다.

방언으로 기도하면서 심령이 시원하게 기도할 수 있었고 늘 무엇인가 부족하다고 느꼈던 마음에도 충만함을 경험할 수 있었습니다. 어린 시절 정말 아무것도 모르면서 아주 작은 단편적인 사건 때문에 방언에 대해서 가졌던 부정적인 인식도 완전히 사라져버렸습니다. 또한 정원 목사님의 책을 통해서 육체에 임한 은사와 영혼의 성장 발전의 의미, 차이에 대해서도 알게 되었습니다. 그렇기에 어린 시절 방언을 하던 친구의 모습도 이해가 되었었습니다.

그 이후 제 영혼과 삶 그리고 사역에는 놀라운 변화가 생겼습니다. 방언기도를 하면서 제게 일어난 변화는 먼저 제 심령의 변화였습니다.

방언기도를 하기 전 그냥 우리말로 소리를 크게 내어 기도할 때는 어떤 외적인 뜨거움은 경험했었지만 내 심령의 감각은 거의 없는 것 같았습니다.

하지만 1년 이상 거의 매일 꾸준히 방언으로 부르짖어 기도한 후에 심령의 감각이 조금씩 생기기 시작했습니다. 심령의 감각이 생기면서 주님의 나를 향한 사랑과 용서가 실재적으로 경험되었습니다. 나를 사랑하실 뿐만 아니라 좋아하시고 나의 모든 죄를 다 용서해주셨다는 주님의 마음을 내 심령이 느끼면서 뜨거운 눈물을 흘리며 주님께 감사와 헌신의 고백을 했습니다.

그렇게 심령으로 기도할 때는 과거 의무적으로 기도할 때 느낄 수 없었던 기도의 기쁨과 행복을 맛볼 수 있었습니다.

아무도 없는 교회에서 그냥 혼자 앉아 "주님, 제가 여기 있습니다."라고 고백할 때 주님께서 제 심령에 "사랑한다. 내 아들아."라고 말씀해주시는 감동을 느끼며 기쁨과 행복의 눈물을 많이 흘렸습니다. 이렇게 방언기도는 제게 주님과의 교제를 실재적이고 풍성하게 해주었습니다.

방언기도를 하면서 제게 일어난 또 다른 변화는 사역의 변화였습니다.

방언으로 부르짖는 기도를 하기 전에는 사역을 하면서 정말 어떻게 해야 할지 몰랐었습니다. 주님께도 최선을 다하고 싶고 성도들에게도 존경받는 좋은 사역자가 되고 싶었고 교회의 부흥하는 모습도 보고 싶었는데, 정작 사역의 현장에서는 저의 마음 그리고 목회에 대한 기대와 다른 여러 가지 변수들이 계속 생겼고 교회는 부흥하지도 못할 뿐만 아니라 평화롭지도 못했습니다. 저는 그런 상황에서 그저 주님께 힘든 마음을 토해내며 눈물을 흘리는 연약한 사역자였었습니다.

하지만 방언으로 부르짖는 기도를 하고 또 정원 목사님의 책을 읽으면서 사역의 현장에서 일어나는 영적인 실재를 알게 되었고 아무것도 모르기에 교회와 사역자를 공격하는 악한 영들에게 무작정 당하던 시간들을 끝내고, 이제 강력하게 하늘의 권능을 구하며 사역의 현장에서 조금씩 승리를 맛보게 되었습니다.

더 이상 주님과 성도들을 모두 만족시키려 하지 않고 오직 주님만 바라보며 주님의 뜻과 기쁨을 구하는 강한 사역자로 조금씩 변화되어가고 있습니다.

그렇게 주님을 구하며 주님의 뜻만을 선포하고 사역의 현장에서도 방언으로 부르짖어 기도하니 교회의 성도들도 기쁨으로 순복하며 함께 주님을 구하는 작은 천국이 저의 사역현장에서 이루어졌습니다. 많지 않은 성도들이지만 함께 모여 강력하게 방언으로 부르짖어 기도하고 찬양하면서 기쁨의 예배를 드리게 되었습니다. 비록 작은 교회이지만 어느 교회도 부럽지 않은 행복한 교회로 세워져가고 있습니다.

방언으로 부르짖는 기도를 하기 전에는 사역의 현장에서 수없이 지옥을 경험하고 힘들어했었는데 이제는 저뿐만 아니라 성도들도 함께 작은 천국을 경험하면서 기쁨과 행복을 누리고 있습니다.

모든 것이 주님의 은혜입니다. 물론 방언으로 부르짖는 기도를 하기 전에도 저의 사역 현장이 천국이 되기를 간절히 소망했지만, 저로서는 사역 현장을 천국으로 만들 수 있는 방법도 알 수 없었고, 저에게는 천국을 유지할 수 있는 사역자로서의 영권과 능력도 없었습니다.

하지만 방언기도를 통해서 영적인 실재를 알게 되었고 사역자가 무엇을 어떻게 해야 하는지도 알게 되어 계속 부르짖는 방언 기도로 하늘의 권능을 구하며 대적하고 싸워나갈 때 지금의 귀한 천국을 경험하게 된 것입니다.

저는 아직 많이 부족하고 모르는 것도 많이 있습니다. 그렇기 때문에 더욱 방언으로 부르짖어 기도할 것입니다. 방언으로 부르짖어 기도할 때 주님께서 제게 더 큰 은혜를 베풀어주실 것을 신뢰합니다. 주님과의 교제가 더 친밀하고 풍성해지며 사역의 열매도 아름답게 맺어갈 것을 확신합니다.

이런 저런 목회 프로그램이나 복잡한 세미나가 아닌 그저 단순하게 방언으로 부르짖어 기도하는 것만으로 제게 크신 은혜를 베푸신 주님께 감사와 찬양과 영광을 올려드립니다.

42. 방언기도 소감   -K자매

원래 저는 방언에 대해 별로 관심이 없었습니다. 방언이 무엇인지 전혀 몰랐기 때문입니다. 그래서 방언을 사모하지 않았었습니다. 그런데 시간이 지나면서 방언기도를 하는 사람들을 보니 호기심도 생기고 많이 궁금해졌습니다. 방언에 대해 찬성하는 교회도 있고 방언을 금하는 교회도 있었기 때문에 더욱 궁금해졌습니다.

그러던 어느 날 우연히 엄마를 따라 기도원 집회를 참석하게 되었습니다. 그곳에서 방언기도를 하지 못하는 사람들은 집회를 인도하시는 목사님께서 안수기도를 통해서 방언을 할 수 있도록 해주신다고 하셨습니다.

과연 나도 저런 알 수 없는 말들을 쏟아낼 수 있을까.. 많이 걱정되었었습니다. 내 머리로 도저히 이해가 가지 않았습니다. 목사님께서는 머리를 치시며 기도해주셨지만 나에게는 아무런 일도 일어나지 않았습니다. 이런 기도를 서너 차례 받으면서 의심과 불만이 쌓여갔습니다. 나도 방언을 할 수 있었으면 좋을 텐데.. 하는 마음으로 조금씩 슬퍼졌습니다.

이랬던 나에게도 방언이 터지게 되었습니다. 정원 목사님의 책 〈주님의 마음에 이르는 기도〉에서 방언에 관련된 부분을 읽고 그대로 실습했더니 방언이 나왔습니다. 책을 읽고서 왜 내가 방언 안수기도를 받고도 할 수 없었는지 이해가 되었습니다.

방언기도가 무엇인지 이해하고 단순하게 주님을 신뢰하고 믿음으로 입을 열었더니 순식간에 입과 혀가 저절로 움직이면서 방언이 나온 것입니다. 또 몸에 강렬한 진동이 왔습니다. 내 의지가 아닌 어떤 힘이 나를 움직이는 것은 처음 겪는 일이라 너무나 감격스러웠습니다.

그리고 어느 순간 어떤 방언이 나오는데 감정이 실어지면서 울음이 터져 나왔습니다. 주님의 사랑에 대해 말하는 것 같았습니다.

이렇게 방언을 하는데 기도가 멈추지 않고 입과 혀가 계속 움직였습니다. 방언은 영으로 하는 기도라고 하던데 기도를 마치고 일상의 삶으로 돌아갔는데도 입을 열면 방언이 쉴 새 없이 나왔습니다. 정말 놀라운 것은 내 영이 무엇인가 계속 끊임없이 주님께 기도한다는 사실이었습니다.

무슨 할 말이 그렇게 많은 것일까.. 정말 너무 너무 신기하고 놀라웠습니다.

나는 이렇게 처음으로 방언을 하게 되었고 그 이후로 서너 시간 이상을 방에서 방언기도를 하면서 즐거운 시간을 보냈습니다. 무슨 뜻인지는 잘 알 수 없었지만 마음이 너무 기쁘고 행복했습니다.

방언으로 찬양도 하게 되었고 몸으로 주님을 경배하며 찬양하기도 했습니다.

방언을 하면서 실제적으로 주님께 더 가까이 나아가게 된 것 같습니다. 내 의식으로 기도하려고 할 때 무슨 말을 해야 할지 모르겠고 여러모로 힘든 점이 많았습니다. 그런데 방언을 하게 되면서 힘들이지 않고 주님께 자주 나아갈 수 있게 되었고 마음을 토하는 기도를 할 수 있게 되었습니다.

주님께 너무 감사합니다. 앞으로도 더욱 방언기도를 통해 주님께 자주 가까이 나아갈 것입니다. 방언을 통해서 나를 만나주시는 주님.. 너무 감사합니다.

43. 방언기도 소감　-K형제-

부르짖는 기도를 배우면서 처음으로 소리를 내어 기도를 해보았습니다. 소리를 내면서 기도를 할 때 주변 분들이 방언기도를 하는데 저도 방언기도를 받고 싶은 마음이 생겼습니다. 그렇게 방언을 사모하는 마음으로 기도를 하는데 방언이 터져 나왔습니다. 한없는 눈물이 흘러내렸습니다.

주님께 기도를 하는데 언어로 기도하는 것이 아니라 가슴에서 주님을 계속 구하고 높이는 방언기도가 나오고, 시간이 금세 지나갔습니다.

방언기도를 처음 하던 날, 기도를 계속 하고 싶다는 생각이 들었습니다. 기분이 너무 좋았습니다. 방언기도를 하며, 주님을 생각하면서 기도하는 것이 너무 좋았습니다.

부르짖는 기도와 방언기도를 같이 하면서 직장에서 자신감이 생기고 직장 동료들과의 인간관계에서도 불편함이 사라지고 즐겁게 변해갔습니다.

우리말로 기도하는 것도 좋지만 방언기도를 하면 가슴으로 기도가 되어서 더욱 더 주님을 구할 수 있어서 좋았습니다.

또한 중보기도를 할 때도 부담 없이 기도를 드릴 수 있어서 감사했습니다.

방언기도는 제게 천국의 문을 열고 주님과 대화할 수 있도록 도와주는 너무나 좋은 기도입니다. 주님.. 감사합니다.

44. 방언기도 간증 -I사모-

저는 사모가 되었어도 다른 사람들처럼 방언을 하지 못했었어요. 방언을 못하는 것은 제게 부담이 되었죠. 성도라면 몰라도 사모가 방언도 못한다는 것이 마음에 걸렸어요.

그러다 7~8년 전 H기도원에서 열린 목회자부부영적세미나에 참석했을 때 강사인 Y목사님이 방언 받고 싶은 사람은 방언받기를 간절히 사모하는 마음으로 큰소리를 내라고 했어요.

그리고는 방언 못하는 사람은 주위에 방언하는 사람 옆으로 가서 기도하고, 방언하는 사람들은 방언 못하는 사람들 곁으로 가서 큰소리로 방언을 해주라고 했죠.

이번에는 반드시 방언을 받으리라는 마음으로 막 소리를 내면서 기도하는데 갑자기 어딘가로 빨려 들어가는 듯한 느낌이 들면서 마치 저만 혼자 있는 것처럼 고요해지더니 제 입에서 이상한 소리가 나기 시작했어요. 놀랍게도 방언이 제 입에서 나오기 시작했어요.

'나도 방언할 수 있다' 는 생각에 얼마나 기뻤는지 모릅니다. 하지만 방언을 하되 방언통역을 하지 못하고 지내서 뭔가 부족한 느낌이 들었어요.

얼마 전 정기모 모임에 참석했을 때 H전도사님께서 방언을 통역하는 훈련을 시키셨어요. 그때 처음으로 제 방언을 다른 분이 통역해주시는 것을 듣게 되었고, 저도 다른 분의 방언을 듣고 통역하게 되었어요. 그리고 제 스스로 제 방언을 듣고 통역도 해보았죠.

다른 분이 제 방언을 통역해줄 때나 제가 제 방언을 통역할 때 약간 떨리고 자신도 없었지만 막상 믿음으로 해보니 방언 통역을 할 수 있었어요. 전 상상도 못했던 일을 하게 된 거예요.

게다가 방언통역을 듣고 제가 하면서 주님이 주시는 말씀이 분명하다는 확신이 들었고, 나아가 방언 통역을 통해 주님을 더 가까이 느끼게 되었어요.

드디어 방언만 하던 제가 아직은 미숙하지만 방언통역까지 하면서 주님을 더욱 가까이 느끼며 살게 되어 너무 행복합니다.

더욱 열심히 방언과 방언통역을 사용하여 주님을 더욱 가까이 경험하고 누리며 살길 원합니다.

주님.. 감사합니다.

45. 방언기도 간증   -O목사-

저는 방언을 너무나 힘들게 받았습니다. 제가 26살 때 어떤 기도원에 잠시 머물 때였습니다. 기도원에 있으면서 기도원에 머물고 있는 다른 사람들을 보면서 저와는 뭔가 다른 주님의 살아계심을 선명하게 알게 되었고, 주님을 사랑하는 모습들을 보게 되었습니다.

저는 어릴 때부터 교회는 다녔지만 그들처럼 주님의 살아계심을 깊이 경험하고 주님을 섬기며 사는 사람은 아니었습니다. 그저 교회에 나가서 친구들 만나고 교회 성도들이 저를 인정해주니까 교회 다니는 게 좋았을 뿐이었습니다.

하지만 제 내면에는 깊은 고통이 있었습니다. 이렇게 사는 것이 아니라는, 알지는 못하지만 다른 모습으로 살아야한다는 부담이 있었습니다. 저는 이전과는 다르게 살고 싶었습니다.

그런데 그들의 모습을 보자 그 마음이 더 강하게 일어났습니다. 변하고 싶고 살아계신 하나님을 직접 만나고 싶다는 열망이 불타올랐습니다.

그러나 어떻게 해야 살아계신 하나님을 만나고 내가 변할 수 있는지 방법을 몰랐습니다. 고통스러웠습니다. 그때 갑자기 떠오른 생각이 항간에 떠돌던 '나무를 뽑으면 능력을 받는다' 는 것이었습니다. 갑자기 '그래 나무를 뽑으면 하나님의 살아계심도 경험하고 나도 변할 거야' 라는 생각이 들었습니다.

그래서 저는 나무를 뽑기 위해 기도원 주변에 있는 한 산의 중턱에 올랐습니다. 적당한 나무를 찾는 중에 '그래도 남자가 배포있게 한 아름 정도는 되는 나무를 뽑든지 넘어뜨리든지 해야 하나님을 만나지' 하는 생각에 한 아름되는 나무 앞에 섰습니다. 그날부터 저는 계속 그 나무를 붙잡고 부르짖으며 "하나님! 살아계심을 경험시켜주세요" 하면서 나무와 씨름하기 시작했습니다.

나무와 씨름한 지 한 달이 되었는데 제겐 아무 일도 일어나지 않았습니다. 저는 크게 실망하고 수요일인데도 예배에 참석하지 않고 방에 들어가 꼼짝도 하지 않고 있었습니다.

그러다 예배를 드리지 않은 것이 양심에 찔려, 예배 후 불 꺼진 예배당에 엎드렸습니다.

그때였습니다. 갑자기 제 입에서 알 수 없는 소리가 마구 나오는 것이었습니다. 나중에는 알 수 없는 소리로 오랫동안 노래를 부르고 저도 모르는 힘에 이끌려 춤도 추게 되었습니다. 그리고 한없는 눈물을 쏟았습니다. 알고 보니 제가 방언을 받았던 것입니다.

방언을 받자 하나님의 살아계심을 분명하게 알겠더군요. 방언은 저에게 하나님의 존재를 분명하게 해주었습니다.

그렇게 저는 방언을 힘들게 받았습니다. 제가 힘들게 방언을 받았으니, 저는 방언은 원래 저처럼 힘들게 받는 것인 줄로만 알았습니다.

그런데, 정기모 모임에 참여하게 되면서 방언은 쉽게 할 수 있다는 말을 듣고 깜짝 놀랐습니다. 게다가 다른 사람이 방언을 할 수 있도록 도울 수 있고, 방언을 통역도 할 수 있고, 방언 통역을 해줄 수 있다는 말도 듣게 되었습니다. 저는 너무나 놀랐습니다.

저는 방언한 지 20년이 되었지만 방언통역을 못했었습니다. 왜냐하면 방언통역도 방언처럼 다시 받아야만 하는 줄 알고 있었기 때문이었습니다.

정기모 모임에서 H전도사님이 다른 분의 방언을 듣고 방언을 통역하되 믿음으로 느껴지는 대로 조금씩 시작하면 된다고 하셔서 그 말씀을 믿고 믿음으로 방언을 통역하면서 더 놀랐습니다. 막상 해보니 저도 할 수 있었습니다. 방언 통역이 너무 쉬웠고 방언 통역이 주는 유익이 너무나 놀라웠었습니다.

방언을 통역한 후 저는 H전도사님께서 방언 못하는 사람을 방언할 수 있도록 돕는 일도 너무 쉽다고 하시며, 정원 목사님의 책 〈주님의 마음에 이르는 기도〉에 나온 내용과 몇 가지 원리를 가르쳐주셨습니다.

저는 저희 교회에서 해보기로 작정하고 주일예배에 임했습니다. 예배시간에 할까 말까 망설였습니다. 혹시 안 되면 망신이라는 생각이 들면서 많이 두려웠었습니다.

저희 교회에 방언을 못하는 분들이 많아서 저는 두렵고 떨리는 마음으로 예배 중에 "지금 방언을 받고 싶은 분은 손을 드세요"라고 말했습니다. 그랬더니 제 막내아들만 손을 든 것이었습니다.

저는 손을 든 막내아들을 무시하고 제가 방언을 했으면 좋겠다고 생각한 두 사람에게 방언을 하도록 시도했다가 실패를 했습니다. 낙심이 되었습니다.

그래도 믿음으로 하면 된다는 말씀에 용기를 다시 내서 다음날 밤 기도회 때 막내아들을 나오라고 해서 방언을 하도록 도왔더니 놀랍게도 아들이 방언을 하는 것이었습니다.

그 다음에는 딸이 방언을 하도록 도왔고 그 다음으로는 둘째아들도 방언을 하도록 도울 수 있었습니다. 방언하는 것은 단순한 사람은 금방 되고, 생각이 많은 사람은 시간이 오래 걸린다더니 정말이었습니다.

그 후 탄력을 받은 저는 그 다음 주일예배 시간에 처음 실패했었던 저희 교회 P집사님에게 "제가 하는 방언을 따라 하라"면서 믿음으로 소리를 내라고 했습니다. 조금 방언이 나오는 것 같았습니다.

집에 가서 열심히 기도하라고 했더니 화요일 늦은 밤에 갑자기 P집사님에게서 "목사님, 따따따.. 목사님.. 따따따.. 저.. 따따따.. 입에서.. 따따따.. 이상한 말이.. 따따따.. 계속.. 따따따.. 나와요.. 따따따.." 하면서 전화가 온 것이었습니다. 생각이 많은 P집사님도 방언을 하게 되었던 것입니다. 할렐루야!

다음날 집에 심방을 가서 방언통역을 해주었더니 펑펑 울면서 자신이 지난밤에 기도를 드렸는데 주님이 제가 한 통역을 통하여 응답을 해주셨다는 것이었습니다. 얼마나 기쁘고 행복했는지 모릅니다.

방언은 쉽다, 방언은 이미 우리 안에 있다는 것은 사실이었습니다.

지난주에도 저는 두 명이나 방언을 할 수 있도록 도와주었고 지금 그분들도 방언을 조금씩 하기 시작하였습니다.

아직 방언통역은 좀 더 기도해야 하지만 저에겐 방언이 놀랍고 신기하기만 합니다. 앞으로도 저는 주님이 인도하시면 방언을 하길 원하는 사람은 다 돕고 싶습니다. 저처럼 한 아름 되는 나무를 뽑거나 넘어뜨리기 위해서 씨름하지 않도록 말입니다.

전 정말 그때 한 아름되는 나무를 뽑거나 넘어뜨리지 않으면 아무 일도 안 일어나는 줄로 알고 아무리 뽑으려고 해도 꼼짝도 않던 나무를 향해 뒤로 가서 달려가 어깨로 부딪히는 등 온갖 방법을 다 썼었습니다.

저에게 방언은 하나님의 살아계심을 너무나 선명하게 알려준 놀라운 은사입니다. 저에게 방언통역은 얼마나 주님이 내 곁에 가까이 계신지, 얼마나 나에게 끊임없는 관심을 가지고 말씀을 하시는지를 깊이 깨우쳐준 아름다운 선물입니다.

그리고 제가 방언할 수 있도록 도와주어 다른 사람들이 방언하는 모습을 보는 것은 너무나 행복한 일입니다. 방언은 누구나 쉽게 할 수 있다는 진리를 알 수 있도록 인도해주신 주님께 감사와 찬양을 드립니다.

방언은 사모하기만 하면 누구나 할 수 있습니다. 방언통역도 믿음으로 하면 누구나 할 수 있습니다. 주님의 은혜와 사랑에 너무나 감사드립니다.

46. 방언기도 간증   -J사모-

방언기도를 하기 전에는 기도에 대한 부담을 가지고 있었습니다. 저의 컨디션이나 장소, 분위기 등의 환경에 예민했었습니다.

그러나 방언기도를 하면서부터 기도에 대한 부담이나 두려움이 사라졌습니다. 기도를 잘 하겠다는 혹은 기도가 잘 될까 하는 생각에서도 자유로워졌습니다.

환경과 상관없이 어느 정도 단순한 소리로 방언기도를 하다보면 방언의 음색이나 소리가 바뀌면서 감정이 흘러나오게 되고 하나님께 올려드리는 간구뿐 아니라 하나님께서 내게 하고 싶으신 말씀이 떠오르기도 합니다.

더 많은 시간 기도할 수 있게 되었고 방언기도를 하고나면 겉옷이나 외투를 입은 기분이 듭니다.

두려워했었던 일에 자신감이 생기고 잘 될 것 같은 생각과 느낌이 듭니다. 실제적으로 흐름, 나를 둘러싼 기운이 바뀐 것처럼 느껴집니다.

방언기도로 인해서 세 심령에 많은 변화를 경험하게 되었습니다.

방언을 주신 주님께 감사를 드립니다.

47. 방언기도 소감   -K집사-

　방언을 처음 받은 것은 대학 1학년 때, 선교회 모임에 갔다가 같이 기도하면서 사모하는 마음이 생겼고 입술을 열어 따라 기도하면서 자연스럽게 시작되었다.
　그때도 주님을 무척 실제로, 가깝게 느끼고 싶었던 시기였기에 방언을 하면 뭔가 실제적으로 주님을 만나게 될 것 같은 기대감이 있었던 것 같다.
　방언을 받고 기숙사에 돌아와서 밤이 새도록, 다음날까지 계속 방언기도를 했고 내 안에 영혼들을 주께로 돌아오도록 이끌고 싶은 소원이 마구 올라오는 걸 느꼈다.
　엄마는 그날 밤 꿈에 내가 교통사고로 죽었는데 하나도 슬프지가 않았다고, 무슨 일이 있었던 거냐고 다음날 연락하셨던 기억이 난다.
　아마 육이 죽고, 영이 깨어나는 것이 엄마의 꿈에 그렇게 보여진 것 같다.
　그 뒤로는 여러 해가 지났지만 꾸준히 방언기도를 하진 못했다. 교회에서도 활성화된 분위기가 아니었고 스스로도 방언기도의 중요성을 몰랐던 것 같다.
　가끔 병자를 놓고 중보기도를 할 때나, 우리말로 기도를 하다가 마음이 뜨거워지면 나도 모르게 방언으로 기도가 바뀌는 경험 정도였다.
　그러다가 결혼을 하고 남편과 함께 새로운 직업을 찾아가는 시기에 가정예배를 드리던 중 하늘의 빛이 임하는 것 같은 느낌과 함께 잊고 있던 방언이 다시 터져 나왔다.

그러면서 나도 남편도 거의 동시에 "직장이 아니라 주님을 먼저 발견하고 만나자고, 일은 그 다음이라고.." 그러한 감동을 받게 되었다. 어렴풋이 방언이 영의 세계와 큰 관련이 있는 것 같다는 생각이 들었다.

그 뒤로 영적 실제가 있다고 하는 분들의 방언과 영성에 대한 책들을 사서 읽어 보았는데 난해하고 복잡한 느낌의 이론적인 책들이어서 접었던 기억이 난다.

그 뒤로 주님을 찾아 많이 방황하고 다니다가 정착했던 교회에서는 다행히 방언과 부르짖는 기도가 활성화된 편이어서 밤마다 큰소리로 기도하고 방언기도를 할 수 있어 감사했다.

그 때는 잘 몰랐는데 어둡고 우울하고 창백했던, 미이라처럼 꽁꽁 묶여 있던 내가 그나마 좀 밝아지고 사람들과 교제를 나눌 수 있었던 것이 크게 소리 내어 방언기도를 했기 때문이었던 것 같다.

기도하다가 간절함이 올라올수록, 그리고 중보기도를 드릴 때면 우리말로 기도했던 것들이 자꾸만 방언기도로 바뀌게 되어 내 영이 간절히 주님께 아뢰고 있구나 생각하게 되었고, 그렇게 기도할 땐 어떤 생각이나 느낌이 떠오르곤 했는데 잘 몰랐기에 통변이라고는 생각하지 못했다.

목사님 책을 알고, 모임에 오면서 방언기도가 영이 깨어나는 시작이라는 것을 알게 되고 모든 기도가 거의 방언으로 바뀌게 되면서 이제 방언기도가 아주 익숙한 기도가 되었다.

특별한 사람에게 오는 줄 알았던 통변도 내 안에 이미 와 있다는 것을 알게 되면서 방언할 때 느낌이나 생각 등도 살피게 되었다.

방언기도를 하면서, 예배를 드리면서, 너무나 가깝게 느끼고 싶었던 주님의 실제를 조금씩 알아가고, 주님을 부르면 아주 가까이 계시는 그 분의 체취를 느낄 수 있어서 참으로 감사했다.

통변을 해 보면서 오랫동안 갖고 있던 주님에 대한 두렵고 무섭고 정죄하고 심판하시는.. 그런 오해들을 벗어버리게 되고 주님의 마음.. 나를 향한 그리움과 사랑에 가득 찬 그 마음을 느끼게 되고 알게 되어 참 감사했다.

다른 사람을 위해 중보기도를 할 때도 방언으로 기도하고 통변하면 그 사람을 향한 주님의 따뜻하고 사랑스런 마음이 느껴지면서 "걱정하지 말라"고 "나를 신뢰하라"는 등의 메시지들이 떠오르면서, 마음이 가벼워지는 경험들을 하게 되어 참 감사했다.

간절함을 담아 가슴을 토하는 방언을 할 땐 내 안의 고통과 아픔, 죄성들이 허물어져 나와 하염없는 눈물과 통곡으로 쏟아지는 경험을 하면서 가슴이 시원하고 가벼워졌다.

또 방언기도를 하면서 에너지와 생기가 생겨나게 되었고 삶의 기쁨과 행복을 조금씩 맛보게 된 것 같다.

항상 음지에서 어둡게 머물던 긴장되고 경직되었던 삶이 풀어지면서, 이제 따뜻한 양지에서 작은 일로도 크게 웃으면서 삶을 즐기게 되었다.

사람들을 대할 때도 반갑고, 불쌍하고 사랑스런 시선으로 주님의 시선으로 조금씩 바라보게 되어 감사했다.

무엇보다 방언기도를 계속하면 주님을 중심으로 사랑할 수 있게 되고 내 안에 주님을 향한 그리움과 갈망이 흘러나오게 된다는 것을 알게 되어서 너무 기쁘다.

너무나 간절히 바랬던 삶.. 주님이 그렇게 포기하지 않으시고 날 이끄셨던 그 삶이 이제 펼쳐 질 것 같아 기대가 되고 가슴이 벅차오른다. 글을 쓰고 있는데도 나의 영혼이 울먹이며 "주님을 가깝게 아주 가깝게 만나고 싶고, 그 분과 교제하고 싶다"고 중얼거리는 것 같다.

   주님 저를 놓지 않으시고 다시 일으켜 주시고 기다려 주시고
긍휼과 사랑으로 지켜보고 계셔서 너무 감사합니다.
   주님이 계셔서 살아갈 수 있고, 삶이 행복이 되었습니다.
   사랑합니다. 주님..

48. 내가 받은 방언기도   -B집사-

　방언은 사모하는 모든 사람들에게 하나님이 주신 선물이니 선입관을 갖지 말고 의지적으로 시작해 보라는 어떤 목사님의 말씀을 듣게 된 것이 내가 방언을 시작하게 된 계기가 되었다.
　나는 매사에 매우 신중하고 조심스러운 성격이라서 분명한 증거와 확신이 없이는 낯선 것을 시작하는데 매우 주저하는 사람이었다. 그런데 신기하게도 과거에 해보지도 않았고 주변에서 본 기억도 별로 없었던 방언기도에 대해 큰 거부감이 없었고 나도 해보고 싶다는 마음이 들었다.
　그 당시 본격적으로 믿음생활을 시작한 초창기여서 아무것도 몰랐기도 했지만 살아계신 주님이 나와 함께 하고 계신다는 것을 느끼고 싶다는 마음이 더욱 강렬했던 시기였다. 주님이 이러한 나의 마음을 받아주신 것이 아니었을까?
　어쨌든 내 의지로 방언을 시작했다. 따로 기도시간을 갖고 하기도 했지만 그러기에는 시간이 너무 부족해 짜투리 시간을 활용하기로 했다. 그래서 출퇴근 시간 차안에서, 걸어 다니면서, 직장에서 일하면서, 방언기도를 조용히 때로는 속으로 "랄랄라", "따따따"를 하기 시작했다. 방언을 받고 싶다는 마음도 있었지만 주님을 느끼고 싶다는 마음이 더 강했던 것 같다.
　그렇게 하다가 지루한 마음이 들면 리듬에 맞추어 "랄라 랄라 라~" 하면서 혼자 피식 웃어 보기도 했다.
　이렇게 시작한 기도로 그 이전에는 5분, 10분도 하기 어려웠던 기도시간이 30분, 1시간으로 점점 늘어나게 되었고 허울뿐이었고 신앙생활을 어떻게 해야 할지도 모르던 내가 뭔지 모르지만 믿음생활을 하고 있다는 것에 뿌듯함을 느낄 수 있었다.

하지만 마음 한편에는 '뜻도 모르는 이상한 발음으로 시간만 길게 한다고 이것이 정말 기도라고 할 수 있는가?' 하는 생각이 여전히 남아있었다.

그렇게 3~4개월이 지나 평상시처럼 퇴근시간 마을버스를 기다리며 뜻도 모르는 소리를 내며 내 방식의 방언기도를 하고 있었다. 그런데 뭔지 모르게 평소와는 다른 느낌이 들었다. 내가 의지적으로 하던 발음과는 달랐다. 내가 아닌 다른 힘에 의해 움직여지고 있다는 느낌이 선명하게 들었다.

비로소 '아! 내 기도가 방언기도가 맞구나! 내가 일방적으로 짝사랑하는 것이 아니었고 주님께서 함께하고 계셨고 내 마음과 모습을 보고 계셨구나!' 하는 믿음이 생겼다.

결혼 후 아내와 거의 매일 저녁시간에 저녁식사 후 집근처에 있던 작은 교회에 가서 기도하는 시간을 갖게 되었다. 개척한 지 얼마 되지 않은 작은 교회라서 성도들도 없고 누구에게나 개방되어 있어 큰 소리로 방언기도를 하기에는 참 좋은 곳이었다.

아내와 나밖에 없는 상소에서 한 시간 정도 마음껏 소리치며 주님을 부르고 방언기도를 하고 돌아오는 길은 정말 뿌듯하고 행복했다.

신혼 초 여러 가지 사소한 갈등이 있을 수 있었고 서로의 적응이 필요한 시간들이었지만 같이 방언기도를 하며 미숙하지만 우리의 생각보다는 주님의 뜻을 구하려 했다. 통성으로 방언기도를 하고 나면 뭔지 모르는 든든한 기운이 몸을 감싸는 것 같았고 염려가 사라지고 꼬리를 물며 떠오르던 많은 쓸데없는 생각들이 신기하게 사라져버렸고 아내가 더욱 사랑스럽게 느껴졌다.

지금부터 10년도 지난 옛 경험이지만 지금도 방언기도는 주님과 나를 연결시켜주는 통로이다. 경우에 따라서는 주님을 향한 내 의지가 담겨있기도 하고 주님에 대한 사랑의 고백, 내 힘으로 어찌할 수 없는 상황에 대한 염려를 담아 주님께 아뢰는 기도가 되기도 하는, 내게 믿음의 힘을 공급해 주는 원천이다.

이러한 은혜를 바라보고 사모하기만 하면 누구에게나 주시는 주님의 사랑이 참으로 감사하기만 하다.

49. 방언기도 소감   -B집사-

방언.. 방언이 정말 좋다. 방언은 주님이 나에게 주신 '맞춤 언어'이다. 멋있고 장황할 필요 없는, 주님과 나만의 약속의 언어이다. 방언을 하면 새로운 나를 발견하게 된다.

어느 날 속에서 갑자기 '외롭다. 외로워서 미치겠다.'란 소리가 튀어나왔다.

'응? 뭐지? 난 남편도 있고 아이들도 셋이나 되고 부족한 게 없는데?' 갈등과 함께 가슴에 한바탕 소용돌이가 휘몰아 쳤다.

그때 어찌할 바를 몰라서 주님께 나아와 무작정 방언을 했다. 가슴으로 토하며 부르짖었다. 그러자 점점 가슴의 소용돌이가 방언에 묻히며 가슴에서 폭발하듯 눈물이 났다.

"너는 혼자가 아니다. 내가 있다."

주님의 강렬한 프러포즈가 느껴졌다. 그리고 기쁨이 일어나고 회복이 되었다.

내 영혼의 연인이신 주님.. 주님은 나의 중심, 나의 주인이 되어 내 마음을 장악하신다. 그렇게 방언을 통해 주님은 니의 친구로 연인으로 다가 오셨다.

모태신앙으로 엄마 손에 이끌려 부흥회를 어렸을 때부터 다녔다. 부흥회에 가면 방언하며 기도하는 사람들이 신기하고 부러웠다. 방언을 꼭 받고 싶어 방언을 달라고 기도하며 떼를 썼지만 아무리해도 방언을 받지 못하다가 30이 넘어 어린 딸을 들쳐 업고 간 부흥회 마지막 날 사생결단하듯 목이 터져라 외치니 방언이 나왔다.

'아? 이게 방언인가? 그냥 다다다다.. 라라라.. 단순한 소리인데?'

그랬다. 내 의지와 상관없이 혀가 자연스레 움직였다. 그리고 정원목사님의 글을 통해서 방언은 단순하고, 쉽게 누구에게나 나올 수 있으며 영의 언어라는 것을 알게 되었다.

영이 깨어나는 성령이 주신 언어.. 방언을 하면 기도가 즐겁다. 언어가 단순하기 때문에 복잡한 생각이 멈추고 주님이 느껴진다. 어떤 문제나 고민이 있을 때 이것을 놓고 단순히 방언으로 기도하면 가슴이 시원해지고 문제나 고민이 정리되고 해결된다. 머리를 굴릴 필요가 없다.

주님의 마음, 주님의 음성을 듣기 원할 때 방언하면 주님의 마음이 느껴진다.

나는 길을 걸으며 하는 방언이 참 좋다. 주님과 얘기하며 산책하는 기분이다. 마치 주님이 가슴에 쏘옥 박혀서 내게 편지를 써주시는 것처럼 행복하다. 편지를 읽는 설렘처럼.. 길을 걸으며 하는 방언은 참 낭만적이다.

또한 직장에서나 집에서 속으로 방언을 하면서 일을 하면 즐겁고 신난다. 혼자서 일하는 것이 아니라 2명, 3명, 천군천사, 주님과 천사들과 함께 일하는 기분이 들어 일하면서 기쁨이 올라오고 히죽히죽 웃게 된다. 그래서 일이 재밌어지고 쉬워진다.

인터넷을 할 때는 특히 방언을 중얼거리며 하면 인터넷에 빠지지 않고 절제할 수 있게 된다. 사회, 정치면의 뉴스를 보면서 기도도 자연스레 하게 된다.

영적 상태가 좋을 때는 이렇게 방언이 저절로 나와서 모든 생활이 윤택해지고 행복이 증가가 된다. 하지만 영적 상태가 좋지 않을 때는 방언을 잘 하지 못할 때도 있다. 그럴 때는 밤마다 기도하러 가서 회복할 수 있다. 이럴 때는 가슴을 토하며 방언을 하고 온 몸과 얼굴을 일그러뜨린다. 그러면 어둠의 기운이 방언을 통해 토해지고 사라지게 된다. 그래서 영이 회복된다. 다시 방언에 발동이 걸리며 신이 난다. "다!다!다!다!" 속사포처럼 가슴속에서 방언이 쏟아진다.

방언은 무기 같다. 전쟁하는 무기와 같다. 악한 세력들을 초토화시킨다. 주님께서 방언이라는 놀라운 보화, 선물을 주신 것에 감사드린다.

방언을 통해 영의 깨어남이 서서히 이루어지는 것 같다. 주님과 더 친밀하고 주님의 마음을 알아 가는데 방언처럼 좋은 것이 또 있을까? 너무 좋다!

주님, 감사해요. 방언으로 주님과 더 친밀히 교제하고 싶어요.

날마다 저랑 산책해요. 언제 어디서나 주님과의 이야기를 멈추지 않을래요. 내게 주신 맞춤언어, 방언으로 주님을 놓치지 않고 함께하고 싶어요. 사랑해요. 주님..

50. 방언기도 소감   -B집사-

나는 초등학교 때 몇 번 교회를 나갔지만 본격적으로 교회에 다니기 시작한 것은 중3 연합고사를 마치고 친구의 손에 이끌려 억지로 교회에 가게 된 때부터였다.

그 이후 학생회 임원을 하고 청년부와 집사 직분을 받고 교회의 여러 가지 직분을 받고 봉사를 하며 신앙생활을 했지만, 30대 중반까지 방언을 하지 못하고 교회를 다녔다.

그러다 30대 중반 방언을 받고 나서 달라진 것은 첫째, 주님과의 교제와 음성을 듣는 것이 쉬워지고 즐거워졌다는 것이다. 30대 중반까지 신앙생활을 했지만 주님에 대해 개인적인 교제나 친밀감은커녕 기도에 대한 부담감과 막연히 두려움과 성경말씀의 개념으로만 하나님을 이해하고 신앙생활을 해왔음을 알게 됐다.

둘째로 방언을 하게 되면서부터 기도하는 것이 너무 쉬워졌다. 그리고 즐거워졌다. 그전에는 개인적으로 기도하면 기도시간이 3분에서 5분을 넘지 못하였다.

물론 교회에서 인도하는 철야기도나 기도원에 가서 기도할 때는 주제를 주어서 그 주제에 대해 여러 가지 떠오르는 생각을 가지고 기도할 때는 다르지만, 개인적으로 기도할 때는 3분에서 5분 이상 기도할 내용이 생각나지 않았었다. 그래서 개인기도 시간이 지루하고 부담이 됐었는데 방언을 한 이후 기도가 너무 쉽고 재미있고 행복하다는 것을 느끼게 됐다.

가슴이 시원해지고 눈물이 많아지고, 새로운 힘이 생기고 자신감이 생겼다. 내 머리로는 알지 못하는 또 생각할 수도 없는 내 깊은 중심의 사정을 기도할 수 있다는 점이 참 좋다.

셋째, 방언을 하면서 느끼는 것은 머리로는 생각할 수 없는 어떤 영적 감각이나 생각, 뜻이 느껴지고 깨닫게 됐다는 것이다.

방언을 하기 전에는 가슴이 답답하거나 이유 없는 불안감이 들어도 그것을 어떻게 할 수가 없었지만, 방언을 한 이후에는 그런 느낌이나 현상에 대해 대처할 수 있고 방언을 통해 해결할 수 있다는 점이 참 좋다.

그리고 현실이 아니라, 영의 세계가 실제하며 방언기도를 통해 눈에 보이는 이 세계가 전부가 아니라 영의 세계의 현상들이 현실보다 더 실제적임을 느끼게 됐다.

방언을 한 이후 성경말씀을 읽으면, 말씀이 머리가 아닌 마음에 와서 부딪치고 실제적으로 살아 역사하심을 느낄 수 있다. 그리고 여러 영적인 현상들에 대한 것을 느끼고 깨닫는 것이 자연스럽게 되어 진다는 점이 좋다. 그러한 여러 가지 이유로 신앙생활이 살아서 역동하는 실제적인 기도생활, 신앙생활을 할 수 있다는 점이 방언을 하면서 느낀 점이다.

51. 방언기도 소감 -L자매-

내 인생 처음으로 방언을 하게 된 초등학생 시절.. 그 날을 나는 잊을 수 없다. 지금도 그 날의 예배장면과 하루 동안 있었던 일이 선명하게 기억이 난다. 왜냐하면 그 날이 내 인생 가장 기쁘고 감격스러운 날이었기 때문이다.

말씀을 듣고 기도시간이 되어 목사님의 인도를 따라 나는 마음을 다해 "주님~ 주님~" 하고 소리를 내어 기도하기 시작했다.

온 몸에 힘을 주고 내가 할 수 있는 한 가장 큰소리로 주님을 계속 외치고 불렀다. 순간 그동안 잘못했던 일들이 영화필름처럼 지나가며 하나씩 "주님 죄송해요.. 잘못했어요.. 용서해주세요.." 하고 회개하기 시작했는데 갑자기 혀가 맘대로 움직이더니 이상한 말을 하기 시작했다. 방언인지 뭔지 알 수 없던 나는 그냥 계속 기도했다.

하염없이 흐르는 눈물.. 콧물이 뒤범벅된 얼굴.. 머리카락.. 성경책.. 책상까지 눈물바다였다. 지금껏 그렇게 많이 울어본 적이 없을 정도로 많이 울면서 계속 기도했다.

이해할 수 없고 알아들을 수 없는 말이 계속되었다. 점심때부터 저녁 늦은 시간까지 기도는 계속 되었는데 지치지도 않았다. 신기하게도 기도하면 할수록 내 마음은 너무 시원하고 청량했다.

이전엔 느끼고 맛보지 못했던 기쁨, 포근함.. 뭐라 표현할 수 없는 감정들이 솟아났다. 하늘의 기쁨은 이런 것인가! 정말 너무 좋았다! "기분이 어때?" 하고 묻는 질문에 나는 도저히 표현할 단어를 찾을 수 없었다.

방언으로 기도하고 있으면 나는 알아들을 수 없어도 주님께서 모두 다 듣고 계신다는 느낌이었다. 주님이 바로 옆에 함께 앉아계시고 함께 대화하는 기분이었다. 기도하면 할수록 기도가 너무 재미있고 신기했다.

주일학교에서 배웠던 것, '기도는 이렇게 해야 해.' 하고 적어주셨던 기도문을 읽을 때와는 정말 달랐다. '이건 실제구나!' 싶었다. 형식적으로 알고 있었던 하나님.. 예수님이 정말 실제 사실적으로 다가왔고 기도는 지루하고 힘든 것이 아닌 너무 재밌고 신나는 시간이 되었다. 그 날 이후 동생과 함께 손을 잡고 거닐며 가는 곳마다 방언을 하고 찬양을 하며 다녔던 기억이 난다.

방언기도는 정해진 예배장소가 아니더라도 언제 어디서든 할 수 있는 기도이다. 방언으로 기도하는 시간.. 방언기도를 드릴 때 느꼈던 기쁨과 만족은 세상 어디서도 경험할 수 없는 것 같다.

방언을 하며 기도할 때 슬펐던 마음도, 괴로웠던 마음도 서서히 사라지며 기쁨과 행복감이 일어나고 증가되는 것 같다.

부르짖으며 방언을 하고 방언으로 찬양을 하면 마음이 너무나 시원하고 행복해진다. 내안에 계신 주님.. 그 분과 교제하고 대화하고 함께할 수 있는 것이 감사하다. 처음엔 정확히 통변을 해야 하지 않나하는 맘도 있었지만 계속 방언을 하게 되면 자연스럽게 영은 느끼게 되는 것 같다.

다른 사람을 위해 중보기도 할 때도, 내가 힘들고 아플 때도 방언하며 부르짖고 울부짖고 나면 모든 눌림과 통증에서 회복되고 더욱 강건해지는 것 같다. 곁에서 언제나 함께 해주시며 나의 모든 필요를 아시는 주님.. 영의 기도로 인도해주시며 자유와 기쁨, 해방감과 평안과 만족을 주시는 주님을 찬양합니다! 주님 사랑해요!

52. 방언기도 소감 -K자매-

　무엇을 어떻게 기도해야 할지 모르던 나에게 방언기도는 주님을 알아가고 영혼을 깨울 수 있는 통로가 되어주었다.
　처음엔 아무 생각 없이 방언을 했지만 방언으로 기도할수록 나도 모르던 내 안의 억눌린 감정들이 쏟아져 나오고, 주님의 마음을 느끼고 표현하며 기도할 수 있었다.
　방언 통변을 하며 주님의 마음을 느낄 수 있었던 것이 힘들 때마다 너무나 큰 위로가 되었다. 주님께서 언제나 나를 사랑하시고 함께하신다는 것, 나를 늘 보고 계시다는 것을 알게 된 것 같다.
　또 부르짖는 방언을 배우면서 포효하듯 내 가슴을 쏟으며 기도할 때 그렇게 시원하고 행복할 수가 없다. 가슴에 쌓인 더러운 것들이 토해지고 주님의 사랑과 따스함을 느낄 수 있게 된다. 주님을 더 갈망하고 사랑하게 된다. 내 삶의 재앙이 떠나가고 내 힘으로 어찌할 수 없던 어두움 속에서 벗어나 환경과 상관없는 기쁨, 행복, 평안을 느끼게 된다.
　방언은 주님께서 내게 주신 귀한 선물이다. 아무것도 모르는 나에게 내 안에서 나를 대신하여 하는 영의 기도.. 나의 묶임을 풀어주고 주님을 향한 갈망과 소원을 일으켜 주는 방언기도, 이 기도를 주신 주님께 너무나 감사하다.

53. 방언기도 소감   -C집사-

나의 방언기도는 전적으로 남편의 영향이 큽니다. 결혼하기 전 남편이 다니던 교회에서 남편을 만나고 가방만 들고 교회에 다녔던 생활이었는데 결혼 후 큰 아이의 돌이 지나고 남편이 청년 때 방언을 받았던 강사님께서 집회를 하신다기에 남편의 강요 반 설득 반으로 아이를 친정에 맡기고 2박3일 참석했던 부흥집회에서 마지막 날 받았습니다.

처음엔 사모함보다는 남편이 꼭 이번기회에 방언을 받아야 한다고 해서 시작했지만 그래도 주님은 저에게 방언을 주셨습니다.

나의 생각과 다르게 처음엔 혀가 꼬부라지는 소리가 참 신기 했고 정말 하나님이 살아 계시구나 하는 생각이 들며 마음의 평안과 꽉 찬 느낌이 들었었던 것 같습니다.

방언 받고 초창기에는 교회에 가서 혼자 기도하기도 하고 남편과 같이, 아니면 철야 때에 기계적으로 방언을 했던 것 같습니다. 후에는 좀 시들해지고 신앙생활은 했어도 개인적으로 기도하는 시간이 줄어들고 나중에는 거의 안했던 것 같습니다.

정원목사님을 만나고 영성의 원리를 배우면서 기초 기도인 부르짖는 방언기도의 중요성을 알았고, 그냥 기계적인 방언 보다는 심령을 토하는 방언이 중요하다는 것, 부르짖어 기도할 때 악한 영들이 떠난다는 것을 알고 이제야 자리가 잡힌 것 같습니다.

이제는 악한 영들과 전쟁을 치를 때 방언기도를 하면 더 힘이 나고 그들의 세력을 선명하게 감지하게 되며 악한 영들이 결박된다는 확신이 들고 내 심령에 기쁨과 자신감이 생기는 것 같습니다.

지금도 나는 전쟁 중에 있지만 주님이 주신 평안과 기쁨을 유지하면서 주님이 주신 권세와 능력으로 나는 승리할 것입니다.

나는 주님의 강한용사로 새롭게 변화될 것입니다. 주님이 주신 무기인 '방언기도'는 너무 좋습니다. 나에게 많은 좋은 것을 주신 주님 감사합니다. 사랑합니다.

54. 방언기도 소감 -J집사-

중학교 때 어머니를 따라 기도원에 갔다가 방언기도를 경험하게 되었다. 그리고 한참 지나서 직장생활하면서 교회에서 가끔씩 저녁 기도 시간에 방언 기도를 하였다.

하기는 했지만 방언에 대하여 무지해서 아무 의미도 모르고 가끔 방언을 했었다.

그리고 통변이란 것도 알았지만 그 통변이 정말 올바로 맞는지 의심이 들고 믿을 수가 없어서, 내게 어떤 영향을 주지 못했고 관심에서 멀어졌다.

그러다가 영성의 숲 책들을 통해 방언에 대한 올바른 이해를 하게 되면서 방언으로 기도하고 부르짖고 원리를 조금씩 적용해 가면서 내 안에서 몇 가지 현상들이 일어나기 시작하였다. 하염없이 눈물이 나오기도 하고, 웃음이 나오기도 하고, 슬프고 기쁘고, 평안한 마음이 들고 여러 가지 현상들이 일어났다.

다른 사람에게 이야기하기 힘든 것들도 방언을 통해서 주님께 모두 말씀드리고 기도할 수 있다는 점이 참 좋았다. 그냥 평이하게 말하는 방언이 아니고 감정과 마음을 실어서 강하게 부르짖듯이 방언을 하게 되면 마음이 시원하고 후련해질 때도 있고 속에서 뭔가가 갑갑한 부분이 느껴지기도 하였다.

무엇보다도 가장 크게 다가온 것은 방언을 할수록 주님을 더욱 가까이 알고 싶은 갈망이 생긴다는 것이고, 내 영혼이 주님을 찾고자 하는 열망이 점점 증가되고 꿈이나 느낌들이 좀 더 선명해지는 것 같다는 것이다. 말씀도 선명하게 느껴지고 내게 꼭 필요한 말씀이 생각나고 위로와 힘이 된다.

    방언에 대해 조금씩 알아가고 경험할 수 있도록 은혜를 주신 주님께 감사드리고 좀 더 발전해서 머리로 사는 것이 아니고 가슴에 말씀하시는 주님의 음성을 더욱 선명하게 듣고 나에게 주어진 사명도 발견해가는 삶을 살 것이다.

55. 방언기도 소감   -C사모-

　방언을 처음 받았을 때는 교회를 개척하고 작은방에서 이불을 뒤집어쓰고는 하나님께 "전도사 사모가 방언을 못하면 어떻게 해요." 하고 기도했을 때였어요.
　회개를 해야 한다는 것을 알아서, 회개하면서 그동안 생각하는 모든 죄들을 다 고백하면서 사랑으로 허물을 덮어주는 사람이 되겠다고 선한 사람이 되겠다고 방언을 달라고 울면서 구했어요. 그런데 정말 방언이 나오는 거예요. 어찌나 기쁘던지요. 이불을 치우고 시계를 보니 세 시간이 지났더라구요.
　계속 방언이 나와서 자꾸 자꾸 했어요. 얼마동안을 그 기쁨이 계속 있었어요.
　무슨 뜻인지 몰랐지만 기도할 수 있어서 좋았어요. 그래서 그냥 계속 했어요. 방언을 한참 하고 나면 주님이 뭔가 말씀하시는 것 같아서 "네" 하고는 울기도 하고 그랬습니다.
　방언을 하다가 찬양이 생각나서 찬양도 하구요, 기도하다가 갑자기 일어나서 교회 벽에다 예수님의 피를 뿌리고 방언으로 기도하면 주님께서 "내가 너를 사랑한다. 내가 너와 함께 있다. 너는 내 것이다. 아무 것도 염려하지 말아라. 너는 안전하다.." 라고 말씀해 주시는 것 같았습니다.
　방언을 얼마만큼 하고나면 소리가 아주 부드러운 소리로 바뀌어서 하고 있고, 마치 서로 대화하는 것처럼 방언이 나오게 되며 평소에 나오지 않는 높은 소리로 찬양이 흘러나오는 것을 느꼈어요.

그러면 기쁘고 행복해졌어요. 자신감도 생기고 주님께 감사했어요. 더 은혜를 받고 하나님의 음성을 선명하게 듣기 위해서 방언기도를 더 많이 하고 싶어요. 주님.. 감사드립니다.

56. 방언기도 소감　-B자매-

나는 모태신앙으로 갈급함의 신앙이 아닌 그냥 믿어야하는 신앙이었다. 그저 힘들고 급할 땐 나를 도와달라고 예수님께 매달렸던 것 같다.

초등학교 저학년 때 목회를 하시는 아빠가 아이들을 한명 씩 한명 씩 방언을 받을 수 있도록 기도를 해주셨는데, 나는 그저 '남들도 다 하는데 나도 해야지' 하는 생각으로 받고 그 기도의 중요성이나 갈망도 모르고 그 후에는 잊어버리고 살아왔었다.

내 멋대로 살고 하고 싶은 대로 살다가 다시 주일이 돌아와 예배를 드리고 기도를 할 때면 나도 모르게 속에서 울음이 나오는 것을 느꼈다. 그리고 나서도 또 다시 6일은 내 멋대로 살고 주일이면 다시 주님께 기도하고.. 그땐 내가 참 이중적으로 살았던 것 같다. 하지만 잠깐씩 드리는 기도에 불과하지만 기도는 내 마음을 따뜻하게 해주는 안식처였다. 지금 생각하면 너무 감사하다.

그리고 아빠가 목회하실 때 우리 집은 교회에 붙어있었다. 아빠는 항상 새벽기도를 하시는데, 나는 그 시간이 되면 기도소리에 깨게 되어서 어린 마음에 좀 조용히 잠을 자고 싶다고 생각을 했다. 그러나 주님을 알고 찾게 된 지금은 그 기도소리가 나에겐 큰 아름다운 축복이었던 것을 깨닫게 되었다.

지금은 그 때가 그립다. 난 방언을 받고도 그 중요성도 깨닫지 못한 채 살아왔다. 아빠는 내게 주님을 간절히 사모하라고 하셨지만 나는 별로 관심이 없었다. 아빠가 하늘나라에 가신 후에 나는 비로소 아빠가 그토록 사랑하시던 주님을 찾게 되었다. 그리고 내가 주님을 찾기 전에 주님이 나를 먼저 기다리고 계셨다는 것을 알게 되었다. 내가 이제 이렇게 주님을 간절히 찾는 것을 아시면 하늘나라에 가신 아빠는 무척 기뻐하실 것이다.

이제는 나에게 기도는 그 무엇보다도 소중한 시간이 되었다. 나의 모든 것을 들고 주님 앞에 나아갈 때, 나는 잘 모르지만 내 영혼의 소리인 방언으로 기도하면서 전심으로 주님 앞에 나아갈 때는 나의 짐, 나의 죄, 나의 어두움이 떨어져 나가는 것을 조금씩 경험하기 시작했다.

마음이 불안할 때, 괴로울 때, 힘들고 슬퍼서 울음이 나오려고 할 때, 속상할 때.. 그저 난 주님 앞에 가서 방언으로, 내 영혼의 소리로 부르짖으면 된다. 그러면 어느새 주님의 기쁨이 나에게 임하고 힘들게 느껴졌던 것 아프게 느껴졌던 모든 것이 소멸되는 것을 느끼게 된다. 기도할 때 너무 행복하단 것을 절실히 깨닫게 된다.

아직 나는 기도의 시작점에 있는 것 같다. 많이 부족하다. 하지만 너무 기대가 된다. 나에게 말씀해주실 주님의 음성이 기대가 되고, 날마다 주님께 내 모든 것을 쏟고 충전을 받을 수 있다는 생각, 내 본래의 영혼의 아름다움을 찾겠구나.. 하는 생각에 마음이 기뻐진다.

주님.. 감사합니다. 지금까지 저와 교제하길 그 누구보다 원하셨던 주님.. 주님 앞에 제가 왔어요.

주님 앞에 날마다 나아가겠습니다.

주님.. 사랑합니다.

57. 방언기도 소감 -B집사-

오래전에 집에서 밤에 혼자 기도하는데 방언이 나왔습니다. 내가 하고자하는 말이 안 나오고 알지 못하는 말이 자꾸 나와서 이것이 방언인가보다.. 하면서 오랜 시간 기도했습니다.

그 당시 교회에서는 방언하는 사람이 없었고 묵상기도만 했기에 방언기도 하면서 '예배 중에 방언이 나오면 어쩌나...' 하는 염려를 많이 했어요. 그래서 그런지 그 후 오랫동안 방언이 안 나왔습니다.

10여년 후 S교회에 가서 부흥 집회 때 다시 방언을 받았습니다. 이때는 방언을 다시 하기 시작했는데, 참 많이 방언기도를 했어요. 오전에 혼자 있을 때, 집안일 하면서, 걸어 다닐 때 등등..

방언기도를 많이 하면서 신나고 기쁘게 살 수 있게 되었고, 주님께 대한 갈망이 많이 일어났고, 그러면서 목사님 책을 접하게 됐고 기도모임에도 오게 됐어요.

방언은 특별한 은사로 받는 것인 줄 알았다가 예수 믿으면 이미 와있는 것이란 목사님 글을 보고 동생하고 딸에게 영의 원리를 설명하고 같이 기도하니 동생은 방언을 사모하고 있던 터라 바로 방언을 했는데, 딸은 별로 관심이 없었지만 시간이 조금 지나니 방언을 하게 돼서 참 감사했어요.

방언으로 부르짖으면 가슴에 시원함, 달콤함, 벅참 등.. 느낌이 많이 생겨요. 영의 원리를 모르고 방언할 때는 통변을 못해서 내가 뭐라 기도하는지 참 궁금했는데 요즘은 가슴에 여러 감각이 생겨서 조금은 알 수 있어요.

특히 다른 사람 기도해줄 때 더 잘되는 거 같아요.
이제 거의 모든 기도를 방언으로 하니 기도에 대한 부담감이 없고, 언제 어디서든 기도할 수 있어서 참 감사합니다.
사랑합니다. 주님..

58. 방언기도의 경험   -L집사-

　예전에 방언을 못해서 방언을 유창하게 하는 사람들을 보며 얼마나 부럽고 나도 하고 싶었는지.. 그래서 여러 집회도 참석해 보고 어느 기도원도 가보고 했지만 잘 안됐는데, 아는 집사님이 기도로 도와주면서 방언이 조금씩 되기 시작했어요.
　그냥 멋모르고 시작했는데, 처음 나올 때에 마음에 기쁨은 없었지만 그래도 방언을 하게 되어 좋았어요.
　그 후로 방언기도를 계속하면서 조금씩 발전하게 되었고, 기도가 조금씩 즐거워지게 되었어요.
　방언기도를 가장 많이 하게 된 계기는 아들이 군에 입대하면서 부터였어요. 절박한 마음에 기도밖에 할 수 없다는 생각이 들어서 날마다 아침이면 간절하게 방언으로 기도했어요. 그러면서 기도시간도 길어지고 감동과 감격이 뜨겁게 올라오고 눈물도 많이 났어요.
　주님의 음성을 듣는 것에 대해서도 잘 몰랐는데 방언기도가 깊어지면서 속에서 주님의 음성이 올라오는 것을 느낄 수 있었어요. 얼마나 감사하고 기뻤는지요. 울기도 참 많이 한 것 같아요.
　방언기도를 계속하다보면 기도가 마치 입이 아닌 가슴으로 말하는 것 같고, 배에서 생수가 솟아오르는 듯이 시원한 느낌도 받았어요. 감동이 될 때는 기도가 얼마나 기쁘고 행복한지 몰라요.
　주위 사람들이 너무 예뻐 보이고 사랑스럽게 느껴지기도 하고 또 잘못한 일들이 생각나서 회개도 하게 되지요.
　목사님을 만나면서 방언기도에 대해 제대로 알게 됐고, 요즘엔 배운 대로 강력한 방언기도를 하면서 더 영이 힘이 있어지고 자유해지고 있어요. 어둠의 영에 대해 강렬한 분노가 일어나고 강력한 대적기도가 되고 있어요.

　성령의 말하게 하심을 따라 말하는 방언기도가 얼마나 감사한지요. 방언기도의 은혜를 주신 것이 너무 감사해요. 할렐루야!

59. 방언은 내게 호흡이고 생명줄 -O집사-

　전에는 과거를 생각하면 모든 것이 다 암울하고 불행한 기억뿐이었다. 이제는 어린 시절을 떠올리면 모든 것이 너무나 감사하고 행복하다. 순간순간 함께 하신 주님의 손길이 보이기 때문이다.
　방언을 받은 것 또한 너무나 감사하다. 어린나이(중1년)에 나름 힘들었던 순간, 외로웠던 순간에 주신 방언은 모든 시름과 걱정을 다 사라지게하고 쪼그라들었던 마음을 활짝 펴주기에 충분했다.
　뭔가 울컥하는 감동과 함께 혀가 꼬이며 터진 방언.. 무엇이 먼저랄 것도 없이 함께 느껴졌던 주님의 위로와 만족감.. 그동안 못 울었던 울음, 속상했던 마음, 외로웠던 마음을 모두 담아 쏟아내며 폭풍 같은 눈물을 흘렸던 것 같다.
　처음으로 큰 소리를 내며 정말 오래 울었는데 그렇게 울고 나니 얼마나 시원하고 행복하던지.. 아무에게서도 위로를 얻지 못했던 내게 너무나 절절하고 감격이 되었다. 지금 생각해도 가슴이 뭉클하다.
　방언을 받고 난 다음부디는 길을 걸어도, 혼자 있어도 중얼중얼 방언을 하며 다녔다. 동네 파출소 어귀를 걸어 나오며 행복한 마음으로 방언을 하며, 방언찬양을 하며 걷던 내 모습이 선명하게 떠오른다. 그 순간만큼은 참 행복했다.
　늘 위축되어 있고 부끄러움이 많았던 내게 방언은 오아시스 같았다. 내성적이고 많이 눌려있어서 내 감정을 표현하는데 많이 서툴렀지만 방언을 할 때는 난리를 치며 울기도하고 여러 가지 표현을 하며 기도했다. 지금 생각해도 신기하다.

다니던 교회가 방언기도에 대해 개방적이었고 대부분의 교인들이 방언을 하는 분위기여서 더 그랬던 것 같다.

그리고 말을 조리 있게 잘 못해서 우리말로 오랫동안 기도하기가 참 어려웠는데 방언을 받으니 오랫동안 힘들이지 않고 기도할 수 있어서 너무 좋았다. 철야기도를 해도 2~3시간 기도하는 것도 시간이 금방 지나갔다. 그렇게 기도하고 나면 정말 시원하고 무언가 채워진 것 같이 뿌듯한 마음이었다.

어린 시절 가장 행복했던 기억은 마지막으로 다시 신앙을 갖게 된 아버지까지 방언을 받고난 후 온 식구가 잠자리에 누워 한사람씩 방언을 하면 엄마께서 통역을 해주었던 기억이다.

그때의 내 기도는 "주님 너무 행복해요. 온가족이 방언하며 주님을 찬양할 수 있어서 기뻐요." 대충 그런 내용이었는데 지금 생각해도 벅찬 감동이 있다.

사춘기를 거치면서 꾸준히 방언을 했다. 그때는 몰랐지만 지금 생각하니 내 손을 놓지 않고 잡아주신 주님의 손길 같다. 우울하고 힘겨웠던 삶에 호흡이고 생명줄이었다. 방언을 통해 주님을, 주님의 위로를 맛보지 못했으면 어떻게 살았을까. 포기하지 않으신 주님의 사랑이 너무나 감사하다.

이후에 방언과 부르짖는 기도를 통해 기쁨도 느끼고 은사적인 경험도 많이 했지만 교만, 자기애, 거스름 등 끊임없이 올라오는 죄성을 어떻게 처리해야하는지 알지 못해 주님을, 사랑하는 사람들을 아프게 하고 변하지 않는 내 모습에 스스로도 많이 힘들고 낙담이 되었다.

목사님의 책을 통해, 교제를 통해 기도의 원리를 알고 하나하나

올라오고 드러나는 죄를 토하고 주님으로 채우며 내 안에 계신 주님을 조금씩 알아가는 것이 너무나 감사하고 기쁘다.

나는 지금 행복하다. 갈수록 새로운 의욕이 생기고 점점 따뜻하고 지혜로운 사람이 되어 가는 것 같다. 죽고만 싶었던 삶이 소망이 가득한 삶으로 변해가고 있다. 행복하게 살고 싶고 앞으로의 삶이 기대가 된다.

주님이 주신 너무나 아름다운 천국의 언어인 방언을 더 귀히 여기고 감사하며 많이 사용해야겠다. 그리고 주님의 사랑, 은혜를 더 많이 경험하고 더 많이 행복해 질것이다.

많이 원망하고 미워하며 살았는데 이제 보니 은혜가 아닌 것이 아무것도 없다. 내 삶의 어렵고 힘들었던 순간들, 고통과 고난들이 모두 주님의 손길이었다.

그 모든 것이 나를 주님께로 이끌어 준 것 같다. 작은 것 하나도 버려질 것이 없다. 모두 내게 유익했고 선함이었다. 모두가 감사의 제목이다.

너무나 좋으신 주님..

영원히 그분을 사모하고 갈망하며 주님만으로 채우며 주님을 위해 사는 사람이 되고 싶다.

주님 감사합니다. 사랑해요.

60. 방언기도 소감 -G집사-

나에게 방언기도는 쉼이자 놀이였다. 고등학교 때 기독교모임에서 경험하게 된 것인데 발음이 재미있어서 놀이처럼 여겼던 생각이 난다. 뜻도 몰랐고 방언의 능력도 몰랐지만, 무언가 마음의 평안을 느끼게 해준 피난처였던 것 같다.

시간이 지나면서 여러 이유로 방언을 잊었지만 다시 방언을 회복하게 된 것은 정원독자모임 카페를 알게 되면서였다.

방언을 시작하면서 매일 기도하게 되었던 것 같다. 집에서, 교회에서 기도하면서 방언기도가 조금씩 쌓이기 시작했다.

그러면서 편안하던 현실에 오히려 전쟁이 시작되었고 신앙의 어려움들이 고개를 들기 시작했다. 결국 나는 하나님과 세상 중 어느 한 쪽을 선택해야하는 순간을 맞이하게 되었다. 나에게 있어서 하나님을 선택한다는 것은 안락하고 편안한 삶을 포기한다는 것을 의미했다.

그 과정에서 토하고 울부짖는 방언을 하게 되었다. 이때처럼 방언을 많이 한 적이 없었다. 통곡하며 이리저리 구르며, 사람의 소리인지 아닌지 구별이 안가는 소리를 토해내며 혼자 기도하고 있었지만, 내 앞에 펼쳐진 광경은 혼자가 아니었다. 주님과 많은 천사들이 기도 중에 함께 있는 것 같았다.

이 경험을 통해 나는 내 속의 가치관, 감정, 모든 세포들이 바뀌는 것을 경험했다. 두려움이 몰려올 때 강력하게 분노하고 대적하며 어두움의 세력들을 부술 때의 시원함.. 미칠 것 같은 불안감에서 안정

감의 상태로 옮겨가는 경험들은 너무나 놀랍고 선명한 것이었다. 그리고 가장 큰 변화는 주님을 사랑하지도 않았고 주님의 마음에 신경도 쓰지 않던 내가, 하나님을 알게 되고 다른 사람의 마음을 느끼게 되었다는 것이다. 진심으로 눈물을 흘리고 하나님 앞에서 나의 아버지라 인정하며 울 수 있었다.

방언기도를 하며 나는 사랑을 배웠다. 지금 생각해보면 내 의지로 한 것이 아니다. 내 노력으로 얻은 것은 하나도 없다는 생각이 든다. 방언기도를 하면 할수록 하나님의 사랑, 나를 측은히 여기시며 채워주시려 애쓰는 아버지를 보게 되었다.

'내 딸아. 내가 해주마. 나 없이는 안 되지 않니. 나를 의지해라..' 이 음성의 느낌과 감동으로 나는 주님 앞에서 안정감을 얻으며 전사로 일어나게 된다. 더욱더 주님을 의지하며 주님 없이는 살 수 없는 사람이 되어가는 느낌이다.

방언은 굉장하다. 사람을 바꾼다. 내 삶은 방언을 말하며 바뀌어져 갔다. 나는 이 삶을 통해 주님께 영광돌리기를 원한다. 주님은 왕이시며 나의 주인이시다. 그리고 살아계시다. 그 주님을 내가 소리높여 찬양합니다. 할렐루야!

61. 방언기도 간증   -O사모-

청년 시절에 담임 목사님께서 기도를 많이 시키셨어요. 그래서 청년들도 뜨겁게 기도하고 각각 방언과 여러 은사들을 많이 받았습니다. 그러나 저는 은사에 대해서 아무것도 모르는 상태였고 경험도 할 수 없었습니다.

저의 그 당시 상황은 주님을 찾지 않으면 살 수 없는 캄캄한 시기였습니다. 저는 기질적으로 큰 소리로 기도 하는 것이 정말 어려웠고 조용히 기도하면서 느끼는 달콤함을 너무 좋아했던 것 같아요.

목사님은 철야 기도회를 인도하실 때마다 크게 외치라고 하셨고 창자가 끊어지듯이 기도하라고 하셨습니다.

어차피 저는 주님이 아니면 살 수가 없는 상태라서 눈을 질끈 감고 체면 없이 그냥 소리치기 시작 했습니다. 그렇게 기도를 하고나면 쓰러져서 몸이 한참 굳은 상태로 의식이 없곤 했었지요. 그러나 방언은 오지 않았습니다.

나는 유창하게 여러 나라 말 비슷한 소리로 방언하는 친구가 너무나 부러웠습니다. 그러나 나는 아무리 기도해도 되지 않아서 실망과 낙심을 많이 했습니다.

어느 날 방언을 하는 친구와 철야기도를 하기로 했죠. 그날 밤은 꼭 받아야겠다고 기대를 가지고 친구한테 도움을 요청하기도 했습니다. 그런데 친구는 밤새 "뚜뚜뚜.. 라라라 뚜뚜뚜뚜.." 하는 소리만 하는 것이었습니다. 저는 실망이 되어 속으로 "주님.. 저는 저런 것 말고 유창한 나라 말 같은 그런 소리로 주세요. 저는 저렇게는 안하고 싶습니다." 하고 기도했습니다.

해도 해도 안 되서 방언이 잘 터진다고 널리 알려진 H기도원을 길치인 제가 물어 물어서 찾아가기도 했습니다.

L목사님은 입을 크게 벌리고 "할렐루야"를 계속 하면 된다고, 아무나 다 받는 거라고 하셨어요. 하지만 저는 부끄러움을 무릅쓰고 열심히 했건만 역시 실망과 낙담으로 끝나고 말았죠. 실망을 해서 그랬는지 가슴이 찢어지는 것처럼, 멎는 것처럼 아파서 고생만 하다가 왔어요.

이제는 더 자신감이 없어졌는데, 교회서 기도하던 중 또 안 되서 낙심하고 있는 저에게 여자 전도사님께서 같이 손잡고 기도하자고 했어요. 저는 아무런 기대도 없고 하고 싶지도 않았어요.

그런데 전도사님이 너는 한국말로 하고 나는 방언으로 하자고 웃으면서 말씀 하셔서 할 수 없이 입을 열려고 하는데 갑자기 혀가 돌아가면서 유창한 각 나라 방언이 나오기 시작했습니다.

얼마나 놀라웠는지! 그렇게 방언을 하는 가운데 몸은 마치 무게가 없는 것 같이 가볍게 공중을 떠다니고 있는 느낌이었어요. 정말 놀라운 일이었습니다.

너무나 귀하게 얻은 은사라서 그 후에는 혹시나 잃어버릴까봐 열심히 계속 기도했었어요. 그 때는 무엇인지도 모르고 좋아서 그냥 자꾸 했었어요. 그렇게 시간이 지나서 보니까 많이 달라져 있는 저의 모습을 보게 되었습니다. 소심했던 제가 자신감도 생기고 염려 근심도 줄어들고 많이 씩씩해지게 되었습니다.

본격적으로는 정원목사님을 통해서 방언에 대해서 많은 것들을 알게 되고 중요성도 알게 되었습니다. 방언기도의 풍성함도 더 많이 경험하게 되었지요.

지금은 예전에 비해서 너무나 많이 달라져 있는 저의 모습을 보게 됩니다. 안 좋은 일이 있을 때, 어두운 생각들이 떠오를 때도 거기에서 빨리 벗어날 수 있고, 자주 욱..하고 올라왔던 혈기나 근심, 두려움, 자책감 등 여러 증상들이 많이 줄어들고 감정도 절제가 되고 마음이 안정되고 평안해집니다.

주님의 임재와 기쁨을 놓치면 견딜 수가 없어서 더 간절히 주님을 찾게 됩니다.

방언과 여러 기도 훈련들을 통하여 몰랐던 저의 모습을 보게 되고, 감사해야 되는 이유를 알게 되었고 그래서 감사하고 또 감사하게 되었습니다.

지금은 어디로 가든 자유롭고, 일을 해도 재미가 있고, 마음이 평화로워서 좋아요. 많은 변화가 있었지만 그 중에서 마음이 분주하지 않고 요동하지 않고 잠잠해지고 평안해졌다는 것이 큰 은혜입니다.

영혼의 성장이 얼마나 중요한지 새삼 깨달아가고 있습니다. 이제 쓰레기 같은 것들 썩어질 것들을 벗어 버리고 더 사모하여 오직 주님의 사람만이 되고 싶습니다. 감사합니다. 할렐루야.

62. 방언기도 간증   -K집사-

내가 처음 방언을 받은 것은 중학교 때 교회 부흥회에서였다. 예배시간에 갑자기 혀가 꼬이면서 나도 모르는 알 수 없는 말들이 쏟아져 나왔다.

뭔 말인지 알 수 없었지만 가슴이 뜨겁고 뭐라 표현할 수 없는 기쁨을 느꼈던 것 같다. 나중에 사람들에게 이야기를 듣고 그것이 방언인줄 알게 되었다.

그러나 그때에 나는 방언의 중요성이나 의미에 대하여 알지 못했기에 단지 방언은 부흥회에서나 받고 기도하는 기도인줄로만 알고 있었다. 그래서 그 이후로 방언으로 기도하는 것에 대하여 잊어버리고 있었다.

다만 누군가가 방언에 대한 이야기를 하면 나도 방언을 받았었다고 말하곤 했다. 그때는 방언은 단발적인 것이고 지속되는 것이 아닌 줄 알았다. 그래서 나는 방언을 받았지만 방언이 소멸되어 없어진 줄 알았다.

그러다 나중에 어른이 되고 어느 교회의 부흥회에서 방언 받기 원하는 분은 앞으로 나오라고 해서 나갔다가 다시 방언을 하게 되면서 그 후에는 방언을 계속하게 되었다.

방언을 하면서도 무슨 말인지 모르고 그냥 하다가 나중에 정원 목사님을 만나고 방언의 중요성과 의미에 대하여 배우면서 좀 더 많은 시간을 방언 기도에 힘썼던 것 같다.

목사님께서 방언이 중요하다고 하셔서 방언을 하긴 했는데, 그때까지는 단지 기계적으로 "리리리.. 라라라.."를 했을 뿐이었다.

그런데 어느 날 방언에 대하여 말씀하시면서 방언을 기계적으로 하지 말고 방언을 하면서 가슴에 집중하면서 그 내적인 느낌을 관찰하면서 느껴보라고 하셔서 방언을 하면서 그 느낌을 살펴보게 되었다.

그랬더니 단순히 기계적으로 할 때와 달리 방언을 할 때 속의 느낌과 감동에 대해서 알게 되었다. 어느 때에는 속에서 간절함이 올라오는 것이 느껴졌고, 어느 때에는 속에서 악한 세력에 대하여 폭발적인 분노가 올라와 마구 쏟아 붓는 기도를 하기도 했고, 또 어느 순간에는 주님의 잔잔한 음성이 들리는 것 같은 느낌이 들기도 했다.

방언을 하면서 속에서 간절함이 느껴질 때에는 그 기도에 빨려 더 간절함이 올라 왔고 속에서 솟구치는 분노가 일어 날 때는 어두운 세력에 대하여 강한 분노가 올라오면서 그 분노가 더 증폭되면서 강한 힘으로 부르짖게 됨을 느꼈다.

때로는 주님께서 위로를 해 주시는 것처럼 느껴질 때에는 눈물이 울컥하고 나오면서 그분의 따뜻한 마음이 느껴져서 한없이 울게 되기도 했다.

마음이 낙심되고 낙담될 때에 방언을 하면 "괜찮아.."하고 말씀하시는 주님.. 잘못을 저지르고 어떻게 기도해야 할지, 어떻게 해야 될지도 모를 때에 "괜찮아.."하고 울려 퍼지는 따스한 주님의 음성.. "괜찮아.. 걱정하지 말아라.. 내가 너를 알고 있다.. 내가 너를 사랑한다.. 그러니 걱정하지 말아라.." 하고 말씀 하시고 위로하시 주님.. 그분의 잔잔한 음성이 잔뜩 긴장하고 얼어 있던 나의 마음을 녹여 주시는 것을 느끼기도 했다.

"주님.. 나는 주님이 필요합니다. 주님.." 하고 주님을 부를 때에 주님은 다가오시고 어루만져 주셨다. 이 세상 어느 곳에서도 느낄 수 없었던 따스하고 부드러운 주님의 음성.. 평안함.. 주님이 함께 하심이 느껴지는 순간은 모든 것이 만족되고 행복하고 마음이 포근해졌다.

기계적으로 습관적으로 방언하는 것과 심령으로 조용히 관찰하면서 대화를 나누듯이 하는 방언기도는 정말 확실히 달랐다.

방언은 나에게 기도의 재미를 경험하게 해 주고, 주님의 마음에 더 가까이 다가가게 만드는 접착제 같은 그런 기도인 거 같다.

방언으로 기도 할 때에 주님의 마음이 느껴지고, 나의 마음이 주님을 향해 간절히 나아가게 되기도 한다.

방언의 중요성에 대해, 방언기도의 즐거움에 대하여 알아 가면 알아갈수록 더 주님을 알게 되고 주님의 마음에 가까이 다가가는 것 같다.

주님.. 귀한 은사를 통하여 주님을 알게 하시고 주님께 나아가게 해주셔서 너무 감사합니다. 사랑합니다. 주님.

63. 방언의 기쁨 -L목사-

방언을 받기위해 몸부림 친 시간은 참으로 길었습니다. 군에서는 방언을 받고 싶어 혼자서 교회에 가 하루 종일 문 닫아 놓고 기도한 적도 있었습니다.

그곳은 비무장 지대라 혼자서는 다니지 못하고 3인 1조가 되어서 다녀야만 하는 곳이었지만 저는 너무 갈급하고 방언을 받고 싶었기 때문에 혼자서 무식하게 교회로 뛰어가 기도하곤 했습니다.

나에게 방언을 하며 통역을 해주시는 군종선배가 너무 부럽기도 하고, 방언을 하면 정말 주님의 마음을 얻을 수 있을 것 같았기 때문입니다.

하지만 군에 있을 동안에는 방언을 하지 못했습니다. 짝이 되어 방언을 위해 기도하던 동료가 한 명 있었는데 같이 기도할 때는 방언을 못 받고 있다가 제가 휴가를 갔다 오는 사이에 방언을 받아버린 것입니다. 얼마나 억울하고, 휴가 갔던 것이 속상하던지요.

전역 후 많은 시간이 흘러 결혼을 하고 아버지께서 사역하시는 교회에서 부흥회 기간이었습니다. 거기서 울면서 기도하고 부르짖고 몸부림 쳤습니다. 드디어 주님께서 나에게도 방언을 하게 하셨습니다.

사실 저의 방언 받은 기간은 길지 않습니다. 13-4년 정도 밖에 안 되지요. 다른 사람처럼 "다다다.. 루루루.." 방언이 아닌 처음부터 말처럼 나오는 방언이었지요. 방언을 받고 난 뒤에도 특별한 변화는 없었습니다.

저는 방언을 받으면 무언가 엄청난 변화가 있고 인격적인 변화와 몸의 현상이 있는 줄 알았지만 너무 평범한 일상들이었습니다.

하지만 조금씩 방언을 하기 시작하면서 강력한 기도가 가능해 졌습니다. 영성 사역을 하기 전에도 방언을 했지만 정원목사님의 책을 만나고 영성 사역을 하면서부터 더 많은 분량의 방언을 하게 되었고 기도가 강력해 진 것 같습니다.

방언을 하면서의 변화는 좀 더 깊은 기도를 체험할 수 있었다는 것입니다. 대적기도를 할 때도 우리말로 하는 것보다 더 강하고 파워 있는 대적기도를 할 수 있었고 뜨거운 기도를 하고 난 뒤에도 부드러운 방언으로 주님의 부드러움을 더 깊이 느낄 수 있었습니다

방언을 많이 하면서 통변을 하게 된 것도 엄청난 변화이고 감사한 일입니다. 방언을 하기 전에는 통변을 하는 것은 생각지도 못했는데 방언을 많이 하면서 또 훈련을 받으면서 마음에서 일어나는 생각을 입으로 표현하면 그 말이 나의 심령에 감동을 주고 위로를 주고 힘을 주기도 했습니다.

방언을 하면서 많은 자신감도 생겨났습니다. 매사에 주눅이 들고 자신감 없던 내가 방언을 많이 하고 강력한 방언을 하게 되면서 기질적인 변화도 일어났던 것입니다.

방언을 하면서 또 하나의 변회는 생활 중에서 무시로 기도할 수 있다는 것입니다. 전에 방언을 모를 때는, 또 방언을 하던 초기에는 방언으로 그다지 많이 기도하지 않았는데 정원목사님 책을 접한 이후부터는 생활 중에서 방언으로 기도를 많이 하게 되었습니다. 그러는 가운데 나도 알지 못하는 사이에 조금씩 권능이 쌓이고 기도의 분량이 쌓여 가는 것 같았습니다.

길을 가면서, 차를 운전하면서, 특정한 내용으로 기도하기도 하지

만 방언으로 기도할 때가 더 많은데 계속 주님을 의식할 수 있어서 좋은 것 같습니다.

중보기도의 분량도 좀 더 많아진 것 같습니다. 예전에는 우리나라 말로 다른 사람들을 중보하다 보면 얼마 안가서 할 말이 없어졌는데, 방언을 하면서는 우리말로 하다가 방언으로 하다가 또 대부분을 방언으로 하면 중보기도도 많이 하게 되고 중보의 능력도 주님께서 더 많이 주시는 것 같습니다.

방언으로 하면 내가 원하는 중보가 아닌 주님이 원하시는 중보를 할 수 있어서 더 주님의 마음에 부합한 중보기도를 할 수 있는 것 같아 감사합니다.

요즘은 힘이 없고 자신감이 없을 때 강력한 방언을 많이 하게 됩니다. 그러면 주님의 능력이 임하고 힘이 생기고 자신감이 넘치기도 합니다. 감사한 일입니다.

앞으로 더 많은 방언을 하고 싶습니다. 방언을 통하여 더 깊고 풍성한 영의 세계를 체험하고 맛보고 싶습니다.

감사합니다.

64. 방언기도 간증   -O사모-

대학교 때부터 방언 받기를 많이 사모했었습니다. 방언을 받고 싶어 철야 기도도 하고, 새벽기도도 하고, 여름방학이면 대형 기도원 집회를 가기도 했습니다. 그러다가 H기도원 집회를 3년째 다니던 어느 여름 집회 중에 드디어 방언을 받게 되었습니다.

온 세상이 내 것이 된 듯 기뻤습니다. 몇 년을 사모하고 받은 방언이라 너무 신기하고 좋았습니다. 영어 같은 언어로 하기도 하고, 중국어나 일본어처럼 언어의 모양이 여러 차례 바뀌어가는 것을 느낄 수 있었습니다.

자연스레 통역도 되어졌습니다. 처음 방언하면서의 기억은 참 많이 울었던 것입니다. 울면서 회개가 되기를 계속했고 조금씩 인격의 변화를 경험했습니다.

참 못되고 악했었는데, 물론 지금도 여전히 못난 인격이기는 하지만 계속 방언으로 기도하는 가운데 내적인 변화와 성장이 이루어진다는 것을 알게 되었습니다.

전에는 무심코 지나갔던 작은 일에도 미안해지고 민감해지는 그런 현상들이 생기게 되었고, 많은 나의 죄들이 생각나고 쥐구멍이라도 들어가고 싶을 만큼 자신이 죄인인 것을 알게 되었습니다. 그러다가 어느 정도 울고 회개하고 나면 위에서 힘이 주어지기도하고 강력한 힘이 내 온 몸에 덧입혀지는 것 같은 체험도 하였습니다.

그 뒤로 찾아오는 주님의 평화와 온유함은 말로 표현이 안 될 만큼 달콤하고 행복합니다.

정원 목사님의 책을 만나고 훈련해 가면서 방언기도를 통해서 영이 많이 발전된다는 것을 알았습니다. 그동안의 너무도 궁금하고 이상했던 영의 현상들을 알게 되었고 수많은 의문들이 정리가 되었습니다.

방언을 많이 하면서 나무와 꽃과도 방언으로 대화가 되는 것 같이 느껴지고 모든 만물이 주님을 찬양하는 존재로 지음 받았다는 것을 방언을 하면서 선명하게 깨닫게 되고 사물들에서 어떤 느낌을 받기도 하고.. 천국과 같은 꽃밭과 초원에서 내 영이 주님과 춤을 추고 기뻐 뛰며 밤새도록 찬양이 나오기도 합니다.

한동안은 다양한 영적 현상에 대하여 혼란스러웠습니다. 혹시 악한 영들에게 속는 것이 아닌가 하는 생각이 들기도 했지요. 하지만 점차 그것이 방언을 통한 은혜라는 것을 알게 되었고 방언을 하면서 영의 자유로움과 풍성함을 많이 누리게 되었습니다.

아직도 모자라고 부족한 것투성이지만 그동안 암을 선고받고 힘들었는데, 방언으로 기도하는 가운데 이 전쟁에서 싸워 승리하게 되었고, 가난에서도 많이 해방되었고, 악한 영들의 억압으로 짓눌리고 억눌렸던 마음과 환경이 지금은 많은 자유와 행복을 누리고 있습니다.

지금, 뺨에 살며시 스치는 바람에도 주님의 손길을 느낄 수 있어 너무나도 행복해서 눈물을 흘립니다. 길거리에 뒹구는 낙엽에서도 우리를 향하신 주님의 사랑에 눈물겨워 발을 멈추곤 합니다. 사람 속에서 주님의 사랑이 느껴져서 눈시울이 뜨거울 때가 한 두 번이 아닙니다. 방언을 통해 영의 변화가 일어나고 자유를 경험하는 이 주님의 은혜가 얼마나 고맙고 감사한지.. 그저 주님께 엎드려 감사와 사랑의 고백만 드릴 뿐입니다.

주님.. 저를 드립니다. 저의 모든 생명을 주님께 드립니다. 저를 주님의 소유 삼아 주세요. 주님은 제 인생의 전부이십니다.

아직 가야할 여정이 많지만 저는 이 길을 놓치지 않으려 합니다. 주님이 계셔 너무 감사하고 행복합니다.

주님, 사랑합니다.

65. 방언기도 소감문 -B학생- (중학교1학년)

방언기도를 하면 마음이 평안해져요. 기분이 상한 일이 있어도 아무렇지 않게 여겨지고 안 좋은 일이 있어도 침착하게 생각할 수 있게 되요. 정말 신기해요.

방언을 하고 나면 시원한 느낌이 드는데 저는 어렸을 때 그 시원한 느낌이 좋아서 방언기도를 했어요. 지금은 시원함을 위해서 기도하지는 않지만, 아직도 그 시원한 느낌을 좋아해요.

전에 제가 친구랑 싸운 적이 있었는데, 그 때는 방언기도를 잘 몰라서 그냥 집에 와서 울기만 했어요. 그 뒤 계속 잊어 먹고 있다가 친구들이 그 아이 이야기를 하면 그냥 무시하고 대충 넘어갔어요.

그런데 교회에서 방언기도를 배우고 재미있어서 무슨 뜻인지는 모르고 기도하는데 갑자기 그 아이 생각이 났어요.

그래서 계속 기도를 했는데 그러고 나자 그 애를 생각하면 짜증나던 마음이 평안해졌어요. 그런데 그 이후에 그 아이가 갑자기 친절하게 대해 줬어요. 방언기도를 하고 이런 결과가 나와서 참 신기했어요.

방언기도를 가르쳐주셔서 정말 감사합니다!

66. 방언기도 소감 -P학생- (초등학교 5학년)

어렸을 땐 어른들이 하시고 또 시키시니까 그냥 했는데 계속 습관처럼 하게 되니 확신이 느껴지고 이렇게 하는 것이 나에게 더 좋은 것이라는 것을 확실히 알았습니다.

방언기도를 하면 기분도 좋고 속이 시원했습니다. 무슨 말인지도 모르겠는데 그냥 눈물이 나오기도 합니다. 그러면서도 내 영혼과 대화하는 것 같았습니다.

나 혼자 있을 때, 외로울 때, 그리고 슬플 때 또 두려울 때 방언기도를 하면 그런 기운들이 사라집니다.

동생 (초등학교 1학년) 이랑 사이가 안 좋을 때 방언기도를 하면 사이가 조금씩 좋아집니다.

67. 방언기도 했을 때 느꼈던 점 -H학생- (초등학교6학년)

처음에는 기도하기가 싫고 밖에 나가서 뛰어놀고만 싶었는데 방언을 하니까 기도가 점점 재미있어집니다.

기도를 하면서 시간이 거북이처럼 늦게 갔는데 요즘은 치타처럼 빠르게 가는 것을 보고 기도가 재미있다는 것을 알게 되었습니다.

방언 기도를 하면 무엇인가 뚫리는 느낌이 듭니다. 하고 나면 개운합니다. 방언을 하고 나면 내가 고민이 있었을 때 그것이 해결되고 기분이 좋아집니다.

68. 방언기도 -H어린이(7살)-

방언을 아빠에게 배웠어요.
방언을 하면 신이나요.
방언하다가 노래로 나오기도 하고,
춤을 추고 싶어요.

69. 나의 방언   -G집사-

고등학교 때부터 나는 종교 활동에 열심을 냈다. 기독학생회며 선교단체 활동으로 대학생활을 채웠고, 교회 청년회 활동으로 교회에서 거의 살다시피 했고 단기선교, 해외선교 헌신 등.. 나름 열심 있는 크리스천으로 살았다. 집안도 내가 4대째 믿는 그런 가정이었다. 그렇지만, 우리 가족 중 아무도 방언을 하지 못했다.

나는 너무나 방언이 하고 싶었다. 대학 때 같은 과에 교회에 별로 열심히 다니지 않는 친구 한 명이 있었는데 그러는데 어느 날 우연히 교회 갔다가 방언을 받았다고 했다. 그러나 나는 갈망하는데도 방언을 하지 못했다. 많이 실망이 되었다.

그러다가 정원목사님의 〈주님의 임재를 경험하는 길〉이라는 책을 접하게 되었다. 거기에 나와 있는 대로 기도를 하면서 자연스럽게 "아~" 하는 소리를 내면서 내 입술을 움직이고 싶은 대로 움직였다. 그렇게 한참을 하고 있는데 갑자기 입술과 혀끝이 마비가 되는 듯 이상해지더니 계속 끊임없는 방언이 나왔다. 감격스러웠다. 그렇게 갈망했었는데 이렇게 쉬운 것이었다니..

방언으로 기도하니 5~10분 기도하면 모든 기도제목이 다 읊어지고 끝나버리던 힘든 기도가 30분~ 1시간을 계속해도 너무너무 재미있었다. 방언을 하고 나면 가슴이 후련해지는 경험을 계속 하게 되었다.

힘든 일이 있어 방언으로 조금만 기도하면, 갑자기 마음과 생각이 바뀌며 '아, 행복하다.. 아, 감사하다' 하는 고백이 절로 나온다.

크리스천으로 살면서 잘하는 줄만 알았던 나의 부족한 모습도 눈이 열려 보게 되고, 전에는 몰랐던 죄가 보이며 통곡 속에 고꾸라지기도 한다. 알 수 없는 후련함과 편안함 속에 잠기기도 한다.

보화 같은 기도, 너무나 귀한 주님의 선물인 방언.. 이 글을 쓰면서도 입안에서 계속 혀가 움직이며, 눈물이 고인다. 행복하다. 아, 감사하다.

천금을 주고도 바꿀 수 없는 이 은혜.. 할렐루야! 감사합니다!

70. 방언, 내 인생의 놀라운 경험 -H집사-

처음으로 방언을 하게 되었을 때의 그 감격과 신기했던 기억이 지금도 너무나 생생합니다. 당시 집안 사정이 매우 어려워 방 두 칸짜리 월세 방에 살 때였는데, 막 예수님 믿고 나서 얼마 안 있어서, 여동생이 방법을 알려줘서 방언을 하려고 입술로 내고 싶은 발음을 했었습니다. 근데 갑자기 내 입술이 막 움직이는 거였어요. 내 의지랑 전혀 상관없이요. 내 안에 전혀 다른 존재가 있는 것 같은 느낌이랄까요?

너무나 신기한 체험이어서 매일같이 방언을 입에 달고 산 기억이 납니다. 한번은 아내와 결혼하기 전 데이트 중이었는데 그날따라 입술이 따로 움직여서 입술이 향하는 방향을 향해 가다보니 교회였던 에피소드도 있었습니다.

교회에서 방언으로 기도 할 때마다 내 안에서 알 수 없는 눈물이 주체할 수 없이 흘러나와서 많이 울어서 울보같이 살았지요. 많이 웃고 울고 방언은 주님을 알아가는 데 있어서 내 좋은 친구였습니다.

한참을 방언을 하고 있으면 두렵던 마음이나 불안하던 마음이 편안해지는 것을 느끼게 되어 그 편안함 속에 깊이 잠기게 되곤 합니다. 방언을 하면서 주님과의 교제가 더 가깝게 느껴지고 실제적인 교제를 경험하게 되었습니다.

처음 신혼집을 얻었던 빌라 전세 집에서 한겨울에 난방이 안 되는 문제로 인하여 집주인과 부딪힌 일이 있었습니다. 비상식적이고 비

인격적인 주인의 태도에 몹시 난처했는데 싸움이나 자기주장의 관철에 어려움을 겪는 나의 성격으로는 힘든 일이었습니다. 그때도 방언을 많이 하는 가운데 내 속안의 두려움을 이기게 되었고 결과적으로 문제도 잘 해결되어 집주인한테 축복을 받고 집을 나오게 된 기억도 납니다.

방언을 할수록 상대방의 마음을 좀 더 민감하게 느끼게 되어, 대인관계에 많은 도움을 얻게 되는 것 같습니다.

요즘은 내 안의 방언이 점차 변해가는 것을 느낍니다. 강하고 분명한 발음으로 강하게 외치기도 하고 방언을 할수록 속이 시원해지고 강건해지는 것을 느낍니다.

방언은 내 인생의 좋은 친구입니다. 이런 놀라운 방언의 세계로 절 불러주신 주님께 감사와 사랑을 드립니다.

할렐루야. 주님을 찬양합니다.

71. 내 마음의 언어, 믿음의 삶을 충만케 하는 방언기도
-H전도사-

방언기도를 하면 어느새 날이 밝아져오고 있다. 시간도 훌쩍 지나가고 마음도 어느새 시원해지고 나의 공허한 마음에 기쁨이 생긴다. 나는 더 이상 외롭지 않고 주님이 함께 계심을 느낄 수 있다. 그리고 죄에서의 자유, 세상 쾌락에서의 해방을 경험할 수 있었다.

나는 가장 외롭고 힘들던 시절에 예수를 영접했다. 그 후에 선교단체회장을 할 정도로 교회와 신앙생활에 열심을 냈었지만 솔직히 내 삶에 많은 변화는 없었다.

주님을 향한, 기도를 향한 갈망은 있었지만 그 모든 신앙생활이 시간이 갈수록 재미없고 익숙한 일상이 되어버렸다.

내 안에, 내 가정에 내가 이겨내야 하는 문제들은 여전히 사라지질 않았고 나는 무력한 삶 속에 있었다.

예배를 드리고 말씀공부도 하고 전도도 봉사도 열심히 하고 늘 교회에 살다시피 있었지만, 내가 원하는 맛은 없었다. 내가 원하는 가슴 벅찬 감격과 기쁨은 늘 부족했다.

나는 예수를 알기 원했다. 내 주변에도 그런 갈망을 가지고 있지만 원하는 것을 찾지 못해 떠나가는 이들을 보며, 그들에게 문제들의 해답을 제시하고 돕지 못하는 내 자신을 보며 좌절되고 허탈감을 느꼈던 기억이 난다.

전국수련회나 여러 집회에서 기도하고 찬양하며 은혜도 받고 눈물도 흘리고 그렇게 감동을 받을 때도 있었다. 그러나 개인적인 기도에서의 주님과의 만남은 너무도 부족한 그런 상태였다. 때론 조금씩 맛보곤 하지만 무언가 갈증은 더 커져만 갔고, 이것이 충만한 신앙생활일까.. 하는 의문과 함께 주님에 대한 배고픔은 사라지지 않았다.

나의 현실 삶에서의 무력감, 실패와 가난, 인간관계에서의 좌절과 부조화.. 모든 게 문제투성이지만 실마리는 잘 보이지 않는 안개 속에 있는 느낌이었다. 나는 거기에서 벗어나 자유롭게 날아가고 싶었다.

주님이 나를 인도하기 위해 그런 시간들을 허락하셨음을 돌아보면서 깨닫지만, 지금 생각해보면 방언기도를 좀 더 일찍 알았다면 더 많은 변화를 더 빠르게 경험했었으리란 생각과 함께 아쉬움도 남는다.

나는 방언기도를 어느 수련회에서 알게 되었다. 그 수련회에는 성령의 역사가 강하게 임했었고 어떤 아이는 이를 닦으려 칫솔질을 하면서도 방언이 멈추지 않아 웅얼거리며 이를 닦는 재밌는 경험들도 있었다.

나는 그렇게 통제할 수 없을 정도의 경험으로 방언을 받진 못했다. 그러나 주님을 영접한 사람의 속에 이미 그 영의 언어가 잠재되어 있음을 책을 통해 배우고 이해하면서 마음이 열리고 통성으로 강하게 기도하고 부르짖으며 조금씩 혀가 꼬이고 발음이 달라지면서 방언이 조금씩 나오게 되었다.

처음엔 이게 방언 받은 것 맞나 싶을 정도로 별로 특별한 느낌은 없었지만 계속 "다다다다.. 라라라라.." 소리 내어 기도할 때 점점 더 무언가 가슴 벅찬 감동이 일어남을 느낄 수 있었다. 나도 모르게 눈물이 나고 왠지 모르게 행복하고 계속 방언을 하며 '아, 주님이 내 곁에 계시다..' 하고 느낄 수 있었다. 주님의 가까운 임재가 느껴졌다.

그 이후로 나의 개인기도 시간이 달라졌다. 방언을 하며 밤새도록 소리 내어 기도한 날들도 무수히 많았다. 늘 그랬던 것은 물론 아니었다. 그러나 분명한 것은, 이전에는 자주 짧고 지루하게, 그리고 재미없게 끝날 시간만 기다리게 되던 하나님을 향한 나의 기도가 점점 풍성해지고 재밌어지고 기뻐지고 행복해졌다는 것이다.

눈물이 나도 모르게 폭발할 듯 터져 나올 때도 있고 가슴이 시원하고 편안함을 느낄 때도 많아졌고 무엇보다도 더 놀라웠던 것은 나의 삶에 변화가 일어나기 시작했다는 것이었다.

도저히 달라지지 않을 거라 여겼던 내 찌질하고 보잘것없는 삶이 조금씩 조금씩 주님의 거룩과 순결을 향해 나아가기 시작했다.

1. 옛것을 버림

방언기도가 나와서 그 소리가 나를 사로잡을 때, 그 소리가 다시 내 귀를 통해 들어와 나의 몸과 마음을, 내 심장을 울릴 때, 나의 마음은 채워졌고 나는 비로소 행복한 웃음을 지을 수 있었다.

그냥 내가 노력하지 않아도 이전에 즐기던 세상의 허탄한 문화들, 사소한 중독들에서 벗어나고 있었다. 그것들을 버리는 것이 쉬워졌다. 굳이 그런 허탄한 것들을 붙들고 있기 싫어졌다.

나는 미술, 시각디자인을 전공했는데 그래서 빠져있던, 이전부터 간직했던 여러 자료들, 만화책, 비디오 등의 세상 즐거움들이 이상하게 싫어졌고 그것들을 더 이상 소유하고 싶지 않아졌다.

물론 사람마다 받는 감동이 다르니 나의 행동이 꼭 누구에게나 옳게 보이진 않을지도 모른다. 그러나 나로서는 다 버려버리고 싶은 감동이 있었다. 그것들은 왜인지 몰라도 더 이상 나에게 있어서는 안 될 것들 같았다. 내가 정말 너무나도 소중하게 여겼던 만화책, 비디오, 온갖 잡동사니들을 밤마다 공사판 불쏘시개 통에 가져다 남김없이 다 불살라버렸다. 다 태우는데 그 불꽃들이 세상유혹과 더러움들, 정욕과 모든 것을 소멸하는 성령의 불처럼 멋지게 느껴졌다.

가슴이 찡하고 기쁜.. 그 기분이야 누가 알 수 있을까! 나는 죄에서 벗어나 새로운 땅에 서있는 기분이 들었다.

순결하신 주님이 방언을 할수록 가깝게 느껴지니 왠지 그 모든 것이 내 안에, 나와 동행하시는 주님을 불편하시게 하는 것 같았다. 모든 잡동사니를 다 태워버린 그날 밤의 기쁨을 잊을 수가 없다. 내 과거가, 내 속의 모든 어둠이 다 소멸된 것처럼 그렇게 기분이 너무나 상쾌하고 가벼웠다.

2. 마음의 변화

아버지가 사업을 실패하고 중풍으로 쓰러져 일어나실 수 없게 된 지 10년쯤 흐른 때였던 것 같다. 지지리도 가난해서 쌀도 없던 날도 있었고 아무 반찬 없이 겨우 겨우 밥만 먹던 날도 무수했다.

궁상맞고 어려운 형편에 게다가 친구도 별로 없는 내성적인 성격이던 나의 삶은 정말 너무 고독하고 외롭고 지루하고 가난했는데 기도가 재미있어지면서 내 삶은 정말 달라지기 시작했다.

가진 것도 없고, 할 줄 아는 것도 없는.. 그런 아무것도 없는 나였고, 그 모든 환경이 변한 것도 아니었지만 밤마다 방언하며 부르짖어 기도하면 문제는 여전한데 내 마음이 내 삶이 너무 즐거워지곤 했다.

여전히 아무것도 없었지만 웃음이 나고, 나는 그 어떤 것과도 바꾸고 싶지 않은 내 가슴 속 넘치는 행복감을, 보화 같은 만족감을 가진 사람이 되어있었다.

행복은 내 가슴속에, 파랑새는 내 곁에 있었다. 주님이 내 곁에 계심을 느끼는 그 순간이 행복이었다. 환경과 내 주변 사람들의 변화가 아니라 내 가슴의 변화가 곧 행복의 문이었다.

그 밤마다 그 새벽의 온 시간동안 나는 이 세상을 다 가진듯한 벅찬 가슴의 희열을 가진 성공자였고, 행복자였다.

3. 성격의 변화

돈이 없어서, 수줍음이 너무 많아서, 아무 재능도 할 수 있는 것도 없어서, 나는 숨을 수밖에 없었다. 나는 그런 나 자신이 너무 창피하다고 생각했고 부끄럽고 내가 싫었는데, 방언기도를 하며 가슴에 기쁨이 피어나기 시작하면서부터 이상하게도 나는 달라졌다.

주변 눈치만 슬슬 보던 내 삶엔 주님으로 인한 자신감이 생기기 시작했다. 나도 모르게 사람들 앞에 나서서 사람들 앞에서 즐겁고 기쁘게 이야기할 수 있었고, 사람들을 웃기고 자지러지게 만들 수 있었고, 외로웠던 내 삶, 아무도 나에게 관심을 갖지 않으리라 굳게 믿어왔던 내 삶 속에 많은 사람들이 찾아왔고 많은 친구들이 생겼고 또 모두가 나를 사랑해주었다.

물론 이전에도 나를 사랑해주는 이들이 있었는지도 모르지만, 여튼 나는 관계 속에서의 사랑과 기쁨을 모르고 살아왔었다. 그러나 방언을 알고 많은 시간 기도하며, 내 힘으론 도저히 벗어날 수 없었던 소극적이고 숨어들어가는 내가 사라지고 나니, 나는 그 행복감을 느낄 수 있게 되었던 것 같다.

주변사람들과 공감하고 함께 하는 것이 참 행복해졌다. 나는 웃기는 사람이라는 말을 들으며 웃기고 즐거운, 그런 기운이 넘치는 사람이 되었다.

방언만 하면 온갖 문제가 해결되는 것을 경험했다. 나는 어떻게 기도해야할지 그 방향을 몰라 헤맬 때에도 방언을 하면 내 영이 알아서 기도해주는 것 같았다. 방언을 하면 복잡했던 나의 생각도 정리가 되어 일처리가 빠르게 진행되기도 하고, 재정적인 묶임과 문제들도 쉽게 해결이 되었다.

특히 부르짖어 큰 소리로 방언기도를 하면 가슴이 뻥 뚫린 것 같이 시원할 때가 많았고 그러고 나면 문제들이 해결되어가는 것을 수도 없이 경험하게 되었다.

4. 군대에서의 경험

군대에서 훈련받을 때에도 생각으로 기도할 수 없을 때, 그러나 너무 피곤하고 지칠 때마다 마음속으로 방언기도를 했다. 그러면 지친 몸에도 마음에도 힘이 나곤했다. 고된 훈련을 이기기 위해 성경도 읽고, 주변 사람들에 피해가 되지 않도록 속으로 소리쳐 외치는 상상을 하며 방언을 하면 시원했다.

군대에서도 홀로 있을 때 방언을 자주하곤 했는데 그러면 꼭 형통하고 편안한 보직을 받거나 일이 잘 풀리는 경험을 하고 또 어려운 상황이 올 때에도 침착하게 문제를 해결하는 능력이 생기곤 했다.

지금도 꾸준히 날마다 방언으로 기도하며 살아가고 있다. "나의 평생에 기도하리로다.." 라고 한 성경기자의 고백처럼 항상 기도하면서 살고 싶다. 그것을 위해 필요한 것이 바로 방언기도라고 느낀다.

나 같은 경우에는 정말 방언을 알기 전과 후의 개인기도와 삶이 너무 너무 달라졌기 때문에 방언기도가 얼마나 귀하고 소중한 것인지 분명하게 이야기할 수 있다.

    이 영혼의 언어로 기도하면 나는 모든 것을 다 얻은 만족자가 된다. 나는 환경도, 사람도, 그 어떤 것도 필요 없는 충만감을 경험한다. 주님이 가까이계심을 느낄 수 있고, 죄가 점점 더 소멸되어가고, 가슴 후련한 행복을 느낀다. 그냥 내가 노력해서 열심히 사는 삶, 그런 신앙생활에서는 맛볼 수 없었던 가슴 벅참과 열정, 활력과 기쁨이 생긴다. 재미있는 기독교, 즐거운 신앙생활.. 정말 예수 그리스도의 임재와 사랑을 느끼고, 누리는 삶을 위해서 방언기도의 유익은 말로 다 표현 못할 것 같다.

    누구나 그리스도인이라면 하늘과 통하는 이 빛의 언어를 가지고 기도해서 삶이 변화되고, 주변을 변화시키는 놀라운 삶을 살게 되었으면 좋겠다.

    주님께서 제게 베풀어주신 이 모든 은혜와 사랑을 어찌 다 말로 표현할 수 있을까요! 어찌 다 갚을 수 있을까요! 주님, 사랑하고 너무나.. 감사드립니다. 주님은 나의 주인이시며 나의 왕이십니다!

    주님을 높여드리고, 찬양하며 경배합니다!

    할렐루야!

소감 및 간증을 마무리 하며

정원목사 기도모임의 멤버들에게 방언기도에 대한 간증을 부탁했더니 많은 분들이 간증을 보내주셨습니다. 모임에 와서 방언을 경험한 분들도 있었지만 이미 방언기도를 하고 있던 분들도 많았습니다. 이들은 방언을 경험하게 된 과정과 계기, 느낌과 변화에 대해서 여러 가지 이야기들을 써주셨습니다.

보내신 분들 중에서 절반 정도의 내용을 선정해서 간증을 올렸습니다. 모든 이들의 간증이 대부분 감동적이고 좋은 것이었지만, 다른 분들의 내용과 비슷한 부분들이 많이 있어서 제한된 지면으로 인하여 중복을 피해야했기 때문입니다.

또한 어린 아이들, 어린 학생들도 소감 및 간증을 많이 썼는데, 내용들이 재미있고 인상적이기는 하지만 어른들의 관점에서 보면 깊이 있는 내용이라고 보기는 어렵습니다. 그래서 4편만을 골랐는데, 이것은 방언이 어린이들에게도 유익하며 아이들도 똑같이 성령의 역사를 경험하고 여러 가지 측면에서 변화를 경험할 수 있다는 것을 나누고 싶어서입니다.

다만 어린아이들이 성령의 역사를 경험하고 나아갈 때 그것을 무분별하게 받아들여서는 안 됩니다. 그것을 지도하고 인도해줄 수 있는 어른이 필요합니다.

어떤 분들은 아이들이 예언하고 메시지를 전하는 것을 대단하게 여겨서 그것들을 다 받아들이고 심지어 이것저것을 묻기도 하는 것을 본 적이 있는데, 그것은 위험합니다. 아이들을 망치기 쉽습니다.

어린아이들은 마음이 맑고 이성이 과도하게 작용하지 않기 때문에 쉽게 은사를 경험할 수 있습니다. 어른들이 은사를 잘 경험하지 못하는 것은 이성의 작용이 과다하기 때문입니다.

이성의 사고 작용이 과다한 것은 감정이 과다한 것이 좋지 않은 것처럼 역시 좋지 않습니다. 청지기가 되어야 할 이성이 주인이 되면 그것은 영의 흐름을 방해하게 됩니다. 어린아이들은 그러한 면에서 자유롭습니다.

하지만 어린아이들은 아무리 은사를 경험해도 여전히 어린아이들입니다. 그들의 지각이나 분별력은 여전히 미숙합니다. 은사를 경험한다고 갑자기 어른이 되는 것이 아닙니다. 그러므로 어린아이들이 은사를 경험할 때 어른들이 그것을 분별하고 이끌어주어야 합니다. 어린아이들이 예언을 할 때는 어른들이 그것을 분별하고 방향을 잘 잡아주어야 합니다.

어른도 은사를 경험한 이들을 지나치게 높여주면 바로 타락하고 나쁜 열매를 맺게 되는데, 심지어 어린아이를 대단하게 여기면 부정적인 열매를 맺을 가능성이 아주 높습니다. 어린아이들은 사랑하고 돌보아주어야 할 존재이지 의지할 존재가 아닙니다. 그렇게 되면 어린아이들은 영적으로 부담을 가지고 눌리거나 이상한 영에 잡힐 수 있습니다.

신자들이 흔히 은사를 경험하고 나중에 좋지 않은 열매를 맺는 것은 은사 자체가 잘못 되었다기 보다는 사역자들이 그것들을 바르게 분별해주고 올바른 방향을 제시하며 위험요소와 주의사항을 조언하고 경고하며 적절하게 사용할 수 있도록 관리해주는 면이 부족하기 때문입니다. 은사에는 특히 멘토가 필요합니다.

아무튼 간증을 보내주신 모든 분들께 감사를 드립니다. 자신의 경험을 솔직하게 드러낸 분들의 글을 통해서 많은 분들이 유익을 얻게 될 것입니다.

　많은 이들이 방언을 경험하고 나아가는 과정에 있지만 그 발전 상태는 다 다릅니다. 이해나 열매에 있어서 발전이 다소 미흡한 경우도 있고 비교적 짧은 시간에 많은 풍성함을 경험하고 발전해가는 사람들도 있습니다. 모습들은 다 다르지만 다 발전의 과정에 있는 것입니다.

　간증을 보면 각 사람이 방언을 처음 경험하게 되는 스타일이 다양한 것을 볼 수 있습니다. 단순하게 다른 사람들이 하는 방언을 흉내 내다가 하게 되는 경우도 있고 다른 이들의 도움과 기도를 받아서 하게 되는 경우도 있고 방언을 달라고 열정적으로 기도하는 가운데 방언이 터지게 된 경우도 있고 방언과 상관없이 열심히 기도를 하는 중에 혀가 꼬이는 등의 현상을 경험하고 놀라는 경우도 있는 등.. 그 시작의 모습은 다양합니다.

　이 경우에 다른 이들을 흉내 내거나 자신이 별로 뜨겁지도 않은 상태에서 다른 이의 권유를 받아서 시도하는 가운데 방언의 나옴을 경험하는 이들은 아무래도 확신이 부족하거나 의심을 하는 경향이 있습니다. 물론 이러한 경우도 꾸준히 계속해서 방언을 하게 되면 그 나타나는 열매와 자신의 안에서 일어나는 변화들과 하나님의 역사하심을 경험하면서 자연히 의심은 사라지기 마련입니다. 그러나 초기에는 의심을 할 수 있습니다. 강렬하게 기도하다가 방언이 나타나게 되면 그것은 하나님이 주신 것이 맞다고 생각하는 것이 일반적일 것입니다.

　그러나 이미 본문에서 언급한 바와 같이 주님을 믿는 사람은 이미 그 안에 성령을 모시고 있는 것이며 그 성령의 역사가 나타날 수 있는 조건이 되면 그 영은 자연히 흘러나오게 됩니다. 그러므로 강력하게 나오든 밋밋하게 나오든 그것은 같은 성령으로부터 온 것이며 그것은 우리의 느낌과 별로 상관이 없습니다.

성령께서 우리 안에 이미 거하시므로 우리가 성령이 우리를 사로잡아주시고 우리에게 임하시기를 간절히 기도하게 되면 방언이 나타나게 됩니다. 또한 그렇게 기도하지 않더라도 간절하고 강력하게 기도하면 그것은 성령의 역사가 흘러나오는 조건이 됩니다. 그러나 성령께 임해달라고 기도하며 방언을 달라고 기도해도 그 상태가 뜨겁고 충분하지 않으면 성령의 능력이 흘러나오는 것이 제한될 수 있습니다. 그것은 이미 본문에서 충분히 설명했으므로 더 이상 오해하지 않을 것이라고 믿습니다.

간증을 통해서 많이 나타나는 것이 방언을 통한 마음의 치유, 정화입니다. 슬픔과 고통과 많은 어두움, 묶임들이 방언을 통해서 흘러나오고 처리되면서 마음들이 점점 더 밝아지고 행복해지는 사례들을 많이 볼 수 있습니다.

이것은 방언기도가 정서의 회복과 치유에 많은 도움을 준다는 것을 확인시켜줍니다. 그러므로 특히 감정 노동에 종사하며 시달리는 이들에게 있어서 방언은 큰 힘과 위로가 될 것입니다. 삶 속에서 경험하는 여러 두려움, 슬픔, 불안, 갈등들을 방언으로 충분히 기도하고 토하면서 경험하게 되는 평안과 안식은 경험하지 않고는 알 수 없는 자유함이며 행복입니다.

간증을 통해서 거의 공통적으로 발견할 수 있는 것은 방언을 꾸준히 하는 가운데 내적인 변화들이 일어나는데, 무엇보다도 주님을 갈망하는 변화가 일어난다는 것입니다. 대체로 방언을 하면 할수록 그 분량에 비례해서 갈망이 일어나고 의식이 주를 향하게 됩니다.

의식이 언제 어디서든지, 어떤 상황에서든지 항상 주를 향하는 것은 신자들의 일반적인 상태라고 할 수는 없습니다. 대체로 신자들은 교회에서 예배를 드리거나 기도를 할 때는 하나님을 의식하지만 일상의 삶 속에서는 하나님을 의식하는 일이 드뭅니다. 문제가 생겼거나 스스로의 힘으로 해결하기 어려운 상황에 부딪쳤을 때 비로소 하나님을 찾는 것이 보통입니다. 그러나 방언을 하면 할수록 자기도 모르게 항상 주님을 의식하게 되는 것을 느끼게 됩니다.

청년 시절에 같은 교회에 다니던 자매와 다방에서 여러 대화를 나눈 적이 있었는데 문득 자매가 이런 말을 하는 것이었습니다.

"형제님은 항상 하나님을 생각하고 계시는 것 같아요. 모든 것을 보아도 항상 거기서 하나님을 생각하시는 것 같아요. 어떻게 그렇게 되실 수가 있나요?"

나는 그 이야기를 듣고 문득 자신을 돌아보게 되었습니다. 그리고 나도 모르게 그런 습관이 생긴 것을 알게 되었습니다. 그런데 그것은 내가 노력한 것이 아니었습니다. 의식적으로 그렇게 하려고 하는 마음도 없었습니다.

생각해보니 하루 종일 방언으로 기도하면서부터 나도 모르게 그런 습관이 생긴 것 같았습니다. 나는 기도할 때마다 거의 방언으로 기도했고 걸어 다니면서 방언을 했으며 방언을 하면서 잠이 들곤 했습니다. 그러다보니 내 의지와 상관없이 항상 하나님을 의식하는 변화가 생긴 것 같았습니다. 나도 모르게 깊은 속에서 조그맣게 '주님.. 주님.. 나의 하나님..' 하고 기도하고 찾고 흐느끼는 것을 느끼게 되는 적이 많았습니다. 그것은 방언을 하면서 나타난 가장 두드러진 변화였습니다.

무엇엔가 잠시 몰두할 때도 있지만 어느 정도 시간이 지나면 숨이 막혀서 살 수가 없었습니다. '내가 왜 이러지?' 하고 생각해보면 주를 부르지 않은지 몇 시간이 지난 것을 알게 됩니다. 그러면 다시 속으로 방언을 하면서 '나의 하나님.. 나의 하나님..' 하고 기도하고 부르게 됩니다. 그러면 다시 마음에 안정을 찾게 되었습니다.

신학대학과 신학대학원에 다닐 때에 시험기간에는 과제와 시험 준비로 시간에 쫓겨서 충분히 기도하지 못하므로 마음이 아주 불편했습니다. 그래서 시험이 끝나면 가장 먼저 가는 곳은 예배를 드리는 강당이었습니다. 나는 숨 가쁘게 강당에 올라가서 주님 앞에서 "주님.. 제가 왔어요.." 하고 기도하면서 울곤 했습니다.

잠시 동안 기도를 쉰다는 것.. 그것은 나에게 굉장한 스트레스가 되었습니다. 생각해보면 그러한 변화는 방언을 하기 시작하면서부터 생긴 변화였습니다. 방언을 하면 할수록 그 방언을 주시는 성령은 내게 하나님에 대한 갈급함을 일으키셨고 항상 하나님을 의식하게 하셨습니다.

그러므로 분명한 것은 방언으로 기도하면 할수록 세상의 다른 것으로는 만족을 할 수가 없다는 것입니다. 방언을 할수록 오직 하나님을 찾고 갈망하며 헐떡이게 됩니다.

간증을 보면 많은 이들이 이러한 변화를 공통적으로 경험하고 있는데 이것은 방언이 우리의 영을 주님께로 이끌며 갈망하고 사모하게 하신다는 충분한 경험적인 증거가 될 것입니다.

많은 사람들이 방언을 하면서 많은 유익을 얻고 있지만 방언은 특히 초신자에게 유익한 측면이 많이 있습니다.

성숙한 신자들은 주님께 깊이 헌신된 사람들이며 말씀의 깊은 것을 깨닫고 십자가의 도를 경험하며 그의 인격과 삶 속에서 그리스도의 형상이 이루어지고 의식과 가치관에 많은 전환이 이루어진 사람들입니다. 그러나 아직 그리스도 안에서 충분히 자라지 못한 초보자는 그 의식과 가치관의 수준이 아직도 자아적이고 세상적입니다. 아직 이들은 충분한 내적 변화를 이루지 못했으므로 그 의식이 주님의 뜻과 주의 나라를 위해서 걱정하기 보다는 물질걱정, 세상걱정, 인간적인 생각이나 애정으로 가득합니다.

그러므로 이들은 기도를 할 때 자신의 욕망이나 육적이거나 자아적인 기도나 혈연적인 기도의 수준에서 깊이 나아가기 어렵습니다. 그러한 기도의 과정이 필요 없는 것은 아니지만 그 의식이 낮은 영역에 있기 때문에 기도의 수준도 낮은 영역에서 머물며 육적이고 물질적인 필요를 구하는 수준에서 오래 머물러 있을 수 있습니다.

기도에 대한 중심적인 메시지는 먼저 하나님의 나라와 하나님이 기뻐하시는 것을 구하면 그것이 이루어질 뿐 아니라 우리의 필요도 채워진다는 것입니다. 그러므로 우리의 모든 필요를 아시는 주님 앞에서 염려를 할 필요가 없으며, 기도의 우선순위는 먼저 주를 구해야 한다는 것입니다. 눈에 보이는 현실적인 필요에 대해서 몰두하고 기도하는 것은 하나님을 모르는 이방인들이 구하는 것이라는 것입니다. 그러나 초신자들은 그 의식 수준이 이방인과 크게 다르지 않고 하나님에 대한 신뢰가 부족하므로 걱정 근심이 끊이지 않습니다. 그러므로 항상 보이는 것, 먹을 것, 입을 것, 현실적인 필요에 대하여 걱정하고 기도하게 됩니다.

그러나 이러한 초신자들도 방언을 하면 자신은 무슨 기도를 하는지 모르지만 영적인 내용의 기도를 드리게 됩니다. 의식으로 기도를 하는 것이 아니라 영으로 기도를 하는 것이기 때문에 자기도 모르게 영적인 내용으로 기도하게 되는 것입니다.

'주님을 더 사모하게 해주세요. 신령한 하늘의 능력을 주세요. 마귀를 분별하고 이기는 힘을 주세요. 변화되기 원합니다. 경배합니다. 갈망합니다. 주님을 더 깊이 알기를 원합니다. 내 영혼이 정결해지기를 원합니다. 죄에서 벗어나기 원합니다. 항상 주님을 바라보기 원합니다. 내 영혼이 주님으로 충만해지기를 원합니다..'

　자기도 모르게 그런 기도를 계속 끊임없이 하게 되는 것입니다. 그런 기도를 쉬지 않고 하루 종일 드리고 있으니 내적으로 죄가 싫어지고 주님을 더 사랑하게 되며 내적인 감각이 점점 더 선명해지는 등의 변화들이 일어나게 되는 것은 당연한 것입니다. 영적인 것의 의미를 모르고 가치를 몰라도 내 안에 거하시는 성령께서 기도의 언어를 주시고 그것을 표현할 때 우리의 영이 점점 주님께로 이끌려 가는 것입니다.

　물론 초신자를 넘어서 성숙한 신자에게도 방언은 유익합니다. 그 영이 성장할수록 성령께서는 각 사람에게 필요한 더 깊은 기도의 영을 공급하시므로 더 깊은 깨달음과 변화를 경험하게 됩니다. 성장하면 또 그 수준에 맞추어서 맞춤방식의 간구가 속에서 나오는 것입니다. 그러므로 초신자에게도 방언이 유익하지만 성숙한 신자에게도 방언은 유익합니다. 방언을 할수록 영적으로 더 깊이 나아갈 수 있는 힘과 도움을 얻을 수 있습니다. 또한 성장할수록 방언도 깊어지고 내용도 깊어지며 아름답게 발전하게 됩니다.

　많은 분들의 간증과 소감을 보신 것처럼, 방언은 우리를 주님께로 가까이 나아가도록 이끄는 아름다운 도구입니다. 부디 이 도구를 귀하게 사용하여 더 깊은 은총의 세계로 나아가십시오.

　예수님.. 감사합니다. 주님의 끝없는 사랑과 은혜에 감사와 찬양과 영광을 올려 드립니다. 모든 영광을 받으소서. 할렐루야..

　　　방언기도의 은혜와 능력 제 3권 끝.

도서구입신청

도서 구입을 원하시는 분들을 위한 안내입니다.

1. 도서 목록 확인

페이지를 넘기시면 정원 목사님의 도서 전권이 안내되어있습니다.
도서 목록을 참조하셔서 필요로 하시는 책을 선택하십시오.
각 도서의 자세한 목차와 내용을 원하시면 정원목사 독자 모임 카페의 [저자 및 저서소개] 코너를 참조하십시오. (http://cafe.daum.net/garden500)

2. 책신청

구입하실 도서를 결정하신 후에, 영성의 숲 출판사로 전화를 주세요.
(02-355-7526 / 010-9176-7526. 통화시간: 월~금 오전 9시~저녁 7시)
신청 도서 목록을 알려주시면 입금하실 금액을 안내해 드립니다.
신청하실 때는 책을 받으실 주소와 전화번호를 함께 알려주세요.
책신청은 전화 외에도 영성의 숲 홈페이지의 [책신청] 코너,
출판사 이메일 (spiritforest@hanmail.net)을 사용하실 수 있습니다.

3. 송금

안내 받으신 도서 대금을 아래 계좌로 입금해 주세요.
(국민은행: 461901-01-019724, 우체국: 013649-02-049367, 예금주: 이혜경)
신청자 성함과 입금자 성함이 일치하지 않는 경우에는 입금자 성함을
꼭 알려주셔야 확인이 가능합니다.

4. 배송

입금 확인 후에 바로 발송 작업을 하는데, 발송후 도착까지 보통 2-3일 정도가 소요 됩니다. 책을 급하게 필요로 하실 경우에는 일반 서점을 이용해 주세요. 해외 배송을 원하시는 분은 총판을 담당하고 있는 생명의 말씀사로 문의해주시기 바랍니다. (생명의 말씀사 080-022-1211 www.lifebook.co.kr)

<기도 시리즈>

1. 하늘의 권능이 임하는 부르짖는 기도 1
영성의 숲. 373쪽. 13,000원 / 핸디북 10,000원
부르짖는 기도는 모든 기도의 형태 중에서 가장 기본적이고 중요한 기도입니다. 이 기도를 바르게 배우고 적용한다면 하늘의 권능이 임하는 것을 경험하게 되며 모든 면에서 강건한 그리스도인이 될수 있을 것입니다.

2. 하늘의 권능이 임하는 부르짖는 기도 2
영성의 숲. 444쪽. 15,000원 / 핸디북 11,000원
부르짖는 기도 1권은 발성의 의미, 능력과 부르짖는 기도의 전체적인 원리를 다루 었으며 2권은 부르짖는 기도의 실제로서 구체적인 기도의 방법과 적용원리를 다루고 있습니다. 3부에 수록된 다양한 승리의 간증은 독자님들에게 좋은 도전이 될 것입니다.

3. 대적기도의 원리와 능력
영성의 숲. 400쪽. 14,000원 / 핸디북 11,000원
대적기도 시리즈 1편. 대적기도는 주님께 간구하는 기도가 아니며 우리에게 주어진 권세와 능력을 발견하고 사용하여 능력과 승리를 경험하는 기도입니다. 이 기도를 알게 될 때 당신의 삶은 진정 달라지게 될 것입니다.
휴대를 위한 작은 사이즈의 핸디북도 있습니다.

4. 대적기도의 적용 원리
영성의 숲. 424쪽. 14,000원 / 핸디북 11,000원
대적기도 시리즈 2편. 대적기도에도 원리와 법칙이 있습니다. 그 원리와 법칙을 잘 익혀서 실제의 삶에 적용한다면 우리는 풍성한 삶을 살 수 있습니다. 이 책에서는 그 원리들을 구체적으로 제시해 주고 있습니다.
휴대를 위한 작은 사이즈의 핸디북도 있습니다.

5. 대적기도를 통한 승리의 삶
영성의 숲. 452쪽. 15,000원 / 핸디북 12,000원
대적기도 시리즈 3편. 대적기도를 인간관계, 가정에서의 삶, 복음 전도와 사역에 구체적으로 적용하는 방법을 제시하였습니다. 여기서 제시된 원리를 잘 읽고 적용한다면 삶과 사역에 있어서 많은 변화와 승리를 경험할 수 있게 될 것입니다.
휴대를 위한 작은 사이즈의 핸디북도 있습니다.

6. 대적기도의 근본적인 승리 비결
영성의 숲. 454쪽. 15,000원 / 핸디북 12,000원
대적기도 시리즈 4편. 완결편. 1부에서는 악한 영들을 근본적으로 완전하게 제압하고 승리할 수 있는 원리와 비결을 제시하고 있습니다. 2부에서는 대적기도를 적용하고 경험한 성도들의 사례가 실려 있는데 이것은 각 사람의 적용과 승리에 좋은 참고가 될 수 있을 것입니다. 휴대를 위한 작은 사이즈의 핸디북도 있습니다.

7. 아름답고 행복한 기도의 세계
영성의 숲. 279쪽. 9,000원
〈기도업데이트〉의 개정판. 자연스럽고 편안하게 기도의 아름다움과 행복에 잠길 수 있도록 돕는 책입니다. 기다리는 기도, 듣는 기도, 안식하는 기도 등 다양하고 풍성한 기도의 원리들을 일상의 예화들을 통하여 쉽게 정리하였습니다.

8. 주님의 마음에 이르는 기도
영성의 숲. 309쪽. 10,000원
기도의 원리와 방법에 대한 200개의 조언을 담았습니다. 주님의 마음을 향하여 가는 것. 그것이 기도의 방향이며 목적임을 보여주는 책입니다.

9. 주님의 임재를 경험하는 길
영성의 숲. 308쪽. 10,000원
〈주님을 경험하는 100가지 방법〉의 개정판. 주님의 살아계심과 임재를 경험하기 위한 100가지의 실제적인 방법을 제시하고 있습니다. 사모하는 마음으로 이 방법들을 시도한다면 누구나 쉽게 그분의 역사를 경험하게 될 것입니다.

10. 예수 호흡기도
영성의 숲. 460쪽. 15,000원 / 핸디북 11,000원
호흡을 통한 기도가 주님의 임재와 영적 실제에 들어가는 중요한 비밀이며 열쇠임을 보여주는 책입니다. 이 책에 제시된 원리와 방법을 충실히 시도해 본다면 누구나 놀라운 변화를 경험하게 될 것입니다.

11. 방언기도의 은혜와 능력 1
영성의 숲. 459쪽. 16,000원 / 핸디북 12,000원
방언기도 시리즈 1편. 방언에 대한 성경적이고 균형잡힌 설명 뿐 아니라, 저자의 개인적인 경험과 간증, 방언을 받는 과정과 통역을 시도하는 과정에 대한 구체적인 설명, 여러 경험자들의 실례가 풍성하게 실려있어, 방언의 은혜에 대해 이해하고 적용하는 데에 실제적인 도움을 주는 책입니다.

12. 방언기도의 은혜와 능력 2
영성의 숲 403쪽. 14,000원 / 핸디북 11,000원
방언기도 2편에서는 방언과 통역이 발전해 나가는 과정과 그 영적인 의미를 깊이있게 다루었습니다. 방언의 가치와 의미를 바르게 이해하고 적용하게 될 때, 오래 동안 방언을 사용하면서도 주님의 은총를 누리지 못하던 이들이 주님의 가까우심과 아름다우심을 풍성히 경험하게 될 것입니다.

13. 방언기도의 은혜와 능력 3
영성의 숲 489쪽. 16,000원 / 핸디북 12,000원
방언 기도 시리즈의 결론적인 부분을 다룬 책입니다. 방언에 대한 부정적인 견해와 원인들, 방언을 통해 어떻게 부흥이 시작되는지, 은사의 바른 방향과 의미, 목적 등을 정리하였고, 전체적인 요약정리와 함께 경험자들의 구체적인 사례들을 첨부하여 실제적인 적용에 도움이 되도록 하였습니다.

<영성 시리즈>

1. 영성의 실제를 경험하는 길
영성의 숲. 357쪽. 12,000원
〈그리스도인의 아름다운 영성〉의 개정판.
많은 은혜의 도구들이 있지만 그것들이 다 주님을 접촉하는 것은 아닙니다. 참다운 영성과 주님을 경험하는 원리를 제시하는 책입니다.

2. 생각의 자유를 경험하는 길
영성의 숲. 228쪽. 8,000원
〈그리스도인의 생각 다스리기〉의 개정판. 우리가 겪는 삶의 대부분의 고통들은 스스로 만들어낸 생각의 감옥에 지나지 않으며 생각을 분별하고 관리함으로써 풍성하고 행복한 삶을 살 수 있다는 메시지를 다양한 예화와 함께 설득력 있게 제시하고 있습니다. 많은 교회에서 훈련 교재로 사용되기도 했습니다.

3. 영성의 중심은 사랑입니다
영성의 숲. 243쪽. 8,000원
하나님의 은혜를 받아들이고 누림으로써 진정한 사랑과 따뜻함의 세계를 경험할 수 있도록 돕는 책. 신앙의 따뜻함과 아름다움을 회복하고, 영혼들을 이해하고 도울 수 있는 관점을 제시하고 있습니다.

4. 영성의 원리
영성의 숲. 319쪽. 11,000원
영성에도 원리가 있습니다. 이 책은 영성의 발전을 위한 다양한 원리들, 영의 흐름, 영의 인식, 영적 승리를 위한 중보 등의 원리를 실제적인 예와 함께 잘 설명해 줍니다. 영적 부흥과 충만함을 사모하는 이들에게 좋은 참고서가 될 수 있을 것입니다.

5. 문제는 주님의 음성입니다
영성의 숲. 227쪽. 9,000원
우리의 삶에 다가오는 여러가지 어려움들, 문제들은 우연이 아닙니다. 거기에는 주님의 배려와 가르치심이 있으며 반드시 우리가 배워야 할 것이 있습니다. 이 책은 그 문제들에서 주님의 뜻과 음성을 발견하는 원리를 가르쳐 주고 있습니다.

6. 영성의 발전은 어떻게 이루어지는가
영성의 숲. 254쪽. 8,000원
〈영성의 상담〉의 증보 개정판. 영성에 대한 여러 질문과 답변을 통해 다양한 영적현상의 의미와 삶 속에서 영적 성장을 이루는 구체적인 방법들을 소개하고 있습니다.

7. 지금 이 공간에 임하시는 주님
영성의 숲. 340쪽. 12,000원
주님은 믿을수 없을만큼 가까이 계시지만 사람들은 흔히 그분을 무시함으로 그의 임재를 소멸시킵니다. 이책은 그분의 가까우심과 구체적인 공간을 통한 임재, 나타나심을 경험할수 있도록 실제적인 지침을 제시하고 있습니다.

8. 심령이 약한 자의 승리하는 삶
영성의 숲. 228쪽. 9,000원
영혼의 힘이 약하고 마음이 여리고 민감하여 고통을 겪고 있는 이들을 위한 책. 영혼의 원리 및 기질과 사명을 이해함으로써 이전에 알지 못했던 자유와 해방과 놀라운 행복감을 누리게 될 것입니다.

9. 천국의 중심원리
영성의 숲. 452쪽. 14,000원
천국은 사후에만 갈 수 있는 장소가 아닙니다. 이 땅에 살면서 천국의 임재, 그 천국의 빛과 영광을 경험할 수 있습니다. 이 책에서는 내면세계의 천국을 경험하기 위한 길과 원리를 제시해 주고 있습니다.

10. 행복한 신앙을 위한 28가지 조언
영성의 숲. 348쪽. 12,000원
〈자유롭고 행복한 그리스도인 1〉의 개정판. 묶여 있고 창백한 의식의 틀을 벗어나, 자유롭고 풍성한 믿음의 삶으로 나아가도록 돕는 책입니다. 28가지 조언속에 행복한 신앙을 위한 영적 원리들을 담고 있습니다.

11. 성숙한 신앙을 위한 30가지 조언
영성의 숲. 340쪽. 12,000원
〈자유롭고 행복한 그리스도인2〉의 개정판. 의식이 바뀔 때 천국의 자유와 기쁨을 누릴 수 있음을 보여주는 책입니다. 묶여있는 사고와 습관, 잘못된 의식에서 해방되는 원리를 제시해 주고 있습니다.

12. 의식의 깨어남을 사모하라
영성의 숲. 239쪽. 9,000원
잠과 꿈과 깨어남의 실체를 보여주며 진정한 깨어있음의 세계로 인도하는 책입니다.
의식과 영혼을 깨우기 위한 방법과 원리들을 제시해 주고 있습니다.

13. 주님의 마음, 주님의 임재 속으로
영성의 숲. 348쪽. 12,000원
오늘날 주님의 마음에 대한 많은 오해가 있어서 주님의 깊으신 임재에 들어가지 못합니다. 이 책은 그 오해를 풀어주며 우리를 향한 주님의 사랑을 보여주고 그 사랑의 임재 속에 들어가는 길을 안내해주고 있습니다.

14. 영성의 발전을 갈망하라
영성의 숲. 292쪽. 10,000원
영성의 진리 시리즈 1편. 영성을 깨우고 발전시킬 수 있는 다양한 이야기, 원리, 법칙들을 묶은 36가지의 메시지가 수록되어 있습니다. 영혼의 각성에 도움이 되는 지식과 도전을 얻게될 것입니다.

15. 집회에서 흐르는 주님의 은혜
영성의 숲. 254쪽. 8,000원
이미 출간되었던 [집회 가운데 임하시는 주님]을 새롭게 개정하였습니다. 회원들의 간증을 줄이고 더 많은 분량을 추가하였습니다. 집회 가운데 나타나는 주님의 생생한 역사와 이에 관련된 여러 영적 원리를 기술하였습니다. 읽을수록 집회 현장에 있는 듯한 감동과 은혜를 얻을 수 있을 것입니다. 은혜를 사모하는 이들, 영성 사역에 관심이 있는 사역자들에게 좋은 참고가 될 것입니다.

16. 삶을 변화시키는 생명의 원리
영성의 숲. 348쪽. 값 12,000원
삶 속에서 열매를 맺을 수 있는 비결과 원리를 시편 1편의 말씀과 요한복음 15장의 말씀을 중심으로 제시하고 있습니다. 포도나무이신 주님과 가지로서 항상 연결되는 삶이 열매를 맺는 원리이며 은총의 비결인 것을 명쾌한 논지로 설명하고 있습니다. 신앙의 기초와 방향을 분명히 밝히는 책으로서 풍성한 삶과 승리하는 삶을 갈망하는 그리스도인들에게 귀한 도전이 될 것입니다.

17. 낮아짐의 은혜1
영성의 숲. 308쪽. 값 11,000원
쉽게 하나님의 임재를 경험하며 그 은혜 가운데 머무르는 사람이 있습니다. 그 은총의 비밀은 무엇일까요? 그것은 바로 낮아짐이며 이를 통하여 주의 무한한 은혜와 천국의 풍성함을 누릴 수 있음을 본서는 증명합니다. 사람을 파괴하는 높아짐의 시작과 타락, 은혜의 회복, 열매의 풍성함 등을 다루고 있으며 누구나 그 은혜의 세계에 쉽게 이르도록 길을 제시하고 있습니다.

18. 낮아짐의 은혜 2
영성의 숲. 388쪽. 값 14,000원
낮아짐은 감추어진 비밀이며 천국의 문을 여는 보화입니다. 마귀는 낮아짐을 빼앗을 때 그 영혼을 사로잡을 수 있으므로 온갖 유혹으로 이 보화를 가로챕니다. 하나님은 천국의 풍성함을 주시기 위하여 낮아짐을 훈련하시며 인도하십니다. 2권은 적용을 주로 다루며 구체적으로 풍성한 은총을 누릴 수 있도록 권면하고 있습니다.

19. 그리스도를 갈망하는 삶
영성의 숲. 268쪽. 값 10,000원
부흥과 영적 깨어남, 영성의 다양한 원리에 대한 이야기. 삶 속의 이야기와 함께 자연스럽게 풀어서 정리하였습니다. 일상의 사소한 삶에서 영적 원리를 발견하고 적용하도록 도우며 그리스도에 대한 갈망이 증가되도록 도전하고 있습니다.

20. 영이 깨어날수록 천국을 누린다
영성의 숲. 236쪽. 값 8,000원
독자들과 일대일로 마주 앉아서 대화를 하듯이 영적 성장과 풍성한 삶을 누리는 원리에 대해서 메시지를 전달하고 있습니다. 사랑하는 삶, 영성의 깨어남에 대한 새로운 통찰력을 제공해주며 기쁨으로 주님을 따르는 길을 제시해 줍니다.

<생활 영성 시리즈>

1. 주님과 차 한잔을
영성의 숲. 220쪽. 6,000원
신앙의 귀한 진리들, 주님을 사모하고 가까이 나아가는데 도움이 되는 원리들을 유머를 통해 밝고 즐겁게 전달해주는 책입니다.
주님과 같이 차를 한잔 마시는 기분으로 부담없이 읽다보면 자연스럽게 영적 통찰을 얻을 수 있을 것입니다.

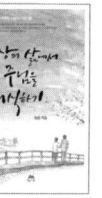

2. 일상의 삶에서 주님을 의식하기
영성의 숲. 280쪽. 8,000원
일상의 사소한 삶 속에서 주님을 의식하며 살아가는 이야기. 신앙과 영성은 기도할 때만이 아니라 일상의 모든 삶 속에서 나타나야 한다. 작고 사소한 모든 일에서 주님을 의식하는 것이 진정한 행복의 원리인 것을 이 책은 보여주고 있습니다.

3. 일상에서 경험하는 주님의 사랑
영성의 숲. 277쪽. 8,000원
일상의 묵상 시리즈 2편. 사소한 일상의 삶에서 주님의 임재와 사랑을 느끼고 주님의 메시지를 경험하는 이야기. 항상 모든 것에서 주님의 마음과 시선으로 삶과 사람을 보고 느껴야 하며 이를 통해서 날마다 천국을 경험할 수 있음을 사소한 삶의 이야기를 통하여 부드럽게 전달해주고 있습니다.

4. 삶이 가르치는 지혜
영성의 숲. 212쪽. 6,000원
〈아직 기회가 있을 때 사랑한다고 말하라〉의 개정판. 우리의 삶에서 경험하는 많은 즐거운 일, 힘든 일들이 결국 우리 영혼의 성장을 위하여 주어진 일임을 보여줍니다. 가슴을 따뜻하게 하는 소박한 이야기들을 통해서 사랑의 중요성을 다시 한번 깨닫게 합니다.

5. 사랑의 나라로 가는 여행
영성의 숲. 156쪽. 5,000원
〈사랑의 나라〉의 개정판. 어른들을 위한 우화로서 한 청년이 여행을 통하여 삶의 목적과 방향을 깨달아 가는 과정이 흥미진진하게 전개되고 있습니다. 즐겁게 이야기를 읽어나가다보면 영적 성장의 방향과 중심, 영적 세계의 에너지와 원리, 흐름을 이해하는데 도움이 될 것입니다.

6. 하나님의 뜻을 발견해 가는 여행
영성의 숲. 269쪽. 신국판 변형 8,000원
성경에 등장하는 입다, 다윗, 암논의 삶과 사건들을 통하여 하나님의 아버지 마음과 하나님의 의도와 훈련을 이해하고 발견하도록 안내하는 책입니다. 등장인물들의 마음과 정서가 드라마처럼 녹아있어 흥미와 감동을 전달해줍니다.

7. 일상에서 경험하는 주님의 은혜
영성의 숲. 253쪽. 값 8,000원
일상시리즈 3편입니다.
가족 이야기, 모임 이야기, 일상에서 경험하는 여러 가지 일들을 통해서 영적 원리와 교훈을 정리하였습니다.
일기와 이야기 형식으로 기록되어 있어서 즐겁게 읽는 가운데 주님과 같이 걷는 삶의 흐름 속으로 들어갈 수 있게 될 것입니다.

<묵상 시리즈>

1. 맑고 깊은 영성의 세계를 향하여
영성의 숲. 140쪽. 5,000원.
잠언시리즈 1편. 내 영혼의 잠언1을 판형을 바꾸어 새롭게 만들었습니다. 순결하고 맑은 영혼으로 성장하기 위한 진리의 묵상들이 간결하게 정리되어 있습니다.

2. 주님은 생수의 근원 입니다
영성의 숲. 196쪽. 6,000원
〈내 영혼의 잠언2〉의 개정판. 맑고 투명한 영성의 세계로 안내하는 영성 잠언집. 새벽녘의 신선하고 향긋한 바람처럼 우리 영혼을 달콤하게 채워주는 묵상의 글들을 모아서 정리했습니다.

3. 묻지 않는 자에게 해답을 던지지 말라
영성의 숲. 156쪽. 5,000원
삶과 사랑과 영혼의 진리를 담은 잠언 시집.
인생의 의미와 진리, 영성의 발전과정을 예리하면서도 부드러운 시각으로 표현하고 있습니다. 불신자에 대한 전도용으로도 좋은 책입니다.

4. 영혼을 깨우는 지혜의 샘물
영성의 숲. 180쪽. 6,000원
〈영적 성숙으로 향하는 여행〉의 개정판
인생, 진리, 마음, 영성 등 중요한 8가지의 주제에 대한 짧은 묵상을 담았습니다. 맑은 샘물이 흐르듯이 간결한 지혜의 메시지가 영성을 일깨워주는 책입니다.

방언기도의 은혜와 능력 3

1판 1쇄 발행	2012년 4월 10일
1판 3쇄 발행	2017년 6월 10일
지은이	정원
펴낸이	이 혜경
펴낸곳	영성의 숲
등록번호	2001. 7. 19 제 8-341 호
전화	02 - 355 - 7526 (영성의숲)
핸드폰	010 - 9176 - 7526 (영성의숲)
E - mail	spiritforest@hanmail.net (영성의숲)
홈페이지	cafe.daum.net/garden500 (정원목사 독자 모임)
	cafe.naver.com/garden500 (정원목사 독자 모임)
국민은행	461901 - 01 - 019724
우체국	013649 - 02 - 049367
예금주	이 혜경
총판	생명의 말씀사
전화	02 - 3159 - 8211
팩스	080 - 022 - 8585,6

값 16,000원
ISBN 978 - 89 - 90200 - 88 - 4 04230
ISBN 978 - 89 - 90200 - 85 - 3 (세트)